冯天瑜，1942年生，湖北红安人。武汉大学人文社会科学资深教授，教育部社会科学委员会历史学学部委员。从事中国文化史及湖北地方史志研究。

《冯天瑜文存》卷次

中华元典精神

中国文化生成史（上册）

中国文化生成史（下册）

江河万古流——中华文明巡礼

人文论衡

明清文化史散论

中国文化近代转型管窥

月华集

辛亥首义史（上册）

辛亥首义史（下册）

张之洞评传

《劝学篇》《劝学篇书后》注评

"封建"考论

解构专制——明末清初"新民本"思想研究

新语探源——中西日文化互动与近代汉字术语生成

"千岁丸"上海行——日本人1862年的中国观察

中国思想家论智力　上古神话纵横谈

晚清经世实学

中国学术流变（上册）

中国学术流变（下册）

冯氏所著，除文存二十卷外，另有《中华文化史》（与何晓明、周积明合撰）、《日本对外侵略的文化渊源》（与任放合撰）、《东亚同文书院中国调查之研究》（与刘柏林、李少军等合撰）、《国际视野下的大武汉图像》（与陈勇编著）等，又主编《中华文化辞典》，编"冯氏三藏"（《冯氏藏墨》《冯氏藏札》《冯氏藏币》）。

冯天瑜文存

张之洞评传

长江出版传媒
湖北人民出版社

图书在版编目(CIP)数据

张之洞评传/冯天瑜著.

武汉:湖北人民出版社,2020.8

ISBN 978-7-216-10022-9

Ⅰ.张… Ⅱ.冯… Ⅲ.张之洞(1837-1909)—评传 Ⅳ.K827-52

中国版本图书馆CIP数据核字(2020)第149020号

项目负责:姚德海　王建怀　左泽荣
常务编辑:左泽荣　尚晓梅
责任编辑:陈令军
封面设计:汪　汉　刘舒扬
责任校对:范承勇
责任印制:王铁兵

出版发行:湖北人民出版社	地址:武汉市雄楚大道268号
印刷:湖北新华印务有限公司	邮编:430070
开本:700毫米×1000毫米 1/16	印张:26.75
字数:436千字	插页:15
版次:2020年8月第1版	印次:2020年8月第1次印刷
书号:ISBN 978-7-216-10022-9	定价:158.00元

本社网址:http://www.hbpp.com.cn
本社旗舰店:http://hbrmcbs.tmall.com
读者服务部电话:027-87679656
投诉举报电话:027-87679757
(图书如出现印装质量问题,由本社负责调换)

本卷"生平篇"采自笔者20世纪80年代初所撰《张之洞评传》(河南教育出版社1985年出版),"思想篇"采自笔者与何晓明20世纪90年代初所撰《张之洞评传》(南京大学出版社1991年出版)。本次文本作了修订补充。

纪年及月、日,阴历用汉语数字,阳历用阿拉伯数字。

张之洞（1837—1909） 冯天瑜手绘

晚年张之洞

十一岁撰《半山亭记》,半山亭成为贵阳市一处风景名胜

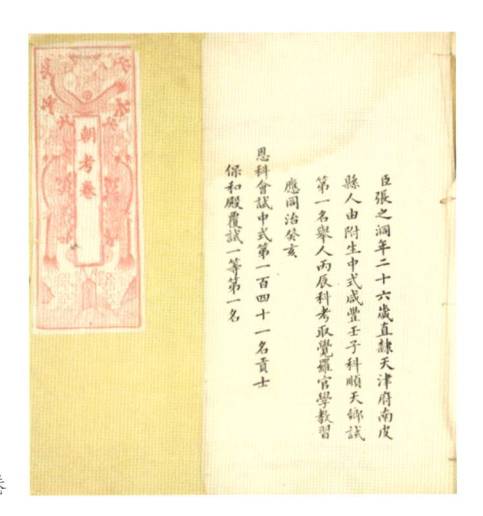

同治二年（1863年）会试，朝考卷

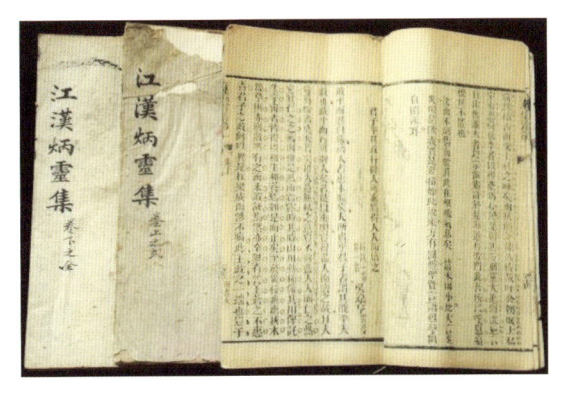

湖北学政任上编《江汉炳灵集》

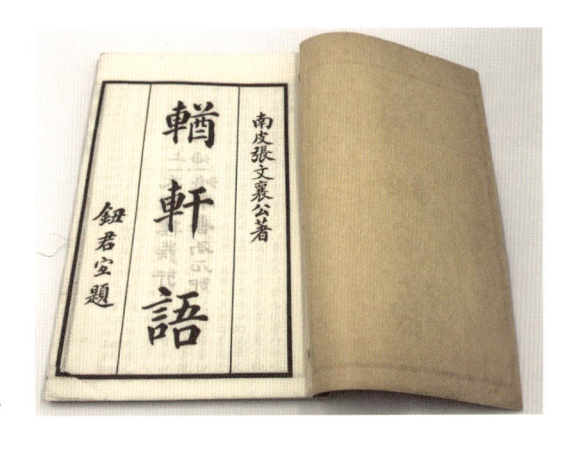

四川学政任上著《辅轩语》

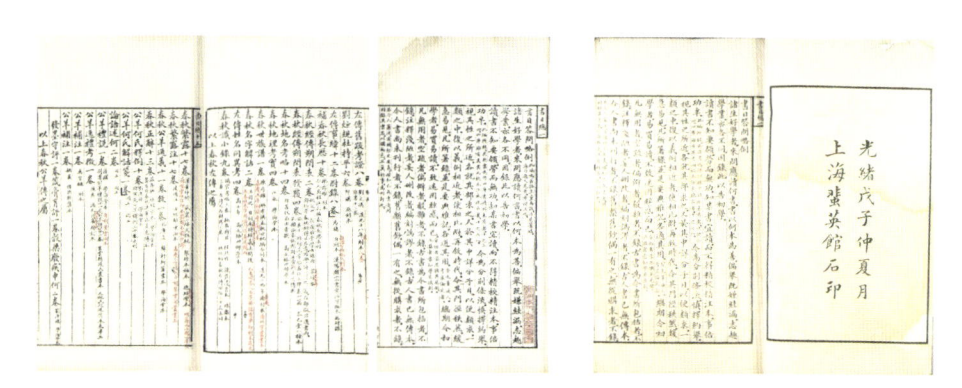

四川学政任上著《书目答问》

与张之洞并称"清流双杰"的张佩纶(作家张爱玲祖父)

两广总督任上指挥抗法战争,赢得镇南关大捷,图为镇南关

张之洞力荐领兵出战的老将冯子材

暂署两江时创办三江师范学堂,图为张之洞、两江总督魏光焘与三江师范学堂中外教职员合影,时在光绪二十九年(1903年)

湖广总督任上创办工业学堂

龟山麓汉阳铁厂

汉阳铁厂总工程师吕贝尔（中）

湖广总督任上创办汉阳兵工厂（左外景，右厂内车间）

汉阳兵工厂股票

从汉阳兵工厂发出的寄往外国信件

湖北官钱局印制纸币（光绪三十年）

湖北官钱局铸造银币

汉冶萍公司组成部分之萍乡煤矿直井

湖广总督任上创办布纱丝麻四局，纺纱车间

训练中的湖北新军

张之洞派往日本学习军事的吴禄贞,后为革命党人

新军将官

两湖书院

《设立自强学堂片》

修订学堂章程

法政学堂法学教材

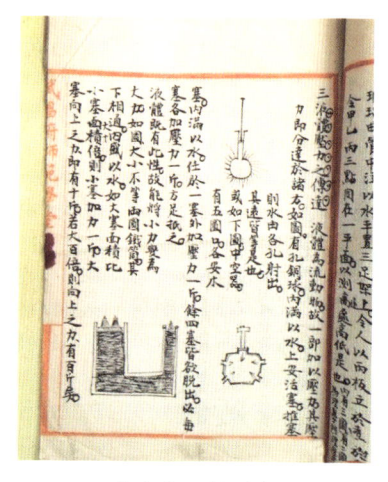

学堂物理教科书

新撰《学堂歌》

文普通中学堂试卷

张之洞试图起用却分道扬镳的梁启超、章太炎　冯天瑜手绘

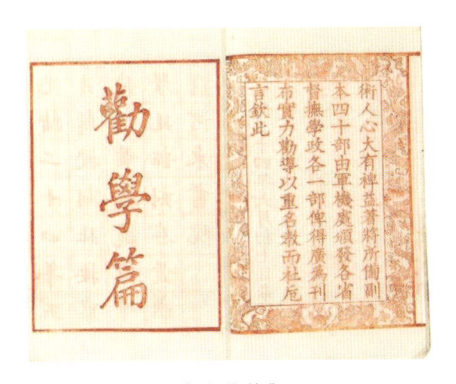

《劝学篇》

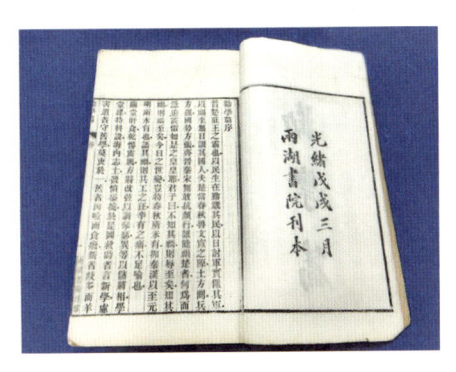

《劝学篇》书影

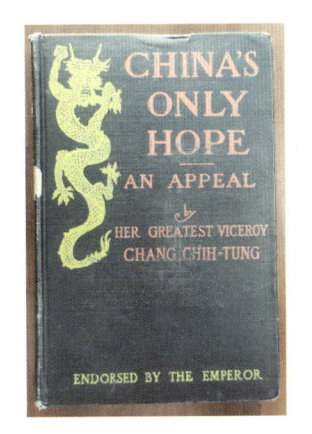

1900年,《劝学篇》英文版(书名《中国之最后希望》)在英、美出版。封面下书"皇帝赞助",指光绪帝御旨推荐

1895年署理两江总督在南京与美国人合影

1899年5月在武昌湖广总督署宴请德国亨利亲王

时任湖广总督的张之洞、湖北巡抚端方与德国军事教官及家属合影

1903年5月张之洞奉旨入京，在保定府与英国盖斯利中将合影

光绪三十年（1904年）与盛宣怀、张謇等合影于江宁（南京）

1906年视察京汉铁路全线通车

张之洞手书条幅

张之洞法书　　　　　　　　　致湖南巡抚陈宝箴电稿

与家人合影

在湖广总督署中办公

1907年,张之洞离鄂赴京后,湖北学界筹款修建奥略楼,以表纪念

修复后武昌蛇山抱冰堂题匾

门生故吏在武昌蛇山建纪念张氏之抱冰堂

目 录

导论　过渡时代探求过渡之道 / 1

生平篇　从清流健将到洋务殿军

第一章　帝制末世的科举幸运儿 / 12
　　一、官宦世家的严格家教 / 12
　　二、"近日科名之早者，盛推南皮张香涛" / 14
　　三、七载学官·撰《輶轩语》《书目答问》/ 17

第二章　"奏弹国家大政"的清流党人 / 22
　　一、跻身清流 / 22
　　二、锋利的"青牛（清流）角" / 24
　　三、改订"中俄条约" / 27
　　四、爱国、经世、机变、大言：张氏奏议特点 / 29
　　五、清流遗风伴随终生 / 33

第三章　出任山西巡抚——迈向封疆大吏 / 35
　　一、光绪初山西社会与张氏治晋 / 35
　　二、接受李提摩太"西化"方案 / 41
　　三、心系南天 / 45

第四章　"万国盟聘，事变日多"的督粤五年 / 47
　　一、中法战争间的抗战派 / 47

二、对朝廷"撤军求和"持异议，力主乘战胜之威，
　　巩固粤桂滇边防 / 56

三、洋务初试锋芒 / 59

四、经办外交 / 70

第五章　总督湖广·暂署两江（一）实业建设 / 75

一、开拓铁路及电讯事业 / 76

二、兴办机器工业 / 80

三、官营企业内里 / 95

四、财政措施 / 102

五、推助民营工商业 / 105

第六章　总督湖广·暂署两江（二）新军编练 / 110

一、裁汰练军、勇营，教练旧军员弁 / 110

二、中日甲午战争间的主战言行 / 112

三、创建江南自强军 / 119

四、编练湖北新军 / 122

五、何以追谥"文襄" / 127

第七章　总督湖广·暂署两江（三）文教兴革 / 130

一、书院改制 / 130

二、暂署两江——始建学堂 / 132

三、返任湖广——大举兴办各类学堂 / 133

四、派遣游学生最力者 / 141

五、创办图书馆、报刊等文化设施 / 144

第八章　"戊戌变法""庚子国变"间"踩钢丝" / 147

一、从列名"强学会"到与维新派相区隔 / 147

二、撰著两线作战的《劝学篇》/ 158

三、晋京主政遇挫，进呈《劝学篇》/ 161

四、救杨锐，除康党 / 164

五、拒绝清廷"乱命"，策划"东南互保" / 168

六、从默许"自立军"到镇压"自立军" / 181

七、张之洞庚子年间做过"皇帝梦"吗？ / 187

第九章　挽救清王朝的最后努力 / 191

一、清末新政主角 / 191

二、入阁拜相之荣，大厦将倾之忧 / 199

三、"国运尽矣"叹息·一代权臣之死 / 210

四、著述遗世 / 214

思想篇　开新与卫道二重变奏

第一章　儒臣之"仁"与能吏之"智"——政治风格 / 220

一、"凡百政事，皆须得人" / 221

二、"书生习气" / 229

三、"私利不可讲，而公利却不可不讲" / 235

四、纵横捭阖，进退机变 / 241

第二章　恶公羊，兼汉宋，通经致用——学术宗旨 / 247

一、力辟今文公羊说 / 248

二、"汉学，学也；宋学，亦学也" / 257

三、"经世""务实"学风 / 264

第三章　洋务富国梦——经济思想 / 275

一、从"不敢为功利操切之计"到广兴实业，开辟利源 / 275

二、产业结构观与产业功能观 / 277

三、维护国家利权 / 284

四、渐趋通达的财政观·难以挣脱的桎梏 / 289

第四章　"身心性命之学"——军事谋略 / 293

一、"兵之于国家，犹气之于人身" / 294

二、改革军制，裁旧练新 / 295

三、从"广求利器"到"自铸枪炮" / 299
　　四、"战人较战具为尤急" / 301
　　五、战略眼光·新式兵学 / 305

第五章　维护主权之旨，羁縻牵制之术——外交主张 / 310
　　一、内政自有主权，外交须有成案 / 310
　　二、"远交近攻，以夷制夷"·"利用均势，羁縻牵制" / 315
　　三、"蝮蛇螫手，壮士断腕" / 322

第六章　"学术造人才，人才维国势"——教育思想 / 325
　　一、教育目的论：德智体"体用兼赅，先后有序" / 326
　　二、教育制度论："科举凤为外人诟病，学堂最为新政大端" / 330
　　三、癸卯学制 / 332
　　四、教学论："学之为事，讲习与历练兼之" / 335
　　五、师资论："师范学堂为教师造端之地，关系至重" / 337
　　六、留学论：广派游学，收"百闻不如一见"之利 / 338

第七章　"旧学为体，新学为用"——文化哲学 / 342
　　一、文化观的演绎轨迹 / 345
　　二、"沧海横流，外侮洊至，不讲新学则势不行" / 350
　　三、"物曲虽博取，王制乃常宗" / 354
　　四、"枢纽只在此化新旧之见" / 362
　　五、最乐道"中体西用" / 365
　　六、开放观的阐发者与践行者 / 372
　　七、"过渡时代"的过渡理论 / 373

结　语 / 381

生平年表 / 383

文献索引 / 393

《张之洞全集·张之洞传》/ 402

《张之洞与中国近代化》序言 / 419

导论　过渡时代探求过渡之道

历史有平缓渐进期，社会在数百年间变化不著；也有激流奔竞阶段，数十年间世态人文即发生大更革。身处狂飚突进时代的德国诗人歌德（1749—1832）说，他是剧变期的产儿，如果早生20年或晚生20年，他都将是另一种类型。当我们考察与歌德相去一个世纪，地理位置远隔万里之遥的中国政治家张之洞，同样会发现：早20年或晚20年都不会产生与之雷同的人物。

人是历史的主体，但又不是单个人的抽象物，在其现实性上，人是一切社会关系的总和。个人不可能随心所欲地创造历史，他们的活动总要受到历史条件的制约，与其所处的社会环境发生复杂的交互关系。

本书传主张之洞（1837—1909）生活在古今中西交汇的转折关头，时代左右其人生轨迹，他的心路历程，反映了晚清社会的曲折坎坷。

本书传主辞世已逾百年，人们却难以忘怀他创榛辟莽的业绩和新旧杂糅的思维教训。时至20世纪60年代初，人们反顾中国近代工业发展史时特别强调：讲到重工业，不能忘记张之洞[1]；学者陈寅恪（1890—1969）在20世纪30年代则自称，"平生为不古不今之学，思想囿于咸丰同治之世，议论近乎曾湘乡张南皮之间"[2]。足见今人或者不时感受到曾氏、张氏的遗泽，或者难以摆脱"文正公""文襄公"的思想轨范。

---

[1] 毛泽东同时说，"讲到轻工业，不能忘记张謇；讲到化学工业，不能忘记范旭东；讲到交通运输业，不能忘记卢作孚。"转引自丁守和：《关于近代史人物研究和评价问题》，《近代史研究》1983年第4期。

[2] 陈寅恪：《冯友兰中国哲学史下册审查报告》，《金明馆丛稿二编》，上海古籍出版社1980年版。1927年王国维自沉昆明湖，陈寅恪作挽词曰："依稀廿载忆光宣，犹是开元全盛年。海宇承平娱旦暮，京年冠盖萃英贤。当日英贤谁北斗，南皮太保方迂叟。忠顺勤劳失素衷，中西体用资循诱。"可见陈氏对张之洞的景仰和对"中体西用"思想的服膺。

将张之洞与曾国藩（1811—1872）并列为咸同以降对国人的思想和行为发生久远影响者，自有一番道理。处于社会转型阶段的中国近世，涌现出竞相寻求"过渡之道"的风云人物，就清廷内部言之，探求过渡之道而又兼具政坛要角、学术重镇双重身份的，以曾、张二位为典范。以张之洞论，他留给后世的遗产包括起伏跌宕、斑驳陆离的政治实绩和古今交汇、中西并存的学术两大部类。品议政治家的张之洞，应当着重前者，兼顾后者；评析思想家的张之洞，则须详剖后者，而又不可脱离前者。

古人将"立德、立功、立言"称作人生"三不朽"①。张氏深识此中三昧，他除力图建功树业外，还十分重视"立言"，终生亲治文书，不假手幕客，这与李鸿章（1823—1901）等行动型大吏颇不相同。一部千万言的张之洞文集，多出自张氏本人手笔，这为研究张氏思想言行提供了系统的一手资料。然而，张氏文集究竟应当怎样阅读？这里用得上孟子的名论："颂其诗，读其书，不知其人，可乎？是以论其世也。"②读书须知人，知人须论世，这是评价历史人物的通则；考察张氏这位既由时势所造，又深刻影响时势的人物，尤其需要"知人论世"。

张之洞的人生跨度，迈越咸、同、光、宣诸朝，这是清代"衰颓"与"中兴"二重变奏的阶段，也是中国数千年农业—宗法社会发生剧变的时期，堪称遭逢"千古之奇变"。

自16世纪开始，世界历史逐步从诸区域性文明各自生灭走向全球性文明一体化发展。推动这种历史性转折的是南欧和西欧竞相生长起来的资本主义所焕发出的巨大生产力，以及与之相伴随的对远方异域的殖民扩张。以英国、法国为代表的西欧诸国，历经原始积累、产业革命、政治变革，到19世纪，资本主义已获得较充分的发育，其海外殖民活动的广度和深度更达到新的水平。继中东、南亚之后，地处远东的广土众民的中华帝国也成为西方资本主义殖民者经济渗透、军事侵略的重要对象，商品、鸦片、坚船利炮一并向其袭来，老大的清王朝几无招架之功，闭关锁国状态被强行打破。主政清末的李鸿章陈述中国历史上这种空前严峻的形势说：

---

① 语见《左传·襄公二十四年》："太上有立德，其次有立功，其次有立言，虽久不废，此之谓不朽。"

② 《孟子·万章下》。

历代备边，多在西北，其强弱之势，客主之形，皆适相埒，且犹有中外界限。今则东南海疆万余里，各国通商传教，来往自如，麇集京师及各省腹地，阳托和好之名，阴怀吞噬之计，一国生事，诸国构煽，实为数千年未有之变局。轮船电报之速，瞬息千里，军器机事之精，工力百倍，炮弹所到，无坚不摧，水路关隘，不足限制，又为数千年来未有之强敌。①

中国历代诸中原王朝曾多次受到来自西北的游牧人的军事威胁，然而，这些游牧人虽有强劲武功，其整个文明水平却大大低于中原农耕文明，因此，中原人可能被游牧人所征服，最终却通过自己的高势位文化反过来同化征服者，此即所谓"征服者被征服"。但是，19世纪中叶以降的格局却大异以往，中国人固有的文化优势已经丧失，诚如李鸿章满怀惊恐指出的，古老的中国历经"数千年未有之变局"，面对"数千年来未有之强敌"。自成一体的中华文化无可回避地纳入全球近代文化的大潮中，自觉不自觉地进行重组和转型。这里所谓的"重组"，是指经过中西文化的碰撞和融合，中华文化的固有格局发生解体，重新进行结构组合；所谓的"转型"，是指从中古时代自然经济的农耕文明转向近代商品经济的工业文明。本书传主正是在这古今中西大交汇的关口，以干练务实的朝廷大员和渊博深厚的学者的双重身份，感受着时代的变迁，并随着变迁的时代改变着自身，又力图左右时代的更化方向，在"求变"与"守常"的矛盾过程中，完成其人生之旅，刻画出复杂多致的思想—实践轨迹。

张之洞生命的节律与中国近代历史大体共始终。他的一生，或耳闻目睹，或亲身参与中国近代史上的许多重大事变。作为"身系朝局疆寄之重者四十年"的政治家，他在中俄交涉、中法战争、中日战争、戊戌变法、义和团运动、庚子国变中都扮演了举足轻重的角色，更在洋务运动和清末新政中成为"朝廷柱石"；而作为涉猎广泛、富于锋芒的思想家，张之洞的所思、所言往往新旧杂呈、中西并列，活现出中国近代文化变迁的曲折与繁复。

无论从历史条件或者个人作为来看，张氏都是典型的"过渡型"人物。东方中古传统与"欧风美雨"，相激相荡。他的基本立足点是中国传统文化，既

---

① 宝鋆等辑：《同治朝筹办夷务始末》，卷九六，第17页。重点号为引者所加。

承袭其"经世""变通""自强"等积极意识,力图顺应时势,通过有限度的汲纳西学,革故鼎新;同时又深荷纲常名教,以卫道者自居,不免抱残守缺之讥。这一切铸就他复杂多面的性格,支配其在近代舞台上或顺乎时代潮流,或阻挡历史车轮的诸般表演。

张之洞作为历史过渡人物的典型意义,尤其在于他的思想与言行的发展轨迹与近代中国这一过渡时代的历史进程之间,存在着或丝丝入扣,或相错位的关系。张氏作为一员有作为的"能吏",参与清廷同光间"御外"和"靖内"各项活动,同西方列强、朝中各党、民众运动诸流派均发生复杂的关系;同时,他又以通权达变者和"圣教"捍卫者的双重身份,投入近代中国的思想战线,既抨击守旧者的"不知通",又讨伐求新者的"不知本",然而他本人也未能寻觅到"因"与"革","常"与"变"的合理统一。因而一部张之洞传,在相当的意义上,显示出中国近代史,特别是中国近代思想文化史的矛盾性和复杂性。

清道光二十年(1840年),鸦片战争爆发。这一年,张氏刚满三岁。这场战争的时代意义,当然不是一个孩童所能理解,但它所造成的历史震动,渐次深入地作用于中华民族器物文化、制度文化和心态文化的各个层面,而这一切,又给予青年、壮年及老年张氏以深刻影响,造就并制约了他的一生。

鸦片战争以石头城下一纸屈辱条约的签订而告终。西方资本主义列强通过先进兵器和鸦片贸易撬开中华帝国封闭的大门。严酷的现实危机,逼迫着中国人,为国家、民族重新确定位置,寻求出路。林则徐(1785—1850)率先"开眼看世界",林氏的朋友魏源(1794—1857)较系统地阐述这样做的必要性:"善师四夷者,能制四夷;不善师外夷者,外夷制之",所以,中国人必须"师夷长技以制夷"①。魏源所谓的"师夷长技",限于坚船利炮等器物文化层面,虽偶有赞扬西方社会制度的言词,却没有明确的仿效意向。总之,魏氏的"师夷",还只是一种初步觉醒的士人的认知,其主张在道咸之际既未赢得热烈响应,也未遭遇激烈反对。这种状况一直持续到咸同之际。

张之洞少年时期生活于闭塞的贵州等地,林、魏辈的思想尚无影响可言,

---

① 《海国图志叙》,《魏源集》,中华书局1976年版,第207页。

沿着科举之途勤奋跋涉，则是其心力所寄。两次鸦片战争给中国带来的冲击，也曾给青年张之洞的心头罩上阴影，咸丰十年（1860年），英法联军攻入北京，火烧圆明园。23岁的张氏感愤时事，诗以纪之①。不过，此时他孜孜以求的，仍然是"明体而达用，化民而成俗"的"帝王之学"②。同治二年（1863年）科考殿试一甲第三（俗称"探花"）的张氏的精神状况，同当时绝大部分士人一样，震怵于民族危机，却又找不到解救出路，仍在传统故道上踯躅徘徊。

19世纪60年代以后，西方器物文化的新锐性，得到逐渐增多的中国人的承认，魏源当年的"师夷"说，此时具体化为曾国藩、左宗棠（1812—1885）、李鸿章、奕䜣（1833—1898）等人兴办"洋务"的实践。"师夷"口号一旦落实为行动，立刻招致社会习惯势力的抵制，"变而从夷，正气为之不申，邪气因而弥炽"③的责难蜂起。张氏并非洋务先进，当李鸿章辈亟亟兴办江南制造总局，勤于"夷务"的19世纪60、70年代，张氏或为外省学官，或为京师清流。所受教养及个人经历，使他"尚知六经大旨，以维持名教为己任"④。但执着经世之志的张氏又有别于"以不谈洋务为高"的一般"清流"同党，对洋务派兴办的近代化事业很少进行实质性批评，而且认为"塞外番僧，泰西智巧，驾驭有方，皆可供我策遣"⑤。

由于张之洞素有励精图治的意愿和长于权变的机智，当他走出京官清流圈子，踏上封疆大吏之途以后，目睹中外大势，参酌诸洋务先进的前例，迅速从清流党向洋务派转化。19世纪80年代初，张氏在山西巡抚任上发布的启示宣称："盖闻经国以自强为本，自强以储才为先，方今万国盟聘，事变日多，洋务最为当务之急。"⑥这番话可视作他从京师清流一变而为洋务大员的标志。由晋抚移督两广，经历中法战争，张氏以更加切实的步骤实施洋务计划。

"效西法—图富强"以便"保中国"进而"保名教"⑦，成为张氏80年代

---

① 见王树枏编《张文襄公全集》，北京文华斋刻本，1928年版，卷二百二十四，诗集一，《海水》。以下简称《全集》，只注卷、篇名。
② 《全集》，卷二百一十二，古文一，《殿试对策》。
③ 宝鋆等辑：《同治朝筹办夷务始末》，卷四十七，第24页。
④ 辜鸿铭：《张文襄幕府纪闻·清流党》，岳麓书社1985年版。
⑤ 《全集》，卷二，奏议二，《边防实效全在得人折》。
⑥ 《全集》，卷八十九，公牍四，《延访洋务人才启》。
⑦ 见辜鸿铭：《张文襄幕府纪闻·清流党》，岳麓书社1985年版。

中期以后的基本思路,这不仅意味着张氏个人随"天下大局一变"而与时俱进,而且报告了一种社会心理变迁的时代消息。

纵观19世纪80年代以前中国人的普遍心态,虽然经受了被西方列强一再击败的打击,却只承认"器不如人""技不如人",而并未意识到固有的制度文化、精神文化尚有改进的必要。从学术文化而论,此时中国士子的学问方向仍在传统故道中运行,其论著极少得见西学影响的痕迹。咸丰、同治、光绪间大儒陈澧(1810—1882)、俞樾(1821—1907)、黄以周(1828—1899)等人著作的思想及其表述方式与钱大昕(1728—1804)、王念孙(1744—1832)等乾嘉老辈并无二致;张氏70年代在四川学政任上所撰《𬨎轩语》和《书目答问》,除涉及个别西书外,其内容与言词均未越出传统学问的范围。这与其说表现了士子们对西学有意识的抵制,不如说是对西学的无视和淡漠。可见,截至中法战争前,中华文化的观念层面"古井无波"的状态并未发生大的变化。

然而,伴随着西方物质文化的输入,以坚船利炮和廉价工业品开路,西方资本主义的制度文化、心态文化也无可阻遏地涌进中国,如科学理论(生物进化论、血液循环学说)、民主思想(天赋人权论、社会契约论)、政治制度(君主立宪、三权分立)、社会风俗(有父子之平权、无男女之大防)、宗教信仰(原罪救赎、末日审判)等等纷纷传入,其强度则与日俱增。从中法战争到中日战争十年间(19世纪80年代中期至90年代中期),部分中国人的精神世界有所更化,张之洞也在此间成为直追李鸿章的洋务巨擘,并因"湖北新政"的实绩和在中法战争、中日战争中竭力主战而赢得"天下之望"。这十年应视作张氏精神演进的关键时段。

甲午战争中国惨败,而且是败于素为中国人所蔑视的东瀛岛国,这给中华帝国这头"睡狮"以剧烈震撼,康有为(1858—1927)泣血以诉:"瓜分豆剖,渐露机芽";谭嗣同(1865—1898)长歌当哭:"四万万人齐下泪,天涯何处是神州!"以政治变法与思想启蒙为双重目标的维新运动勃然而兴。从甲午到戊戌,中国思想界出现了自两千多年前春秋战国"百家争鸣"以后所罕见的热烈思变气象。曾经因力倡"师夷智"以"救时"而一领风骚的洋务派,在"变政"要求突显后则显出被动、落伍的窘态。

这一时期,张氏思想的内在矛盾渐趋激烈和外显。一方面,他进一步感受到国势衰败的危机,继续推进洋务事业,两湖、两江地区的实业建设、学堂创办、新军操练均有发展;另一方面,作为受儒教熏陶而且又执掌权柄的高官,他又忧心忡忡于"新学"对名教纲常的冲击。如果说,19世纪中叶李鸿章深怀忧虑地指出中国面临"数千年未有之变局",是指西方资本主义列强的入侵给中国造成的威胁,那么,19世纪末叶张氏更进而担心中国人自身对中古传统的叛逆将导致固有国家政体和社会结构、伦常规范的崩解,他惊呼:"学者摇摇,中无所主,邪说暴行,横流天下。""吾恐中国之祸,不在四海之外,而在九州之内矣"①,为此,他修撰平生最重要的著作《劝学篇》,其宗旨是"激发忠爱,讲求富强,尊朝廷,卫社稷"②,以此表明自己既与康有为等"激进"的"乱党"划清界限,但又绝非抱残守缺的顽固"冬烘",从而确立了自己在中国近代思想文化史上的特定地位。

慈禧太后(1835—1908)断然扑灭戊戌维新,清王朝从此陷入更严重的统治危机。义和团风暴席卷北中国,八国联军直取京畿。在从戊戌到庚子一片混沌的政治风云变幻之中,张之洞纵横捭阖,作出淋漓尽致的权术表演。他主谋策划"东南互保",以免"全局瓦解,不可收拾"。此间他与朝廷、列强及保皇派、革命党诸方面周旋折冲,干练老辣、机敏莫测。

进入20世纪,"山雨欲来风满楼"。中国君主专制制度及清王朝一并走向生命的尽头。老迈年高的张之洞成为"第二次洋务运动"——清末新政的主角,1907年又由"久任疆寄"的地方大吏迈入朝廷中枢。此时张氏"开新"与"卫道"的二重变奏仍在继续,不过,由于腐败朝政病入膏肓,"开新"已绝无起死回生之可能,"卫道"的种种努力在不可阻挡的革命风潮面前,也越发显现出愚顽与乏力。宣统元年(1909年)八月,垂垂老矣的张氏心力交瘁,在"国步维艰,外患日棘,民穷财尽"③的悲凉感叹中撒手人寰,此时距离武昌城头那划时代的首义枪声打响,已不足八百个昼夜。

作为一个敏锐而富于历史感的思想家,张之洞对于自己所处的时代,有其独特的观照角度和结论,这正是他作为政治家谋身行事的依据。在《劝学篇》中,他论及中外大势时说:

---

① 《劝学篇·序》,《全集》,卷二百零二。以下引《劝学篇》不标《全集》卷数。
② 《劝学篇·内篇·同心第一》。
③ 《全集》,卷七十,奏议七十,《遗折》。

> 今日世变，岂特春秋所未有，抑秦汉以至元明所未有也。①

这与此前李鸿章"数千年未有之变局"之说，以及薛福成（1838—1894）《变法》一文所言"华夷隔绝之天下，一变而为中外联属之天下"②，是近似认识。张氏还从比较历史学的角度，分析"今日之世变"发生的因由：

> 欧洲各国开辟也晚，郁积勃发，斗力竞巧，各自摩厉，求免灭亡，积惧成奋，积奋成强。独我中国士夫庶民，懵然罔觉，五十年来，屡鉴不悛，守其傲惰，安其偷苟，情见势绌，而外侮亟矣。③

张之洞明确反对以种族优劣来说明西方进步而中国停滞的严酷现实，他设问道："岂西人智而华人愚哉？"并进而分析西方"开辟也晚""进境尤速"的原因：

> 欧洲之为国也多，群虎相伺，各思吞噬，非势均力敌，不能自存。故教养富强之政，步天测地、格物利民之技能，日出新法，互相仿效，争胜争长。且其壤地相接，自轮船、铁路畅通以后，来往尤数，见闻尤广，故百年以来，焕然大变，三十年内，进境尤速④。

这种议论显然是从当时盛行的进化论中导出：欧洲的进步是竞争的产物。张氏继而指出，与西方世界"争胜争长"的情形相比，老大的中国则是另一番景象：

> 傫然独处于东方，所与邻者，类皆陬澨蛮夷，沙漠蕃部，其治术学术，无有胜于中国者，惟是循其旧法，随时修饬，守其旧学，不逾范围，已足以治安而无患，迨去古益远，旧弊日滋，而旧法、旧学之精意渐失，

---

① 《劝学篇·序》。
② 郑振铎编：《晚清文选》，上海书店1987年版，第218页。
③ 《劝学篇·内篇·知类第四》。
④ 《劝学篇·外篇·益智第一》。

今日五洲大通，于是相形而见绌矣。①

张氏不无惋惜地议论："西国强盛开通，适当我圣祖高宗之朝"，假使"其时朝廷恢豁大度，不欺远人，远识雄略，不囿迂论，而人才众多，物力殷阜，吾知必已遣使通问，远游就学，不惟采其法，师其长，且可引为外惧，藉以儆我中国之泄沓，戒我中国之盈侈，则庶政百能，未必不驾而上之"。②张氏颇抱怨清廷"开放"太晚，"泄沓"，丧失康熙、乾隆时的远识宏略，力主师法西洋。这是一种觉悟者的历史反思。

张之洞对于时代面临剧变的估量，对于中国落后于西方的原因探讨，已越出传统陈说，显示出接纳新知的愿望，其直追异域先进，亟欲祖国富强的意向溢于言表。他关于康熙年间若能开国师法远西，今必大盛的设想，也不失为智者之遐思。

历史毕竟不能假设，但未来却可以创造。张之洞不是幻想家，而是践行者，他"矢抱冰握火之志，持匡危扶颠之心，冀挽虞渊之落日"③，兴灭继绝，使中华"庶政百能"，对西洋"驾而上之"，他为此奔走呼号，辛勤劳作，其成败得失，留待后人评说。我们今天有充足的理由和证据来分析张之洞思想言行的新旧杂糅、自相矛盾，却不可否认张之洞在中国近代历史进程中的巨大分量——

作为政治家的张之洞，在"国步维艰，外患日棘，民穷财尽"的历史条件下，宵衣旰食，励精图治，确实有所作为，其实绩颇耸动中外，日本名臣伊藤博文（1841—1909）于戊戌年间访问中国，遍见大员，称张之洞为清廷第一能办事之人，此非过誉；然而，对于政治制度层面的变革和激烈的社会革命，张氏又持拒斥态度，故而清末革命党人斥其为附鳞攀翼的汉奸，恨不能将其"头置于胯下"④，也是自有缘故的。

作为思想家的张之洞，则在古今中西大交汇的浪潮中殚精竭虑，因革损益，留给后世一份丰富而驳杂的遗产。一方面，张氏对新文化的技术—艺能层

---

① ② 《劝学篇·外篇·益智第一》。
③ 胡钧：《张文襄公年谱》，北京天华印书馆民国二十八年初版，甘鹏云序。以下简称胡编《年谱》，只注卷、页码。
④ 见《民报》1907年特刊《天讨》所载"现代汉奸之真相"图片。

面广为接纳，表现出颇为大度的宽容和开明，这在其《劝学篇》的外篇中表述得酣畅淋漓；另一方面，他对新文化的政治—伦理层面又加以否定，口诛笔伐，《劝学篇》的内篇正显示了他卫道的执着和激昂。

从结构上分析，一种文化包括外缘和内核，技术—艺能层面属于外缘，政治—伦理层面属于内核。张之洞作为以"保教"为职志的思想家，最大特点在于，当他感受到"圣教"受到根本性威胁时，企图通过变通其外缘来达到捍卫其内核的目的。他的这种努力的理论表现就是对"中学为体，西学为用"这一时代"流行语"作出系统的阐发。他所钟情的这一文化范式具有相当的涵盖性，虽有严复（1854—1921）、何启（1859—1914）、胡礼垣（1847—1916）等启蒙思想家对这一文化范式及时驳诘，但仍有多人认同，直至20世纪初叶依然如此。以"五四"为开端的新文化运动，以及此后数十年间，经过全民族吞吐融会古今中西文明成就的实践，方逐步突破"中体西用"樊篱，告别张之洞时代，但仍不能说张氏的思维模式已全然成为明日黄花，兼通中西的陈寅恪直至20世纪30年代还宣称自己的思想言论未能脱出张文襄公"中体西用"轨道，就是一个例证。

生平篇
从清流健将到洋务殿军

第一章　帝制末世的科举幸运儿

一、官宦世家的严格家教

19世纪30年代，也即第一次鸦片战争爆发前夕，老大的清王朝还在中世迷梦里沉睡，当局陶醉于"乾嘉盛世"的余绪之中。然而，社会危机的阴影却以愈益深重的色调笼罩着这个东方古国，少数敏感的士人（如龚自珍）已预见到大局"殆将有变"。英国的鸦片贸易给中国造成严重的财政问题和政治、道德的沉沦。白银每年以国家岁入十分之一的巨大数额外溢，"浸透了天朝的整个官僚体系和破坏了宗法制度支柱的营私舞弊行为，同鸦片烟箱一起从停泊在黄埔的英国趸船上偷偷运进了天朝"①。一位名叫黄爵滋（1793—1853）的清朝官员在1838年奏称：1834年以来，因鸦片入口，每年白银外漏三千万两之多，导致"以中国有用之财，填海外无穷之壑。易此害人之物，渐成病国之忧。"②面对这种情形，清朝统治者不能图谋救治，却加倍盘剥百姓。"不论盐铁不筹河，独倚东南涕泪多。国赋三升民一斗，屠牛那不胜栽禾？"③这首诗的作者龚自珍（1792—1841）还对各省局势作了这样的概括：

> 自京师始，概乎四方，大抵富户变贫户，贫户变饿者，四民之首，奔走下贱，各省大局，岌岌乎皆不可以支月日，奚暇问年岁？④

---

① 《鸦片贸易史》，《马克思恩格斯选集》，人民出版社1972年版，第2卷，第26页。
② 《请严塞漏卮以培国本折》，中国史学会主编：《鸦片战争》，上海人民出版社1962年版，第一册，第463页。
③ 《己亥杂诗》，《龚自珍全集》，中华书局1961年版，下册，第521页。
④ 《西域置行省议》，《龚自珍全集》，中华书局1961年版，上册，第106页。

就在各省大局"岌岌乎危哉"的1837年9月2日（清道光十七年八月初三日），"地瘠民贫"，农民和少数民族暴动此伏彼起的西南省份贵州的兴义府（今贵州安龙布依族苗族自治县所在地）官舍，知府张锳（1791—1856）的继室朱夫人生下一个儿子。[①] 张锳依诸子的"之"字行，给这第四个儿子取名"之洞"。按照中国士大夫阶级的惯例，张之洞还有字、号和各种别号：字孝达，号香涛（他出任总督后，人称"张香帅"即由此号而来）；中年后别字壶公、香岩居士；两广总督任内，曾与李鸿章就中法战争的战和问题彼此攻讦，张氏为表示不与人争名夺利，特取张曲江"无心与物竞，鹰隼莫相猜"诗意，自号"无竞居士"[②]；因在广东创办广雅书院，故又称"广雅"；以后出任湖广总督，将自己的武昌居所命名"抱冰堂"（取"抱冰握火"之意），其晚年自号"抱冰老人"；辞世后，清廷追谥"文襄"，故时人以"张文襄公"相称。

张之洞先世为山西洪洞县人，明永乐二年迁山西人民充实首都北京一带，张之洞祖先张本由洪洞徙潥县。张本之孙张端曾任南直隶繁昌县荻港巡检，自潥县迁天津府南皮县，以后张氏家族即定居于此（张之洞因此有"张南皮"之称）。张端之子张淮在明正德间中进士，曾任河南按察使。张淮七传至张乃曾（张之洞高祖），在清代官山西孝义县知县。张之洞曾祖张怡熊官浙江山阴县知县。祖父张廷琛曾任四库馆誊录，议叙福建漳浦柬场盐大使，题补古田县知县。父张锳，少孤贫，力学入仕，曾任安化知县，有治声，1826年调贵州，历任贵筑知县、威宁知县、古州同知，又升任兴义府知府，署贵东道。

张锳对子弟管教甚严，礼聘远近名儒向六个儿子传授"乾嘉老辈绪言"[③]，并购书数十厨，供子弟阅览。张之洞四岁入塾，八岁读毕四书五经。他"童时读书，非获解不辍，篝灯思索，每至夜分，倦则伏案而睡，既醒复思，必得解乃已。"[④] 以后张之洞服官，少用幕僚代笔，亲治文书往往通宵达旦，他自称

[①] 以上说法，根据许同莘编《张文襄公年谱》和胡钧编《张文襄公年谱》。但据《贵州通志》（刘显世等修，民国三十七年铅印本）称，张锳道光二十一年始署兴义知府。张之洞诞生的道光十七年，张锳任贵筑知县。若据此说，张之洞的出生地则应为贵筑县六洞桥张锳官舍（今贵阳市博爱路）。

[②] 《抱冰堂弟子记》，《全集》，卷二二八，第28页。此记托名弟子，实为张之洞自撰。

[③] 许同莘：《张文襄公年谱》，商务印书馆民国三十五年版，卷一，第2页。以下简称许编《年谱》，只注卷、页码。

[④] 胡编《年谱》，卷一，第2页。

"乃幼时读书好夜坐思之故"①。十一二岁期间，从父亲挚友胡林翼（1812—1861）、韩超（？—1878）就学。他的文史及经济之学（经邦济国实学）的功底，得益于胡、韩二人之教。道光二十八年（1848年），十一岁，作《半山亭记》，述贵州兴义府城东北隅的半山亭，亭为张之洞父亲、知府张锳建。该亭记写景述事，有《醉翁亭记》遗韵。后来半山亭成为贵阳市一处名胜。张之洞十二岁时，文名已为全贵州省学童之冠，并在贵州印行他的第一本文集。内中诗文现存于张锳主撰《兴义府志》。

二、"近日科名之早者，盛推南皮张香涛"

张之洞步入科举仕途，为时甚早。

1849年，张之洞十二岁，与兄长回家乡直隶南皮应童子试，翌年入县学，成为"秀才"②。1851年1月（道光三十年十二月），洪秀全领导的金田起义爆发，太平军随即挥师北进，贵州地方官吏一片惊惶。张锳组织"义勇"与响应太平军的贵州教民对抗，并建议约请邻省督抚对太平军"用十围五攻之法"③。

1852年，张之洞十五岁，在家乡直隶参加顺天府乡试，中式第一名举人，"一时才名噪都"④。当消息报至贵州，正在黄平率军镇压侗、苗等少数民族暴动的胡林翼、韩超十分兴奋，胡林翼致书张锳："得令郎领解之书，与南溪（韩超号南溪——引者）开口而笑者累日。"⑤可见胡林翼、韩超对弟子张之洞的喜爱和赏识。三十多年以后，张之洞任湖广总督，特地前往武昌胡林翼祠（韩超附祀）凭吊（胡曾任湖北巡抚），并赋诗云："二老当年开口笑，九原今日百身悲，敢云驽钝能为役，差幸心源早得师。""安攘未竟公遗憾，傲福英灵傥有知。"⑥充满了对胡林翼、韩超的感激、崇仰之情。而在竭智尽力，安内攘外，维护清王朝方面，张之洞一生确乎仿效因平定太平军而被士大夫称作

---

① 胡编《年谱》，卷一，第2页。
② 上说据许编《年谱》、胡编《年谱》。但据张之洞幕僚宋绍锡著《庸庵书存卷》说，张之洞当时并未回籍应试，而是在广西百色直隶厅。据说，这样做是为了避嫌。
③ 《赠公行状》，转引自胡编《年谱》，卷一，第5页。
④ 《大清畿辅先哲传·张文襄公传》。
⑤ 许编《年谱》，卷一，第4页。
⑥ 《谒胡文忠公祠二首》，《全集》，卷二二六。诗集三，第34页。

"能吏"的胡林翼，正所谓"后生多学前贤畏，时局更新大节同"①。

1853年，太平军攻克金陵（南京），改称天京，定都于此，并举兵北伐。清廷万分震恐，宣布畿辅戒严。同年8月，张之洞出京赴贵州兴义府。其时张锳已与贵州苗民和农民军周旋四年。

1854年，贵州遵义府杨凤领导的教民与长江中下游的太平军主力遥相呼应，连克数县，并包围兴义城。张锳率部死守，并命家小登楼备薪，一旦城陷即行自焚。张之洞兄弟及姐夫都登城苦战，三昼夜不息。后来张之洞曾作《铜鼓歌》纪此事："咸丰四年黔始乱，播州首祸连群苗。列郡扰攘自战守，盘江尺水生波涛。""我先大夫（指张锳——引者）慷慨仗忠信，青衿白屋皆同袍。"②这一场抵御农民军的恶战，给少年张之洞以血与火的洗礼。

1855年，张之洞继续留在父亲军中。张锳率部用迂回战术剿灭杨凤农民军。不久苗民暴动，张锳力请将破杨凤的主军和客军留下镇压苗民，上司未采纳这一建议。后苗军攻陷岩门厅，贵州全境震动，张锳以新募五千人击退苗军。考虑到贵州战事频仍，张锳命张之洞北返。张之洞遂取道四川、陕西回到家乡直隶南皮。

1856年4月，张之洞赴北京参加礼部试，考取觉罗官学教习。同年，张锳在贵州镇压苗民的前线病卒。1857—1858年间，张之洞在籍守制。1859年，张之洞拟赴京会试，因族兄张之万（1811—1897）为同考官，循例回避，留南皮办清平团练，以抵御捻军。

1860年，因张之万为同考官，张之洞继续回避不赴试。9月，英法联军攻陷北京，咸丰帝北遁热河。张之洞感愤时事，作《海水》诗二首。③同年秋冬，张之洞至济南，入山东巡抚文煜幕府。1861年，"以醇酒妇人自戕"的咸丰帝死于热河避暑山庄，不满五岁的载淳（1856—1875）嗣位，初号祺祥。载淳生母那拉氏（慈禧太后）联络在北京的恭亲王奕訢，将"赞襄政务王大臣"载垣、肃顺等处死。举行"祺祥政变"后，改元同治，慈禧（名义上还有慈安）开始"垂帘听政"。这个从此执政四十余年的慈禧太后便成为张之洞政治生涯最重要的支持者。张氏死后，时人称其为"孝钦显皇后（即慈禧——引者）手

---

① 《改建贤良祠于祠中设仕学院书示众官》，《全集》，卷二二七，诗集四，第32页。
②③ 见《全集》，卷二二四，诗集一，第5、16页。

擢之人"①，这是确当之论。

1862年2月，张氏入都会试，额溢落榜。这次会试的主考官为湖北鄂城人范鸣和（咸丰二年进士）。范颇奇其文，大力推荐，仍无效果，张之洞只得怏怏离京，赴河南入毛昶熙（1817—1882）幕府。其时毛昶熙以左副都御史衔（掌考核官吏、振饬纲纪的都察院的副首长，正三品）继之又以内阁学士职在河南奉旨督办团练，与僧格林沁（1811—1865）在鲁、豫、鄂、皖诸省围剿捻军，张之洞入其幕，参与军政。同年12月，张之万署理河南巡抚，督师镇压捻军，张之洞入巡抚署，为张之万草疏言事。张之万请厘定折漕疏，即为张之洞起草。该奏疏受到朝廷赏识，两宫皇太后嘉其"直陈漕弊，不避嫌怨，饬部施行。"②张之洞还常借起草奏疏之机，抒发自己的见解，评议政务得失，张之万往往笑而置之曰："稿甚佳，留待老弟任封疆入告未晚。"③张之洞跃跃欲试，亟图在政治上崭露头角的诉求可见一斑。

随父亲镇压农民军，以及入文煜、毛昶熙、张之万幕府的经历，可以说是张氏青年时代的"出仕实习"。这些亲身历练使他直接感受到农民战争暴风骤雨般的袭击，真切领悟清王朝的统治危机。上述军政活动还培养了行政能力，这使之较"束发就学，皓首穷经"，于国计民生实际事务一窍不通的士人显然要高出一筹。这为他以后服官四十余年，处理政务能够"擘画精详"奠定了基础。

1863年3月入都，4月会试，5月榜发，中式第141名贡士。这一年的同考官仍然是前一年的范鸣和。上次范看到张的试卷后，曾对张的落榜深表惋惜。这次张氏考中贡士，范鸣和十分高兴，赋诗"适来已自惊非分，再到居然为此人"；张之洞作五言唱和，诗云"心衔甄拔意，不唱感恩多"④。5月31日，入正大光明殿复试，列一等一名；6月7日，廷试对策，因"不袭故套，指陈时政，直言无隐"，"阅卷大臣皆不悦，议置三甲末"⑤，大学士宝鋆（1807—1891）却十分赏识此卷，以为奇才，拔置二甲第一。试卷进呈两宫皇

---

① 《张文襄公大事记·体仁阁大学士张公之洞事略》。
② 《张之万传》，参见赵尔巽主编《清史稿》，卷四三八，中华书局1976年版，第12386页。以下引《清史稿》只注卷、页码。
③ 胡编《年谱》，卷一，第10页。
④ 见《全集》，卷二二四，诗集一，第19、20页。
⑤ 《抱冰堂弟子记》，《全集》，卷二二八，第1页。

太后（实际阅卷的仅慈禧一人），又拔置一甲第三（探花）。这是慈禧看中并起用张之洞的开端。6月10日，赐进士及第。6月14日，朝考，列一等第二名。6月23日，中进士及第，被引见两宫皇太后，授职翰林院编修。

1864—1866年，在翰林院编修任内。其间参加散馆考试，列一等第一名；又参加翰林大考，因考卷脱一字，列二等第32名。

张之洞在科举途中虽然小有坎坷，但他十三岁成为秀才，十五岁中头名举人（解元），二十六岁中第三名进士（探花），可谓少年得志，算得一个科举入仕的幸运儿。清末文士李慈铭（1830—1894）说："近日科名之早者，盛推南皮张香涛。"①

三、七载学官·撰《輶轩语》《书目答问》

1867年，奉旨主持浙江乡试。开始了七载外省学官生活。加上其间三年京官，共历十载。

1867年8月，以浙江乡试副考官身份随正考官张光禄出都，抵杭州，主持浙江乡试，所取多朴学之士。清末外交家袁昶、许景澄，曾任陕甘总督、两广总督、力主革新政治的陶模，著名学者孙诒让等都是此榜所录举人。所取人才之盛，"前后数科皆莫及也"②。张之洞主持浙江乡试，受到该省士人的欢迎。浙江人李慈铭的《越缦堂日记》同治六年（1867年）载："今年张香涛以名士来浙主试，可谓乡邦之幸。"足见张之洞当时在士子中已有相当声望。

1867年8月29日，谕旨简放湖北学政。12月抵达湖北省城武昌。张之洞鉴于当时"士风败坏"，在奏疏中阐发自己对学政一职的认识："学政一官不仅在衡校一日之短长，而在培养平日之根柢；不仅以提倡文学为事，而当以砥砺名节为先。"③为了培养、选拔"知耻廉正"的士大夫，张之洞在湖北学政任内遍历各州府，虽交通险阻，也躬亲赴之。

1868年，到德安、汉阳、黄州诸府主持考试。6月回省主持乡试。8月奏报考试情形，强调"以根柢之学砥砺诸生"，并以"端品行、务实学两义反复训勉"④。

---

① 李慈铭：《越缦堂日记》（光绪五年一月朔日），上海商务印书馆1921年版。
② 《抱冰堂弟子记》，《全集》，卷二二八，第2页。
③④ 许编《年谱》，卷一，第12、13页。

1869年3月，赴荆州、宜昌、荆门各属监督考试。回省城后，经与湖广总督兼署湖北巡抚李鸿章商定，在武昌兴建经心书院。

1870年，从本年岁试、科试试卷中择其文章雅驯者，编为《江汉炳灵集》，刊印问世。11月，卸职入京复命。离鄂前有诗云："人言为官乐，那知为官苦。我年三十四，白发已可数。"①对外放学官期间的辛苦劳顿颇有感慨。

张之洞在三年多湖北学政任内赢得治学名声，曾国藩在书信中谈及近世各地主持学务的官员时说："往时祁文端、张海门视学吾乡，最得士心，近张香涛在湖北亦慊众望。"②

于1871年初回京，其时恰值太平天国、捻军相继败亡，清朝政局进入稳定期，统治阶层正陶醉于"同治中兴"的表面升平气象。然而，西北回民起事、南方哥老会起事、各地反洋教斗争仍彼伏此起。曾国藩、李鸿章等汉族绅士利用这种形势，大力扩充自己在镇压太平军和捻军过程中积累起来的军政力量，加深同西方列强的关系，在"自强"名目下搭起洋务运动框架。张之洞自湖北返回京师之际，由其教养和经历所决定的，同洋务派格格不入，一意追逐"清流雅望"。入京以后，他与潘祖荫（1830—1890）、王懿荣（1845—1900）、吴大澂（1835—1902）、陈宝琛（1848—1935）、李慈铭、王闿运（1833—1916）等京师"词流名彦"相交结，鉴赏金石文字，"兴高采烈，飞辨元黄，雕龙炙鲸，联吟对弈"③。1871年6月，与潘祖荫"约铁龙树寺"，"大会名士，集者十七人"④，席间或纵论天下事，或挥毫题诗。在这类置酒高会、品评金石书法、诗赋唱和的交游中，本来自命清高的张之洞，与"公车名士"们大有"惺惺惜惺惺"之慨。这为以后张之洞加入清流派做好思想准备和人事联系准备。

1871年，充翰林院教习庶吉士（明清两代，选进入翰林院学习，称庶吉士，命学士任教，称教习庶吉士）。

1872年2月9日，独游慈仁寺，谒顾亭林祠，作五言律诗纪此事。诗中流露一种孤芳自赏的情绪："悻节常苦寂，欢辰常厌嚣。""街西独闲旷，不与

---

① 许编《年谱》，卷一，第15页。
② 曾国藩：《与许仙屏书》，转见胡编《年谱》，卷一，第15页。
③ 李岳瑞：《春冰室野乘·张文襄逸事》，上海世界书局1923年版。
④ 王闿运：《湘绮楼日记》（同治十年五月朔日），上海商务印书馆1927年版。

游人遭。"① 后又游极乐寺、可园、花之寺、崇效寺、什刹海,皆有诗。这是一段冶游吟诗的闲散生活。

同年9月,方略馆进呈《平定粤匪方略》《剿平捻匪方略》,张之洞代撰"恭进表"。两表各二千余言,历叙太平军、捻军起事始末及清政府的"平定"经过及其方略。慈禧"览之,称为奇才",这是张之洞"结主向用之始"②。从这两篇"恭进表"可以看出,张之洞十分留意于军政举措和经验教训,这是他常常强调的"经济之学"的一个重要内容。同年9月,同治帝大婚典礼,张之洞撰乐章四章,被赏加侍读衔(一种较高级的翰林官,以官员中有文学者充任)。

1873年2月,同治帝亲政。7月,张之洞奉旨充四川乡试副考官,随正考官钟宝华出都赴任。9月,简放四川学政(提督学政简称,清雍正年间设此官职,掌管一省学校生徒考课之事,三年一任,作钦差官待遇,与督抚平行)。11月,就任视事。

1874年,在四川大力整顿科举积弊。以往成都乡试多有冒名顶替、贿赂考官、武童打闹试场等现象,张之洞就任后,雷厉风行,一一剖断,并查出冒名顶替者十余人,交按察司通缉,四川科举考试局面为之一改,显示了干练的行政才能。成都原有锦江书院,但规模狭小,张之洞商请四川总督吴棠(1813—1876),1874年,创建尊经书院;"择郡县高材生肄业其中,延聘名儒,分科讲授"③。同年按试各州府,在眉州修苏文忠公祠。

1875年1月12日,同治帝死。醇亲王奕譞(1840—1891)之子载湉(1871—1908)嗣位。2月,改元光绪。

1875年,在四川各属按试,8月,回省城主持乡试。同年春,尊经书院建成,亲订手教,并以暇日到书院讲学。此间著《𬨎轩语》、《书目答问》二书。《𬨎轩语》为学习"举业"而作,分"语行""语学""语文"三篇,将科举考试注意事项逐条列出,对考生加以指导。《书目答问》讲治学门经列举经、史、子、集要目,又增"丛书""别录"两目,"总期令初学者易买易读,不致迷

---

① 《新春二日独游慈仁寺谒顾祠》,《全集》,卷二二五,诗集二,第17页。
② 《张文襄公大事记·体仁阁大学士张公之洞事略》。
③ 赵尔巽:《事迹宣付史馆折》,《张文襄公荣哀录》,卷一。

惘眩惑而已"①。以后张之洞由重庆给北京王懿荣的信函中称，他编此书目"意在扩见闻一，指示门径二，分别良楛三，其去取分类，及偶加记注，颇有深意，非仅止开一书单也"②。这部书确有学术价值，为治中国旧学者所普遍重视，梁启超（1873—1929）回忆，他少年时代"得张南皮之《𫐐轩语》《书目答问》，归而读之，始知天地间有所谓学问"③。可见张氏二著对晚清学界之影响。

1876年4月，奏陈川省试场积弊，认为"川省人心浮动，狱讼繁多"，与文生有关；"烧香结盟，纠众滋事"，则与武生有关，所以，整顿科举"不仅在考试一端"，且关系到大政稳定，"故欲治川省之民，必先治川省之士"④。这表明张之洞是把学政事务与巩固社会秩序的总目标紧密联系在一起的。后来他回忆自己在四川学政任内整顿积弊的八条办法（惩鹭饭、禁讹诈、禁拉搕、拿包揽、责廪保、禁滋事、杜规避、防乡试顶替）时曾自负地说："四川督学署积尘盈屋，我次第扫除过半耳。"经过这一番整顿，四川科举考试走入正轨。在张之洞主持四川学务期间所取士人，如范溶、张祥龄、宋育仁等，极一时之选，在清末民初的政治界、学术界均有一定影响。四川门生中，有一位杨锐（1857—1898），即后来与谭嗣同等一起被害的"戊戌六君子"之一。张之洞十分赏识杨锐，称其为"高材生"，并"召之从行读书，亲与讲论，使肄经学"⑤。他们师生间政见相近多，私谊亦不错，常一起游览赋诗。1876年4月，按试眉州，恰逢苏文忠公祠竣工，在杨锐等弟子陪同下，登临甚乐，并作登楼诗，内有"共我登楼有众宾，毛生杨生诗清新"⑥之句。所谓"杨生"即指四川绵竹人杨锐。张之洞调离四川后，曾致书新任四川学政，"以蜀才告"，推荐"四校官、五少年"，其中"五少年"为首者便是杨锐。

1876年12月，四川学政任满，作《尊经书院记》，交卸启程。因为官清廉，曾"于例得参费银二万两辞而不受"⑦，去任时无钱治装，出售所刻万氏十书经板，方得成行。

---

① 《书目答问·略例》，商务印书馆发行《国学基本丛书简编》。
②③ 胡编《年谱》，卷一，第19页。
④ 梁启超：《饮冰室合集》，中华书局1936年版，文集之一，第55页。
⑤⑥ 《登眉州三苏祠云屿楼》，《全集》，卷二二五，第25页。
⑦ 许编《年谱》，卷十，第224页，附赵尔巽奏折。

张之洞 1867—1876 年间先后出任浙江副考官、湖北学政、四川学政（其中三年任京官，实任学官七年），注重经史根柢之学，网罗通才宿士，其教育宗旨是"通经为世用，明道守儒珍"①，走的显然是传统儒学故道，与奕䜣以及曾国藩、左宗棠、李鸿章等洋务派官僚 19 世纪 60 年代以来创办的洋务教育尚无干系。但他在浙、鄂、川诸省主持学务时，针对清代"家家许郑，人人贾马，东汉学烂然如日中天"②的烦琐考证之风，"于士习文风力求整顿"，倡导经世致用"实学"，反对专习帖括时文，以便为清王朝培养忠心而又干练的士子。经过他的苦心经营，在浙、鄂、川三省确也选拔、培养了一些"通经致用之士，经世济邦之才"，这使他得到士林和朝廷的赞赏。

1877 年初，回到北京，任文渊阁校理（唐代以来秘书省官职，任务为校书正字，清代文渊阁沿设此职官），结束学政生活，重为京官。

---

① 许编《年谱》，卷一，第 6 页。
② 梁启超：《清代学术概论》，中华书局 1954 年版，第 53 页。

第二章 "奏弹国家大政"的清流党人

一、跻身清流

张之洞自四川返回都城,很快便以京官身份参加"清流",从而进入政治生涯的一个重要阶段。

"清流",原指清澈的流水,又喻指德行高洁的名士,进而指帝制时代负有时望、批评权贵从整饬纪纲的政治派别。清朝末年的清流分为由北方人组成的"北派清流"[协办大学士、军机大臣李鸿藻(1820—1897)为魁首]和由南方人组成的"南派清流"(军机大臣沈桂芬为魁首)。这两派清流,因畛域之见,彼此攻讦,但在反对洋务派这一点上,又观点相近,都属于守旧派范围。他们"以不谈洋务为高,见有讲求西学者,则斥之曰名教罪人,士林败类"[1]。清流党成员多是未掌握实权的京官,他们以"维持名教为己任",企图用"圣经贤传"来保卫社稷,对外反对列强蚕食,对内主张整饬纪纲,其批评锋芒除针对一班贪官污吏外,主要指向以李鸿章为首的洋务派的对外政策,"一时尊王攘夷之论,靡漫于全国"[2]。

清流派继洋务派之后而起,并非偶然,这是清末政坛的一种必然现象。同治、光绪之际,清廷为显示"中兴"气象,"方锐意求治,诏询吏治民生用人行政"[3],清流的"直谏"便成为这种"中兴"的点缀品。更重要的是,19世纪70、80年代,洋务运动进入鼎盛期,富于机变的慈禧太后既要支持奕䜣、李鸿章等人筹办洋务,以增强清朝的军事和经济实力,并通款列强,同时又

---

[1] 郑观应:《盛世危言·西学》,《郑观应集》,上册,第272页,上海人民出版社1982年第1版。
[2] 裘毓麐:《清代轶闻》,卷四,中华书局1932年版,第19页。
[3] 《清史稿》,卷四四四,宝廷,第12451页。

担心"内轻外重",失去驾驭,便玩弄"以清议维持大局"手法,利用清流党人的"清议",以公众舆论形态,牵制炙手可热的洋务派。这正是清流党在19世纪70年代前后能活跃于朝野上下,其尖锐评议朝政的奏疏往往能被慈禧所容纳的奥秘所在。洋务派对清流党的"公论""清议"十分恼火,李鸿章说:"都中群议,无能谋及远大,但以内轻外重为患,欲收将帅疆吏之权。"[1]他还直接表示对于支持清流的慈禧的不满,说太后"深宫端拱,枢廷照旧赞襄,遇事多下部议,操天下政权仍在书吏,非外臣所能力争也"[2]。

　　张之洞加入清流,并成为这个派别的一员骁将,并非偶然。他学宗汉、宋,深受程朱理学熏陶,属于"儒林正宗";青少年时代或偏处贵州一隅,或就学于素称保守的故乡直隶南皮,均为西方新学影响尚未达到的区域。在这种封闭的中古天地成长起来,其理想无非是"丈夫有志当封侯"[3],对于近代世界缺乏了解。加之自幼家训甚严,父亲常说:"贫,吾家风,汝等当力学。"[4]这也铸造了清高性格。另外,他"遇事敢为大言"[5]。凡此种种,促成较全面的清流素质。如前所述,早在外放四川学政之前,张氏在北京已与若干清流人物过从甚密。这次由四川提督学政返回京师,再度充任冷差——教习庶吉士(明清两代选进士入翰林院学习,称庶吉士,命学士一人任教,称教习或教习庶吉士)。国势的日益颓败,个人的不甚得志,都使其颇有几分抑郁。1877年9月,恰逢四十岁生日,而手头又比较拮据,便典当新娶的王夫人(王懿荣之妹)的衣物,置酒自贺。下年王夫人病逝,张之洞在悼亡诗中追述自四川回京时的情形:"新车蜀使归来日,尚藉王家斗面香。"[6]诗中作者自注:"余还都后窘甚,生日萧然无办,夫人典一衣为置酒。"[7]自嘲中颇含牢骚。

　　正当怀才不遇,还京任闲职之际,都城的清流评议朝政的活动进入高潮。1878年,北方诸省大旱,朝廷发布诏书"求直言"。翰林院侍讲张佩纶(1848—1903)、国子监司业(自唐始以国子监司业为国子监祭酒之副,清制以司业为正六品官,一般以翰林出身者充任)宝廷(1840—1890)、詹事府左

---

[1] 李鸿章:《与郭嵩焘书》,《李文忠公全书》,卷十六,朋僚函稿,南京金陵刊本1908年版。
[2] 李鸿章:《复鲍华潭书》,《李文忠公全书》,卷十六,朋僚函稿,南京金陵刊本1908年版。
[3][6][7]《全集》,卷二二五,诗集二,第2、32、33页。
[4] 胡编《年谱》,卷一,第2页。
[5]《清史稿》,卷四三七,列传二二〇,第12377页。

庶子（秦汉以后，庶子为宫官之一，清代庶子隶于詹事府，可专折上奏）黄体芳（1832—1899）等人接连上书，敦请朝廷广开言路，关心民间疾苦。张佩纶警告朝廷，若不及时整顿弊政，将会出现"奸民乘灾啸聚，荐饥之会，酿患至易，防患至难"①。张之洞所受教养、政治见解和境遇都驱使他向这些慷慨陈词、维护纪纲的言官靠拢，彼此间很快便引为同调。就清流派而言，19世纪70年代中后期，正是发展党羽的时期。同其他政学社团一样，清流派在吸收成员时十分注重地域界限，北派清流魁首、大学士李鸿藻是直隶高阳人，"素持南北之见"，而张之洞也是直隶人，加之思想观点一致，张氏便成为北派清流招纳的理想人选。总之，一方亟欲加入，一方有意吸收，正式进入清流圈子便顺理成章。

二、锋利的"青牛（清流）角"

张氏加入清流，开端于与清流党要角张佩纶的交结。1877年5月，张之洞在读罢张佩纶关于穆宗（同治帝）升祔位次的奏疏后，十分钦敬，"遂造庐订交"②，后与张佩纶并称"畿南两杰"，彼此唱和，相互提携；至于陈宝琛、王懿荣等人，张之洞更早在1870年即已相交。张之洞与张佩纶、陈宝琛、王懿荣等北派清流诸人常以明代文士杨椒山故宅"松筠庵谏草堂"作活动地点，杜门拒客，起草奏疏。③据陈宝琛后来回忆，他同张之洞、张佩纶"三人不分畛域，或公口占而侍讲属草，或两公属草而余具奏，或余未便再言而疏草由两公具奏"④。配合可谓默契。当时京师士人"呼李鸿藻为青牛（清流同音）头，张佩纶、张之洞为青牛角，用以触人；陈宝琛为青牛尾，宝廷为青牛鞭，王懿荣为青牛肚，其余牛皮、牛毛甚多。"⑤这批朝廷文学侍从"连同一气，封事交上，奏弹国家大政，立国本末"⑥，组成一个颇有影响的政治集团，京师士子对他们相当景仰，甚至达到亦步亦趋的程度，如张佩纶"喜著竹布衫，士大夫争效之"⑦。

按清制规定，官员要四品以上者方可直接上疏言事，张之洞加入清流之

---

① 《广开言路折》，张佩纶《涧于集》，奏议，丰润涧于草堂1921年刊本。
②④ 胡编《年谱》，卷一，第20页。
③⑦ 裘毓麐：《清代轶闻》，卷四，中华书局1932年版，第18页。
⑤⑥ 刘禺生：《世载堂杂忆》，中华书局1960年版，第90页。

始，官阶较低，不得直接上折，只能代别的官员起草奏疏。1878年，曾代侍讲（清制于内阁置侍讲学士，职在典领奏章）张佩纶草疏，建议出使俄罗斯的崇厚（1826—1893）先赴新疆体察形势，与左宗棠定议后再去俄国交涉伊犁边界问题。但这一建策"疏入不省"，未引起朝廷重视。

1879年3月，补授国子监司业（从四品），取得上疏之权。5月，朝廷就皇统继承问题召开王大臣会议，张之洞与宝廷联衔上折，迎合慈禧继续"垂帘听政"的意向，奏折受到重视，被"录一份，存毓庆宫"。这是张之洞直接上疏之始。同年。畿辅旱灾，"逃荒乞丐，充塞运河，官道之旁，倒毙满路"，张之洞疏请"亟宜速筹荒政，以拯穷黎而弭隐患"，并建议"借款平粜""分地劝贷""井工贷赈"①。他竭力主张救灾，当然为的是"弭隐患"，却也表现了关心民生疾苦的倾向。同年6月，草疏的替四川东乡（今宣汉县）农民申冤折，更轰动朝野。

东乡案发生在1875年。该县知县孙定扬一贯违例苛敛，东乡百姓苦不堪言，便进城申辩，孙定扬诳称农民围攻县城，"诬判清剿"。提督（一省军事长官，受总督节制）李有恒率兵赶至，署理四川总督文格则"批饬各营痛加剿洗"，"将一村一寨不分善恶男女老幼而尽杀之"②。据载，李有恒部烧屋毁寨，奸淫掳掠，滥杀四百余人，造成特大惨案。事后，文格包庇肇事凶手孙定扬、李有恒，反诬农民"谋反"。1876年，东乡农民代表孙廷蛟赴京控告，被刑部拘留，后押解四川囚禁。都察院御史（明清中央监察部门称都察院，长官为左、右都御史）等人看出其中蹊跷，纠弹文格（其时文格已调离四川）。但文格之后继任四川总督的李瀚章、丁宝桢官官相护，偏袒文格，仍然刑逼被押农民，使冤狱无以伸张。

东乡"诬民为逆案"发生在晚清一大公案——"杨乃武与小白菜案"之后。"杨案"自1872年延至1875年方查明真相。曾妄断杨乃武、小白菜死刑的浙江巡抚杨昌浚及以下审办官员均受处分。清廷为标榜"政治清明"，对"杨乃武与小白菜案"的改判大事宣扬，而当时各界士绅民众出于对吏治腐败的愤懑，也十分关注"杨案"。这样，此案成为同光之际举国议论的一大新闻。

---

① 《张文襄公奏稿》，卷一，第22～24页。
② 《大员关涉重案请令听候部议折》（光绪五年五月二十日）。《全集》，卷一，奏议一，第16页。

翁同龢（1830—1904）的《翁文恭日记》、李慈铭的《越缦堂日记》都载有此案故事。在这种气氛下，东乡案自然引人注目。清流派为了争取民心，造成声势，积极配合都察御史纠弹文格，奔走呼号，力图平反东乡冤狱，但数年并无进展。

1879年，清廷派礼部尚书恩承、吏部侍郎童华赴四川查办，以平息舆论。但这批大员并无意解决问题，只知勒索地方。王闿运的《湘绮楼日记》光绪五年（1879年）三月二十日载：恩承、童华"来蜀查案"，"二使出境往看行装累累，有四百驮。……炫赫道路如此"。清末吏治的腐败由此可见一斑。张之洞早在四川学政任内即对东乡案情有所了解，此时更觉时机成熟，遂与张佩纶等日夜磋商，由张之洞出面于1879年6月30日连上《重案定拟未协折》《陈明重案初起办理各员情形片》《附陈蜀民困苦情形》，痛述惨案始末，指斥东乡知县孙定扬"横征暴敛，妄召外兵残民以逞，民不叛而诬为叛"①，疏请诛孙定扬以恤民生。奏折还揭露恩承等"大员查办，复奏不实"。紧接着，张之洞又于7月9日上奏，疏请惩处对东乡案负有重大责任的"新授库伦办事大臣前山东巡抚文格"②。为平息民众的愤慨，并显示自己英明，慈禧采纳张之洞的建议，1879年7月，刑部议奏平反，孙定扬等被判处死罪，东乡冤案得以昭雪。一时间，张之洞名声鹊起。连日本文士竹添光鸿来华游历，也闻张之洞之名，请求会见。③

同年8月，上《直言不宜沮抑折》，赞颂以慈禧为首的朝廷"从谏如流"，表示自己应"不避嫌怨，不计祸福，竞以直言进"④。

遵照这种"竞以直言进"的宗旨，又接连上疏，其中特别引人注目的是与陈宝琛联名奏请裁抑奄宦一例。1880年某日，宫内太监奉命挑食物八盒赏赐醇亲王奕譞，出宫时与护军争殴，太监入宫奏报，慈禧大怒，立即罢除护军统领，门卫交刑部，将置重典。恭亲王奕訢、大学士李鸿藻等人虽不同意慈禧这一处置，但又担心激怒慈禧，不敢公开表态，形成"枢臣莫能解，刑部不敢讯"⑤的局面。张之洞、陈宝琛恰在此间上奏劝谏，慈禧居然态度转缓，门

---

① 《重案定拟未协折》，《全集》，卷一，奏议一，第11页。
② 《大员关涉重案请令听候部议折》，《全集》，卷一，奏议一，第16页。
③⑤ 《抱冰堂弟子记》，《全集》，卷二二八，第1、2页。
④ 《直言不宜沮抑折》，《全集》，卷一，奏议一，第18页。

兵得以保全性命。这个事件虽小，但因冲着一向宠用宦官的慈禧，确乎担着不小风险，最后又得到圆满解决，使朝中王大臣都松了一口气，恭亲王奕䜣夸奖说："若此真可谓奏疏矣。"① 张之洞也因此获得"直谏"声誉。

三、改订"中俄条约"

1880年前后，张之洞上疏言事，以外交议题居多。其中最重要的是关于改订"中俄条约"（即《里瓦几亚条约》）之议。

早在1871年，沙俄乘"中亚屠夫"阿古柏（1820—1877）侵占乌鲁木齐并向东进犯之机，出兵强占新疆伊犁地区，以后"非但久假不归，且冀于附近地方，希图蚕食。"② 1877年，左宗棠率部击平阿古柏。次年，清政府派钦差大臣、曾与李鸿章一起设天津机器局的崇厚出使俄国，谈判归还伊犁问题。崇厚缺乏外交常识，更对新疆边境形势全无所知，在沙俄的胁迫和愚弄下，于1879年在俄国克里米亚半岛里瓦几亚擅与俄国代理外交大臣格尔斯签订《里瓦几亚条约》十八条，中国仅收回伊犁一座孤城，却要割让大片土地，并对俄开放三条商路，赔款五百万卢布（折银二百八十万两）。国内舆论哗然。但崇厚的丧权辱国行为却受到李鸿章的祖护，李鸿章散布承认既成事实的论调："崇厚所定俄约，行之虽有后患，若不允行，后患更亟。"又直接为崇厚辩解："此次崇厚出使，系奉旨授与全权便宜行事之谕，不可谓无立约定议之权。若先允后翻，其曲在我。自古交邻之道，先论曲直，曲在我而侮必自招；用兵之道亦论曲直，曲在我而师必不壮。"③ 但湘系集团左宗棠、刘坤一（1830—1902）则竭力抨击李鸿章。在众论纷纭的形势下，张之洞经与陈宝琛、张佩纶连日商讨，于1880年1月上《熟权俄约利害折》和《评筹边计折》，力陈"俄约有十不可许"、"必改此议不能无事"、"不改此议不可为国"，主张从缓立约，并将崇厚"拿交刑部，明正典刑"，以为后者戒。疏中还提出，在新疆边界问题上可以"以英制俄"④。清政府也认为"俄人与崇厚所议约章，流弊甚大"，拒绝批准《中俄条约》。张之洞又尖锐指斥淮系集团的拥兵畏战："李鸿章岁縻数百万

---

① 《抱冰堂弟子记》，《全集》，卷二二八，第2页。
② 奕䜣等：《俄人久踞伊犁希图侵越折》，宝鋆等辑《同治朝筹办夷务始末》，卷九十三。
③ 李鸿章：《李文忠公全书》，卷三四，奏稿，南京金陵刊本1908年版，第17~18页。
④ 《熟权俄约利害疏》，《全集》，卷二，奏议二，第1~6页。

金钱以制机器而养淮军,若并不能战,安用重臣?"张之洞的筹兵、筹约奏议为朝廷所重视,慈安、慈禧召见张之洞,特许他随时可赴总理各国事务衙门陈献意见,以备谘询,并"敕译署(即总理衙门——引者),令遇事与张之洞商矣"①。这样,张之洞由一般京官上升为一个对外务大政有发言权的重要人物。

1880年,清政府经与英国人戈登(1833—1885)等商讨后,认为对俄开战力所不逮,遂派曾纪泽(1839—1890)出使俄国重议中俄边界问题。而俄国因俄土战争刚刚结束,也无力在东方大战,便一面用军事相威胁,自6月以来,屡屡传出俄舰已过旧金山的消息;另一方面又对中国展开外交攻势。俄国代理外交大臣格尔斯致函俄方谈判代表热梅尼,扬言如果曾纪泽不接受俄方条件,就要对中国"伸出拳头",并威胁说,要中国政府"担负战争的全部责任"。②曾纪泽与俄方反复周旋,据理力争。在国内,张之洞又连续上疏,一面要求曾纪泽维护主权,一面强调,面对俄人恫吓,必须做好军事准备。他还在奏疏中对北洋大臣李鸿章、南洋大臣刘坤一的不积极备战严加谴责,指出当此战云密布之际,却文恬武嬉,湘军师老兵疲,淮军暮气亦深,有关大吏泄泄沓沓,无所作为。他直指当时权要的弊端:曾国荃(1824—1890)已入衰迈之年,不宜再居要津,应让贤于后进;李鸿章虽未衰已将老,锐气尽失,并且嫉才妒贤,当此危急之秋,"悠悠数月,军容暗然","南北洋大臣张皇入告,枢臣不再计,廷议无深谋。既无能战之人,安有万全之策,睹此时局,不胜愤慨"。又说,"北洋大臣李鸿章,南洋大臣刘坤一,身为干城,甘心畏葸,不能任战"③。这是张之洞与李鸿章发生冲突之始。而慈禧及保守派派首领醇亲王奕谮为制约"权倾天下"的李鸿章,对于作为淮系对头的张之洞给以赞助、扶植,张的奏疏得到采纳,两江总督、南洋大臣刘坤一被免职,以至赋闲9年,直到1890年才重授两江总督。可见,在慈禧、奕谮的支持下,张之洞等京官清流的奏议对封疆大吏还是颇有牵制力的。

围绕中俄条约问题,张之洞在1880年前后上疏共二十余次之多,先论《中俄条约》十八条之失,复论曾纪泽使俄"但论界务,不争商务"④之弊,

---

① 《张文襄公大事记·体仁阁大学士张公之洞事略》。
② 《俄国在东方(1876—1880)》,商务印书馆1974年版,第151页。
③ 《敬陈经权二策折》,《全集》,卷二,奏议二,第22页。
④ 《清史稿》,卷四三七,第12377页。

另外还奏言"边防实效全在得人""海防事宜九条""慎重东南疆寄西北界务",等等。这些上疏虽有若干内容不免堕于书生策士之见(特别表现在对曾纪泽的批评上),有高言空论之弊,表明张之洞当时毕竟不谙外务;但其中确乎也显示了张之洞的爱国精神。在丧权辱国事件接踵而至的19世纪70、80年代,这类悲歌慷慨、力争主权的奏论自然会赢得朝野注目。清末民初文士吴廷燮(1865—1947)曾说:"犹忆为儿童时,得公(指张之洞——引者)论俄约利害疏,朝诵夕录,不遑寝馈。"① 可见张氏的奏稿当时已不胫而走,在士林中影响甚大。张氏因此而与黄体芳、宝廷、张佩纶相并列,"时称翰林四谏,有大政事,必具疏论是非"②。此四人外加刘恩溥、陈宝琛又称"清流六君子",而张之洞"实为之领袖"③。

朝廷对张之洞亦恩宠有加,连连晋级:1879年9月,补授左春坊中允(唐制于左春坊左庶子下置中允,相当于朝廷的门下侍郎,清沿用此职官),10月,转司经局洗马(隋唐设司经局为太子所属官署之一,掌太子宫中图书。明清仅存司经局洗马一官,无实职,隶属于詹事府);1880年6月,晋升右春坊右庶子(秦汉以庶子为太子宫官,左春坊比朝廷门下省,右春坊比朝廷中书省。明清无此官属而有此官名,隶于詹事府),8月,充日讲起居注官(汉以来侍从皇帝,记录皇帝言行的官员。清代以翰林、詹事等日讲官兼充,以日讲起居注官为官名,为皇帝近臣),9月,转左春坊左庶子,1881年3月,补翰林院侍讲学士,6月,充咸安宫总裁,7月,擢内阁学士,兼礼部侍郎衔(从二品)。其晋升之速,为时人所侧目,李慈铭说:"之洞以编修得司业,两年而跻二品。"④ 1882年1月,由阁学补授山西巡抚,从而结束翰院谏官生活,迈入封疆大吏门槛。

四、爱国、经世、机变、大言:张氏奏议特点

张之洞在做京官清流的几年间,连连上疏言事,纠弹时政,在野朝上下获得显赫名声。这除了因为他的政论表达一般士大夫维护纲纪和国家民族尊严的

---

① 吴廷燮:《张文襄公年谱跋》,胡编《年谱》,卷六终后,第1页。
② 《清史稿》,卷四四四,第12460页。
③ 《张文襄公大事记·哀张文襄公》。
④ 李慈铭:《越缦堂日记》(光绪七年六月三日),上海商务印书馆1921年版。

意愿之外，还由于他在慷慨陈词的外壳下，隐藏着善于机变的内核。他颇能揣摸以慈禧为首的最高统治者的脾味，在直言清议之际决不固执一端，这在光绪初年的继嗣继统之争中，表现得格外明显。

同治帝载淳死后，大臣中有人建议"请择溥字辈之贤者而立"①，如果这样做，慈禧便会成为太皇太后，失去太后地位，而按清朝祖制，太皇太后不能垂帘听政，于是慈禧便匆忙把醇亲王奕𫍽（其福晋为慈禧之妹）的四岁儿子载湉迎入宫中，拥立为帝（即光绪皇帝），这样，慈禧便可继续以"母后"身份执政。相传其时同治的皇后已有身孕，如若生子（即慈禧的孙子）便有继位资格，如果出现此种事态，慈禧便要离开"听政"位置，故慈禧百般折磨皇后，使其绝食而死。这些做法既违反中国传统，又不符清廷家法，朝野士民议论哗然，交相上疏。这自然成为权力欲极大的慈禧的一块心病。1879年4月，同治帝后棺椁移葬惠陵，监护移葬的吏部主事吴可读（1812—1879）自杀，身怀疏稿，这便是所谓的"尸谏"。吴可读在疏稿中"抑求我两宫皇太后再降谕旨，将来大统，仍归大行皇帝嗣子。"②主张载湉将来生了儿子，仍旧继承为同治帝（穆宗）之子，这就再次挑起继嗣继统争端。朝廷于5月21日召集王大臣会议，并诏言："吴可读所奏，前旨即是此意"，企图强使大家承认既成事实。诸臣虽然表面说"止有恪遵，更有何议"③，但内心却颇有异见，造成"内阁集议各执一说，以上闻类皆模糊影响之谈"④，这显然对慈禧十分不利。张之洞在这一关键时刻，于5月30日与宗室宝廷联衔上疏，为慈禧解围。疏中说："皇帝生有皇子，即承继穆宗为嗣"⑤，意谓光绪将来生子，应作同治的嗣子，也即慈禧的孙子。张氏奏疏进一步为慈禧辩解道：这种做法"出于两宫皇太后之意，合乎天下臣民之心"，"本乎圣意，合乎家法"⑥。经过张氏的"援引经旨，侃侃谔谔，辨明继嗣继统之异旨"⑦，巩固了慈禧在光绪一朝的太后地位，从而也就肯定了慈禧掌权的合法性，大大讨得慈禧的"恩宠眷顾"。

---

① 王筱汀：《清鉴》，卷一三，720页。
② 《清史稿》，卷四四五，吴可读，第12462页。
③ 《清史稿》，卷四四四，黄体芳，第12449页。
④⑦ 《张文襄公大事记·张文襄公薨逝之观感》。
⑤⑥ 《全集》，卷一，奏议一，第1、6页。

说明张之洞老于世故的另一例证是1880年"裁抑宦官疏"的起草经过。这份由张之洞与陈宝琛联衔上奏的疏本,先由陈宝琛起草,张之洞一再劝诫,"措词不宜太激",后来陈宝琛作了修改,张氏仍认为词句"太峻",连夜驰书止其上奏。但陈宝琛与张佩纶商讨再三,张佩纶认为"精义不用太可惜",终于上奏。张之洞得知后十分抱怨,担心此举得罪慈禧,今后"事大于此者不能复言"①。正当这几个言官忐忑不安,吉凶未卜的时候,传旨下来:慈禧基本采纳奏折的意见,张之洞方转忧为喜。可见,张氏所谓"直言进",是以最高统治者的意向为指归的。张佩纶也看出张之洞工于心计、企图左右逢源,曾婉转批评张氏奏疏是"主兼祧而又恐涉于趋时"②。

然而,张之洞在不直接触犯慈禧的前提下,毕竟能够比较大胆地直谏政务之失,并且敢于不避权要,如在东乡案中弹劾文格,在中俄条约问题上要求严惩崇厚,又尖锐批评李鸿章、刘坤一。这类言行在吏治泄沓的清末已属难能。

另外有一点应当注意,张氏任京官期间对洋务派的抨击大都集中于外交问题上,而对洋务派兴办的近代实业很少进行具体的、实质性的批评,这与一般清流党人颇有区别。19世纪70年代前后,典型的保守派一再指斥洋务派"学习外国利器",大唱"何必师事夷人"的谰调,并认为一切学习西方技艺的行为都是"变而从夷,正气为之不申,邪氛因而弥炽"③。他们甚至"一闻修造铁路、电报,痛心疾首,群起阻难。至有以见洋人机器为公愤者"。但张之洞在身为清流党之际即与一般排外论调有所区别,此刻他虽对"夷务"缺乏真切了解,但从清末的现实生活中领略到洋人、洋技亦不乏可取之处。1880年8月15日的《谨陈海防事宜折》说:"近年西人著有《防海新论》一书,经上海道译出刊报通行,于外洋争战,防外海、防内河种种得失利钝,辩论至详","拟请先购数十部发交东三省,一面令沿海各督抚向上海多购分发诸将领,细心讲求,触类引申,必有实效"④。1880年2月所上《边防实效全在得人折》更有关于学习外域技艺的总体性论述:"塞外番僧,泰西智巧,驾驭有方,皆可供我策遣。"⑤另一疏承认,"至于教练海战,实是西人所长"。这类论述,

---

① 胡编《年谱》,卷一,第23页。
② 张佩纶:《涧于集·日记》(光绪五年),丰润涧于草堂1921年刊本。
③ 宝鋆等辑:《同治朝筹办夷务始末》,卷四十七,第24页。
④⑤ 《全集》,卷二,奏议二,第27、16页。

颇有"师夷长技"的意味。同"一班科第世家，犹以尊王室攘夷狄套语，诩诩自鸣得意，绝不思取人之长，救己之短"①的状态相径庭之处还在于，张之洞非但没有指责洋务派借洋款办海军，反而认为李鸿章借款数量不够。他的疏本中便专门有一条"筹巨饷必须借洋款"，内中向朝廷建议，"宜令上海道速向各洋商议借数百万巨款，以应急需"②。他认为借洋款以筹边防是合算的，"即可免赔敌国千余万兵费，孰得孰失，此理易明"③。这类议论已明显地脱出清流窠臼，而直逼洋务派。所以，有人认为张之洞"变法自强之议亦即萌芽于此时矣"④。

正因为具备上述思想基础，所以当张之洞沿着清流这条"终南捷径"跨入统治上层⑤，取得山西巡抚地位后，迅速改变言官谏臣的故态，展现出励精图治的干练大员的风姿。而当张之洞离京赴晋不久，陈宝琛、张佩纶等清流党皆出京，从而失去1880年前后连连"奏弹国家大政"的势头。由于陈宝琛、张佩纶、吴大澂等人发高论有余，办实事不足，他们任京官时评议朝政，洋洋洒洒，说得头头是道，而一旦担当具体军政任务，这些以"口舌得官"的人物便一再举措失当，或贻误戎机，或荐人不准，连遭降职、罢免处分。尤其是张佩纶，他以海防事宜大臣身份参加中法战争，在马江弃军，被时人讽为"乃不自劾而以劾人，颜之厚矣"⑥，以后革职充军，期满回京，因无所归依，遂以三品顶戴投附于往昔的对头李鸿章门下做幕僚，并入赘做李鸿章的女婿，"为世所诟"⑦。清流人物的破落由此可见一斑。同时，因为中法战争紧迫，朝廷撤换军机处，李鸿藻于1884年与奕䜣等一起被解除军机大臣职务，清流派失去靠山。而朝廷因形势严峻，容不得清议，清流派也就丧失了存在的基础，"朝士乃不敢复自命清流，以匡济自负，争为偷淫容悦之习"⑧。清流人物风流云散，"前清流"作为一个政治集团也就宣告解体。中法战争以后，以户部尚书

---

① 裘毓麐：《清代轶闻》，卷四，中华书局1932年版，第21页。
②③《海警日迫急筹战备折》，《全集》，卷三，奏议三，第8页。
④《张文襄公大事记·张文襄公薨逝之观感》。
⑤ 李慈铭：《越缦堂日记》光绪十年二月朔日有"北人二张（指张之洞、张佩纶——引者）以谏书为捷径"之语，上海商务印书馆1921年版。
⑥ 李慈铭：《越缦堂日记》（光绪十年八月），上海商务印书馆1921年版。
⑦ 辜鸿铭：《张文襄幕府纪闻》，岳麓书社1985年版，第7页。
⑧ 中国史学会编：《戊戌变法》（四），上海人民出版社1957年版，第311~312页。

翁同龢为首，盛昱、王仁堪为骨干，又形成了"后清流"。志锐、文廷式、黄绍箕（1854—1908）、丁立钧（1854—1902）、张謇等人也参与其间。"后清流"较"前清流"通时务。光绪亲政，"后清流"以"拥帝"相标榜，称为"帝党"，与当权的"后党"相抗衡。这时的清流仍保持"敢言"传统和爱国抗战的风格，却较多地带有改革色彩，并与维新派彼此相通。但张之洞与"后清流"不属一个系统，存有南北畛域之歧。

张之洞在"前清流"极盛期加入这个派别，通过纠弹弊政，阐扬纪纲，博取"诤言回天"的时誉；以后，又在"前清流"开始走下坡路之际，及时游离出这个迂腐的派别，改弦易辙，走上李鸿章所谓的"今日喜谈洋务乃圣之时"[①]的道路，成为由清流党演变成洋务派的典型。这再一次表明，洋务派并非从天而降的星外来客，并非纯然的舶来品，他们是半殖地中国的产物，是从基础广阔的官僚层中生长出来的。洋务派与保守派既相冲突又相联系。洋务派来源于保守派；许多保守派在攻击洋务派之际，又若明若暗地向洋务派靠拢、转化。这是清末政坛的一种趋向。

五、清流遗风伴随终生

张之洞虽然在出任山西巡抚以后，即已脱离清流行列，并逐渐成为洋务派晚期的重要代表，但清流特征却伴随终生。

其一，讲究操守，为官比较清廉。李鸿章办洋务数十年，积累家产巨万，而张之洞死后并没有多少遗产留给子孙后辈。张之洞为官"廉介不妄取"的事迹甚多，这显然与清流遗风有关。在吏治腐败、贪风盛行、政弊俗污的清末是难能可贵的。

其二，出任封疆之后一段时间，保持爱国热情。清流党作为士大夫中的"正人"，向以"公论"的发纵者自居，"伤时忧国"是他们"书生大言"的基本内容。当然，这是一种旧式的爱国情绪，而且其中也有装腔作势者，但有些清流人物却不乏真实的爱国精神。如张之洞的妻兄王懿荣便是一个诚挚的爱国者，在庚子国变中坚持主战，八国联军入京后，他率亲属投水自尽。张之洞的爱国倾向也是明显的，他出任督抚以后，仍不断抨击李鸿章的对外妥协政策，

---

① 李鸿章：《李文忠公全书》，卷十六，朋僚函稿，南京金陵刊本1908年版。

在中法战争中"耻言和,仍阴自图强";在中日甲午战争中,竭力主战,并反对签订丧权辱国的《马关条约》,要求朝廷废约再战。清流遗风显然是撑持张之洞这样做的精神支柱。不过,张之洞晚年爱国主义色彩渐趋淡薄,还做出一些丧失国家主权和民族利益的事情。这生动地表明,清流党的旧式爱国主义已无力抵挡西方列强的侵略,也难以把爱国主义坚持到底。

清流党作为清末保守派的一个组成部分,其社会政治思想、伦理思想、文化思想都带有浓厚的守旧色彩,这些对张之洞的影响也是久远而深刻的。他对儒学精义须臾不忘。知张甚深的幕僚辜鸿铭(1857—1928)曾说,曾国藩是"大臣",张之洞是"儒臣"。二者的区别在于:"三公论道,此儒臣事也;记天下之安危,此大臣事也。国无大臣则无权,国无儒臣则无教。"① 简言之,所谓"儒臣",较之"大臣"更重视维系纲常名教。1898 年所著《劝学篇》把"儒臣"本色发挥尽:担心"邪说暴行横流天下"②,把三纲五常称作"万古不变之常经",倡言"保国、保教、保种",力主在纲常名教不变的前提下,改变法制、学制、科举,所谓"旧学为体,新学为用"③。凡此种种都显示出,直至 19 世纪末 20 世纪初,张之洞身上仍然深藏着"以维持名教为己任"的清流魂魄。

清流党人陈旧的知识结构也始终是张之洞兴办近代事业的障碍。他创建汉阳铁厂、湖北枪炮厂、布纱丝麻四局,都一再违背科技常识,造成令人痛心的损失,这与其知识缺陷大有关系。清末文人常嘲讽袁世凯(1859—1916)"不学有术",赞扬张之洞"有学无术"。其实,张之洞的学问限于中国旧学,近代社会知识和自然知识却较为缺乏,不仅比郑观应(1842—1922)、薛福成等改良派士人落后,也不如洋务大员李鸿章、盛宣怀(1844—1916)。

总之,张之洞虽然在脱离京官行列以后已经走出清流圈子,但清流党人的幽灵却始终在他身边盘旋,梦魇般地纠缠着他此后几十年的思想和行动。这是我们在研究张之洞时所必须把握的一个要领。

---

① 辜鸿铭:《张文襄幕府纪闻》,岳麓书社 1985 年版。
②③ 《劝学篇·序》。

第三章 出任山西巡抚——迈向封疆大吏

一、光绪初山西社会与张氏治晋

1882年1月（光绪七年十二月），张之洞在离京赴晋就任山西巡抚前夕，陛辞请训。慈禧的指示是：时世艰难，如有所见，随时陈奏，并留心访求人才。张之洞30日出京，2月10日抵太原，12日接篆视事。

抵任后，于1882年2月14日给朝廷上《到山西任谢恩折》，叙述对山西局势的初步观感："沿途体访，民生重困，吏事积疲，贫弱交乘。"[①]

19世纪80年代的山西社会黑暗，吏治腐败，民生凋敝。自光绪六年以来，山西以公费馈赠各级吏员已成定规，官厅"巧立裁汰陋规之空名，改立公费，以便其私，旧日止送水礼者，一律改为实银"[②]。这种引起人人嗟怨、物议沸腾的恶政，正是山西官场贪污成风、贿赂公行的冰山露出水面的一个尖角。此外，随着洋布、洋纱等洋货的倾销，加之收购价格的不合理，曾经相当兴旺的山西手工纺织业、土铁冶炼业和土窑煤炭业，到19世纪80年代已日渐萎缩，一些手工业者、矿冶工人和商人失去生计。与此同时，鸦片泛滥也是山西的一大社会问题。"晋民好种罂粟，最盛者二十余厅州县"[③]，不仅富贵者"吞云吐雾"，而且"民间自种自吸，户有收藏，佣妪村童，亦多沾染，殆有积重难返之势"[④]。

人祸之外，山西自19世纪中叶以来自然灾害频仍。张之洞赴晋前的

[①]《全集》，卷四，奏议四，第1页。
[②]《裁革公费馈送折》，《全集》，卷四，奏议四，第33页。
[③]《禁种罂粟片》，《全集》，卷四，奏议四，第30页。
[④]《中国近代农业史资料》，三联书店1957年版，第一辑，第904页。

1877—1878年间，山西全境大旱，赤地千里，流民无数，草根树皮剥掘殆尽，愚民易子而食。此类纪录，山西各县县志连篇累牍，惨不忍睹。曾国荃任山西巡抚期间，"力行赈恤，官帑之外，告贷诸行省，劝捐协济"，"先后赈银一千三百万两，米二百万石"①。但贪墨的各级官吏，将这些救灾"善后之款"挪作己用，花天酒地，挥霍无度，"当光绪五、六年间，晋民喘息未苏，中外汲汲边备，而晋省各衙门张灯演剧，豪宴无度，弥月不休"②。

天灾人祸交迫，造成山西经济萧条，人口锐减。1879年全省人口1643万人，1894年下降到1097万人，十余年间减少三分之一。而张氏抚晋期间，正处在山西人口锐减的过程中。

面对积弊丛生的山西局势，张之洞走马上任，颇有一番力意振刷的打算。初抵太原的疏稿提出激浊扬清，整顿吏治，垦荒积谷，开源节流，整理财政等治晋办法。其后，在1882年7月26日，又上《整饬治理折》，进一步提出"治晋之道"，其中所列"晋省要务二十事"③，可以看作张之洞的治晋纲领。此后两年多，他在山西的若干兴革措施，大体不出其范围。

1. 整顿吏治，荐举人才

张之洞认为，山西的社会问题多如牛毛，而吏治的泄沓不振作，则是症结所在。刚抵太原时曾致函张佩纶："晋省可办事体甚多，惟习染太坏。病痛括之以懒散二字。……处此时势，不能不帅以清明强毅四字。先令整饬严肃，再议其他。"④山西吏风不正，其严重性还在于，这些庸惰懒散的官吏，彼此勾结，竭力维持原状，抵制一切变化，即使对新任巡抚，亦迫其就范。正如张之洞所说："省城局面，大有联成一气，口众我寡之势。……一若巡抚之职，惟当缄口尸居，一切不当知，不当闻，不当问者。积习如此，岂一朝一夕之故哉。"⑤从山西现状中体察到自咸丰、同治以来吏治的腐败已到了积重难返的地步。求治心切的张之洞大刀阔斧，力矫时弊。他自抵任之日起，即立定课程，丑正二刻起床，寅初阅公文，辰初见客办公，并亲治文书，不用幕僚起草，一改省垣各衙门疲沓涣散的惰风。为了向庸惰懒散的官吏群击一猛掌，张

---

① 《清史稿》，卷四一三，列传二〇〇，第12042页。
② 《特参贻误善后各员片》，《全集》，卷四，奏议四，第36页。
③ 《全集》，卷四，奏议四，第22页。
④⑤ 《全集》，卷二一四，书札一，第31页。

之洞开印后首先下的一道文告，是令司道府州考察属吏优劣。经过一番考查，张之洞处罚一批不法官吏。如"贪纵害民，行检不修，声名最劣"的萨拉齐同知定福；"行径鄙俗，私加厘金，剥商扰民"的候补直隶知州李春熙；"习染最恶，征收弊混"的补用知县洪贞颐等人。[①] 此外，山西官吏中沉溺于鸦片的"瘾君子"甚多，这些人偃息在床，志气昏惰，不上官厅办公，政务荒怠。张之洞对此十分恼火，但考虑到官场染此恶习者不在少数，不便遽行参劾，遂勒限半年，令其戒除。张之洞又特别惩处侵吞救灾款项的藩司葆亨和冀宁道王定安。这二人均为前任山西巡抚曾国荃属下要员，王定安还得到曾国荃的赏识，但在晋官民愤怒，万口沸腾。张之洞斟酌情形，一面奏请罢免处分葆亨、王定安，"劾治吞赈之官十数员"[②]，一面又不想"一一穷究，辗转株连"[③]，以致牵涉湘系首领、时任两广总督的曾国荃。既要打击贪赃枉法的官吏，举起"整肃吏治"的旗帜；又要适可而止，有所节制，不轻易触犯高层人物，显示了张氏的老练世故。

在惩处不法官吏之外，张之洞还遵照慈禧"留心访求人才"旨意，首先大力促成原户部侍郎阎敬铭（1817—1892）复职。阎敬铭是清末理财能手，因与朝中大吏有矛盾，托病隐居解州乡里，在山西中条山讲学。张之洞出任山西巡抚后，接连上《阎敬铭定期赴阙折》《阎敬铭遵旨赴京供职片》，陈述阎敬铭复职主持财政的好处，希望朝廷不要"虚置康济之材"。张之洞还派知府马丕瑶（1831—1895）持手书敦请阎敬铭出山。以后，出任户部尚书继而又入阁拜相的阎敬铭成为张之洞在朝廷内的重要奥援。

与促成阎敬铭出山相先后，又保奖"循良之吏"知府马丕瑶等六人，并于1882年6月6日上《胪举贤才折》，"举中外文武官吏凡五十九人"，其中名列榜首的便是"翰林院侍讲张佩纶"，称其"内政外事皆所优为，论其志节才略，实为当代人才第一"[④]。其他被推荐者如吴大澂、陈宝琛等十四名京官，也多为张氏在北京当翰林清流时的同列。此外，他还推荐外官二十九人，八旗大臣六人，武职十人。一份疏稿荐举近六十人，为前所未有，所以"疏入，枢垣惊

---

① 《特参害民不职各员折》，《全集》，卷四，奏议四，第20页。
② 《抱冰堂弟子记》，《全集》，卷二二八，第4页。
③ 《特参贻误善后各员片》，《全集》，卷四，奏议四，第35页。
④ 《胪举贤才折》，《全集》，卷四，奏议四，第13页。

诧"①。张之洞声称,他一秉于公,毫无私情,"素无通识者居其什之七"②,即与十分之七的被推荐者原来并不熟识,但他大加推崇张佩纶、陈宝琛等清流同党,又举荐妻兄唐炯"堪军事",难免招致物议。李慈铭对此有十分尖刻的评论:"近日北人二张一李(张之洞、张佩纶、李鸿藻——引者)内外唱和,张则挟李以为重,李则饵张以为用,窥探朝旨,广结党援,八关后裔,捷径骤进,不学无术,丧心病狂。恨不得居言路以白简痛治鼠辈也。"③由此可见清末官场宗派鸿沟之深,仅清流内部的南北两派之间即形同水火。

张之洞在山西整顿吏治的措施,还有裁革公费馈送,永除州县馈送上司节寿礼之累;裁免科场支应,减免赴试士子及省城居民因每年举行乡试所受勒索;禁除营务(军队管理)积弊,等等。

2. 奖励农工,兴革财政

面对山西民生凋敝的现状,采取鼓励民生,裁抑苛税的做法。

(一)劝垦荒地,建仓积谷。把"责垦荒"列为"晋省要务二十事"的第一条:"国之元气在户口蕃息,田野垦辟。"④这显然出于传统的重农思想,当然也与山西连年饥荒的现实有关。当时山西有主无主荒地共一万多顷,又有大批饥民流亡不归。为了鼓励百姓垦荒,主张对新垦荒地暂不起科征税,无论有主无主荒地均从开垦之日起,三年后起征,并下令对垦荒者"酌给牛种之资"⑤。

在劝垦荒地,发展粮食生产的前提下,又令各州县建仓积谷,以备灾荒。以往曾国荃任山西巡抚时已开始这样做,但张之洞认为还远远不够,他说:"分散畸零,仅备一区,无裨全局,仍非有大宗积储不可。"⑥经与阎敬铭、张树屏等人反复磋商,援古例今,决定以两年时间在汾州碛口建大型谷仓,"万一晋省遇有急需,东由汾平可达省垣,南下蒲津可及边鄙"⑦。

(二)清丈土地,减免苛税。山西向无鱼鳞册,土地税混乱,造成"或耕无粮之地"(即耕种不缴税纳粮的土地),"或纳无地之粮"(即没有耕地却要

---

① 胡编《年谱》,卷二,第2页。
② 《胪举贤才折》,《全集》,卷四,奏议四,第6页。
③ 李慈铭:《越缦堂日记》(光绪八年五月八日),上海商务印书馆1921年版。
④ 见《整饬治理折》,《全集》,卷四,奏议四,第22页。
⑤ 《未垦荒地请宽限起征折》,《全集》,卷四,奏议四,第25页。
⑥⑦ 《建仓积谷折》,《全集》,卷五,奏议五。

缴税纳粮），结果出现"弱者扑责包赔，黠者隐匿飞洒"的局面，"此一事为晋民之大害"①。张之洞认为，要解决这个问题必须清丈土地。

除清丈土地，建立鱼鳞册，澄清田赋之外，还下令裁减差徭，"严定应差章程，不准差员滥支，总之不取民间一钱，不扰过客一车"②。

继裁减差徭之后，又大力裁处山西的另一虐政——摊捐。所谓"摊捐"，就是省内的公事用度，凡入不敷出，其款项即摊派给各州县，一些官吏还乘机私征勒派，使百姓苦不堪言。为解决这一问题，特设"清源局"，办理裁抵摊捐事务，"使州县之力宽然有余，而后下不至以朘削者累民，上不至以亏挪者累国"③。

造成山西摊捐的一项大宗，是铁价补助。山西历来供应北京天津好铁若干万斤。由于用手工生产，成本日高；又用骆驼、牛马运输，运费日昂，但国家的调拨价不变，以致山西土铁出售价大大低于生产成本加运费，其间的巨大亏额则通过摊捐转嫁到老百姓身上。这是专制制度违背价值法则的一种倒行逆施，既造成山西手工矿冶业的凋敝，也困扰了各阶层人民。张之洞面对这种困局，提不出根本性的解决方案，只能"仰恳天恩，俯念晋省地贫官累，略予补苴"④，并且保证"竭力整饬，必能使州县每年收数较前渐增"⑤。山西绸绢纸张的生产与收购存在与土铁类似的问题，张之洞的解决办法也只是请朝廷"宽仁"。可见，出任晋抚初期的经济举措，基本还滞留在中古励精图治的帝制官僚的水准线上，与冯桂芬（1809—1874）、王韬（1828—1897）、陈炽（1855—1900）、马建忠（1845—1900）、郑观应等改良派"恃商为国本""借商以强国"的经济观点相去甚远。

3. 禁种罂粟，禁食鸦片

鸦片泛滥是清末的全国性祸害，而山西是"烟患"严重的省份之一。张之洞到山西后曾发表感慨："晋省患不在灾而在烟。"⑥山西鸦片泛滥的重要原因，是许多州县盛行种植罂粟，所以，欲治晋省烟患，首先要禁种罂粟。为此，张

---

① 《豁除累粮片》，《全集》，卷四，奏议四，第26页。
② 《裁减差徭片》，《全集》，卷四，奏议四，第28页。
③ 《裁抵摊捐折》，《全集》，卷五，奏议五，第2页。
④⑤ 《筹补铁款片》，《全集》，卷五，奏议五，第4页。
⑥ 《全集》，卷二一四，书札一，第31页。

之洞上《禁种罂粟片》，痛陈种植罂粟之害。在明令禁种罂粟之外，张之洞又仿照李鸿章在天津设戒烟局的办法，延请医生、购买药物，劝喻"瘾君子"戒烟。对于官吏中"有嗜好废事"者，"分别撤任停委，勒限戒断"①；对于兵士中抽鸦片者，"勒限戒断，不悛者汰黜"②；学校诸生则由"学臣随时董戒，冀以渐摩观感，徐收移风易俗之功"③。

张之洞对鸦片之祸是深以为恨的，以后，他在《劝学篇·内篇·去毒第九》中指出："悲哉洋烟之为害，乃今日之洪水猛兽也。然而殆有甚焉，洪水之害不过九载，猛兽之害不出殷都，洋烟之害流毒百余年，蔓延二十二省，受其害者数十万人，以后浸淫尚未有艾，废人才、弱兵气、耗财力，遂成为今日之中国矣。"他的结论是："此使孔孟复生，以明耻教天下，其必自戒烟始矣。"④ 在严禁鸦片以救治社稷民族这一点上，张之洞是林则徐的继承者。然而，同林则徐当年"严刑峻法以禁之而不效"⑤一样，在山西大刀阔斧禁种罂粟，并未从根本上解决问题。1882年12月，上《禁种罂粟片》正式开始禁烟，一年半以后，他在《陈明禁种罂粟情形折》中谈到禁种罂粟的不易，虽"告戒至再至三"，"惟小民嗜利忘害，狃于积习，兼以从前示禁，非朝令夕更，旋禁旋辍，即地方官吏贿庇优容，以故官民习惯视为具文"。在这种困难情况下，首先在种烟最盛之地交城和代州"分查互勘"，"偏历溪谷，不避幽险"，将所种罂粟拔除，"一茎不留"，并令地方官，视其地宜，"教之种桑、种棉、种麻、种兰、种莸、种菜子、种花生，以敌其利"。经过这一番努力，交城、代州罂粟种植"一律净绝"，其余厅州县，或去十之八九，或去十之六七。张之洞的估计是：只要"大吏有司同心竭力，持之不变，三年以后，可期此害永除"。然而，事态的实际发展却远不如估计这么乐观。在张之洞出任山西巡抚期间，种烟、吸烟数量确有减少，"省城戒烟局就医购药，络绎不绝"，然而，当他调离山西后，种烟、吸烟重新风靡全省。到1905年，山西鸦片产量进入全国前列，年产13573担，仅次于四川的51000余担和贵州的14000余担。可见鸦片之害在清末中国，同政治、经济、社会风俗诸方面的痼疾交织在一起，深入膏肓，成为一种难以禁除的绝症。

---

①②③ 《禁种罂粟片》，《全集》，卷四，奏议四，第30、31页。
④⑤ 《劝学篇》内篇，《全集》，卷二〇一，第38、41页。

张之洞抚晋期间还制定"保甲并定就地正法章程",用保甲连环加强镇压"游匪""马贼""客勇"。筹议七厅改制,对晋北蒙古族聚居区丰镇、宁远、归化等七厅建制进行改造,以加强控制。又修筑四大天门路,连接素称天险的山西、直隶边境交通。

以上治晋兴革,大体都未逾越帝制官僚"治国平天下"传统,也即张之洞自己所说的"此皆儒术经常之规"[①]。就这位刚从清流圈子走出来的地方大吏而言,沿着传统轨迹运行也是势所必然。但是,随着19世纪80年代中国社会半殖民地化的日益加深,通权达变的张氏也发现故道难以走通,便开始在某些方面脱离原有轨迹,步履蹒跚地另寻出路。

二、接受李提摩太"西化"方案

19世纪70、80年代之交的山西,基本还处于闭关状态,自然经济占据统治地位,近代工业文明对这个省份的影响尚微乎其微。不过,西方传教士进入山西的历史却相当久远。早在明朝末年,耶稣会士、意大利人艾儒略便访问过山西;耶稣会士、比利时人金尼阁在山西绛州建立第一座教堂。19世纪中叶以后,新教传教士在山西各地建立教堂,发展教徒,宗教活动初具规模。而19世纪70、80年代来晋的新教传教士、英国人李提摩太(1845—1919)等更推向新的水平。他们在传播基督教"福音"的旗帜下,宣传"西学",鼓吹"西化"。李提摩太等看中了这个矿藏资源丰富、战略地位重要的省份,企图将其变为英国资本的原料供应基地和商品销售市场。19世纪70年代初,德国地理学家李希霍芬(1833—1905)两度进入山西,调查地质情况;英国更多次派人到山西勘察矿藏,采集煤矿铁矿标本,经化验,认为"两种矿质皆居上品"。一家英国公司在正式报告中称,山西"煤炭之富,甲于天下","铁质之佳,无与伦比"。

就在西方列强对山西的潜在富饶虎视眈眈的背景下,李提摩太于光绪三年(1877年)进入这个省份,从事救荒和传教,并测绘地图,搜集政治经济情报。李提摩太自称,他在张家口至太原途中,"随身携带了一个袖珍无液气压表,沿途测量了地形的高低度。回到太原府后,我根据所测得的地形,绘制了一幅

---

① 《全集》,卷四,奏议四,第25页。

地图"①。他还调查山西各地白银与铜币比率的差异,平时和灾时的粮价,难民人数、逃荒率、牲畜数、妇女数等数据,然后一一向上海、天津的基督教教会汇报。李提摩太除大量搜集情报外,还交结官府,向山西当局兜售自己的开发方案。光绪七年(1881年),撰《救时要务》,并利用山西饥荒,向当时的山西巡抚曾国荃提出"以工代赈"建议,进而又拟订包括开矿、兴实业、办学校在内的大规模"西化"山西计划,并鼓励曾国荃从组织灾民兴修铁路着手。曾国荃及一些官绅虽对李提摩太赈救灾荒的"慈善家"形象表示好感,平阳县官绅为之立碑表功,曾国荃特向李提摩太赠"功碑",但山西官绅大都对"西法"十分疑惧,曾国荃也未敢贸然接受李提摩太的"西化"方案,并对李提摩太的活动抱有戒心,认为他是在"盗窃中国人的心"②。1882张之洞出任山西巡抚后,李提摩太在山西的境遇才发生变化。

张之洞从京官清流变为掌管一省政治、经济、军事实际事务的封疆大吏,每日每时迎面扑来的现实问题,使他意识到,单靠"圣经贤传"提供的旧法已不能解决。而自19世纪60、70年代以来,一些省份的督抚通过兴办洋务,使财政和军事实力大增,这自然令张之洞羡慕,产生仿效之念。正当张之洞希望步洋务派后尘,在山西打开局面的时刻,他看到李提摩太上曾国荃的条陈,便大感兴趣,立即召集属员讨论条陈中开矿、筑路、兴学诸事宜,并聘请李提摩太出任顾问。李提摩太则乘机向张之洞及山西官绅士子鼓吹"西化"方案,并在太原组织演讲社,每月聚会一次,由李提摩太讲演天文、历史、地理、声学、光学、电学、机械、医药等科学常识,并表演磁石吸铁、氧气吹燃、电可发光等简单实验,使与会者对"泰西新学的文明"钦佩不已;李提摩太还专门向张之洞讲解"别西墨炼钢法"。上述普通科技常识,对于自幼以来只接触过经史典籍的张之洞及其他官绅而言,全然是新鲜学问,并产生"仰之弥高"的感慨。由此,张之洞对"西技""西艺"有了皮毛认识,这使他出任方面大吏之始产生的改弦更张的趋向,有了一个较为具体、明晰的实施路径。因此,从一定意义来说,接触李提摩太及其"西化"方案,是张之洞由清流党走向洋务派的转捩点。

清末官僚演变为洋务派,几乎无一例外地都受到西方人(军官、商人、传

---

①② [英]李提摩太:《亲历晚清四十五年》,江苏人民出版社2018年版,第134、88页。

教士等等）的直接推动。19世纪60年代的华尔（1831—1862）、戈登、赫德（1835—1911）曾经对奕䜣、曾国藩、曾国荃、李鸿章发挥过这种作用，如李鸿章便自称与戈登等"深相友爱"①，而戈登1863年在安庆会晤曾国藩，商谈改革军事，又在天京城外会见浙江巡抚曾国荃，策划进攻天京。赫德则于1865年以后，逐渐控制总理衙门的总税务司，并被奕䜣称许为"处事和谐，言谈审慎，机智而又老练"②，赫德实际上成为洋务大员的老师。19世纪80年代的李提摩太对张之洞也施加了类似影响。西方人成为洋务官僚的指导者，这是半殖地中国近代化进程中引人注目的一种现象。

在李提摩太启迪下，张之洞在山西兴办一系列洋务项目。

1. 设教案局

随着天主教在山西的传播，教堂日多，教徒日众，老百姓与教会发生摩擦的事件（即所谓"教案"）也就层出不穷。张之洞"到任后，察此情状，因设立教案局，派令冀宁道专司其事"③。此后，山西直至1900年义和团运动爆发之前，基本没有发生大规模反洋教事件，这当然与李提摩太等传教士的传教活动不无联系，同时也是张之洞设立教案局的直接后果。

2. 设洋务局，招聘洋务人才

如果说1883年1月设立教案局主要是为了平息中外纠纷，那么，1883年6月设立洋务局，则是在更具体意义上展开洋务建设。张之洞接触李提摩太"西化"山西方案后，决定将其中若干条款付诸实施。但"三晋表里山河，风气未开，洋务罕至"，尤其缺乏"习知西事，通体达用"的人才。张之洞设立洋务局以后，深感"空疏无据"的旧式士大夫无济于事，而"各省局厂学堂，人才辈出"，山西又不能立即兴办学堂培养新式人才，遂印发《延访洋务人才启》多份，"分咨各省"④，用高薪征聘通晓天文、算学、水法、地舆、格物、制器、公法、条约、语言、文字、兵械、船炮、矿学、电气的通才或专家，到山西襄助举办"西法"新政。又广筹巨款，购置图书仪器。并"酌派提调、正

---

① 李鸿章：《上曾相》，《李文忠公全书》，卷二，朋僚函稿，南京金陵刊本1908年版。
② 《恭亲王致赫德》，《英国兰皮书》（1864年）。转引自魏尔特著，陈敩才等译《赫德与中国海关》，厦门大学出版社1993年版，第288页。
③ 《设立教案局片》，《全集》，卷六，奏议六，第5页。
④ 《札司局设局讲习洋务条》，《张文襄公牍稿》，卷三。

佐委员，先就晋中通晓洋务之人及现已购来各种洋务之书，研求试办。"① 张之洞在山西招聘、网罗新式专门人才，反映了他亟欲兴办洋务事业的愿望。然而，此种努力的收效甚微，这促使张之洞以后在两广总督和湖广总督任内大规模"兴学育才"，直接培养洋务干部。

3. 设立各种实业机构

为了推进实业发展，设桑棉局，募苏州织绸机匠来晋教习；设铁绢局，经办绸绢纸三项贡品，并与北洋大臣会奏，"晋铁运销奉天、上海等处，请变通成例，改由天津出海，以轻成本"。当时"洋铁充斥各省，而土铁尚沿旧例，不准出海"②，奏议有维护经济主权，增加山西土铁与洋铁竞争能力的意义。光绪九年（1833年），张佩纶奉使到山西，张之洞曾与之议论："购洋铁非计，宜于晋省炼铁成条，供洋局之用。"③张佩纶在总理衙门为张之洞的铁政计划作鼓吹，总理衙门议于山西设局炼铁。1884年初，张之洞便开始筹备有关事宜。这可以说是张之洞以后在广东和湖北兴建炼铁厂计划的萌芽。张之洞在山西巡抚任内，还设清源局清查道光以至光绪数十年间库款，以杜绝冒领滥支之弊。这些做法虽然算不得先进的经济措施，但就社会闭塞、吏治昏暗的山西而言，仍然具有积极意义。

4. 筹办山西练军

曾国藩、左宗棠、李鸿章等洋务派大吏，都是由镇压太平天国、捻军起家的，手中握有强大武装，如曾氏的湘军、左氏的楚军、李氏的淮军。由于他们较早与西方列强结合，先后对旧式军队进行技术改造，建立使用洋枪洋炮的部队。这是曾、左、李实力雄厚，连朝廷也不得不对其敬畏三分的一大原因。地方学政和京师言官出身的张之洞没有曾、左、李那样煊赫的军事经历，更不掌握私家武装，但他对洋务先进的军事实力十分羡慕。张之洞自走上封疆大吏道路之日起，便无时无刻不在为建立一支由自己支配的近代化武装而努力。山西巡抚任内这种意向已经初露端倪。1883年初，张氏奏请从直隶、山西等省募马队数百名来晋训练，朝廷认为"以无事之区，转筹添募，恐滋繁费，应毋庸

---

① 《札司局设局讲习洋务条》，《张文襄公牍稿》，卷三。
② 《抱冰堂弟子记》，《全集》，卷二二八，第4页。
③ 胡编《年谱》，卷二，第6页。

议"①；1883年2月，张氏再奏，陈述"晋省绿营疲敝，为各直省之最"，拟"择防勇之精壮者挑补，仿直隶章程作为练军"②。紧接着，张氏又上《密陈北军应练片》，说明他"锐意欲办山西练军"，"并不独为山西一省计也。果使此军练成劲旅，不惟可以挑补晋省练军，沿边万余里，随处皆可用之"。奏请得到朝廷允准。经与直隶总督李鸿章、广东水师提督吴长庆咨商，调记名总兵李先义、补用副将吴元恺等管带操练。李先义、吴元恺等人成为以后张之洞创办广胜军、自强军和湖北新军的将领。张之洞还命随身侍卫张彪（1860—1927）入军，后成为湖北新军主将。

练军是从绿营、勇营向新军过渡的一种军队形式。张之洞力主以练军取代绿营和勇营，并将"绿营向以弓箭为先"的传统改为"首重火器"③。他在致张佩纶的便函中曾透露大举经营铁矿，筹巨款购外洋军火以练晋军的计划，由于不久即调离山西，这个计划未能实施。张之洞又针对勇营"随将而迁"的弊病，力图将练军建设成归地方政府统管的部队。这是张氏组训以使用火器为主的新式军队的最初尝试。应当说，张氏嗜兵的特点，自抚晋即已开始。而这个特点又为近代中国许多官僚所共有，从曾国藩、李鸿章，到袁世凯、蒋介石莫不如此。这是因为，在半殖民地的中国，如果不直接掌握军队，就没有政治实力地位可言。即使像张之洞这类"翰苑词彦"出身的文官，一旦登上政治舞台，也要迫不及待地抓军队。研究中国近现代历史，不可不注意这一重要现象。

三、心系南天

正当张之洞准备在山西展开以"兴实业""办练军"为主要内容的洋务计划时，1884年春天，南方传来中法战争的隆隆炮声，举国视线都投向两广。此时的张氏虽为北国疆吏，却密切关注粤边，1882年5月，他上《越南日蹙宜筹兵遣使先发豫防折》，指出"法国图越窥滇已久"，提出预防之策十六条。1883年12月，更于一日之内为备战事连上三折。慈禧太后看出张之洞不仅主战，且有战守陈算，便将其列为主持抗法战事的人选。加之此际，张之洞因晋北七厅改制，与满蒙贵族发生矛盾，双方僵持不下，这也促使朝廷将张之洞调离山西，总督两广。1884年4月，张之洞接到赴京受任两广总督的圣旨，山

---

① ② 《新募马队并未增饷折》，《全集》，卷六，奏议六，第6、8页。
③ 《筹改营制折并单》，《全集》，卷八，奏议八，第22页。

西巡抚职由守旧官僚奎斌护理。这样,张之洞在山西刚开头的洋务事业便人去政息,归于夭折。

山西巡抚任内,张之洞已表现出朝洋务派转化的明显趋向,诚如其《年谱》的作者许同莘所说:"公在晋欲大举经营铁矿,筹巨款购外洋军火以练晋军……规划已有大略,适擢粤督去,未竟其事。……辛丑以后,遂大举兴办,实当日发其端也。"[①] 光绪九年(1883年)四月颁布的《延访洋务人才启》,显示了赴两广前夕对于洋务事业的认识:

> 方今万国盟聘,事变日多,洋务最为当务之急。

如果说,1880年代初是张之洞走向洋务派的开端,那么,出任两广总督,历史正式把"短身巨髯,风仪峻整"[②] 的张氏推上洋务巨擘的位置。

---

① 许编《年谱》,卷二,第40页。
② 《清史稿》,卷四三七,列传二二〇,张之洞,第12329页。

第四章 "万国盟聘，事变日多"的督粤五年

19世纪50年代，法兰西第二帝国将殖民矛头伸向印度支那半岛东侧，1858—1862年，法军侵占南圻（今越南南部），70年代又向北圻（今越南北部）推进。80年代初，茹费理内阁加紧侵越，1883年，威逼越南阮氏王朝签订顺化条约，取得对越南的"保护权"。法国以越南为跳板，企图侵占中国滇、桂、粤地区，中法战争（又称清法战争）一触即发。当此之际，张之洞挑起督粤重任。

一、中法战争间的抗战派

1884年5月2日（光绪十年四月初八日），交卸山西巡抚职务，启程北上，5月7日抵京，19日入宫请安，召对中法战争事宜。22日，署理两广总督（原两广总督张树声（1824—1884）解任，专治军事），6月8日陛辞请训，11日出都，经天津—上海—广东海路7月8日抵达广州。下船伊始，立即巡视外海内河各炮台及广州城外陆军各营垒，并筹办琼、廉、潮等沿海各州防务，为抵抗法国侵略做准备，又连上奏章，陈述战守方略，展示了主战派的风姿。而恰在张之洞抵粤后两个月，酝酿已久的中法战争从海陆两路大规模展开。

1. 张之洞的抗战主张及其战守准备

1883年12月至1885年4月进行的中法战争，是法国政府强加给中国的一次殖民战争，也是1840年以来西方列强侵略中国的一个重要步骤。早在18世纪，法国殖民主义已把矛头指向当时中国的"藩属"越南，19世纪50、60年代更对越南发动军事侵略，由南向北，渐次占领越南国土。70年代初，法国探明从越南北部北圻的红河可通航至中国云南境内，这正吻合其向中国西南扩张的需要，便加紧对北圻的侵略，但受到越南军队与中国人刘永福（1837—

1917）率领的黑旗军的协同抵抗。至80年代，法国的财政资本迅速膨胀，其殖民侵略的口味也愈来愈大，不仅在越南的侵略活动日益猖獗，而且构成对云南、两广的严重威胁。清廷内的主战派左宗棠、彭玉麟（1816—1890）、曾纪泽等人多次上疏，请求朝廷加强南方兵力，遏制法国咄咄逼人的势焰。其时正在山西巡抚任内的张之洞特于1882年6月5日向朝廷上奏，指出"法国图越窥滇，蓄谋已久"，"法人兵船已突入彼东京而踞之"，"目击时艰，不胜焦灼"①。有鉴于此，就越南问题"上十六策"②。在另一道奏章中，揭示"外患日深"的险恶局势，建议"请遣重臣驻粤筹办越事"③。这一奏章是有针对性的。清廷曾有意派李鸿章前往广东督办越南事宜，节制广东、广西、云南三省防务。但李鸿章不敢在越南问题上与法国对峙，一再推辞这个任命，并公开主张听任越南沦陷，说什么"即使废置其君，灭绝其国，亦与汉之捐弃珠崖等耳"④。李鸿章的这类言行遭到朝内主战派的严厉谴责，工科给事中秦钟简说，李鸿章"张夷声势，恫喝朝廷，以掩其贪生畏死，牟利营私之计"⑤，并建议罢斥李鸿章。张之洞的疏本虽比较含蓄，但他"请派重臣赴粤"所谓之"重臣"，即指李鸿章。

1883年，法国在越南的侵略气焰更趋嚣张，11月30日，张之洞再上奏折，"谨陈战守事宜十七条"，指出"法兰西贪悖不道，蹂我属国，逼我边徼，必欲吞灭刘团，尽有越地"。明确主张，"今日法越之局，惟有一战"⑥。他竭力敦促慈禧太后下抗战决心，在疏稿中说，若太后不肯力主用兵，恭亲王自然要力保和局，其他朝内外官员更不敢认真备战，势必造成"朝廷游移，将帅观望，士卒迷惑，……必不能取胜矣"⑦。还提出具体的战守建策，如"务持久"："法兵远来费巨，利在速战"，我方则应以持久战对付之；又如"用刘团""用越民""防津""防烟台""防粤""防江南闽浙""备军火""速文报"诸条⑧，都是切中时弊的意见。他还针对朝廷妥协派的主张，接连上《法患未

---

①②《越南日蹙宜筹使先发豫防折》，《全集》，卷四，奏议四，第14、17页。
③《清遣重臣驻粤筹办越事片》，《全集》，卷四，奏议四，第18页。
④ 沈云龙：《清光绪朝中法交涉史料》，台北文海出版社1966年版，卷四，第24页。
⑤《请罢斥李鸿章片》，沈云龙《清光绪朝中法交涉史料》，台北文海出版社1966年版，卷八，第43页。
⑥⑧《法衅已成敬陈战守事宜折》，《全集》，卷七，奏议七，第9、13～17页。
⑦《张文襄公奏稿》，卷二。

已不可罢兵折》《越事关系大局请断自宸衷片》，直接批评李鸿章等人的妥协求和言行。

值得注意的是，张之洞的"主战"与京师言官的"主战"是有差别的。他在山西巡抚任内给张佩纶的信中说："中外兵事，鄙意与尊意及京朝诸言事者迥然不同。诸公意谓法不足畏，我易胜法，故纷纷主战。鄙人则明知法强华弱，初战不能不败（原疏甚明，可复验也），特非战不能练海防，非败不能练战。只要志坚气壮，数败之后，自然渐知制胜之方，若一败而即扰动，更易将帅，则战备永无练习得手之日矣，兵凶战危，何等大事，何等难事，岂有谈笑指挥数营杂兵劣械而能坐摧强敌者乎？世间安有此等便宜事也。"① 可见，张氏此时已不同于那些空论抗战，虚骄轻敌的言官们。他比较实际地估量了敌我军力的对比，主张扎扎实实地做好战争准备。正因为如此，张之洞与张佩纶等人在中法战争之初虽都以"主战"著称，但在战争中的实际表现却有天渊之别。

张之洞调赴广州以后，立即将自己的抗战主张付诸实施。他虽未如刘永福、冯子材（1818—1903）那样驰骋疆场，直接杀敌，却运筹帷幄，为抗法战争做了大量运筹帷幄工作。

（一）为加强广东防务采取切实措施。抵达广州以后，即与钦差大臣、兵部尚书彭玉麟，前任两广总督张树声，广东巡抚倪文蔚（1823—1890）等"亟筹守战之备，夜以继日"，并"劝谕绅民举办团练"。又将全省防区分为三路，与彭玉麟、张树声三人各守一路。并与彭玉麟、倪文蔚等乘坐轮船巡阅各海口，派勇驻扎，以策应各炮台。张之洞还十分注意做好战争的财政准备，当他发现前任张树声向香港汇丰银行所借二百万两银子仅余五十余万两，"勉敷本省防营三个月军粮之需"，便立即"再向港商借用"②。他任两广总督期间，前后共为广东海防借银二百万两，为协助滇桂越南刘永福、唐景崧两军及台湾共借银五百万两，这是他做京官时"借洋款以增强防务"主张的实施。

（二）前任两广总督张树声与钦差大臣彭玉麟分属淮系与湘系，又各为主客，素有矛盾，这显然不利于两广抗法。张之洞对此洞若观火，任山西巡抚时

---

① 《与张幼樵书》，《张文襄公牍稿》，卷三。
② 《息借商款折》，《全集》，卷九，奏议九，第22页。

即在给张佩纶信函中指出："振（按：张树声字振轩）、雪（按：彭玉麟字雪琴）不和，最关紧要，务须设法调和之。"又说："粤之官绅不和，钦督（按：彭为钦差，张为总督）不和，大是坏证。"张之洞出任两广总督后，用力调解彭、张关系，使两广形成同仇敌忾的团结局面。在抗法战争过程中，张树声、彭玉麟抛弃前嫌，联手御侮，陆战取胜与此颇有关系。尤其是彭玉麟助张之洞尤力。时人称："彭氏老于军事，阅历素深，且威望素隆，舆论所归，张抵任后，虚己礼下，推诚共事，统帅既和衷无间，诸将莫不用命，谅山之捷，基于是矣。"①这是张之洞协和同僚，老成谋国的结果。

（三）多次资助福建、台湾等地的抗法斗争。在中法战争全过程，不仅致力于两广防务，而且"筹济军事，不分畛域"，比较积极主动地援助外省抗战。这在派系林立，各地督抚划地自守、不相援救的清末，是一种难能可贵的表现。例如，1884年8月，法国舰队袭击福州附近的马尾军港，张之洞于9月18日上《派兵援闽片》，并遣游击方恭率勇五营，自汕头驰援福州。因福建水师指挥者船政大臣何如璋、海防事宜大臣张佩纶均无斗志，未做战争准备，法舰突然袭击，仅仅几小时，福建水师沉七舰，全军覆没，福州船厂亦遭重创。这便是著名的"马江之役"。方恭部尚未及出发，即得到"马江惨败"的消息，也就没有开拔。张之洞又改派潮军两营，连同军火于9月乘船抵达福建。张佩纶因张之洞在危急时给予援救，深为感动，复电说："公忠私义，不愧经营八表矣。""使各省皆如公，法气必沮，惜哉！"②

张之洞对福建战事的积极援助态度与李鸿章形成鲜明对比。1884年6月，中法海战爆发前夕，福建水师屡次急电清政府，要求北洋水师支援，但李鸿章拒绝派舰前往，说什么"北洋轮船皆小，本不足敌法之铁舰大兵船……断难远去，去亦无益有损"③。李鸿章这样做是包藏私心的。当时中国有三支舰队——北洋水师、南洋水师和福建水师，其中北洋水师属于淮系，被李鸿章视作私产；南洋水师掌握在湘系曾国荃手里；福建水师掌握在闽浙总督和福建船政大臣手中。中法海战使福建水师覆灭，南洋水师也遭到挫伤，李鸿章的北洋水师更加奇货可居。这便是李鸿章见死不救，听任福建水师毁灭的动机所在。相形

---

① 徐一士：《一士谈荟》，书目文献出版社1983年版。
② 张佩纶：《涧于集》，丰润涧于草堂1921年刊本。
③ 沈云龙：《清光绪朝中法交涉史料》，卷二〇，台北文海出版社1966年版，第9页。

之下，此时的张之洞还没有太多的派系考虑，他所关心的是战争的胜败。

对于台湾战事，也采取通力协作的态度。他曾上《接济台湾军火饷项片》，指出"台湾孤悬海外，强敌垂涎，不敢不设法兼筹"。张之洞还与督办台湾军务大臣刘铭传（1836—1895）主动联系，询问援台事宜，提出："济饷械、通信，有何法？有便即示数语为慰。尊意如有保台良策奇计，祈示；能代谋者必竭力。"为援台，特购置洋枪1400支，子弹52万粒，火药600桶，并饷银20000两，准备一起解运台湾。因中法开战，外国商船不愿运载军火，仅将饷银运往台湾。台湾海峡被法封锁后，又电奏清廷并致电刘铭传，建议台湾自筹防务。以后，法舰占据台湾，"乃倡议奏请攻越南以救台湾"，为围魏救赵之计。①

对于云南的抗法战争，也在电讯联系、筹集饷械、派遣士兵等方面，给予实际的援助。云贵总督岑毓英曾致电张之洞表示谢意："越事仰赖明公主谋，助兵、助饷，始克有济。"

由于张之洞"筹济军事，不分畛域"，受到朝廷嘉奖，"著交部议叙，部议加一级"②。

2. 力主优容刘永福，给予英勇抗法的黑旗军以合法地位

张之洞虽然对于抗法的人民武装不无偏见，却能从战争全局出发，主张容纳原农民军将领刘永福及其所率黑旗军。这项建策在当时至关紧要，对于陆路抗法的胜利起了重要作用。

早在1865年（同治四年），广西上思人刘永福曾加入吴亚忠为首的反清农民军，为广西天地会领袖。因刘部用七星黑旗，故称"黑旗军"。1867年，清军进攻吴亚忠，刘永福率部进入越南六安州。刘永福富于谋略，所部军纪严明，深受当地人民拥戴。以后，黑旗军编华人矿工为七团，长年转战越南东北部，站在抗法斗争最前线，"屡挫劲敌，法人无如之何"③，"泰西诸国，莫不啧啧目为异人"④。越南王室虽对刘永福部心怀疑忌，但又不能不有所倚重，越王授刘永福为三宣提督。然而，对于这支英勇抗法的生力军，清政府却心怀

---

① 《抱冰堂弟子记》，《全集》，卷二二八，第5页。
② 胡编《年谱》，卷二，第11页。
③ 沈云龙：《清光绪朝中法交涉史料》，台北文海出版社1966年版，卷一九，第2页。
④ 彭玉麟：《请接济刘永福片》，见阿英《中法战争文学集》，北新书局1948年版，第17页。

叵测，长期未加援助。黑旗军与法军苦战，清军完全作壁上观。不仅如此，清朝统治者还希望黑旗军与法军两败俱伤，所谓"驱狼斗虎，似属一举兼得"①，甚至还企图让法军消灭黑旗军，如四川总督丁宝桢奏称："设此类竟为法国所歼，亦隐为中国除一大患。"②然而，由于黑旗军受到人民支持，又有高水平的战斗素质，所以不仅能顽强地生存下来，而且一再给法军以打击，特别是纸桥一战，重创法军，直逼河内，使"河内城房，夜辄自讧，惊呼黑旗来，敌胆已落，一鼓可克"③。铁一般的事实，使清廷军机处在1883年10月所发上谕中也不得不承认："以目前事势而论，越约已定，诸事已受其挟制，独刘永福一军捍卫北圻，究为彼（法国——引者）所顾忌。"④

刘永福领导的黑旗军是越南土地上的一支有战斗力的抗法武装，是抵御法国侵略的坚强屏障。这一点，张之洞与彭玉麟等人都有所认识。早在任山西巡抚的1883年12月，张之洞在疏稿中这样论及中法战事："防不如战，近不如远，迟不如早，而要以争越、封刘、战粤、防津为四大端。"⑤这里所说的"封刘"，即指授予刘永福官职，承认黑旗军合法地位。1884年初，越南的山西、北宁失陷，清廷中有人提出"撤兵弃越，闭关息事"的建议，张之洞上疏，"以为不可"。他指出，"法人屡败于刘团"，肯定黑旗军的战绩，并认为"此时乘已战之局，藉刘团之助，因越民之扰，就陆战之便，与之纵横奋击，安见不可终挫凶锋！"⑥对于刘永福所率黑旗军在整个越战中的地位，给予较公正的评价。张之洞还主张利用民众力量抗法："不独刘团可用，即越之义民、海盗亦皆可用"，并提出"刘团为正，我军（指清军——引者）为奇，越之义民为助"的战略部署。⑦

张之洞出任两广总督后，又奏请清廷授予刘永福官职，发给黑旗军饷银。1884年8月清廷对法宣战后，终于接受张之洞"牵敌以战越为上策，图越以用刘为实济"的建策，给刘永福一个"记名提督"官衔，并赏戴花翎，还给黑旗军饷银20000两和军械若干。同年10月，刘永福请饷，奏准再赏银50000

---

① ② 沈云龙：《清光绪朝中法交涉史料》，卷三，台北文海出版社1966年版，第13页。
③ 唐景崧：《请缨日记》，卷二，第26页。
④ 沈云龙：《清光绪朝中法交涉史料》，卷六，台北文海出版社1966年版，第35页。
⑤ 《法衅已成敬陈战守事宜折》，《全集》，卷七，奏议七，第18页。
⑥ 《全集》，卷七，奏议七，第20页。
⑦ 《张文襄公奏稿》，卷五。

两，这样，朝廷算是承认了刘永福和黑旗军的"合法"地位。

与主张优容刘永福相联系，张之洞还竭力推荐唐景崧（1841—1903）募勇出关作战。张之洞在奏章中说："查四品衔吏部主事唐景崧久在越地，熟悉边情，且素与刘永福相洽，拟令募勇协刘图越"；又说，"现令唐景崧募勇出关，与刘永福合力掎角"[①]。张之洞对唐景崧十分赏识，称其"洵为有用边才，可以独当一面，今世之秩罕有其比"。在张之洞的支持下，唐景崧在龙州募得四营，称"广东景字营"（后扩充为十营），开赴越南前线，与黑旗军并肩作战，对黑旗军抗法给予有力的支持，是中法战争陆路能获大捷的原因之一。

清廷对于起义农民武装深怀嫉恨，是一种普遍现象，甚至在民族危亡迫在眉睫之际，一些统治者仍然在"御外敌"和"靖内寇"二者的权衡上，优先考虑后者。李鸿章便是如此，云贵总督岑毓英亦属此类，他给黑旗军饷械甚少，在战斗中更坐视不救，"去秋刘蒙录用，岑屡疏短刘，吝饷掣肘"[②]。然而，张之洞在中法战争期间把"御外"置于"制内"之上，赞助抗击外敌的人民武装黑旗军，这是一种顾全民族大局的开明态度。他以两广总督身份，有限度地支持黑旗军，在开战的当年秋天至第二年年春天，先后给刘永福部155000两饷银，大大超过以往岑毓英每月仅给5000两的饷额。

中法战争结束后，清廷下令刘永福部撤回云南、广西，以此作为法国交还澎湖的筹码。刘部三千人撤回镇南关之后，清廷很不放心，张之洞也认为刘永福"野性未改，不可与他带如此多之人"，勒令只留一千二百人。刘亲与张交涉，要求增留二百人，张的答复是："一千二百名，此乃奏明在案，不能更改。"此后，清廷屡有消灭刘部之意，张之洞虽然也认为刘部是"异己"，同意加以限制，却不主张灭掉刘部。张之洞曾上奏道："然永福曾经授职统军，为国宣力，亦断无代法人剪除之理。"[③]又说："该提督素有忠勇之名，敌国所惮，故须保全，予以高官，资以重兵厚饷。若置之冗散，则虚靡可惜。"[④]对于归国的刘永福，张之洞"慰以尽释疑虑，戒以奉法束下，勉以异日勋名"[⑤]。

---

① 《唐景崧募勇出关片》，《全集》，卷九，奏议九，第23~24页。
② 《张文襄公牍稿》。
③ 《筹办刘永福内徒情形折》，《全集》，卷一二，奏议一二，第4页。
④ 《妥筹安置刘永福事宜折》，《全集》，卷一二，奏议一二，第8页。
⑤ 许编《年谱》，卷三，第51页。

这当然是在用朝廷意识改造刘部，并有利用黑旗军镇压海南岛等地少数民族之意，但他竭力维护刘永福部，主要还是为了保存一支抗击外敌的生力军。这与李鸿章等一味对民众武装剿灭不贷的做法是有区别的。

3. 起用老将冯子材，促成镇南关—谅山大捷

1884年8月27日，清廷对法宣战后，两广总督张之洞随即颁布对杀敌有功者的奖励办法：杀死法兵一名奖银100两至10000两；虏获兵舰一艘奖银20000两至100000两，摧毁者给半奖；夺取大炮一座奖银8000两。这对于激励军民杀敌，有一定作用。

张之洞出任两广总督时，军事形势十分险恶：越南的山西、北宁驻军溃败，太原、宣光失守，而驻守广西的清军主将、广西巡抚潘鼎新是淮系将领，完全执行李鸿章的妥协路线，1884年5月，观音桥之战以前，即把军队撤至镇南关内。潘鼎新认为，对法作战无论胜负都无好处："一经见仗，败固不佳，胜亦从此多事。"① 由于有这种指导思想，1885年1月，谅山之战还未打响，潘鼎新即放弃谅山，后撤五十里。退至镇南关后，还觉得不安全，继续往回撤。法军乘势进击，广西全省震动。在这种情况下，经张之洞敦请，年近古稀的老将冯子材出山，前线战局才发生根本性好转。

冯子材，广东钦州人，早年在张国梁部下镇压太平军，后担任广西提督和贵州提督。在做广西提督时，曾弹劾广西布政使徐延旭，为徐所忌恨。徐延旭升任广西巡抚后立即借机报复，撤去冯子材侄子冯兆金军职。冯子材遂于1882年底称疾告老还乡。1884年，两广总督张树声奏派冯子材办理钦州本籍团练，以广东高、雷、钦、廉四府团练督办职筹组抗法武装。张之洞出任两广总督后，又命冯子材"速将团练密加部勒……一遇事机紧迫，即将精健练勇酌带二三营，配给军火……以为牵制之计"②。中法战争战况紧急，张之洞于1884年11月奏请起用冯子材，其疏稿说：

查前广西提督冯子材，现在钦廉本籍奏办团练。该提督老成宿将，久官粤西，曾征越匪，威望在人，罢兵未久，旧部尚众，派令募勇十营；

---

① 沈云龙：《清光绪朝中法交涉史料》，卷一七，台北文海出版社1966年版，第16页。
② 中国史学会编：《中法战争》（四），新知识出版社1955年版，第521页。

继因该提督力陈出疆征讨，兵力须厚，又准续募八营。计冯子材共统十八营，由钦州上思州出边入越。①

在此之先，张之洞已遣员传书并送饷银五万两，恳请冯子材出山。书中声明"一面上奏，不及公牍，先此函达，速募勇成军，迅赴桂边"。冯子材接书后大受感动，他说："南皮系巍科名流，乃能识我！越事已急，我允之矣。"②这样，冯子材募勇十营（后增至十八营），称"广东萃军"，冯以广西关外军务帮办职，率师抗法。

在起用冯子材问题上，李鸿章曾加以阻挠。他说，冯子材年事已高，精力不济，可听其告老家居。而张之洞深知，当此危局，只有请出冯子材这样英勇善战、熟悉边务的"老成宿将"方能压住阵脚。张之洞所上《冯子材起病片》，便是反驳李鸿章"冯子材老而不能用"之说的。

此外，张之洞还竭力推荐王孝祺率师出征，配合冯子材作战。

王孝祺（？—1899），安徽合肥人，仪表巍然，气宇轩昂，因是淮系将领，而督办两广军务的兵部尚书彭玉麟属湘系，出于湘淮畛域之见，彭玉麟不愿任用王孝祺，称王为"看马"，意谓徒具仪表观瞻，实不堪用。张之洞再三为之申说，始允王孝祺率所部四营，并粤军四营，共八营，组成"广东勤军"出师，与冯子材相掎角。到前线后，王孝祺呼吁湘、淮、粤军彼此团结，听冯子材统一调度，并率军为右路，守西岭，支持中路冯子材部守长墙，在前线发挥很好的作用。王孝祺的表现，印证了张之洞的知人善任。

冯子材、王孝祺出师之际的1885年初，潘鼎新所率桂军不战溃逃，广西全省一片惊惶。潘鼎新为推脱败责，向朝廷谎报军情，诬称冯子材和湘军将领王德榜"飞催不至"，清廷因而严斥冯、王。冯子材致电张之洞辩诬，张因不了解前线实情，亦责备冯子材。后来，张之洞从各种途径得知前线实况，了解到谅山惨败是潘鼎新畏战所致，于是，张之洞立即电奏清廷，为冯子材、王德榜辩解，他又致电冯子材，劝其"以大局为重，万勿愤郁，将来破敌，终赖麾下"，从而稳定了冯部。如果没有张之洞的这些上下斡旋活动，后来的镇南

---

① 《分遣广军规越折》，《全集》，卷一，奏议一〇，第1~2页。
② 芝翁：《古春风楼琐记》，台湾《新生报》。

关—谅山大捷是很难设想的。

1885年3月，冯子材筑长墙成，与诸军会师。冯军诸中，王孝祺军当右，陈嘉、蒋宗汉军当左，迎击入长墙之法军，在镇南关内外大败法军，歼法兵千余，追出关外二十里而还。此为"镇南关捷"。3月29日，冯子材会诸军攻克谅山；3月30日，攻克长庆府；3月31日，攻克观音桥，法军大创。此即"镇南关—谅山大捷"。

二、对朝廷"撤军求和"持异议，力主乘战胜之威，巩固粤桂滇边防

中法战争包括海战、陆战两路。海战清方惨败：光绪十年七月初三日（1884年8月23日），法国水师提督孤拔偷袭福建水师，福建海防会办张佩纶等全无防范，七艘军舰击沉，船厂被毁。而陆战方面，于1884年8月至1885年初数月间，在粤、桂、滇边境及越南北方与法军反复激战，终于在1885年3月，冯子材会诸军大败法军于镇南关，歼法军千余，追击出关外二十里，又连克谅山、长庆府、观音桥，唐景松、王孝祺部也多有斩获。此为鸦片战争以来数十年间，中国在抗击列强的战争中赢得的第一场战役性胜利。

张之洞对此一辉煌战果有运筹帷幄之功，当在近代中国军事史上记上浓重的一笔。然而，软弱的清政府不断没有勇气扩大战果，巩固南陆边防，反而立即向法方妥协求和，张之洞等抗战派对这种"虽胜犹败"的弱国外交悲愤万分。

1885年3月的镇南关—谅山大捷，对中越两国军民都是一个很大的鼓舞。越南北宁总督黄廷经集合各路义民二万多人，皆树冯军旗号。河内、海防、太原等地越南人民也密受约信，准备袭击法军。冯子材、苏元春、唐景松诸部摩拳擦掌，拟将法军从整个越南北方驱逐出境。但清廷却电旨："法已大创，必图报复，我军应稳扎稳守，苏元春等不得恃胜轻进，致有挫失。"[①] 这使得中国军队失去乘胜进击的大好时机。

其实，早在中法战争紧张进行阶段，清廷已派李鸿章与法国人谈判议和。李鸿章在1885年初，一再散布如果再战"大局将不可收拾"[②]，慈禧也"已

---

① 胡编《年谱》，卷二，第12页。
② 李鸿章：《李文忠公全书》，电稿，卷三。

经下了断然的命令,在任何条件下都应当议和"①。英、美、德等国插手谈判,压迫中国向法国妥协。由于法方要价太高,和议难以达成,恰在此时,镇南关—谅山大捷消息传来,清廷立即利用这一胜利作为求和资本。李鸿章说:"当藉谅山一胜之威,与缔和约,则法人必不再要求。"②慈禧太后则更加急迫地要立刻签订和约。她全然"不管她的英勇的部队在帝国边境上所获得的胜利,而只是想起给她带到家里来的不愉快的庞大的战争消费,只是想起那些使她自己不舒服的事情。因此,她从来就没有想到要撤回条约,而是比过去更加急迫地要立刻签订和批准这个条约。"③这样,清廷便于1885年4月与法国在巴黎订立《中法停战条件》,4月7日宣布停战。为了制止冯子材、王德榜部乘胜进击,李鸿章特地致电张之洞:"冯、王若不乘胜即收,不惟全局败坏,且恐孤军深入,战争益无把握。……著该督遵旨函电各营。如电信不到之处即发急递飞达。如期停战撤兵。倘有违误,致生他变,惟该督是问。"④

清廷的停战命令葬送了中国军队在越南获得全胜的希望,前线将士十分愤慨。冯子材、王德榜于1885年4月15日致电张之洞,抗议停战撤军:"去岁上谕议和者诛,请上折诛议和之人,士气可奋,法可除,越可复,后患可免。"⑤张之洞完全赞同冯子材等前线将领的看法,他立即致电李鸿章,责问议和停战的主使者为谁。李鸿章慑于正气,不敢承认自己是和议的主谋,却将责任全部推到参加谈判的总税务司英国人赫德身上。

张之洞对朝廷的和议十分不满,"曾力言赫德狡诈祖洋,屡电阻和议"⑥。他对撤军命令,更觉无法理解,曾于5月7日上奏:"停战则可,撤兵则不可,撤至边界尤不可。"⑦5月9日再奏,请展延十日或半月撤兵,以攻克河内,用北宁换取保谅,全局俱振。⑧但清廷对这类意见充耳不闻,一再致电,要求张之洞饬令前线将士如期停战撤回,有违延必严惩。此间,张之洞曾与冯子材、苏元春、李秉衡等电商,请他们乘胜追击,望冯、王两军在5月28日停战

---

①③ 宓亨利:《现代中国历史选读》,第485、485页。
② 罗惇曧:《中法兵事本末》,见荣孟源《中国近代史资料选辑》,三联书店1954年版,第248页。
④ 李鸿章:《李文忠公全书》,电稿,卷五。
⑤ 转引自范文澜:《中国近代史》上册,人民出版社1955年版,第248页。
⑥ 《翁文恭日记》(光绪十一年三月十日)。
⑦⑧ 胡编《年谱》,卷二,第12页。

前，攻克北宁（位于越南河内东侧），以便"法不能藉口，和议更易成，可少要挟"。冯子材、苏元春都赞同这一方案，但李秉衡表示反对，他认为"再胜似无所加，少挫仍启衅心"，主张"正可就此整军"。由于李秉衡的不肯配合和清廷的阻挠，张之洞攻克北宁的计划未能实施。中法战争便就此结束。造成"中国不败而败，法国不胜而胜"的结局。

1885年6月9日，李鸿章与法国公使巴德诺在天津签订《中法会订越南条约》十款，要点为：重申《中法会议简明条款》有效，中国承认越南是法国保护国，开辟老开、谅山为商埠，法国撤出台湾、澎湖，中越修筑铁路应向法国借款、聘人。这样，因为清政府的怯懦，法国在战场失利的形势下，仍然达到这场侵略战争的基本目的。中法和约正式签订前夕，张之洞仍力图挽救，他7月10日致电主张抗战的军机大臣左宗棠："闻详约十条数日内即画押，无非利法害华之事。""若再草草画押，后悔曷追！公有回天之力，幸速图之。"①但清廷妥协意图已定，张之洞和左宗棠等主战派已"无力回天"。

由于中国军队在陆路前线大胜，这个条约中方没有赔款，较之鸦片战争以后各不平等条约有所不同。但法国毕竟达到吞并越南的目标，中国前线将士英勇奋战本可赢得的更大胜利付之东流。所以，许多人把清廷命冯子材从越南撤兵，比作南宋秦桧令岳飞从朱仙镇退兵，所谓"十二金牌事，于今复见之"②。主战派、办理广东军务的兵部尚书彭玉麟愤慨谴责李鸿章："一旦休兵骄敌气，千秋误国恨庸臣。"③张之洞也极痛恨李鸿章的妥协求和，6月20日，他在致岑毓英、李秉衡等人的电报中，对中法新约大加抨击，并因外人对中国"愚侮至此"，愤恨欲死。

张之洞以主战派身份参加中法战争，并为镇南关大捷和收复谅山的胜利作出贡献，在朝野赢得广泛声誉，获得"天下之望"（康有为语）。朝廷示以嘉奖，"上谕广西关外各军屡获大胜，张之洞拨军筹饷，用奏肤功，著赏戴花翎"④。与李鸿章、潘鼎新等人遭全国唾骂形成反照，张氏与彭玉麟、冯子材

---

① 《张文襄公牍稿》。
② 李光汉：《战交趾》，参见阿英《中法战争文学集》，中华书局1957年版，第193页。
③ 彭玉麟：《羊城军中有感》，参见阿英《中法战争文学集》，中华书局1957年版，第184页。
④ 胡编《年谱》，卷二，第13页。花翎为清代官员的冠饰，用孔雀翎饰于冠后，以翎眼多者为贵。有功勋者得以赏戴。

一起，受到一片赞扬。同时，张氏通过与彭玉麟等人的共事，加深了与湘系势力的联系，又在批评李鸿章妥协求和的冲突中，与淮系势力进一步形成对立。

中法战争使张之洞体验到朝政的腐败。1885年4月，他在致潘祖荫的信函中说："到广之日，即逢海警，内防外援，应接不暇，兵食兼筹，无一不难。事机则非常之紧急，而人才物力、文法习气，无不患非常之疲缓。"①这场战争，又让张氏第一次大幅度直接接触外部世界。凡此种种，都促使他进一步从清流党向洋务派转变。关于这一点，长期追随张氏的幕僚辜鸿铭说得明白：

> 当时济济清流，犹似汉之贾长沙、董江都一流人物，尚知六经大旨，以维持名教为己任。是以文襄为京曹时，精神学术无非注意于此。即初出膺封疆重任，其所措施亦犹是欲行此志也。洎甲申马江一败，天下大局一变，而文襄之宗旨亦一变，其意以为非效西法图富强无以保中国，无以保中国即无以保名教。②

中法战争结束后，张之洞为巩固中越边防作了一系列努力。他认为，"镇南一关，钤辖中外，固属极冲之地，即镇南关之中后左右各路，亦须分兵设防"。特令"驻边各将领，宜加严防"③。为此奏请在广西边境留勇二十营，以凭祥为中心，分路屯营驻扎；筹饷置炮，在镇南关、龙州一带建立炮台，增设边防电线，加强通讯联络；强化廉州钦州海防。19世纪80年代后期，南部边境基本无事，与这些部署有一定关系。

三、洋务初试锋芒

张之洞刚任两广总督时所提出的治粤方针，基本类似于"治晋要务"，洋务派色彩还不甚明显。他于1884年7月15日所上《到两广任谢恩折》中说："两广当华洋错处之冲，兼水陆边防之寄，政刑纷冗，兵食兼营。""惟有澄清吏道，固结民心，综核财源，修明军实，以简静为驭繁之要领，以自强为柔远

---

① 《张文襄公牍稿》。
② 辜鸿铭：《张文襄幕府纪闻》，岳麓书社1985年版，第9页。
③ 《清史稿》，卷一三七，志一一二，兵八，第4075页。

之本源。"① 诚如辜鸿铭所言，这时的张氏还未越出清流党人思路。然而，经过中法战争的刺激，一年以后，张氏便提出兴办一系列洋务项目的计划。他这样做的缘故，在1885年7月7日所上奏折中有所道及：

> 窃惟自强之本，以操权在我为先，以取用不穷为贵。夫欲善其事先利其器。……器械不利与空手同，不能及远与短兵同，史之良规也。自法人启衅以来，历考各处战事，非将帅之不力，兵勇之不多，亦非中国之力不能制胜外洋，其不免受制于敌者，实因水师之无人，枪炮之不具。②

在同一奏折中指出，"当时急务，首曰储人才"，"战人较战具为尤急"，由此提出"延聘外洋教习"，设立水陆师学堂的计划；又说，向洋人购买军火，"良莠不齐，且损重费甚，至居奇抑勒"，为免此敲诈，张之洞提出"制器械"的设想，"雇匠购器，设厂自造"各种枪炮军火。在另一奏稿他还说过："三十年来，环地球诸国，无不以船炮为强国之计。"③ 可见，张氏兴办洋务，同其他洋务大吏一样，是从"求强"入手的，即首先着眼于学习西洋的军火工业技术和军事训练方法，以实现对军队的技术改造，借此给腐朽不堪一战的清朝注入一剂强心针。辜鸿铭对张氏的这一思想发展脉络作了如下交代：

> 当甲申一役清流党诸贤但知德足以胜力，以为中国有此德必可以制胜，于朝廷遂欲以忠信笃敬敌大舰巨炮，而不知忠信笃敬乃无形之物也，大舰巨炮乃有形之物也，以无形之物攻有形之物，而欲以是奏效于疆场也，有是理乎？此知有理而不知用理以制势也。甲申以后文襄有鉴于此，遂欲舍理而言势。④

张之洞督粤五年，尤其是在中法战争结束后的三年，"舍理而言势"，大张旗鼓地兴办洋务。1887年5月，在山西洋务局（1882年设）基础上于广东

---

① 《全集》，卷九，奏议九，第1页。
② 《筹议海防要策折》，《全集》，卷一一，奏议一一，第16页。
③ 《张文襄公奏稿》，卷一。
④ 辜鸿铭：《张文襄幕府纪闻》，岳麓书社1985年版，第20页。

改设"办理洋务处",办公处由原粮道署内迁至督抚署旁。"办理洋务处"的任务是"督饬各衙门讲求洋务,练习人才"[①]。张之洞在这个机构下广罗洋务人才,如任用驻美国的翻译官蔡锡勇（1847—1898）为幕僚,又奏请派熟悉洋情的瑞璋来粤兼办洋务。此后,蔡锡勇成为张之洞在两广和湖广兴办实业、操练新军的主要助手。张之洞通过"办理洋务处"举办一系列洋务项目。

1. 购置机器,铸造制钱、银圆

张之洞一向注重货币流通。中法战争刚结束不久,他便着手整顿币制。1887年2月16日,张之洞上《购办机器试铸制钱折》,奏请设厂铸制钱,兼铸银圆。这样做的原因,除制钱紧张,市场流通不便外,更重要的是想堵塞外洋银圆的输入。

广东与外洋交通便利,外洋银圆大量流入,充斥市场,并波及福建、浙江、江苏、安徽、湖北、山东、天津等地,以至"利归外洋"。经过一番经营后,1889年5月25日,机器铸钱厂建成,开炉试铸,商民争相购用。张之洞在广东"建银圆局、铸钱局,中国之有银圆者自公启之"[②]。

2. 创设枪弹厂

中法战争期间,因枪弹购自外洋,战时苦于供应不足,张之洞决心购机制造。1885年4月,电商广西巡抚李秉衡,谓广西将长期担负防务重任,宜设制造枪弹局于南宁。李秉衡因顾虑财政不济,没有同意在广西建厂。以后,张之洞令海防善后局委员在上海泰来洋行购得制造枪弹的机器一套。1886年10月,创设枪弹厂,厂址在广州北门外二十里之石井墟。这个厂用去白银48600多两,能造毛瑟、马梯尼、士乃得、云者士得等四种枪弹。试办之初,日造子弹2000粒,以后每日可造8000粒。这家枪弹厂规模虽小,却是张之洞在广东创办的第一个近代化机器工厂。

3. 筹建枪炮厂

日产子弹数千粒的弹药厂,只是"小补之哉",为达到对军队进行装备改造的目的,张之洞又广集资金,筹建枪炮厂。他在1889年8月3日的疏稿中说:"查水陆各军需用枪炮,概系购自外洋。不但耗蚀中国财用,漏卮难塞,

---

[①] 许编《年谱》,卷三,第3页。
[②] 《张文襄公大事记·体仁阁大学士张之洞事略》,一卷本,清宣统石印本。

且订购需时，运送遥远，办理诸多周折。设遇缓急，则洋埠禁售，敌船封口，更有无处可购无处可运之虑。况所购之械，种式不一，精粗各别，弹码各异，仓猝尤易误事，详筹时势，必须设厂自筹枪炮，方免受制于人，庶为自强持久之计。"①制造枪炮，必须建立大规模机器厂，这就需要大笔资金。而广东在大战之后，库帑空虚，便从文武吏员、士绅富商中筹集资金，要求官绅们分年捐资，自1889—1892年初，奉捐三年，合计万两白银，款项指定专充购买铸造机器并建造厂房经费。又通过驻欧使节，在德国购买制造新式连珠毛瑟枪及克虏伯过山炮的各类机器。1889年4月，枪炮厂开始筹设，本拟12月机器由德国运至，但张之洞于8月调任湖广总督，在广东建立枪炮厂的计划即告中断。

4. 建立演习洋操的广胜军

编练采用洋械、洋操的近代化军队，是张之洞早在山西巡抚时即梦寐以求的目标。中法战争的经历更增强他的这种愿望。1885年，张氏"酌定海防各营操练章程，旧式刀叉弓矢已无实用，改用新操，一练卧枪，一练过山炮，一练掘造地营，一练安放火雷，一练修筑炮台，一练临敌散队，一练洋式火箭，一练安设行军电线，一练疾步逾濠越岭，一练夜战，一练坚守地营及浚濠筑墙一切工程"②。较全面地采用新式练兵方法。同年，张氏还以"规越援台"为理由，"续增勇丁"，令记名总兵李先义招募广胜军，精选弁勇，不限籍贯，得2500人。以克虏伯行营车炮，上等快枪发给该军，精加练习，旧式刀矛一概不用。张氏的期望是："务成劲旅，俟一军练有成效，再当推行诸营，以期次第改观。"③可见，他是企图以广胜军为试点，注意于对整个旧式军队进行技术改造。张之洞对这项工作十分重视，每月亲临校阅二次，虽然广胜军成效不著，但这是张之洞创建新式军队之始，以后驰名海内的江南自强军和湖北新军即萌芽于此。

为吸纳新式军事技能，张之洞十分重视聘请洋将。他说："外洋将弁类皆出身学堂，练习有素，现当讲求海防之际，必须有洋弁为之教习。"④19世纪70、80年代，德国侵略中国的图谋尚未暴露，张氏对德人颇抱幻想。他

---

① 《全集》，卷二五，奏议二五，第27页。
② 《清史稿》，卷一三九，志一一四，兵一〇，第4129页。
③ 《全集》，卷一一，奏议一一，第25页。
④ 《雇募德弁片》，《全集》，卷一一，奏议一一，第26页。

说："查各国武备，近以德国为最精，而且亲睦中华，确有协助之诚"，遂"电致出使大臣李凤苞与德国海部密商，选派艺优性稳之德弁四员"，以后又"电致出使大臣许景澄（1845—1900），选订德弁柏庐欧、披次二员"，"先后订立合同，来华差遣"，并"改华服"，赏给官品顶戴。① 这是张氏延聘洋将训练军队的开端。

5. 试造浅水轮船，筹议大治水师

早在 19 世纪 60 年代，广东已购买外国机器船只，后经刘坤一、张树声等添置，建立小规模水师，但船炮俱小，皆不能行驶重洋。张之洞出任两广总督后，力图建立一支强大的广东水师。他指出："窃惟海防之要，无论战守必有水师，战船以援炮台，炮台以护战船，台船相辅，其用乃宏。"但苦于缺乏资金购买巨舰，便想自造浅水轮十余艘，"纵不能纵横于大洋，亦可驰逐于六门之内外"②。张氏从闱姓捐款中提取洋银 200000 元，购料修厂，制造七十八匹马力的轮船，每船置炮数门。1886 年 6 月 28 日，浅水轮四艘建成，命名为广元、广亨、广利、广贞。以后又续造数艘，用以防护内河及近海各口。此外，还修造大量舢板炮划，希望在海战中以多制寡，以小制大，以散制整，并仿长江水师规制，于 1885 年 7 月建立由舢板炮划组成的"广安水军"，以加强沿海及内河防卫。

1885 年 10 月 12 日，上《筹议大治水师事宜折》，批评李鸿章等人"海防筹办多年，糜费业已不赀，迄今尚无实济"，力主改变以往海军"仅就一隅创建，未合全局通筹"的状况，建议分地购船、筹款、养船、修船、练将，建立北洋、南洋、闽洋、粤洋"四大支"海军。③ 这番"大治水师"的议论，实际上是要求改变李鸿章垄断海军的现状。张氏还向朝廷上《粤海险要图说》，申述建立粤洋水师的必要与可能，其雄心勃勃的计划是："期以一年半而铸枪炮厂成，两年而炮台备，三年而水师立，五年而水师大备。自足以隐慑强敌，靖我环瀛。"④ 企图直接掌握粤洋水师，自成一军，巩卫琼廉门户。由于款项不足，这一计划未能实现。

---

① 《雇募德弁片》，《全集》，卷一一，奏议一一，第 26 页。
② 《试造浅水轮船折》，《全集》，卷一一，奏议一一，第 31 页。
③ 《筹议大治水师事宜折》，《全集》，卷一三，奏议一三，第 2 页。
④ 见《清史列传》，卷六四，中华书局 1981 年版，第 5114 页。

6. 开设广东水陆师学堂

张之洞在广东建立新式陆海军的过程中，深感旧式将弁不堪任用，聘请洋将也非治本之法，培养新式军官便成为紧迫任务。他说："广东南洋首冲，边海兼筹，应储水陆器使之材，较他省为尤急。"为了育成"水陆器使之材"，曾于1884年在黄埔设水雷局，并于1886年在局内附设鱼雷学堂，聘德国人马驷为鱼雷专业教习（这个学堂于1906年并入广东水师学堂）。为了在较大规模上培养军事人才，仿效李鸿章、左宗棠在天津、福州办水师学堂、武备学堂的做法，先将广州旧有习洋文、算学的"实学馆"改为"博学馆"，又于1887年7月，在原"博学馆"的基础上，设立"广东水陆师学堂"，以吴仲翔总办水陆师学堂事务。这所学堂水陆师均额设七十名，费用由海防经费内开支，地址在黄埔长洲。该学堂有水师讲堂、水师操场、陆师讲堂、陆师操场，堂外有机器厂、管轮机器厂、铸铁厂等。其规制课程，略仿天津、福州水师学堂和武备学堂的成法。水师学堂开始称"广东水师讲堂"，1893年方改称"广东水师学堂"。该校聘请英国军官教练，学生习英语。这个学堂又分为"管轮堂"和"驾驰堂"。管轮堂学机轮理法，制造运用之源；驾驰堂学天文、海道驾驶、攻战之法。陆师学堂聘请德国军官教练，习德语。这个学堂分马步、枪炮、营造三项，遴选博学馆原有学生通晓外国语文算法者三十名为"内学生"；考虑到军事学堂的特点，如果只招文弱书生，"艺虽优而无益军用"，便再选曾在军营历练、胆气素优之武弁20名为"营学生"，"此为南北各省创立营学生之始"①。又选业已读书解文，年在16以上、30以下之文生20名为"外学生"。堂中课程，限定每日清早先读四书五经，"以端其本"，然后由洋教习讲授具体学科。这是后来提出的"中体西用"模式的初步实施。

水师学堂毕业生，要在船舰实习课读，在中国沿海口岸航行一年，再选其材艺优异者分赴外国海军学校留学。陆师学堂三年学成后，择优出洋，分赴各国陆军学校留学。广东水陆师学堂在张之洞调离广东后，无大发展，但它是张氏兴办近代化军事教育的开端，是后来所办的"江南陆军学堂""湖北武备学堂"的先声。后来暂署两江总督时建立"江南自强军"，所任用的军官多数是广东水陆师学堂毕业生。

---

① 《抱冰堂弟子记》，《全集》，卷二二八，第6页。

1889年，奏准在广东水陆学堂内添设矿学、化学、电学、植物学、公法学等五所西艺学堂，各招生30名。延聘英国人赫尔伯特教公法学，葛路模、骆丙生、巴庚生分别教授植物学、化学、矿学。这是以后在湖广、两江创办一系列新学堂的前驱。

7. 筹办织布官局

张之洞加入洋务派行列的19世纪80年代，洋务运动已由前期的"求强"走向后期的兼及"求富"，也即由单纯建立军事工业的阶段，转入围绕军事工业建立民用工业的阶段。在广东除创设弹药厂、筹办枪炮厂外，还企图设立以赢利为目的的民用企业。

1840年以后，中国白银大量外溢，这除了因为英国等西方列强实行鸦片贸易外，还由于以机器纺织品为主体的各种西方日用工业品在中国倾销。这些洋布洋纱物美价廉，很快就占领中国市场。1842年，签订《中英南京条约》的英方首席代表璞鼎查曾得意地说，这个条约开辟了"一个如此广大无边的市场，致使兰开夏所有工厂的纺织品，也不能充分供给中国一个省的需要"[①]。洋布、洋纱的涌入，使中国传统的土布生产日益萎缩，以"男耕女织"为基本形式的自然经济归于解体。正如郑观应所说："自洋纱、洋布进口，华人贪其价廉质美，相率购用，而南省纱布之利半为所夺。迄今通商大埠及内地市镇城乡，衣土布者十之二三，衣洋布者十之八九。呜呼！洋货销流日广，土产运售日艰，有心人能不怵然忧哉？"[②]张之洞目睹这种情况，也思考着解决方案。他指出，洋布、洋纱的倾销，将导致"耕织交病，民生日蹙，再过十年，何堪设想！今既不能禁其不来，惟有购置机器，纺花织布，自扩其工商之利，以保利权"[③]。这种认识已明显地区别于顽固派的企图将洋人洋货拒之门外的闭关锁国政策，而是主张中国人自办机器纺织业，"以保利权"。出于这种考虑，便在善后局筹划建立织布官局。其方针是：官为商倡，先行筹款垫办，以应急需，待有规模，再招商集股。

按照这一方针，于1889年8月，以"闱姓"捐款四十万两为资金，电请中国驻英公使、新授广东巡抚刘瑞芬（1827—1892）购买"布机一千张，照配

[①] ［美］罗兹·墨斐：《上海——近代中国的钥匙》，上海人民出版社1986年版，第57页。
[②] 《盛世危言·纺织》，《郑观应集》，上册，上海人民出版社1982年版，第715页。
[③] 《全集》，卷二六，奏议二六，第6～7页。

纺纱、染纱、轧花、提花各项机器及汽炉、锅炉、水管、汽管、机轴等件，共需英金八万四千八百三十二镑，外加运脚保险，以镑价折合，共需四十余万两"①。并准备在广州珠江南岸购地筑厂。

张之洞设织布官局、开办纺纱厂的做法，直接与李鸿章集团的利益发生冲突。李鸿章于1882年接管原为商办的上海机器织布机构，奏准创办"上海机器织布局"。此前，郑观应曾代表织布局全体股东向李鸿章提出"专利"要求，李鸿章控制上海机器织布局后，凭借自己的巨大权势，取得专利权，"十年以内只准华商附股搭办，不准易行设局"②。因上海机器织布局有专利权在先，所以张之洞在广东设纺纱官局之际，反复与李鸿章商议，申明广东织布局不会侵犯上海机器织布局的利益。由于上海机器织布局实际到1890年才开始生产，尚不可能垄断国内的纱布生产，李鸿章答复张之洞说："光绪八年（1882年）奏准在沪创织布局，十年内不准另行设局。嗣因法事，郑观应经理不实，现甫从新整；集股无多，尚难大办。粤设官局距沪较远，似无妨。"③但张之洞所订购的机器设备运至广州，已是1890年秋冬，其时张之洞已调任湖广总督，而接任两广总督的李瀚章对兴办近代企业毫无兴趣，所购机器移往湖北。

8. 筹设炼铁厂

建造近代化的军事和民用企业，钢铁是基本材料。张之洞在广东经营一段洋务事业后，便提出设立新式炼铁厂的计划。1889年9月20日，为筹设炼铁厂事上疏：

> 窃以今日自强之端，首在开辟利源、杜绝外耗。举凡武备所资枪炮、军械、轮船、炮台、火车、电线等项，以及民间日用，农家工作之所需，无一不取资于铁。两广地方产铁素多，而广东铁质尤良。前因洋铁充斥，有碍土铁。经臣迭次奏请，开除铁禁，暂免税釐，复奏免炉饷，请准任便煽铸，以轻成本而敌倾销。多方以图，无非欲收已失之利，还之于民。④

---

① 《全书》，卷二六，奏议二六，第8页。
② 李鸿章：《李文忠公全书》奏稿，卷四三。
③ 《寄粤督张香帅》，见李鸿章《李文忠公全书》，卷一，第20页。
④ 《筹设炼铁厂折》，《全集》，卷二七，奏议二七，第1页。

张之洞这种重视发展民族冶铁业，以抵制洋铁倾销的思想是久已有之的。1883年，在山西巡抚任内，即与北洋大臣会奏，晋铁改由天津出海，以轻成本，增强晋铁对洋铁的竞争力。此奏疏还提出"自行设厂，购置机器，用洋法精炼，始足杜外铁之来"。此前，在1886年12月31日，张之洞奏请改变清朝传统的铁器不准出海的政策："今昔情形迥异，外洋铜铁入口不下数千万斤，所售枪炮器具不下数百万件，昔铜铁器定例不准下海之禁，宜应弛禁，以便利民通商。"①到了1889年，进一步指出洋铁大量进口，导致民族冶铁业萎缩的危局。

基于洋铁日益占领中国市场的事实，又预见到枪炮厂等近代化企业对钢铁的需求，张之洞与广州海防善后局司道员及其他熟悉洋务人员商讨多时，决定购置机器，自行设厂，用洋法炼铁，以抗衡洋铁的倾销。1889年4月，致电驻英国公使刘瑞芬："与英国谐塞德公司铁厂订定熔铁大炉二座，日出生铁一百吨，并炼熟铁炼钢各炉压板抽条，兼制铁路各机器，共价英金八万三千五百镑，先汇定额二万七千八百三十三镑，……定银镑价折合银十三万一千六百七十两。"②并拟定在广州城外珠江南岸凤凰岗建厂。

面对财政困难，技术力量单薄的现实，张之洞深知兴建铁厂十分艰难，但他仍然以很大的决心创办。1889年10月31日，致电海军衙门，请求"岁筹二百余万"，并声言"愚公移山，有志竟成，此无可游移者也"③。

张之洞筹设炼铁厂以杜绝外耗、增强民族工业实力的想法和努力，是令人敬重的。但在这个过程中，也暴露了这位刚刚从清流群中走出来的洋务官僚痼疾的深重。他在电请刘瑞芬、洪钧购买设备时，企图建造一个既炼铁又制各种机器的工厂，便闹出笑话。刘瑞芬复电说，炼铁厂不能兼制机器，才使张之洞打消了原计划。至于炼铁厂本身的专门知识更是隔膜。继刘瑞芬之后出使英国的薛福成向张之洞转告英国谐塞德公司的通知："欲办钢厂，必先将所有之铁石、炼焦寄厂化验，然后知煤、铁之质地若何，可以炼何种之钢，即可以配何样之炉，差之毫厘，谬以千里，未可冒昧从事。"④张之洞却不以

---

① 《全集》，卷一九，奏议一九，第12页。
② 《全集》，卷二七，奏议二七，第3页。
③ 《张文襄公牍稿》。
④ 叶景葵：《汉冶萍产生之历史》，中国社会科学院经济研究所藏抄本。

为然，口出大言："以中国之大，何所不有！岂必先觅煤铁而后购机炉？"①盼咐照英国所用机炉买一套就行。薛福成把这些话转告谐塞德公司，公司一听就知全是外行的无知妄言，便在不明中国铁砂性质的情况下，"照英国所用酸法配成大炼钢炉（即贝色麻炉）两座，……另以碱法制小马丁炉腰之"。这使后来在湖北汉阳建造中国的第一家近代化钢铁厂走了许多弯路，白耗大量资金。

炼铁厂设备尚未购回，张之洞已调任湖广总督。这些设备于1890年同织布局机器、枪炮厂机器一起移往湖北。

9. 筹集款项的努力

张之洞在两广总督任内的五年间，因中法战争和兴办各项洋务事业，用费浩大。其财政来源，一靠朝廷调拨，二靠省内罗掘。

张之洞从朝廷获得财政支持，阎敬铭和奕譞二人起了重要作用。如前章所述，阎敬铭在张之洞的竭力推荐下，由山西闲居返回北京，1882年，任户部尚书，次年充军机大臣。阎敬铭在中枢之日，与张之洞"内外同心"，张氏在财政方面有所奏请，阎敬铭总是开绿灯。1885年，阎敬铭因反对修圆明园，被革职留任；1888年，阎敬铭去位，张氏在朝廷便主要仰赖主持海军衙门的醇亲王奕譞。1885—1886年间，有些朝臣对张氏在广东用费浩大加以诘责，奕譞"大为不平，乃于曩所议奏各事一一皆奏请特旨准行"②。奕譞不仅对张氏的各项财政需求给予满足，而且认为"粤有报销用款不为多"，指示户部"如张某在粤有亏空，可设法为之弥补，不必驳斥"③。张氏在两广总督任内五年间和出任湖广总督初期，受到奕譞的多方回护。这种情形一直延续到1891年奕譞去世。

除朝廷调拨经费外，张之洞还竭力从广东官绅中筹集资金。如他筹办织布官局，便以"官为商倡"作号召，资本先由官厅"筹款垫办"，以后再招商集股。但两广经中法战争之后，"库款支绌，官本亦属难筹"④；至于商股则更难汇聚，于是张之洞便向举办"闱姓"的商人派捐。所谓"闱姓"派捐，是一种赌捐。晚清两广地区盛行这种利用科举考试进行的赌博。办法是用闱场

---

① 叶景葵：《汉冶萍产生之历史》，中国社会科学院经济研究所藏抄本。
②③《抱冰堂弟子记》，《全集》，卷二二八，第28页。
④《粤省订购织布机器移鄂筹办折》，《全集》，卷二九，奏议二九，第4页。

考试士子中试的姓,以猜中多寡为输赢,故称"闱姓"。咸丰年间因军需甚急,广东巡抚郭嵩焘(1818—1891)准其立案,将闱姓赌博招商承饷。这种赌博因其用一可以博数百倍的高利,"自缙绅士大夫以及农工商股、妇孺走卒,莫不罄其所有,各存侥心,希图一掷"①。每值试年,闱姓赌票,为数不下千数百万,赌税甚丰。两广地方官府以此作为收入大宗,张之洞曾从"闱姓"捐款中提出二十万两,在黄埔船坞造成轮船四艘,作巡捕省河以至虎门一带之用。筹办纺织官局时,又从"闱姓"捐款中提取四十万两,作为订购布机一千张及照配轧花纺纱机器的费用,并派定1890年从"闱姓"捐款中抽取五十六万两,为将来造厂及常年经费之用。张之洞还裁粤海关陋规银二十四万两,悉以发善后局充饷,以盐商捐款和粤海关家丁清书罚款充作开办书院之资;从惠、潮、嘉诸州府关盐盈余提银解省充饷。此外,张之洞又大规模举借外债,中法战争期间,广东地方政府先后向英国汇丰银行借款九百万两,其中七百万两由张之洞经手。

张之洞在两广总督任内的巨额用度,成为政敌攻击他的一个口实。1893年2月,因科举考试与张氏早年即有嫌怨的大理寺卿徐致祥弹劾张氏辜恩负职,奏稿说张氏"恣意挥霍。虽未必入己,而取之尽锱铢,用之如泥沙。……统计该督莅粤五年,亏耗国家帑项及私自勒捐者,总不下数千万两"②。朝廷要继张氏后任两广总督的李瀚章(1821—1899)查核,李瀚章在《详查徐劾折中各节复奏疏》中为张氏辩解,并特别对张氏任两广总督时经费来源加以说明:"取之于关蠹吏饕博徒标匪,以及贪劣各员,而非抑勒于富豪之家。用之于充饷、济赈、利农、恤士,以及营造各要工,而非消耗于无益。取贪诈非分之财,上资军国,下济士民,揆之理法,岂得为苛。"③因李瀚章的申辩有力,徐致祥参劾案不了了之。

由于张之洞善于发掘资金来源,所以尽管开销巨大,两广财政状况在他的任期内仍有好转。据《抱冰堂弟子记》载,张之洞"初到粤时,藩库存款不及五十万,……临去粤时存现款正项银二百万两,书院书局杂款银五十余万两,

---

① 参见冼宝干:《佛山忠义乡志》,卷四,舆地略三,风俗。转见严中平《中国棉纺织史稿》,科学出版社1955年版,第106页脚注⑥。
② 胡编《年谱》,卷三,第6页,附录徐奏原折。
③ 胡编《年谱》,卷三,第7页,附两广总督李瀚章复奏。

皆存汇丰,藩库所储在外。面交李筱泉(即李瀚章)督部时,正值中外谣言张氏在粤滥用巨亏,李知张任粤督竟有存银二百万,至是愕然,大惊服!肃然起立,长揖以谢"[①]。李瀚章在1893年为张之洞作辩护,与他1889年底接任两广总督时了解的这一情况有关。

张之洞虽利用过"闱姓捐款",却并不滥收赌博税,如广东以往盛行"白鸽票",张之洞就始终严加禁止。"白鸽票"是一种赌博名目,又称"白鸽标花会",即在各市镇设立总厂、分厂,由收标、跑把将赌票分送各乡,农工商贾、男女老幼,均可猜买。一些人贪其本少利多,往往典质告贷,大肆购买白鸽票,结果弄得倾家荡产。广东地方当局禁止这种大型赌博。后来,海军衙门成立,急需筹款,李鸿章致函广东臬司王之春,"请开白鸽票之禁"。但张之洞坚决反对,并力陈利害,另筹一百万两应付海军派款,白鸽票之禁终未开放。

张之洞在两广经理财政的实绩,一方面显示了他的行政才干,另一方面也表明,他的理财办法还在传统轨范之内。朝廷调拨和勒取"博徒标匪",是他财源的重要渠道。

四、经办外交

1884年以前,张之洞先后任学政、京官、山西巡抚,其活动范围基本是在封闭的内地,虽然他的政论、奏疏多处涉及外务,但他毕竟极少与外人、外物直接打交道,其纵谈外交的崇论宏议,固然洋溢着爱国热忱,却难免夹杂若干不熟外情的陈腐之见。1884年,出任两广总督,此后五年间,身居"华洋杂处""万国盟聘"的华南门户广州,频繁接触各类外部事务。清末办外务者,或则丧权辱国,洋人所求无不应允;或则盲目自恃自傲,对洋人洋物一概排斥。而张之洞在两广总督任内,却能比较合理地处置外务,既未陷入盲目排外,又在一定程度上捍卫了国家主权。在晚清恶劣的政治条件下,作为一个封疆大吏能够做到这一地步,已经是颇不容易的了。

1. 对法外交

1885年,法国驻广州领事师克勤于中法战争结束后返回广东,以法国教堂损坏财产甚多为由,向中国广东当局索取赔款,张之洞复文驳斥。后来法国

[①]《全集》,卷二二八,第5页。

改派法兰亭任领事,再次索取赔款 380000 余元,张之洞于 1886 年 5 月义正词严地予以峻拒:"该领事所请谬妄已极,无论损失甚微,捏造虚诞,即使真损巨万,亦无向中国饶舌之理。"① 鉴于法兰亭的无理要求,敦促法国政府将其调离广州,从而打击了法国殖民主义者的气焰。后来法国又派白藻泰为领事,以示修好。

中法交战期间,两广士民情绪激昂,兼之平日法国教堂及某些依恃洋教的教民作恶多端,老百姓众怒汹汹,传书集众,意欲尽毁法国人在广州等地的教堂及其他财产,并攻击教民。张之洞对此十分担心,他在致总署的电文中说:"粤省民教素仇,屡经严示,遵旨保护法教士,法堂查封看守,扰各国教堂者惩。……惟自法攻闽后,众怒勃发,法堂颇有被损,间累池鱼。"② 张之洞意识到,这对交战的中国是极端不利的。于是根据军机处的意见,对法国商教一律保卫,立饬地方官出示,"将法国教堂概行封禁。谕以法人开衅,扰害地方,所有法国教堂物业,均应查封备抵,此与官物无异,不得擅动,凡法国教士出境,密饬地方官妥为保护"③。此外还作出如下指令:

若习教人民,敢有通敌接济者,立诛无赦;其安分者,不准杀害。④
优悬赏格,若法寇犯境,痛加剿除。并谕以粤民,为国同仇,素深嘉尚。惟是诛犯顺之法兵,夺临敌之船炮,则为勇士;害安分之教民,毁封闭之教堂,则为乱民。勇士有赏,乱民有刑,各不相假。⑤

由于张之洞明令在先,中法战争期间法国教堂大多查封,教士亦多看管护送出境,基本没有因此类事件引起外交争端。至于"各国教堂,民间未能分晰,偶有生事,计所损失,尤属几微"⑥。又因为对教民的政策得当,所以在交战期间教民大都能安分守己。1885 年 2 月,"法船助乱钦廉,该教民不从。当经饬令该府县善为奖抚"⑦。

此外,中法战争期间,"香港华民密约毁法船,英官禁阻乃止"。以后,香港多次发生华民袭击法国人的事件,英军对华民加以弹压,香港当局还拟要

---

① 《张文襄公奏稿》,卷一二,第 5~6 页。
② 《全集》,卷一二二,电牍一,第 14 页。
③④⑤⑥⑦ 《全集》,卷一一,奏议一一,第 13、15 页。

英国驻华公使巴夏礼向中国政府交涉,张之洞预先致电朝廷,申述"即以民心忿义岂愿受役敌国为词,情理正大","粤省穷民忠义难得,事定后当酌筹奖励之法"①。明显流露出支持民众抗法行动的倾向。

此外,在中法战争期间,张之洞还多次照会香港和澳门当局"严守局外公法",不得让法人借地屯兵,不可接济法人粮食、燃料、军火。1885年2月,法军企图在澳门招兵屯兵,张之洞立即照会澳门葡萄牙主官罗大臣:"如法人果有是谋,本部堂深知贵大臣必援公法,自守局外之义,坚持不许。"照会指出:"况澳门地方虽属贵国所居,实与我邦唇齿相依。""澳门片土与内地处处接连,中国之利即澳门之利。贵国人之居于此者,实于中国休戚相关。内地安则澳门安,内地有事则澳门不能无事。"②还告示香港奸人,不得代法国招兵和受雇于法军。

总之,张之洞在中法战争期间,既能抵制法方的无理要求,警告港澳当局不得援法,捍卫了国家主权,并鼓励民众的抗战行动;同时又注意防止种种给法国侵略者以口实的排外事件发生。对比此前此后李鸿章对外人一味妥协退让、徐桐(1820—1900)、毓贤(1842—1901)煽动民众盲目排外的做法,尤其难能可贵。

2. 与东南亚及美国交涉保护华侨事宜

明清两代,沿海地区人民远渡重洋,到中南半岛及南洋群岛谋生者日多,其中广东人尤众。19世纪中后期,美国开发太平洋沿岸金矿,招募大批中国广东等省劳工赴美。而清朝政府对于这些海外华侨的权益不与闻问。朝中大臣首先正式提出保护华侨权益的,是翰林院编修钟德祥,他在1886年1月条陈时务一折中,称南洋各岛应特派使臣分驻。钟氏建策未受重视。1886年3月,张之洞与出使美国、日斯巴尼亚(西班牙)、秘鲁三国大臣张荫桓(1837—1900)会商,拟委员前往南洋诸岛调查,视当地情状而设领事官。同年3月19日,在《会筹保护侨商事宜折》中正式提出,"拟即委员先赴南洋有名诸岛,详慎周历,宣布德意,联络商董,访查情形"③。计划确定后,选派总兵衔两江尽先副将王荣、盐运使衔候选知府余瓗先等,于1886年8月

---

① ② 中国史学会编:《中法战争》(四),新知识出版社1955年版,第38、441页。
③ 《全集》,卷一五,奏议一五,第9页。

26日由广东起程,赴南洋各岛详查华人在当地情形。1887年7月返回广东,共历二十余港口。以后,在南洋各地纷派领事,华侨事务始有专门机构管理。张之洞在另一奏疏中阐述对在南洋诸岛设立领事馆的意图:

> 查出洋华民数逾百万,中国生齿日繁,藉此消纳不少。近来各国渐知妒忌,苛虐驱迫,接踵效尤。若海上不安其居,即归内地沿海,骤增此无数游民,何以处之!故保护之举,实所以弭近忧,而非以求远略也。倘蒙朝廷设立领事,加以抚循,则人心自然固结,为两洋之无形保障,所益匪浅。①

这是从当时中国国力实际出发的一种精明考虑:保护华侨利益,防止因海外排华引起大批华侨返国,导致东南沿海各省不安宁。此外,张之洞还请求拨款,在南洋设立书院,"随时为华人子弟讲授。使其习闻圣人之教,中国礼义彝伦之正,则聪明志气之用,得以扩充。而愈开水源木本之思,益得深固而不解"②。向华侨子弟传授中国文化,以保持其民族特性,强固对祖国的向心力。

张之洞任两广总督期间,还参与交涉美国华工问题。19世纪40年代到70年代,先后有数十万华工(其中广东人占相当大比例)赴美国,从事开采金矿、修筑铁路等最艰苦繁重的劳动,对美国西部开发起了很大作用。80年代,随着经济危机的发生,美国国内排华风气日炽。1880年,美国即有限制华工赴美之议,1882年起,美国更制定一系列排华法案,在美华工亦迭遭苛虐,不仅受到重税盘剥,而且匪徒袭击事件层出不穷。1885—1886年间,聚居旧金山的华工,遭到持白人至上主义的埃利士党匪徒的焚杀,华人商店被烧、财物被劫、华人被杀事件屡屡发生,而且惨案有蔓延之势。张之洞致电出使大臣郑藻如、张荫桓,请其诘问美国外交部。

由于当时国力孱弱,清政府对外患了软骨病,美国政府漠视中方的正当要求,赴美华工受虐事件仍然继续发生,但张氏的努力毕竟表现了一种捍卫主权的积极精神。

---

①② 《全集》,卷二三,奏议二三,第12、14页。

3. 港澳事务

广东与香港关系密切,彼此人员和商业交往频繁,但以往在香港未设领事,办理交涉诸多不便。清政府曾命出使英国大臣曾纪泽与英国外交部协商在香港设领事,英国既未拒绝,却又一再拖延。1886年3月30日,张之洞奏请催设香港领事。在这份奏折中,他阐述在香港设领事不可再缓的理由,"一曰通商""一曰保民""一曰逸犯""一曰海防"①。经张氏力促,后来终于在香港派设领事。

澳门自明代嘉靖年间即为葡萄牙人所租借。鸦片战争以后,五口通商,葡萄牙人要求免纳地租,清政府未允。此外,葡萄牙人还越过原有围墙,"筑建炮台,屯驻洋兵,继而侵占民田,砌成马路","又屡向村民勒收田房租钞"②。张之洞在1887年6月25日给总署的一份呈文中指出,葡萄牙人在澳门的行径"隐患甚深,关系甚大,非严诘坚持,断难杜遏后患"③。同年,清政府经由总税务司赫德,派税务司登干与葡萄牙议定草约,允许葡国"永驻澳门,管理一切"。总理各国事务衙门将这一草约征求两广总督张之洞意见,张以为"七不可"。他指出,澳门"逼近省垣",如若将其主权交与外国,"此后水陆筹防均难措手,实为肘腋之患,非独唇齿之忧"④。于是细订详约,声明澳门为中国领土,对草约暂缓批准,并对葡萄牙企图扩大澳门疆界的无理要求逐一驳斥之,又"严定界限,资以兵卫,杜其侵轶"⑤。由于张之洞据理力争,阻止了澳门的永久割让,为日后解决澳门问题留下余地。

主持总税司的英国人赫德还企图以征收洋药税厘之名,在沿海设巡船多艘,均归赫德调度。张之洞认为,如若允许,海防大权将落于外国人之手,上奏力驳,赫德方未得逞。⑥

总之,张之洞在两广总督任内办理各项外交事务,带有明显的抵御外侮,保护民族权益的倾向。

---

① 《全集》,卷一五,奏议一五,第15页。
②③ 《咨呈总署录送澳门旧案》,《全集》,卷九四,公牍九。
④ 《全集》,卷二,奏议二,第6~9页。
⑤⑥ 《抱冰堂弟子记》,《全集》,卷二二八,第9页。

第五章　总督湖广·暂署两江（一）实业建设

1889年11月，张之洞交卸两广总督职务，11月26日，乘舟赴香港，11月30日，自香港乘德轮赴上海，乘江宽轮西上，12月17日，抵达鄂垣武昌，开始了为期十余年的湖广总督生涯。其间，1894年11月，中日战争爆发，硕果仅存的湘军将领、两江总督刘坤一调往北方主持军事，张之洞暂署两江总督，一年零三个月后返任湖广；1902年10月，两江总督刘坤一病故，张之洞再次暂署两江，五个月后返回湖广总督本任，直至1907年擢升体仁阁大学士、入军机处，方离开湖广总督之任。

总督湖广、暂署两江的18年间，张之洞全面展开其洋务事业，成为洋务派晚期的最大代表。他惨淡经营的"湖北新政"[①]，以创实业、练新军、兴文教，造成一种耸动朝野视听的格局，产生全国性影响，清末各省推行"新政"皆取法湖北。张之洞的势力亦"由武昌以达扬子江流域，糜不遍及"[②]。

兴办实业，是张之洞洋务"新政"的基础。他在湖广和两江任内创办的交通和工业设施数不在少，有的项目就规模和技术水平而言，居当时中国乃至亚洲前列。这些实业项目的兴建过程和内部状况，相当典型地展现半殖民地中国官办近代事业的特征。

[①] 19世纪60年代至20世纪初叶，也即同治、光绪年间，清政府在西方列强支持下，由洋务大吏出面，设同文馆、办机器工厂、修铁路、兴学堂、奖游学、建海军、练新军。由于这些项目都是"不衷古制"、"旷古未有"的，给清末社会面貌涂上新的色彩，故时称"同光新政"。也就是现在所说的"洋务运动"。张之洞出任湖广总督期间在湖北地区主持一系列洋务项目，时人称其为"湖北新政"。它是"同光新政"的一个重要组成部分。

[②]《张文襄公大事记·张文襄在鄂行政》，一卷本，清宣统石印本。

一、开拓铁路及电讯事业

1. 清廷铁路之争与张之洞移任湖广

张之洞由两广移任湖广,与清末铁路事业直接相关。

作为近代工业文明标志之一的铁路,在清帝国得以修筑,经历了一个相当艰难曲折的过程,"其始也阻于众咻,其继也卒排群议而次第建设之,开我国数千年未有之奇局"①。

同治年间,直隶总督李鸿章屡陈修筑铁路之利,未获允准。1875 年,英国人控制的怡和洋行擅自成立"吴淞铁路有限公司",于翌年修造上海—吴淞铁路,后被清政府以高价购回拆毁。此后,淮系刘铭传等力陈修路于"自强之道"极关紧要,但"廷臣谏止者多,诏罢其议"②。总之,19 世纪 70 年代前后,铁路事业在中国举步维艰,进展微乎其微。

19 世纪 80 年代,清政府开始重视铁路建设。这与中法战争的教训有关。"法、越事起,以运输不便,军事几败。事平,执政者始知铁路关系军事至要。"③也就是说,中法战争的实践使耳目迟钝的清朝统治者开始意识到,"装备、编成、编制、战术和战略,首先依赖于当时的生产水平和交通状况"④。连昔日的保守派首领、醇亲王奕谭在取代恭亲王奕䜣掌握中枢以后(即所谓"甲申易枢"),也倡议海军、主筑铁路,开始经营洋务。奕谭总理海军事务衙门,李鸿章、曾纪泽分任帮办和会办,清廷将铁路事宜划归海军衙门办理。1887 年,奕谭提出修造津沽铁路及其支线的计划;1888 年,总理衙门奏言,修筑铁路"洵为今日自强之急务"⑤。然而,直至 80 年代,围绕铁路问题,朝中大臣意见仍颇不一致。当粤商陈承德请求接造天津至通州的铁路,"于时举朝骇然,尚书翁同龢、奎润,阁学文治,学士徐会沣,御史余联沅、洪良品、屠仁守(1829—1900)交章谏阻。其大端不外资敌、扰民、失业三者"⑥。海军衙门逐一驳斥筑铁路将导致"资敌、扰民、失业"的说法,但又宣称:"臣等创修铁路本意,不在效外洋之到处皆设,而专主利于用兵。"⑦基于此种考

---

① 《清史稿》,卷一四九,志一二四,交通一,第 4425 页。

②③⑤⑥⑦ 《清史稿》,卷一四九,志一二四,交通一,铁路,第 4428、4429、4430、4430、4430 页。

④ 恩格斯:《反杜林论》,人民出版社 1993 年版,第 171 页。

虑，海军衙门奏请修建津通铁路，翁同龢反对在京畿一带修筑铁路，对于"火轮驰骛于昆明，铁轨纵横于西苑"感到忧心忡忡，并请试筑铁路于边地以便运兵；徐会沣则请改修德州—济宁路，以利漕运。正当议论纷纭，莫衷一是之际，张之洞于1889年4月上奏缓造津通铁路，改建腹地卢汉干路。卢汉铁路，指从北京西南的卢沟桥通往湖北汉口的长达一千三百多公里的腹地铁路，贯通直隶（今河北）、河南、湖北三省，规模冠于清末。张之洞在倡修此路时指出，铁路之利，以通土货、厚民生为最大，征兵转饷尚在其次。这种着眼于铁路经济效益的认识，不仅胜过反对修路的守旧派，也比奕譞等人筑路"专主利于用兵"的偏狭之见要高出一筹。

张之洞从修腹地干线的总计划出发，主张缓修津通线，先修卢汉线，并列举造卢汉线的"七大利"①，其要者为"富国""强兵""利民"。

此外，张之洞还对卢汉线的修造步骤提出"请以分段之法为之"的设想。"拟分自京至正定为首段；次至黄河北岸；又次至信阳州为二三段；次至汉口为末段。……四段之工，须八年造成，则款亦分八年分筹。"②

1889年，清政府在听取沿江沿海各督抚意见后，认为张之洞、刘铭传、黄彭年所奏，各有见地，而张之洞条陈"各节所奏颇为赅备，业据一再筹议规划周详，即可定计兴办。著派李鸿章、张之洞会同海军衙门，将一切应行事宜妥筹"③。具体职守是，北路由直隶总督监修，南路由湖广总督监修。

张之洞修建卢汉铁路的条陈之所以被清政府所采纳，与朝廷的派系斗争相关。由于权倾天下的李鸿章树敌甚多，故他修筑津通铁路的倡议，"举朝以为不可"。在这样的时刻，张之洞提出修建卢汉干路的条陈便容易被反对李鸿章的朝臣们作为一种补替方案加以接受。而主持朝政的醇亲王奕譞素与李鸿章同床异梦。出于防范淮系集团的目的，奕譞竭力扶植张之洞以与李鸿章相抗衡。这样，卢汉铁路计划也就得到奕譞的赞助。奕譞在致军机大臣函中，肯定了张之洞修造卢汉线的奏折，函云："似黄折（黄彭年奏折——引者）高于刘（刘铭传奏折——引者），而张折又居黄右。"④于是张之洞便有移任湖广总督之命。

---

① 见《全集》，卷二五，奏议二五，第11~19页。
② 《全集》，卷二五，奏议二五，第18页。
③ 胡编《年谱》，卷二，第23页。
④ 转引自许编《年谱》，卷三，第64页。

2. 修筑卢汉铁路

卢汉铁路的建设历程相当坎坷崎岖。1889年（光绪十五年），张之洞任湖广总督，即着手筹备卢汉铁路修造事宜。他的方针是，"储材宜急，勘路宜缓，兴工宜迟，竣工宜速。以商股难恃，请岁拨帑金二百万两以备路用"①。这一计划得到朝廷批准。但是，因帝俄修造西伯利亚铁路，对东北边陲虎视眈眈，1890年前后，中俄关系紧张，"东三省事亟，从海军衙门王大臣及直督李鸿章言，命移卢汉路款先办关东铁路"②，这样，卢汉线建设搁置下来。1895年，经张之洞力争，清廷方确定"先办卢汉，次第及于苏沪、粤汉"，"是年设总公司于上海，而卢汉之始基以立"③。1896年，张之洞派知县王廷珍查勘汉口以北之滠口至河南信阳一线，随即正式动工。中因义和团起事及八国联军入侵，工程一度停顿，1897年清政府督办铁路大臣盛宣怀与比利时银行代表团在武昌签订草《卢汉铁路借款合同》，后在上海签改订正合同，解决资金问题。直至1906年4月1日全线通车，清廷派湖广总督张之洞与直隶总督袁世凯验收，并改称京汉铁路。

张继煦（1876—1956）在论及张之洞督鄂年久的原因时说："清季疆吏任职一地之久，未有如公者也"④，"至推究公何以独能若此，盖公之调鄂，以主张修京汉铁路也。京汉铁路至光绪三十一年九月始完成验收。此事他人不愿为，且不能为"，即使张之洞两度暂署两江总督，但湖北的"铁路铁厂事，皆仍遥秉其成"⑤。总之，卢汉铁路的修建，几乎与张之洞出任湖广总督经历共始终，正是这一时期，张之洞在慈禧、奕䜣支持下，成长为与李鸿章相颉颃的洋务派又一巨头。

3. 筹办江浙铁路

第一次暂署两江时，张之洞因中日甲午战争的刺激，更体察到铁路于军事和国计民生的重大意义，在1895年12月27日奏请筹办江浙铁路。此路起自吴淞口，经上海、苏州、镇江，抵达江宁（南京）。另从苏州发出一条支线抵达杭州。江浙铁路所经过的都是富庶之区，商品输出、输入数额甚巨，建成后必能赢利。张之洞委任补用道黄遵宪（1848—1905）、江苏候补道容闳

---

①②③《清史稿》，卷一四九，志一二四，交通一·铁路，第4434、4435页。
④⑤ 张继煦：《张文襄公治鄂记》，湖北通志馆民国三十六年版，第3、4页。

（1828—1912）会同总办，募集商股，官商合办。后商股难筹，张之洞便拟分段筑造，其计划是：先从吴淞至上海三十余里，归官创办，如能获利，商人便会踊跃投资。以后便筹一段款，成一段路，成一段路，即能收一段之利。这就是所谓"以路养路"的修路办法。张之洞暂署两江期间，虽未完成江浙铁路，但为这条铁路的建设奠定了基础。

张之洞成为洋务大吏后，一直十分重视铁路事业，他把修铁路作为"应世事"的"西学"的一个重要方面，其《劝学篇》说："若内无铁路，则五方隔绝，坐受束缚，人游行于海上，我痿痹于室中，中华岂尚有生机乎？"[①] 在致盛宣怀电文中又说："各国急欲吞裂分噬，不我待矣，要政甚多，俱恐赴办不及，惟有练兵修铁路两事，是救死急着，或可以作到弱而不亡四字。"[②] 可见他把"路政"与救亡富国紧密相联。继卢汉铁路、江浙铁路之后，张氏在晚年又参与筹建粤汉、川汉铁路，其间复杂的表现，留待第九章评说。

4. 设置电报、电话

1881年，两江总督左宗棠奏准将上海到南京的电报线路延伸至汉口。用莫尔斯电报机与上海、镇江等地通报。1884年，线路竣工，在汉口沿河街招商局旁设立电报局，武昌局设三佛阁，汉阳局设潜龙巷。这是湖北有线电讯之始。以后电报线路逐渐延及沙市、宜昌等商埠，然而仍很不普遍。1890年，张之洞提出，襄樊为三省码头，湖北北部门户，应有电报相通，于是便与盛宣怀商定，架设由武昌抵襄樊电线；1893年，接设武昌至安陆电线。又因宜昌、施南两府帮会活动频繁，军事情报递送迟滞，张之洞饬沙市电报局由沙市至宜都对岸的白杨渡接设电线。1896年，湘鄂电线接通。1897年2月，张之洞上奏，强调"电线为方今要政，最为有益于地方民生商务之举"[③]。力主设武昌至鄂南电线，以与湖南接通。1899年，因长阳、长乐、鹤峰等处文报难通，派县丞朱文骏勘设宜都长阳电线；又命知府黄邦俊展设施南至利川电线。从此各属消息，皆顷刻可通。总之，张之洞积极筹设电报，主要是出于政治军事上的需要，当然在客观上对民间经济文化的发展也有助益。

与设电报局相同时，还在武汉三镇设置电话线，1899年，电报局兼办电

---

① 《劝学篇》外篇，铁路第十二，《全集》，卷二〇一，第44页。
② 《光绪二十四年致盛京堂》，《张文襄公牍稿》。
③ 《安设埠圻至江夏电线片》，《全集》，卷四五，奏议四五。

话。第二年正式在武昌、汉口设电话局，汉口电话局设在张美之巷，武昌设在抚署东厅。两处各装磁石式电话机二、三十门。1902年，湖北当局因扩展业务资金匮乏，责成地方委托商人集股经营，1904年，成立电话公司，房产地皮商人刘歆生（1857—1941）任董事。这是全国官督商办电话的创始。

二、兴办机器工业

由手工生产走向大机器生产，是中世纪跨入近代社会的最显著的物质文化标志。从手工工场向工厂过渡，标志着技术的根本变革。中国在19世纪中叶以前，没有出现这种生产方式的"根本变革"，而19世纪60年代以后，西方列强和洋务派相继在中国某些地区兴办机器工厂，虽带有明显的外铄性质，但毕竟给某些社会生产部门带来技术变革，对历史进程的影响是久远而深刻的。以湖北为例，西方列强为着获取原料，输出生产资本，先后在汉口等地建"设有发电机"和各种机械的砖茶厂、皮革厂，拥有冷冻设备的蛋品厂，"备有最新机器"的纸烟厂，这不仅开湖北大机器工业之先河，而且造成当地最早的一批工业无产阶级。而洋务派则在"西方秘巧"的启迪下，热衷于近代化的机器生产。早在1865年，李鸿章便说："机器制造一事，为今日御侮之资，自强之本。……洋机器于耕织、印刷、陶埴诸器皆能制造，有裨民生日用，原不专为军火而设。妙在借水火之力，以省人物之劳费。"[①]他又说："臣料数十年后，中国富农大贾，必有仿造洋机器制作以自求利益者，官法无从为之区处。"[②]这些言论代表了洋务派对机器生产的认识：既看到机器的巨大生产力，又担心民间掌握机器，政府便无法制驭。于是，他们力图垄断机器工业，"随时设法羁縻"，把建立官办机器工业作为"新政"的基础。曾国藩、李鸿章、左宗棠便是从创办安庆内军械所、上海洋炮局、江南制造总局、金陵机器局、福州船政局、天津机器局等机器工业展开其洋务事业的。

张之洞作为后起的洋务派巨擘，也十分重视机器工业，而且其积极兴办的势头较之曾、左、李亦有过之而无不及。他不仅修造军用和民用机器工业，还大力建设为机器工业提供材料的近代化钢铁厂。他的这类努力，是从任两广总督时开始的，暂署两江期间又试图在纺织业方面有所发展，但真正获得成果，

[①][②]《置办外国铁厂机器折》，见李鸿章著《李文忠公全书》，《奏稿》，卷九，第34、35页。

则是在湖广总督任内的十余年间。撮其要者，张之洞19世纪末20世纪初兴建的大机器工业企业有如下几个项目。

1. 汉阳铁厂

如第四章所述，张之洞在广东即已筹建近代化钢铁厂。不久，张之洞移任湖广，接任两广总督的李瀚章为避建铁厂之艰难，奏请"量为移置"，其弟，北洋大臣、主持海军衙门的李鸿章也支持移建。而张之洞则以修筑卢汉铁路需钢轨为由，力请将钢铁厂设备运往湖北，1890年4月，得到海军衙门允准，张之洞当即在湖北省城武昌设局筹办。6月，在武昌广武局公所正式成立湖北铁政局。1891年，铁政局改设武昌三佛阁，委派湖北补用道蔡锡勇为总办，并陆续访求外省通晓矿学之委员、学生咨调应用。1896年，改铁政局为铁政洋务局，兼管铁路矿务事宜。

张之洞虽然对钢铁工业重要意义的认识超乎其他洋务大吏，故能排除万难，大力兴建，并以总督之尊，对铁厂具体事务一一躬亲过问，但他在工作指导中犯了一系列常识性错误，导致不良后果。他在两广总督任内采购机器设备的"瞎指挥"情形，第四章已述及。此外，在选择厂址以及煤铁矿山勘察与建厂的关系问题上，张之洞也有类似偏失。

铁厂地址的选定，曾几经周折。在筹建过程中，李鸿章、盛宣怀及外国技师纷纷提出将铁厂设在近煤、近铁地点的建议。1890年5月3日，李鸿章致电张之洞："铁矿运远煤，费用更巨。或谓西法多以铁石就煤，无运煤就铁者。炉厂似宜择煤矿近处安设。"[①]同年11月27日，李鸿章再次致电张之洞，转达盛宣怀慎选厂址的意见："盛道（指盛宣怀——引者）电：'大冶江边煤铁锰矿与白石均在一起，天生美利，如在江边设厂，百世之功。惜在大别山（汉阳龟山——引者）下，转运费力，屡谏不从。将来迁徙不易'"[②]。但张之洞并未听取这些意见。起初勘定武昌城郊的塘角及金鸡两垸等处，皆不合宜。后来有人提议设厂于距大冶铁矿颇近的黄石港，张之洞"嫌其照料不便"[③]，以"黄石港地平者洼，高者窄"，不足以安装炼铁大炉等理由，否定了设厂黄石的方案。这样，直至1890年9月，方正式勘定汉阳县大别山（即龟山）下、汉水岸边一开阔地带作为厂址。显然，他较少着眼于降低生产成本，较多考虑

---

①② 李鸿章：《李文忠公全书》，电稿一二。
③ 叶景葵：《汉冶萍产生之历史》，中国社会科学院经济研究所藏抄本。

官员的"督察之便"。正如《现代中国实业志》所说:"自大冶发现铁矿以后,有人议建厂于大冶者,张氏谓'大冶照料不便,若建厂于武汉,则吾犹及见铁厂之烟突也。'"由于炼铁厂建在距大冶120公里的汉阳,而大冶所产之煤炭、铁矿石、锰矿石、石灰石等原料都要溯江长途运来,运费每吨需银数两,提高了铁厂生产成本,这是汉阳铁厂长期亏本的原因之一。

此外,汉阳龟山之麓,"襟江带河,形势虽便,而地址狭小,一带水田,不得不以巨资经营之"①。据统计,在汉阳建铁厂,因地势低洼,为填筑地基、垫高厂址,即费银一百多万两,使建造费大大突破原定计划。

煤铁等矿山资源的勘察,应是筹建钢铁厂的先行工作,但缺乏科技知识的张之洞却先购机,后探矿,将整个工作的程序头足倒置。燃料是钢铁工业的命脉所在,汉阳铁厂日需白煤六七十万斤,非小煤窑所可供给,而张之洞在向英国谐塞德公司订购设备时,"虽有创办钢厂之伟画,而煤在何处,固未遑计及也"②。铁厂移设湖北后,张之洞才派德、比各国矿师及矿学学生分途访煤矿,前后五六次,所到不止数十处,访寻两年多,试开窿口数十处,终于寻觅到大冶王三石煤矿和江夏马鞍山煤矿。可是,王三石煤矿自1891年开始经营,耗资50万两,开至数十丈,煤层中断,冒出大水,只得于1893年停止开采;而马鞍山煤质磺多灰多,取制焦炭,不宜熔炼,这个煤矿1891年筹建,1894年出煤,终因煤质不良,经费支绌而改用土法生产,于炼铁厂无所裨益。这样,汉阳铁厂1894年6月30日生铁炉升火开炼,同年11月便因经费困难、煤炭缺乏而被迫闭炉停产。经向开平煤矿及英、比、德等国购买焦炭,与土焦搀和使用,方于1895年8月,生铁大炉重新开炼。而"开平一号块焦,每吨正价连杂费、麻袋、制工、水脚、需银十六七两,道远价昂,且不能随时运济"③;至于外洋焦炭,从上海进口每吨二十余两,而当时生铁的市价,每吨不过值银二十两左右,这样,铁厂的生产成本便远远超过其市场价值。铁厂长期巨额亏损便无足为怪了。

1898年10月,日本前首相、侯爵伊藤博文来武昌访问,向张之洞建议,日本神户船厂能炼焦炭,可供汉阳铁厂之需,并用回船代销大冶铁矿。张之洞

---

①② 叶景葵:《汉冶萍产生之历史》,中国社会科学院经济研究所藏抄本。

③ 顾琅、谢观:《萍乡煤矿节略》,《中国十大矿厂调查记》,第三编,商务印书馆1916年版,第7页。

要伊藤与盛宣怀协商。1899年，盛宣怀与日方议立合同，以日煤易冶铁，试办15年。每年运铁矿50000吨。张之洞认为合同时间太长，铁价太廉，请酌改。但盛宣怀以铁厂归商办后，煤不敷用为由，坚持以冶铁换日煤的交易，铁矿价略有提高。并自1900年起开始执行这个煤铁交易合同。

如果说，建厂前对煤矿蕴藏心中无数，造成生产成本的高昂，那么，购机以后才勘察铁矿，则导致铁厂产品质量无法过关。如前章所述，张之洞在1889年托驻英公使刘瑞芬购买铁厂设备，即陷入极大的盲目性。正如后人所说，汉阳铁厂"开办之始，因无确实调查，以致机炉不能合用"[①]。英国的贝色麻炉属酸法炼钢，虽能大量冶炼廉价钢，却要求含磷较少的铁砂。由于张之洞不懂这一科学道理，在未调查铁矿性质的情况下，即于1889年订购贝色麻炼钢炉。张之洞调任湖广总督后，于第二年方令委员矿师在湖北沿江勘察铁矿，同年从盛宣怀手里接办大冶铁矿（全部官营）。1891年，又令德国人维礼率领一批德国技师在长江沿岸调查炼铁原料，对大冶铁矿的藏量和品位有进一步了解。勘测结果，确定它的埋藏量：每年开采一万吨，可供开采两千年。大冶铁矿含铁64%，是优质铁矿，但含磷偏高，酸法炼钢的贝色麻炉无法除掉大冶铁矿砂中的磷，炼出的钢含磷达到0.25%，不合路轨钢材含磷0.08%以下的要求。而兴建汉阳铁厂，原计划以卢汉铁路轨钢为一大销路，张之洞曾说："中国现尚不能成铁舰，不惯用铁屋，不知造机器，民间农具爨品，土铁足敷所用，销铁之处无多。从前立厂本意专为造轨制械而设。"[②]现在炼出的钢材不能供筑铁路之用，便造成产品大量堆积，亏折不堪。盛宣怀在致张之洞的电稿中曾指出："凡办矿，机器均须因地因质，宜先宜后，与原堪矿师绘图立说，详评定购。西方办矿断无不先定矿地办法而后照图购器者。中国屡次办矿，见小欲速，前后倒置，故不合法。"[③]一针见血地指出办汉阳铁厂所犯的常识性错误。汉阳铁厂交盛宣怀承办后，于1904年派铁厂监督李维格出国求教，方得知铁厂必须拆除酸法贝色麻炉，改装碱法马丁炼钢炉，才能生产轨钢。这一改装工作直到1908年方完工，费银三百万两，使铁厂前后兴建费用高达一千万两以上，远远突破计划建厂费二百余万两的数字。这是"做到哪处，说

[①] 胡庶华：《汉冶萍营业小史》，《时事月报》，第四卷第一期，1931年版。
[②] 《铁厂招商承办议定章程折》，《全集》，卷四四，奏议四四，第9页。
[③] 盛宣怀：《愚斋存稿》，上海人民出版社2018年版。

到哪处"的盲目指导造成的恶果。

叶景葵在《汉冶萍产生之历史》中指出，汉阳铁厂"费千回百折之力，而所制之钢不能合用"，原因乃在于张之洞盲目订购酸性炼钢的贝色麻炉，而英国公司"以不得中国煤铁之质，故照英国所用酸法配置火炉，另以碱法制一小炉媵之，其意不过为敷衍主顾而已，而我则糜去十余年光阴，耗尽千余万之成本，方若夜行得烛。回首思之，真笑谈也"①。这是沉痛而真切的总结。

当然，汉阳铁厂建设过程中所遇坎坷，并不仅仅是由张之洞主观指导上的失当造成的，也与落后，守旧的客观环境带来的障碍直接相关。张氏抵达湖北后，立即着手在各地勘探矿藏。当这一消息传至北京，湖北籍京官左绍佐等人于1890年初致书张之洞，以开矿破坏风景、坟墓为由，力阻在武昌西山樊口开矿。张氏为平息士林的反对，向左绍佐等人保证，决不会在省城附近开矿，特别是不会在名胜及墓葬区开矿。而转往其他县份采矿同样遇到乡人抗拒。又如，1890年，张氏拟在金鸡垸设铁厂，暂拆额公桥，以便派小火轮前往测量，遭到地方绅民反抗，致肇事端。1891年，澧州架设电线，地方绅民指为洋人所设，并散布歌谣图画，加以攻击、反对。凡此种种，都是社会上的强大习惯势力对近代化事业的抗拒，这当然给"开风气之先"的铁厂等项目的建设带来许多困难。

汉阳铁厂的修建虽屡经周折，走了许多弯路，但终于在19世纪90年代建设成中国以至亚洲第一家现代化钢铁联合企业。日本的第一个钢铁联合企业八幡制铁所1901年才开始投产，比汉阳铁厂晚了7年。

汉阳铁厂1891年元月建厂工程动工，原定1892年底竣工。实际实施的情况是，1892年完成筑基建堤工程，同年正月，派译员携工匠十名赴比利时炼钢厂学习；同年秋冬，机器厂、铸铁厂、打铁厂先后完工；据薛福成1892年6月22日日记记载，当时汉阳铁厂已初具规模。1893年3月，炼生铁厂完工，6月，炼贝色麻钢厂、炼熟铁厂完工，8月、9月，炼西门士钢厂、造铁货厂、造钢轨厂先后完工；10月，鱼片钩钉厂完工，11月29日，张之洞奏《炼铁全厂告成折》②，报告了铁厂建设成就的种种细节。

---

① 叶景葵：《汉冶萍产生之历史》，中国社会科学院经济研究所藏抄本。
② 《全集》，卷三四，奏议三四，第1~3页。

1894年，炉工告竣，聘洋工程师，设置大备；6月下旬，生铁大炉升火开炼；7月3日，督宪张香帅特驾临铁厂、枪炮厂巡视一周。铁厂出铁在国内外引起强烈反响，上海洋报馆即日刊发传单，发电通知各国。西方人甚至视此为中国觉醒的标志，惊呼"黄祸"来临。

> 汉阳铁厂之崛起于中国，大有振衣千仞一览众山之势，征诸领事之报告，吾人预知其不可量矣。中华铁市，将不胫而走各洋面，必与英美两邦，角胜于世界之商场，其关系非同毫发，英美当道，幸勿以幺幺视之。……呜呼！中国醒矣，此种之黄祸，较之强兵劲旅，蹂躏老羸之军队尤其虑也。①

有些外国人还预言，"湖北省具有一些希望，在不久的将来成为中国的匹茨堡、米克里斯布鲁及威斯法里亚"②。

在日本人写的一篇报道中，更对汉阳铁厂规模之宏伟充满赞叹：

> 登高下瞰，使人胆裂：烟囱凸起，矗立云霄；屋脊纵横，密如鳞甲；化铁炉之雄杰，碾轨床之森列，汽声隆隆，锤声丁丁，触于眼帘、轰于耳鼓者，是为二十世纪中国之雄厂耶！③

张之洞本人也为铁厂建成而十分自豪。他说："鄂省奉旨设厂炼铁，实为中国创办之事。……今日之轨，他日之械，皆本乎此。总以将来军旅之事，无一仰给于人为断。"④又说，铁厂炼铁炉"烟囱高过大别山"，"其机力之宏大，运动之灵巧，火力之猛烈，迥非向来土炉人工所能到"⑤。

总之，西方人和中国官员站在不同角度都意识到，建成现代化钢铁联合企业，对增强中国的国力具有重大意义。

---

① 《东方杂志》第七年第七期，译西报《论汉阳铁厂装运钢铁出口将为欧美二洲实在之中国之黄祸》，1901年7月出版，第66页。
② 《二十世纪之香港，上海及其它中国商埠志》，第706页。
③ 《中国十大矿厂调查记》，顾琅、谢观著，商务印书馆1916年版。
④⑤ 《铁厂著有成效，请奖出力各员折》，《全集》，卷三四，奏议三四，第22页。

铁厂建成后，一度生产形势不错。据《申报》1894年11月10日报道："铁政虽未告竣，化铁炉中每日能泻毛铁六百余吨，炼铁炼钢昼夜不停。炼出精铁高堆若阜。江、安两处有至局购买者，谓铁质较前更佳。"另据《海关贸易十年报告》载，汉阳铁厂"1894年生铁出口约为1100吨；翌年载运出口都仅数吨。1896年经营情况改善，铁厂的产量说明此企业前途很光明"①。

铁厂的建成也刺激了湖北民族资本主义工业的勃兴。1890年10月7日，张之洞指示筹办开采转运湘煤的官员："窿户之有力者，劝令自购抽水机器试办；无力者，由官置买抽水机租与开采，……要在切实劝导，使民间晓然于机器之妙用，实能兴利，决不至或夺其利。"②同年11月18日，张之洞又颁布《晓谕鄂湘各属并川省民间多开煤斤示》，向两湖商民保证："果系上好白煤、烟煤，无论每窿每日能开出数百万斤，本部堂总能为尔等力筹销路。"③在"无论绅商准自集资本采贩"的指令下，扬子江上出现了"帆樯络绎，运出之煤数百万石，载往湖南、江、皖销售"④的兴盛局面。尽管张之洞因袭着旧官僚的重负，使铁厂建设走了弯路，但他"抚辑群情，绥靖谣诼，家喻户晓，舌敝唇焦，艰险备尝，始终罔懈。历经四年，始竟全功"⑤，建起亚洲第一座"兼采矿、炼铁、开煤三大端"的钢铁联合企业，其历史功绩仍然昭昭在目。

由于汉阳铁厂生产成本高，"亏折甚巨"，加之所聘洋员一再更易，焦炭供应又一直未获妥善解决，实难维持下去。醇亲王奕譞主持海军衙门时，尚对铁厂经费格外照顾，在预估数之外一再追加。

1891年12月，奕譞死去，海署对湖北铁厂、枪炮厂的支持程度大减，铁厂经费更形艰困。1892年春，张之洞致书户部尚书阎敬铭说："洞自为外吏以来，如日行荆棘中，愈入愈深，耗无佳境，……铁厂事繁重已极，工大用宏，经费十分支绌。"⑥继任户部尚书翁同龢认为张之洞在湖北耗费过大，不愿继续为铁厂筹集资金，曾提议招商接办，道员盛宣怀初拟承办。但张之洞以为不可，他说，路、舰、炮、械，非铁不可，正须官力扩充，招商非计。1895年

---

① 《海关贸易十年报告》1892—1901年上卷，上海人民出版社2013年版，第304页。
②③ 清光绪抄本《督楚公牍》，国家清史编纂委员会文献丛刊《晚清文献七种》，齐鲁书社2014年版。
④ 薛福成：《出使日记续刻》，卷四。
⑤ 《铁厂著有成效，请奖出力各员折》，《全集》，卷三四，奏议三四，第24页。
⑥ 《张文襄公电牍》。

7月，官款筹集愈益困难，清政府决定铁厂招商承办，但盛宣怀又犹豫不愿接受，这样，时在两江总督署理的张之洞便于当年9月4日致电蔡锡勇："铁厂一切经费拟包与洋人。有愿包者否？每年经费若干？速询各洋匠，电复。"①开始，英、德、比巨商愿意缴款合办，但又顾虑后患甚多，而国内也有人反对将铁厂交洋人"包办"，如湖南巡抚陈宝箴（1831—1900）致电张之洞，指出办铁厂原意在少用洋铁，减少外耗，现在忽与外人共之，则与初衷大不符合。考虑到与外商合办铁厂会招致物议，张之洞只得放弃这一设想。

官办铁厂已走入死胡同，与外商合办又有各方面人士反对，经再四熟筹，张之洞认为只有"招商承办之一策"②。这样，便于1896年奏准归直隶海关道盛宣怀招商承办，并奏明章程十六条。盛宣怀深知"目前铁厂人人视为畏途"，对于督办汉阳铁厂曾十分犹豫，"徘徊中夜，毫无成算"③，后经过一番筹划，方于当年5月24日接办。以后，盛宣怀在1898年勘定萍乡煤矿，逐步解决铁厂的煤炭供应问题。1908年，盛宣怀奏准添招股本，定额二千万元，合汉阳铁厂、大冶铁矿、萍乡煤矿为**汉冶萍煤铁厂矿公司**，呈准农工商部注册给照，德、日皆有投资。"自是以后，汉冶萍公司遂为中国巨擘，而外人觊觎，外资侵入，利益非复中国所独有，其变态亦不可胜纪矣。"④

张之洞是以防止权益外漏为由办起铁厂的，然而，实施的结果却是一再亏本。盛宣怀接办后，招募商股很不顺利，只得在1902—1906年间，先后三次向日商大仓组、兴业银行和三井物产株式会社借款。日方的条件十分苛刻，如1903年12月，盛宣怀向日本兴业银行借款三百万元，分三十年以大冶铁矿石抵还，并以大冶得道湾矿山为担保。张之洞闻讯后表示异议，认为利息太重，我方吃亏。盛宣怀遵张之洞之意，与日本领事"坚持面议"，日方条件稍有松宽，但大局并无改变。以后盛宣怀又多次向德商礼和洋行、日商大仓组、华俄道胜银行借款，以至"外人觊觎，外资侵入"，汉阳铁厂的后身汉冶萍公司沦为日、德等列强的囊中物。汉阳铁厂作为洋务派后期创办的最大企业，迅速走向衰落，这同中日甲午战争北洋海军全军覆没相类似，也是洋务运动陷入困局的标志。

---

① 抄本《张之洞电稿》。
② 《全集》，卷四四，奏议四四，第2页。
③ 见《札委盛道督办汉阳铁厂》，《附盛道复禀》，《全集》，卷一〇〇，公牍一五，第13页。
④ 王昭文：《萍矿调查记》，《湖南实业杂志》1912年7月。

2. 湖北枪炮厂

在中法战争前后，一些对近代战争有初步认识的官吏，提出在华中腹地的长江沿岸设立枪炮厂的建议。1884 年 10 月，翰林院编修（明清于翰林院修撰之次置编修，为七品官）朱一新向朝廷建议："腹地宜置机器局也。……南北洋局皆滨海，万一敌兵闯入，闽厂即前车之鉴，而内造之源又绝。所可恃者独金陵、皖、蜀诸小厂耳。闻蜀厂专用华人，其用意甚深，而制造尚未精美，距海远而呼应不灵，可否于江西、湖北近水之处，添置一二厂，以备不虞。"①将这一设想付诸实施的是张之洞。

中法战争结束不久，张之洞即在广东筹建枪炮厂，但自德国购买的设备尚未运到，张之洞即于 1889 年 12 月调离。接任两广总督的李瀚章同对铁厂的态度一样，也无意将枪炮厂留在广东。但情形有异的是，铁厂移往湖北，各方面没有异议；而枪炮厂却为李鸿章为首的北洋势力所瞩目。这样，新任两广总督李瀚章就想将枪炮厂移往天津。张之洞调往湖广之后，四处呼吁，力争将该厂设备连同铁厂设备一起迁往湖北。几经争取，海军衙门终于同意将枪炮厂设备运往湖北。当然，在其间起关键作用的是醇亲王奕譞。奕譞等满洲贵族不愿让李鸿章控制全国规模最大、最现代化的军火工厂，这是张之洞建厂湖北的请求获得批准的内情所在。《张文襄公年谱》称，枪炮厂"此与煤铁事，皆醇邸（指醇亲王奕譞——引者）主持，有'旁观疑信由他，当局经营在我'之语"②。1890 年 3 月 19 日，海军衙门与户部上《议复广东枪炮厂改移鄂省折》，正式决定将枪炮厂建于湖北，购机费和造厂费仍由广东已筹之八十余万两内支付，先由部筹铁路经费垫拨银十五万两，将来由粤款归还。又由提督刘维桢捐银二十万两，充枪炮厂经费，三年交足。同月，筹建枪炮厂于汉阳大别山下、汉水岸边，仍由蔡锡勇兼领其事。

1890 年 8 月，枪炮厂部分机器由德国起运来华。第二年 3 月到 5 月，张之洞与新任出使俄、德、奥、荷大臣许景澄往返电商，希望将连珠枪设备改为新式小口径枪机器，以适应汉阳铁厂所产钢料的性质。张之洞致电许景澄说："鄙意以改小口径为便。惟换机加款甚巨，关系重大，务请与德员之精于此道

---

① 《敬陈管见疏》，朱一新：《佩弦斋文存》（清光绪九年刻本），卷首。
② 胡编《年谱》，卷三，第 1 页。

者详细推敲,应换新机与否,请代裁决速示。"①这种略加改造的德国1888年式七九步枪,口径为七点九厘米,这便是此后数十年间由湖北枪炮厂(后称湖北兵工厂、汉阳兵工厂)生产的步枪,俗称"汉阳造"。

1892年4月,又向德国增订生产炮架、炮弹、枪弹的机器;5月,湖北枪炮厂厂房正式破土动工。1894年6月,枪炮厂落成,7月3日,张之洞阅视炼铁厂和枪炮厂。以后,枪炮厂又陆续扩建,添置炮架、炮弹、枪弹三厂。1895年冬开机,又添购压炮钢大汽锤,试枪炮钢拉力、试枪炮速率各机器。……1898年复于汉阳府城外西北隅赫山地方添设炼罐子钢、制无烟药两厂,定名钢药厂。1901年冬,钢药厂开始制造七九步枪圆头弹弹药。"三十年,公(指张之洞——引者)奏称枪炮厂内分厂林立,厂各有名,非枪炮二字所能包括,请改名为湖北兵工厂。"②

张之洞原来的设想,是建立一个从原材料供应到枪炮弹药生产相连环的完备的兵工厂。但是,由于汉阳铁厂的产品质量低下,曾聘用德国技师,试炼枪炮钢,但品劣不堪用,以后便停炉未再制。所以,湖北枪炮厂的钢铁材料,完全依赖进口。这样,张之洞以汉阳铁厂产品供"制械之用"的计划,终成画饼。

1894年8月,中日战争爆发,湖北枪炮厂生产及扩建工程加紧进行。此年9月,张之洞又与许景澄电商改换快炮机器。10月31日,上《添架弹三厂并改换快炮机器折》。该年秋天,湖北枪炮厂开始制造口径37厘米的山炮,继之制造口径53及57厘米山炮,皆为格鲁孙式。11月,张之洞调署两江总督,但仍力促湖北枪炮厂加紧生产,以支援前线战事;还在两江总督任内于江苏等省筹款协济湖北枪炮厂。

枪炮厂从事的不是商品生产,所制枪炮由清政府无偿调拨使用。而枪炮厂每年费用巨大,成为湖北省一大担负。该厂建成十余年,"计支用购买枪炮各机械价银一百七十二万一千七百两;建筑厂屋,计银四十五万八千八百两;购买材料,计银五百二十三万两;经费四十三万五千五百两正云云"③。张氏为枪炮厂经费多方呼号,四处罗掘。1898年5月1日上奏:"湖北枪炮厂扩充制

---

① 《全集》,卷一三五,电牍一四,第27页。
② 张继煦:《张文襄公治鄂记》,湖北通志馆民国三十六年版,第25页。
③ 王家桢:《湖北兵工厂调查报告》,《湖南实业杂志》1913年,第11期,第30页。

造，需款孔殷，近日奉拨枪、炮为数甚多，实难支持。造成枪炮，并非湖北一省所用，事关全局，且沪局、鄂局，理无二致，必蒙朝廷一视同仁。可否准于江汉关洋税项下，每年拨银十万两，另在洋税畅旺之海关，分拨银三十万两，共银四十万两以为添厂制造常年经费……"①清政府并未认真解决枪炮厂经费问题，结果仍由湖北一省负担。枪炮厂经费除来自江汉关洋税银外，还从宜昌土药正税、宜昌土药过境税、宜昌川盐厘金、汉口淮盐厘金、北路土药税、米谷厘金等地方财政收入中索取大宗。清政府就是这样将军事工业重担转嫁给地方财政，实际上也就是转嫁到广大民众身上。

由于鄂省兵工厂支销浩繁，"其始常年经费约三十六七万两，其后增至八十余万"②，上述来源仍不敷需要，这样只得大量举借外债。时人忧虑地指出："张之洞在湖北办枪炮厂，于德国高林洋行借银一千万万元，……德既投一千万万元之重资，而全权又为德人所世袭、所垄断，则湖北枪炮厂之可危，较之福建船厂为尤甚。以船厂只欠法人200余万。"③

因为财力支绌，加之管理不善，湖北枪炮厂的产品质量不高。据清末报端披露："湖北制造厂，所造枪弹，很有毛病。大小多不一样，也不够后膛，这还是显而易见。最可恨是药力不加足，放了出去，子弹不等到靶上，半路就落下来，若是对敌，怎能取胜？更有一桩可虑的事，药力单薄，不能送出弹丸，兵不留心，再装第二弹必要炸裂，势必伤害了自己的兵。"④

湖北枪炮厂于光绪十六年（1890年）在汉阳大别山（龟山）北麓动工兴建，光绪三十年（1904年）改名湖北兵工厂，光绪三十四年（1908年）定名汉阳兵工厂。这是中国第一座具有完备系统的大规模军火工厂，"植中国军械专厂之初基"⑤。据继任湖广总督陈夔龙（1855—1948）1908年7月22日报告，该厂及其附设工厂"经升任督臣张之洞经营缔造，十有余年，逐渐扩充，规模卓著。综计自开机制造以来，共造成步、马快枪十一万余支，枪弹四千数百万颗，各种快炮七百四十余等，前膛钢炮一百二十余等，各种开花炮弹

---

① 《全集》，卷四七，奏议四七，第14页。
② 张继煦：《张文襄公治鄂记》，湖北通志馆民国三十六年版，第26页。
③ 《国民日报》第三集，"短批评"第3页，光绪三十年八月二十日。
④ 《京话日报》，1905年2月18日。
⑤ 吴禄贞等：《湖北请建专祠折》，《张文襄公荣哀录》，卷一。

六十三万余颗，前膛炮弹六万余颗，枪、炮器具各种钢坯四十四万六千余磅，无烟枪、炮药二十七万余磅，硝镪水二百数十万磅"①。陈夔龙为之浩叹："目睹其制度宏阔，成效昭然，窃叹为各行省所未有。"②这番话并非溢美之词，湖北兵工厂就其规模和技术水平而言，确乎在当时居全国军事工业之冠，"较津局既逾数倍，较沪局亦复加多"③。

3. 湖北纺织官局

与炼铁厂、枪炮厂同先后，张之洞兴办机器纺织厂的筹备工作也是在广东开始的。张之洞调任湖广总督后，纺织机械随迁湖北。李瀚章虽同意将纺织局设备运走，但在经费问题上却讨价还价。本来，建织布局的费用原拟由广东闱姓捐款充抵，张之洞在两广总督任内即用这笔捐款四十万两白银购买英国设备。但闱姓捐款还有八十万两尚未动用，李瀚章接任两广总督后，不愿将这笔款项交给张之洞。经张之洞与李瀚章反复电商，李瀚章"以粤省用宏费绌，未肯全拨，允于此项拨洋行银十六万两为鄂省布机建厂之用"④。张氏只有委曲求全，表示"粤省用度诚多，此厂既已移鄂，自不欲全数拨作他省之用"⑤。为弥补建织布局费用之不足，张氏又将广东拨借山西善后局借款二十万两移往湖北，由织布局认借付息。仍然欠缺的款项，则向英商汇丰银行先后借款十六万两。

1890年，在省城武昌的文昌门外设湖北织布官局，题楹联云："布衣兴国，蓝缕开疆。"同年6月9日，考虑到中国棉纱销流最广，利亦最厚，故致电继刘瑞芬之后出任使英大臣的薛福成，拟添纺纱机一倍。1891年，织布局开始在文昌门外建厂，机器设备陆续运到。第二年，"长江沿岸的织布局已渐呈熙攘气象。……工厂的烟囱已吐着烟，一部发动机已转动。"同年底，湖北织布局正式开工。当时的生产规模是："布机一千张，内有提花机一千张，有一千二百匹马力之压力。今冬拟先开机二百张，每昼夜约出布四百匹；明春各机齐开，一昼夜可出布二千匹。以汉口全镇计之，官局所生之布仅敷汉口销数

---

①② 陈夔龙：《庸庵尚书奏议》，卷九，清宣统三年铅印本。
③ 《全集》，卷四十七，奏议四十七，第13～14页。
④⑤ 《全集》，卷二九，奏议二九，第5页。

六十分之一耳。"① 可见内地对机织布的需求量之大。市场的宽广，使湖北织布官局的产品销售通畅。1893年9月29日的《捷报》说，湖北、四川、湖南内地城镇居民争相购买湖北织布局产品；1894年10月13日的《申报》则说，织布局产品"通行各省，购取者争先恐后"。

1894年，张之洞因湖北省织布局办有成效，并拟以织布局与铁政局联为一气，协济铁厂经费，特于10月31日上《增设纺纱厂折》。他的设想是，纱厂"既能辅佐布局之不逮，兼可协助铁厂之需要"②。

张之洞增设纺纱厂，面临经费无着的困境，于是决定仿效李鸿章、盛宣怀"在上海招商添设纺纱厂"的办法，在湖北"招商助官"，以建南北纱厂。但这个计划，最后完成的只有北纱厂，即湖北纺纱局。该厂由官商各出资三十万两合办，1897建成开工。后商董因官权太重，要求抽出商股"请专归官办"，张之洞只得另外筹款，改归官办。南纱厂设备已运到武昌，因资金不凑手，一直未能兴建厂房，设备长期日曝雨淋，损失重大。延至1895年1月30日，暂署两江总督的张之洞奏请将这批已运至武昌的机器连同搁存上海的纺机，廉价卖给苏州商务局，初由陆润庠接管，因需款甚巨，陆润庠辞而不受，由张謇集股接办。不久，张之洞返任湖广，张謇与盛宣怀利用这批纺纱机械，分别在上海和通州各设一家纺纱厂。设于通州的称大生纱厂，由张謇主持，后来几经坎坷，发展成中国近代著名的私营纺织企业。

湖北织布局和纺纱局虽然在资金、设备、管理诸方面都存在不少问题，但确也起了"略分洋利"的作用。张之洞曾宣称，湖北织布官局是为"自扩其工商之利，以保利权"而设。在"与洋装颉颃"思想的指导下，织布局产品设计目标，全以洋布为标准，不过另印特殊商标，示为国产。以后，他在《劝学篇》中说："洋布洋纱，为洋货入口第一大宗，岁计价四千余万两。自湖北设织布局以来，每年汉口一口进口之洋布，已较往年少来十四万匹。"③ 就规模而言，武昌织布局为中国最大织布厂之一，20世纪初，该局拥有纱锭40656锭，布机500台；纺纱局拥有纱锭49056锭，均名列全国纺织厂前茅。

---

① 李鼎颐：《中国土产钢铁棉花论》，见陈忠倚辑《皇朝经世文三编》1898年（光绪二十四年）版，卷三一，第9页。

② 《全集》，卷三五，奏议三五，第20页。

③ 《劝学篇·外篇》农工商学第九。

另外值得一提的是，张之洞为发展机器棉纺业，力图用长绒优质洋棉取代短绒劣质土棉。他于1892年5月3日发布《札产棉各州县试种美国棉子》，要求"地方官务须切实劝种，不得以难办藉词搪塞"①。第二年又发布《札各营县续发美国棉子暨章程种法》，并印行《畅种美棉说》，以广宣传。据《捷报》1894年报道，张总督"准备大规模移植美棉。摩里斯去年曾运进口一批美棉，但因到货太晚，无法下种试验；但在武昌附近种了一些，结果确比华棉优良。今年又运八十吨，准备分给农家并教以如何种植"②。这批美棉由于种得太密，结桃不多，未能得到推广，从而影响湖北纺织品质量的提高。

在增设纺织厂的同时，张之洞又于1894年11月2日上《湖北开设缫丝局片》，内称："湖北土产，除茶叶系销外洋，尚可岁获巨款，此外殊少畅行之货。土性素亦产丝，而制造不精，销流不旺。""近十年来，上海、广东等处商人，多有仿照西法，用机器缫丝者，较之人工所缫，其价值顿增至三倍，专售外洋，行销颇旺。"③其时恰有候选同知黄晋荃，"家道殷实，综核精明，久居上海，其家开设机器缫丝厂有年，且在汉口设有丝行，情形极为熟悉。当饬委员与之筹商，由该职员承办，先酌借公款试办，以后由该职员凑集商股办理，将来或将官本附入商股，或令商人承领，缴回官本"④。然而，缫丝厂实施结果，仍然是官督商办，官本八成，商本二成。1894年底，在武昌望山门外购地设厂，并派工匠赴沪学习。据载，缫丝局有"釜数二百〇八，织工三百人，每日制出上等品三十斤，普通品十八九斤"⑤。又据日本驻汉口领事水野幸吉说，缫丝局"缫丝车308台，1台为5锭"，"原料用湖北产，汨阳产最多，专用黄丝，其制品全部输于上海"⑥。为华中地区最大的机器缫丝厂。与织布局不用女工相区别的是，缫丝局招用女工。

湖北土产苎麻，质地坚韧，货多价贱，民间仅用以织麻线、麻布。苎麻原料大量贱价销售外国，经洋商织成各样麻制品，贵价出售中国，以致利权外溢。为改变这一状况，1898年，张之洞委任道员王秉恩在武昌平湖门外购地

---

① 《全集》，卷九七，公牍一四，第9页。
② 《捷报》，卷五〇，第393页。
③④ 《全集》，卷三五，奏议三五，第21、22~23页。
⑤ [日]藤户计太：《扬子江》，1901年版，第139页。
⑥ [日]水野幸吉：《汉口》，光绪三十四年六月刘鸿枢译。

创设制麻局，先购织机40张，酌配梳麻等机，分别织布织绸。购机费及运费共14000英镑，由银圆局盈余项下拨用。开工后，聘雇日本工师。1904年前，仅能生产麻丝，1905年以后，逐步安装机件、训练织工，生产麻制品。该工厂专制汉口需用之麻袋，原料由湖北各产地供给，制品即卖出于汉口市场各地。制麻局规模虽不甚大，但"为吾国机制麻业之滥觞"①。

以上布、纱、丝、麻四局均在武昌文昌门、平湖门、望山门外沿江一带，占地16000余方，房屋机器，共用款五百余万两，经营六七年，方大体建成。本来，这些轻纺工业较能盈利，开织以来，销售甚畅，余利颇丰。再添纱厂，利息尤厚，但由于张之洞"以湖北所设铁厂、枪炮厂、织布局自相挹注，此三厂联为一气，通盘筹划，……以后断不致再请部款"②。一言以蔽之，就是挪纺织厂的赢利弥补铁厂、枪炮厂的损耗，所谓"布局之气势愈厚，每年盈余，大可佐助铁局经费"③。甚至在机器尚未运到，纱厂尚未开工生产时，就迫不及待地要借拨纱厂所收股票之款，充铁局、枪炮局之用。其结果导致布纱丝麻四局因官款支绌，不易维持。纱麻四局于1902年议定招商承办，由粤商韦应南禀准招股承租。次年禀准其同乡邓纪常独立承办。1907年春，又禀准其父韦尚文接办。这便是"应昌有限股份公司"。

近代欧美各国走向工业化，大都是从发展轻纺工业开始积累资金的，但在清末中国，由于统治者（包括张之洞这样的洋务大吏）迫于国防危机，违背经济客观规律，优先发展洋务军工，轻纺工业一再为军工输血，套上沉重的枷锁，以至步履维艰，奄奄一息。其结果不仅阻碍纺织业的发展，而且导致整个工业因资金匮乏、比例失调而无法正常运行。而布纱丝麻四局招商承办后，便"起死回生"，欣欣向荣，诚如《湖南实业杂志》所指出的："鄂省纺纱、织布、缫丝、制麻四局，前因官办亏耗，租与粤商韦子封（韦应南）之应昌公司承办，获利甚巨。"④该公司接办四局后，每年向政府纳租银十万两。这个对比昭示了一条真理——宗法帝制的政治结构是发展近代工业的大碍，一旦稍减专制政府的干预，近代工业便生机盎然，长足进步。

---

① 杨大金编：《现代中国实业志》上，商务印书馆民国二十四年版，第200页。
② 《全集》，卷三三，奏议三三，第7页。
③ 《全集》，卷三五，奏议三五，第21页。
④ 《湖南实业杂志》，《中国实业录》，1912年7月，第2~3页。

除上述大型企业外，张之洞还在湖北兴办一些中小型的、技术水平比较低的工厂，诸如白沙洲造纸厂、湖北针钉厂、武昌制革厂、湖北毡呢厂、湖北官砖厂。还开设湖北模范工厂，内分纺织、金木加工、制革等工艺；又设贫民大工厂，专制普通简易用品，以解决城市贫民生计问题。1906 年，张之洞赴京入军机处前夕，还曾计划在武昌下新河兴建"武昌铁路机车厂"，专造铁路桥梁、车辆、叉轨及一切钢铁材料、机器。终因张之洞 1907 年离去，这个机车厂没有兴建。

4. 采矿业

张之洞在湖北兴办近代工业既然以钢铁、枪炮等项为主，所以从一开始便十分重视采矿业。1890 年初，出任湖广总督未及一月，便派员分赴湖北、湖南各县，及川、黔、山、陕诸省查勘煤铁矿，并对各矿产量、煎炼方法、销售价值、运销情况，逐一绘图禀复。又令在广东雇用的英、德矿师来鄂化验矿石；派知府札勒哈哩等率领矿师往大冶、武昌、兴国、广济、蕲水等地确查煤铁各矿。1891 年 2 月，派知县梅冠林等勘探兴国州锰矿；11 月，派盛春颐办理荆当煤务。同年又派州刺王树藩勘办大冶煤矿。后将大冶王三石等煤矿加以化验，得知不能炼钢，只可供布厂铁厂之用。武昌附近的马鞍山煤质磺多灰多，也不能炼焦炭。1896 年，发现江西萍乡煤矿，磺轻灰少，炼焦最佳，惟土法开采，仅得浅处之煤。而汉阳铁厂每日需煤三百吨，乃派知县恽积勋带同总矿师马克斯前往勘定，建立机器开采的萍乡煤矿。

为加强对矿务的管理，于 1901 年在洋务局专设矿务提调一职。1905 年，又在省城武昌设立矿政调查局，派司道为总会办。第二年，拟订中国矿务正章 74 款，附章 72 条，颁发各属执行。

三、官营企业内里

19 世纪末 20 世纪初，张之洞在湖北兴办的几家近代化机器工厂，就规模和设备水平而言，都在国内居领先地位，甚至可以与外国企业一争雄长。如汉阳铁厂所用高炉和贝色麻炼钢炉，其技术性能都属 19 世纪晚期的上乘设备，连当时的东方强国日本尚不能望其项背。湖北枪炮厂生产的步枪仿照德国 1888 年出品的型号制造，在当时也算性能较佳的小口径枪械。然而，这些靠清政府库款或捐款、罚款购买的西方工业设备，移植到半殖民地中国的内地,结出了怎样的果实呢?如前节所述,经数年或十余年的经营,这些工厂全都亏损巨万,无法维持,先后招商承办,或落入外国人手中。同李鸿章建立近代企业一样,张之洞也是"处处创办,处处无成"。造成这种可悲结局的原因,大而言之,当然要归结于西方列强经济侵略和宗法社会、专制政治对近代工业发展的桎梏。正如时人评价的:"官督商办之工业几乎无不失败,即其变相之商办工厂,因官习未除亦百弊丛生,鲜克生利。其失败之原因有二:一,信任官绅万能,不重专门人才;二,依赖外人过甚,工程大权遂为外人所专揽。"① 但这种总体性的原因,尚需通过对张之洞一手操办的铁厂、枪炮厂、布纱丝麻四局的内部情形进行考察方能具体理解。同时,通过这种考察,我们才能洞悉张之洞这位洋务大吏思想和实践的内蕴所在,这比单单读他的奏疏、电牍等施政宣言更能了解真情。

1. 以官府衙门方式管理大机器生产

在欧美近代资本主义企业中,管理职能由资本家及其雇用的具有专业知识的经理人员执行,他们对资本运动的全过程,是倾尽全力给予关心的。正是在对最大限度利润的追求中,资本主义生产及企业管理得以逐步完善,成为一门高度艺术化的科学。清末的湖北官营机器工业,其设备虽然先进,但却是在专制主义的政治经济体制中运行的。张之洞曾说,"铁厂为中国创举,奉旨饬办"②,这正道明张之洞兴办企业的御用性质。主持这些企业的,是张之洞及其属下的官吏,他们不懂科学,不懂近代化大生产,尤其不懂利润规律、价值法则,他们不是以经济手段管理企业,而是以官府政令指挥生产,带有极大的盲目性和主观随意性,反科学的生产指挥盛行上下。

关于张之洞在采购机器、选择厂址等方面的臆断性指挥,前已叙述,这里不再重复。至于工厂建设过程中和建成后的生产管理,也一再出现类似情形。这是因为,各厂局的首长都由道员、知县衔的官吏担任,他们的身体虽然迈入大机器工业,头脑里却只有"官职升迁","出息若干"这一套升官发财、大刮地皮的老观念。这类人充斥厂局要津,官场中的裙带之风、贪污贿赂、靡费侵蚀、排场应酬等积弊便迅速弥漫开来。一个名叫俞赞的人在谈及李鸿章在上

---

① 孙毓棠:《中国近代工业史资料》,第一辑,科学出版社 1957 年版,第 5 页。
② 《全集》,卷三四,奏议三四,第 24 页。

海主持的官办工业时，指出这类企业的主事者"大率纨绔居多，其人本不知稼穑之艰，焉知大体，惟好为排场，任其挥霍"①。湖北官办工厂的情形亦别无二致。一些来华欧洲人曾尖锐指出，张之洞所办企业，"如果说有任何利益的话，不过仅仅是给官僚添上了挂名职位"②。1896年12月，汉阳铁厂文案钟天纬致函盛宣怀，以亲身闻见相告，张之洞办厂"每出一差，委员必十位、八位，爵秩相等，并驾齐驱，以致事权不一，互相观望，仰窥帅意"③。塾师黄厚成只因教过总督子女，便以候补道官衔被委派为湖北针钉厂总办，他的才干显然"不宜于主持一个大制造工厂"④。一个英国商会访华团给本国的报告书中说：湖北"纱厂与上海中国人经营的纱厂很相似，只是没有雇用女工，因为总督认为是违反道德和孔子教义的。正像中国人管理之下可能看到的情况一样，机器的情况很坏，同时有严重的浪费、混乱和怠工。……关于这个纱厂，最大的困难是派来大批无用的人做监督，这些人都管叫坐办公桌的人，因为他们坐在桌旁，无所事事。他们为了一点私利把训练好的工人开除了，雇用一些生手"⑤。在日本人写的材料中，则指出，武昌纺纱厂的监工，"只会漠然袖手旁观，只会拿一个竹片，看见懒的，就苛毒地殴打"⑥。由于各厂局充斥着"无所事事"、"只会漠然袖手旁观"的"坐办公桌的人"，造成"局面大，耗费多"的状况，如"鄂省兵工厂支销浩繁，计每年员司薪资一项，亦须13万余金"⑦。

在这些"坐办公桌的人"管理下，各厂局生产程序一片混乱。如织布局经过半年筹办，到开车前夕，却发现送煤、通气、喷水、救火各机均不够用，随机雇来的洋匠也不敷分配，只得停机待匠。著名沪商经元善（1840—1903）来汉后，曾以新兴资产阶级的敏感，觉察到湖北官营近代企业的"官气""甚于沪上"，而官气"最是商情所大忌"⑧。这种情形，与同一时期日本企业"于

---

① 俞赞：《恤商论》。
② 《海关贸易十年报告》1902—1911年，上卷，上海人民出版社2013年版，第357页。
③ 《钟天纬致盛宣怀函》，参见王彦威编《盛宣怀档案》，北平1931年版。
④ 《捷报》，1911年3月24日。
⑤ 《布莱克本商会访华团报告书》，1896—1897年，第25~26页。
⑥ [日]《支那经济全书》，1908年，第11辑，第452页。
⑦ 《兵工厂经费奇绌之详记》，1908年2月14日《时报》。
⑧ 经元善：《居易初集》，卷二，第39页。

理财之道尤竞竞致意，极之至纤至悉"①形成鲜明对照。

更为严重的是，大批官厅委派的督办、总办、提调人员，肆无忌惮地在企业内"滥耗公费""舞弊营私"。张之洞家里的塾师黄厚成出任针钉厂总办不久，即亏空公款五万余两。据统计，汉阳铁厂兴建费五百万两银子，但用于厂地、机炉的只有二百多万两，"余皆系浮费，于公司毫无利益"②。1893年1月17日，张之洞在批复王三石煤局《局用每月常支各款及应买杂用各物请折》时，严厉指责企业主持者"滥用司事""浮支薪资"③。但是，在官僚体制下，这类耗费滥支是无法制止的。素称"廉洁"的张之洞本人虽未贪赃聚敛，但他的"身边人"如张彪、黄厚成等都依仗其权势大量贪污，张之洞对此也只能睁只眼闭只眼。

2. 对洋款、洋员依赖日益加深

张之洞创办大机器工业确有维护国家主权，防止利权外溢的初衷。但是，在清末中国，资金筹集、专业人员的汇聚都是十分困难的。作为封疆大吏张之洞又惧怕新兴资产阶级政治上的勃兴，因此他多次指出，商民"求利"固可，"求权"则决不可。所谓"盖国家所宜与商民公之者利，所不能听商民专之者权"④。在这种"利""权"两分的政策之下，湖北办实业，虽多次招纳商股，但商民都不肯响应。有时商股加入，又因"官权太重"，中途抽股而去，以至张之洞不得不用官款"垫支开办"，铁厂、枪炮厂、纱麻四局都只能是官资企业。而面临财政危机的清政府又不可能拿出充裕的官款供应耗资巨大的官营企业，这样，张之洞只有举借外债一途。早在中法战争期间，张之洞同英国资本建立联系，以后又发展同德、日两国资本的关系，多次向英、德、日、美、比等国银行举债。

与在资金问题上依赖外人相类似，在技术力量上，处在国内"人才贫乏"的时代，只得招募外人。张之洞1902年致电袁世凯说："今日人才风气，暗多明少，惰多勇少，私多公少，若变新法，不访西人，不惟精意全失，恐皮毛

---

① 黄遵宪：《日本国志》上卷第八卷之十五。
② 徐珂：《清稗类钞》，第十七册，第12页。
③ 见抄本《督楚公牍》。
④ 《全集》，卷六八，奏议六八，第16页。

亦不能似矣。"① 这番话道出对国内人才的失望，以及不得不倚重洋人的苦衷。湖北建设各厂局，聘请不少洋员，让其参与工厂设计和生产技术指导等关键环节。如汉阳铁厂的总监工为英国人亨纳利·贺伯生，以及比利时人白乃富，铁厂的总设计师是英国人约翰生，耐火砖厂技师为英国人哈里森。

1890年，张之洞从盛宣怀手里接管大冶铁矿后，又聘德国技师，探矿于大冶县附近，发现大铁山。但德国技师"在通知张总督之前，先已直接打电报报告给德国政府。德国政府获悉该矿蕴藏丰富以后，即向北京总理衙门交涉，要求把该矿开采权让给德国政府。北京政府接此消息后，不知所措，商之于湖广总督张之洞，甚为震怒，拒绝了德国人的要求"②。可见，张之洞维护矿产主权的态度是比较坚决的。然而，德国人并未放弃要求，继续讨价还价，因张之洞在资金和技术上有求于德人，便同意让步，"凡技师聘用，机器购入，需先向德国商议"③。以后因铁厂资金周转不灵，又"向德国借款三百万两，约定条件，汉阳铁政局的技师，要全部用德国人。其后，铁政局虽然履行条件，但因德国技师专横跋扈，与张之洞不能相容，张于是又向比利时辛笛加借款三百万两，清还德国借款，同时解聘所有德国技师而代之以比国技师"④。这表明张之洞既要仰赖洋人的技术和资金，又不甘心将企业主权拱手交与洋人。张之洞在疏稿中曾谈及雇用洋员情形："鄂省开炼大炉，自不得不多用洋匠，加意慎重。除原有洋教习、矿师、工师各匠不计外，续募各厂洋匠，择其必不可少者招募二十八人，系托欧洲著名之郭格里大铁厂代雇，本年四月（指1894年5月——引者）始一律到齐。"⑤ 这些来华洋员，不仅薪金素厚，而且他们为本国资本谋取利益是一目了然的。他们垄断技术，"绝不思教养华人"。如湖北枪炮厂"于德国高林洋行借洋一千万元，聘一德人为铸造师，指挥华工约三千名，除德人铸造外，华人无知之者"⑥。此外，洋员还利用同官吏接近的机会，大肆兜售本国军火和机器设备。如90年代在张之洞身边工作的德国人维礼，便一再向张鼓吹德国工业设备的优良，使张向德国重工业方面进行范

---

① 《电衷制台》，转引自张继煦《张文襄公治鄂记》，湖北通志馆民国三十六年版，第66页。
②④ ［日］《支那经济全书》，第10辑，东亚同文会1908年出版，第824页。
③ 杨大金编：《现代中国实业志》下，商务印书馆民国二十四年版，第5页。
⑤ 《全集》，卷三四，奏议三四，第22页。
⑥ 《国民日报》第3集，"短批评"第3页。光绪三十年八月二十日。

围广泛的订货。这样,一座约值六百万马克的枪炮厂的全部设备,就向卢得威·吕卫洋行订购。这笔买卖使德国外交大臣马歇尔异常高兴,给维礼大笔定期补助,以至维礼每月要赚到 2100 马克,收入几乎比公使本人还要多。

聘请洋员无论会带来多少弊端,但在国内技术力量极端匮乏的情况下,毕竟是兴办近代工业所不可少的措施。不过,主持者将要因此吞下苦果,这也是"如鱼饮水,冷暖自知"。

3. 工人生产和生活状况悲惨

清末湖北各官营工厂,工人工资极为低廉。据载,20 世纪初铁厂雇用华工现年已增至 3450 名,外国机司、电机司、监工,计 20 人。华人工值最廉,操作勤劳,足餍人意。机匠每月工资 10 元至 80 元,折中而算,每日约合 6 角,小工每日仅 200 文,合之美金仅 1 角,合之英金仅 5 便士。如此菲薄的工资,在欧美是从未见过的。布纱丝麻四局工人工资之低,也达惊人程度,据美国绢业协会调查报告称,中国织工工资收入仅及欧美诸国织工工资的七分之一到十五分之一,而每日的工时又比欧美织工长。

至于工人的生产和生活状况之惨苦,只需摘录几条当时的报道即可斑中窥豹:

湖北织布局"所雇用的多系幼童。因为注意不够,已发生好几次灾伤"①。

"这工厂(指湖北织布官局——引者)中的工人都是男工与幼童,没有女工。……(工人们)离开工厂出去散散步的机会都很少,因为厂中做工是从早晨五点钟直至下午六点钟,每隔一个星期日才休息一天。这些工人很可怜,因为他们瘦到只有皮包着骨头,五十人里面,也找不出一个体格康健的人。"②

武昌纺纱厂对工人的惩罚办法"有笞杖、停工、赔偿、解雇等等之别"③。

湖北织布局工人除工资外,"没有分红,没有俱乐部设施,没有劳工保护法,没有疾病治疗设备"④。

纱厂童工"通夜工作,不离开纱厂,仅仅只带有一点稀粥作为粮食"⑤。

由于工人生产和生活条件极端恶劣,在忍无可忍之时,屡屡进行自发性反抗。1895 年 4 月 25 日,湖北铁政局总办蔡锡勇向张之洞报告:"铁厂有粤匠

---

① ② 《捷报》,卷五一,第 357、695 页。
③ ④ [日]《支那经济全书》,东亚同文会 1908 年版,第 11 辑,第 452、451 页。
⑤ 《布莱克本商会访华团报告书》,1896—1897 年,第 10 页。

滋事，被翻译委员曾海等咎责，未俟回明提调。各匠不服，率众粤匠二百余人罢工，必欲牌示将翻译三员撤差方肯做工。"①这是一次工匠反抗人身虐待的罢工事件，后经蔡锡勇到厂"多方开导"，又派兵"到厂弹压"，"将为首聚众者拿办数人"，软硬兼施，方将事件平息下去。但几月后，"复有多人于散后潜赴汉口游荡，几酿事端"。作这一报告的恽祖翼、蔡锡勇认为"其恃众胆玩情形，非兵威约束不能驯伏"②。张之洞在此前后，拟调江南自强军一营来厂驻扎，可见形势之严重。除铁厂工人的罢工斗争外，1907年，汉口铜币局工人为反对降低工资定额而罢工，也造成较大影响。

总之，湖北官办企业虽然大量雇用工人，但是，企业内工人和厂主的关系并非真正的资本主义的雇佣关系。在资本主义企业里，工人是"自由人"，他可以把自己的劳动力当作商品来自由支配。而企业的管理者——资本家用以迫使工人创造剩余价值的手段，也不是直接强制，而是依靠资本的力量。湖北官办企业则是另一番情形，工人虽是被雇用而来，但却无法在自由的形式下出卖劳动力。换言之，"这些被雇佣者劳动力的提供，虽然具有'商品'的外观，却仍不免保有'贡品'的实质"。③皮鞭、棍棒、刑罚、军队驻扎管制，是官办工业榨取剩余价值的主要手段。

在"中学为体，西学为用"宗旨指导下，湖北大地上出现的官办及官督商办企业成了怪诞的混合体——技术、设备是现代化的，经济体制则是衙门式的。二者极不协调，死的拖住活的，过去的拖住现在的和未来的。从西方引入的先进生产技术无法施展其威力，生产一直不景气，至20世纪初叶，更走到穷途末路，或停产倒闭，或交商承办，几乎一一中道夭折。如湖北铁政局开工不久，由于巨额耗费，产品成本高昂，质量亦不过关，以致"如每日冶炉化出生铁一百吨，将亏本银二千两，是冶炉多煽一日，即多亏本一日"④。"所炼之西门马丁钢，……制枪炮则尚非极致"⑤，制铁轨，亦"不如洋厂精熟可靠"⑥。枪炮厂情形也是如此。1895年，清廷责备"湖北枪炮、炼铁各局经营

---

①② 抄本《张之洞电稿》。
③ 王亚南：《中国半封建半殖民地经济形态研究》，人民出版社1975年版，第194页。
④ 《时务日报》，1898年6月11日。
⑤ 《全集》，卷四七，奏议四七，第12页。
⑥ 李鸿章：《李文忠公全书》，卷一四，电稿。

数载，糜帑已多，未见明效"①。在铁、械各局"每月徒有工费，而无出货"，"以后用款无从罗掘，以前欠债无从筹还"的窘境下，张之洞心力交困，发出哀叹："鄙人实无颜再向朝廷请款，亦无词可以谢谗谤之口，是死症矣。"湖北织布局开机之初，曾有一番兴盛气象，但好景不常，由于经营不善，又挪款资助铁厂、枪炮厂，导致织布局财务亏空，产量日减。1897年，织布局年产四万匹，不及 1895 年九万八千匹的二分之一。1899 年，产量下降到一万四千匹，1900 年，更降至四千七百匹，基本处于半停产状态。白沙洲造纸厂因内容未臻完善，办理不得其人，开办后亏折不堪。湖北针钉厂开工二年余，连换两任总办，生产仍每况愈下，1911 年，竟亏折十万元，到了势非停办不可的地步。由于官营企业一概呈现"死症"，只得纷纷交商承办。1896 年，盛宣怀接办汉阳铁厂；1902 年，韦应南、邓纪常接办布纱丝麻四局；1911 年，侨商梁柄农接办湖北针钉厂。其中轻工业交商承办后大都颇有起色；但铁厂因赔累太重，交商后仍无法维持，新旧高炉到第一次世界大战后全部停产。

近人杨铨在总结张之洞兴办近代工业的功过得失时，说过一番颇为中肯的话：

> （张之洞）在粤在鄂皆锐意提倡织布炼铁，汉阳之铁政局，武昌之织布、纺织、制麻、缫丝四局，规模之大，计划之周，数十年以后未有能步其后尘者。惜所用非人，不能兴利，反为外资输入之阶，亦中国新工业之大不幸也。②

张之洞兴办实业的坎坷经历告诉人们，病入膏肓的专制官僚政治，是中国建立近代化大机器工业的制约和障碍。

四、财政措施

张之洞在湖北兴办大机器工业，以及编练新军、开设学堂，耗资巨大。这些资金来源除少量由朝廷调拨外，都出自湖北地方财政收入。而19世纪后期湖北财政的困难已达危急程度，湖北地方财政收入的主要部分厘金，先后抵

---

① 蒋良骐：《光绪朝东华续录》，卷一二八，第11页。
② 杨铨：《五十年来中国之工业》，见《最近之五十年》，上海申报馆1923年印行。

押洋债。据民国初年杂志载："查西历1898年，续借英德洋款一百六十万镑，载明以宜昌盐厘并加价银一百万两，鄂岸盐厘五十万两，皖岸盐厘三十万两。共计一百八十万两为抵押。"①至于20世纪初，以湖北各税抵押洋款就更多了。又由于清政府屡与列强签订不平等条约，赔款巨万，湖北也承担着沉重的赔款摊派。此外，清廷一遇兵事，即向地方摊款，这样，"鄂省对中央之解款亦逐年增加。赔款岁派一百二十万两，补镑六十万两，练兵处调解五十三万两，辽东偿费五十万两，膏捐又夺归部办"②。据张之洞奏称："湖北现拟规复丁漕，减征钱文，并加提州县平会，酌抽税契捐。凑供赔款。"③另外，19世纪末20世纪初，湖北各地教案赔款数，也动辄数千两甚至数万两。面对这种收入短绌、开支浩大的严重财政形势，张之洞还要筹集巨金举办"新政"，因而无日不在艰窘之中，亦无日不在筹措之中。

1. **增扩税收**

张之洞增加财政收入的一条重要办法是，在各传统税收项目里寻求出路。如土药税本是湖北收入大宗，但长期以来漏税甚多，每年仅得银二三万两。张之洞出任湖广总督不久，便力排众议，在南北两路添设局卡，雇募巡勇，广为缉私。这样，每年除局用外，土药税可收银二十万两，全数拨充枪炮厂经费。又整顿典当业，要求各店各商减息便民（当息由三分减为两分），并增加典当财税。实行盐斤加价，1894年，每月加价二文，1899年，每月加价二文，1901年，每月加价四文，这样，在邻省只要四五十文一斤的盐，在湖北却每斤非一百六七十文不可。还举办新税，如学堂捐、质当捐、土膏捐、车捐、船捐、门捐、铺捐、签票捐、肉捐、戏捐、赈粜捐、烟酒糖捐、生产货物捐、炭捐、煤捐、柴捐、砖瓦捐、地基捐，可谓"无物不捐"。其中土膏捐（鸦片税）专供赔款，省城设膏捐总局，各地设分局，招商承办，每膏一两，征膏税一百文，年收入六七十万两；学堂捐，每地丁银一两，加收一串三百文，相当于加抽一倍田赋；1899年，又奏请整顿田房契税及加征烟酒糖税，每年获款甚多。1902年，奏设火车货捐局，抽收火车货捐税。其他如武汉堤工完成后，设地亩收益捐、签捐，等等。据报告，在张之洞做湖广总督的1889—1906年

---

① 《民国经济杂志》，1912年，卷一，第3期，第8页。
② 张继煦：《张文襄公治鄂记》，湖北通志馆民国三十六年版，第38页。
③ 《清德宗实录》，卷四九五。

间，省税从 700 万两增加到 1500 万两。这类做法都是将"新政"的包袱转嫁给老百姓，大大加重湖北民众的负担。时人评论道："庚子以后，湖北筹款之多，甲于天下。"① 张之洞在任湖广总督的晚期，也意识到苛税如毛，对百姓实行超量盘剥是危险的。1906 年，他致电军机处说："目前民生困穷，动辄思乱。欲求养民感民心之术，则以少取于民为先，多兴实业次之。练兵虽要，尚不如安民得民之尤急。"② 这可以看作是张之洞对自己治鄂期间巨额筹款做法的一种自责式反省。

当然，张之洞在湖北总督任内扩大税收，也有比较开明的措施，这便是减少厘金税卡。以往，厘金由巡抚主持，他人不得干预。湖北裁兼巡抚之后，张之洞以总督身份主持厘金，改变过去"逢关纳税，遇卡交厘"使得商民困累的局面，创议改百货统捐，裁撤各州县局卡三十一处。官吏曾百般反对这一措施，认为这种做法"饷必大亏"，将导致财政收入锐减，但仍大刀阔斧实行此法。试办几年后，因局卡减少，商业畅通，厘金收入每年反而增加十万余两。

此外，张之洞还严杜中饱私囊，如湖北盐务，历来有五成公费，作为各衙门"津贴办公"之用，实为各级官吏所私吞。于 1890 年谕令"一律按成裁减三十年"。

同时，还力倡官绅捐款，著名者有西湖茶商捐款建两湖书院，在籍提督刘维桢捐款建铁厂、学堂，黄训典捐款建商务学堂，等等。总之，张之洞为挽救财政危机，筹集"新政"资金，采取种种措施，广为罗掘，但因开支浩大，"省款亦日形支绌"③。他出任湖广总督的十余年间，几乎无日不在赤字包围中。

2. 更新币制

清末湖北币制紊乱至极。以往成色厚重的制钱被人镕毁，私铸成鹅眼小钱，流通市面，而完钱纳税，又须大钱，商民为之苦甚。银圆也未通用，皆以银锭兑换，因成色不一，市价不同，商民往往受钱店抑勒。张之洞抵鄂数月，即令司道筹议钱法，以图补救，但钱荒之患并未解除。这样，张之洞便下决心铸造新币。

（一）铸银币　1893 年，张之洞上《请铸银圆折》，指出湖北不仅制钱短

---

① 姜继襄：《劲草堂笔记》，第 99 页。
② 张继煦：《张文襄公治鄂记》，湖北通志馆民国三十六年版，第 38 页。
③ 《致军机处》，《全集》，卷一九六，电牍七五。

缺，连粗恶薄小的现钱亦不多，市面交易多以一张钱条互相搪塞，唯有援广东成案，开铸银圆，方可补制钱的不足。同年，张之洞在省城武昌洗马池街建设湖北银圆局，题楹联云："天用莫如龙，楚国以为宝。"设局后，便开工铸造大银圆（重七钱二分）、两开银圆（重三钱六分）、五开银圆（重一钱四分四厘）、十开银圆（重七分二厘）。银圆局的开办经费，利用藩库盐道存储的原拟开铸制钱的银三万数千两，作为购机造厂之用。1895 年，奏请用外洋银条、洋化学师，使银圆成色较佳。每日可铸一万四五千两。湖北银圆在上海使用时，沪商曾讹传成色不足，抑价行使。暂署两江总督的张之洞令外国化学家集众比验，以释群议。此后湖北银圆行使渐畅。1904 年，张之洞鉴于各国自有币制，或马克、或法郎、或卢布，欲铸全国统一银币，当以每元一两为准，其次五钱，再次二钱、一钱，旧铸七钱二分银圆，作为生银，听随市价涨落，并改银圆局为银币局，此项银圆计发出七千余万元。后因清政府户部改铸一两零六分为一元，湖北所铸一两一元的银币不得不收回。但旧铸的七钱二分银圆，因成色较他省所铸为优，故畅行江浙各省，价值亦较他省为高。

（二）铸铜币　1896 年，张之洞因湖北钱缺价昂，用土法铸造，每串须赔二成多，请求将湖北所铸银圆运广东换铜币回湖北使用。1897 年，为从根本上解决货币匮乏问题，在省城武昌原宝武局旧址建造铜钱局，向美国汉立克纳浦厂购定舂饼机、压字机、剪牀、摇光筩，及马力汽机、刻字铜模。各机价值，连同运保费，共银三万二千三百六十余两。其他有些设备由枪炮厂垫款制造。铸成式样，照户部每文七分奏案办理，计每日铸钱四百串。后制钱停铸，铸钱局归银圆局。1901 年，令银圆局试铸当十铜圆，与制钱相辅而行，先铸造一百万枚，发官钱局试销。第二年流通市面。同年又成立铜币局，与银圆局划开。由知府高松如兼铜币局提调。

（三）印纸币　张之洞因钱少价昂，商民交困，令官钱局印制钱票、银圆票（其中银圆票在日本印刷），盖用藩司印信，通行湖北省内外，与现钱一律行用。

五、推助民营工商业

1. 襄赞宋炜臣等民营资本家

张之洞治鄂期间兴办实业，以官营为主。如前所述，官营企业，由于衙门气息浓厚,阻碍大机器生产的健康发展。这是清末政制所使然。然而,张之洞在经办洋务的过程中,也逐渐对商品经济运行的客观规律有所领悟,这促使他逐渐重视民营工商业,与民营工商业中的头面人物多有接触,并能赞助其事业。如汉口巨商宋炜臣(1866—1926),浙江镇海人,原系上海某南货店职员。1896年,携叶澄衷上海燮昌火柴厂部分资金来汉,用各种手段与官府建立联系。首先,他开设华胜呢绒军装皮件号(地址在今江汉路),借此联络湖北文武官员。在华胜号二楼,宋炜臣专辟设备华丽的房间,分为书房、吸烟(鸦片)室、寝室、客厅等,作招待官员之用。张之洞有时过江,即以华胜号为休息进膳之处。宋炜臣因之得以接近总督。张之洞对宋亦颇赏识,令督署批准宋炜臣的燮昌火柴厂获得十年专利权。其次,燮昌火柴厂在产品纳税上亦得一定特权,该厂生产的火柴"完厘用专章办理,由厘局发与统捐票,每箱收钱四百文,通行本省,不用再征"①。在官府支持下,燮昌火柴厂生产发展迅速,获利甚大,产品行销四川等省。1906年,宋炜臣联络汉口商人王予坊、朱佩珍、叶璋、万挚伯等十一人,集资三百万元,呈请建设汉口既济水电公司,张之洞不仅立即允准,且筹拨官款三十万元助其股本。既济水电公司的电厂于1908年8月落成,水厂于1909年6月开始送水。电厂装机容量1500千瓦,是当时全国四大电厂之一(其他三电厂在上海、广州、北京),就其规模而言,仅次于上海、广州的电厂,居全国第三位,是我国近代电业史上少有的华商电厂。

此外,1909年,道员程祖福集股银三十万两,请办黄石港附近台子湾水泥厂,称三十年后机器厂物,全数报效归官。张之洞批示:本人意在提倡实业,畅销湖北土货,此条(指三十年后报效归官)应勿庸议。②表现了一种鼓励私营工商业发展的开明态度。在这种政策的推动下,湖北的私营民族工业在20世纪初有所发展。到1913年,全省民营机器厂共19家(武汉18家,沙市1家),其中广东人王光于1907年在汉口谌家矶创办的扬子机器厂,在全国都颇有名气,创办时定额三十五万两。原为手工工场的"周恒顺",到1905年开始用蒸汽机作动力,改炉坊为近代化的"周恒顺机器厂"。以后,"周恒顺"开始制造砖茶、榨油的全套设备,并仿制蒸汽机,1907年,用自制蒸汽机为

---

① 《通商各关华洋贸易总册》,1903年,汉口,第32页。
② 见张继煦《张文襄公治鄂记》,湖北通志馆民国三十六年版,第33页。

动力，制造一条"顺风"号轮船，接着又试制成功 15~30 匹马力的抽水机，60~80 匹马力的起重机。其中抽水机获得 1909 年"武汉劝业奖进会"三等奖。这些私营民族工业的发展虽不一定都是张之洞直接扶植的，但与张之洞推行的奖励工商业的政策有联系。

张之洞办理洋务经年，逐渐意识到，中国要自立于世界民族之林，必须以商品与外人竞争，所谓"看以后时势，中国岂能以兵存，仍是以商存耳"[①]。为发挥"商战"能力，张之洞采取多种措施。

2. 办汉口商务公所

其时商会尚未成立，商人各谋生计，彼此不相闻问，也没有与农业、工业等产业部门联系的机构，故商品不能日益精进，土货输出数量逐渐减少。面对这种情形，张之洞于 1898 年，令江汉关道开办汉口商务公所，又称"劝工劝商公所"，"预备宽敞明洁之屋"，将湖北各特产分别陈列，标明生产地方、价值运本，令华洋商民，到局纵观，并专派坐办委员，常川驻局，经理此事。商务公所系仿照外洋劝工场兴办，实际是湖北土产交易会。张之洞曾颁布札文说："今日阜民之道，自以通商惠工为要策，……兹拟于汉口设立商务公所，……此系仿照外洋劝工场办法，既所以兴商业，亦所以勉工艺，其应如何相机推广，筹本集股、购制运销，统由商人自筹自办，官不预闻。"[②] 这显然是一种鼓励民间工商业发展的开明措施。

3. 筹设苏州商务局，设立汉口商务局

暂署两江总督期间，鉴于甲午战争后财政困窘，张之洞十分注意振兴实业，发展商品经济。1895 年 6 月，他在一份奏折中特别强调商务的重要性：

> 商务盛，则交涉得手，国势自振，其明效若此。中国上下之势太隔，士大夫于商务尤不考究。但有征商之政，而少护商之法。……今宜于各省设商务局，令就各项商务，悉举董事，随时会议，专取便商利民之举，酌济轻重，而官为疏通之。[③]

---

① 1901 年《政西安樊云门电》，《全集》，卷二七一，电牍五十，第 16 页。
② 《湖广督宪张饬设商务公所陈列土产货物札》，见《湖北商务报》，第二册，1898 年。
③ 《全集》，卷三七，奏议三七，第 30 页。

这番议论颇切中"重本抑末"传统的弊端，富于近代色彩。张之洞囿于身份的局限性，没有将这一主张坚持下去，此种"重商主义"，后来为张謇等民族工商业代表人物所发展。

基于扶植工商业、"便商利民"的考虑，于1896年2月17日奏陈筹设商务局，与苏州绅士富商集股组成公司，筹设缫丝厂和纺纱厂各一座；并开办苏沪杭及江宁小火轮船公司，全为商办。商人在创办中遇到困难，官厅给予保护、帮助。专请一批在籍官绅主持各地商务局，如前国子监祭酒陆润庠经理苏州商务局；前礼科给事中丁主赢经理镇江商务局；前翰林院修撰张謇经理通海商务局。照会各地绅商，与地方官相配合，设法振兴实业，促进苏沪一带工商业的兴旺。

从两江返任湖广以后，张之洞更加紧扶植私营工商业的措施。汉口原已设有劝工劝商局，但作为不大。1898年8月，又在汉口设立商务局，以"启发商智，联络商情"为要义，并与上海商务局联络一气。商务局还举办商会，以候补道王秉恩、程仪洛总理其事，并选商董数人为总董。后来的汉口商务总会，即由此演变而来。张之洞力图通过商务局劝谕华商使用机器。他批评一些工商业者"但以袭故套，图小利为事，而惮于求精。"他还专门"申劝茶商购机制茶"，指出"我茶出口，年少一年，岂不可痛可免。……劝令华商集股，仿照外洋烘制之法，购机试办"。并表示"本部堂定必竭力扶持，倘商人集股不足，本部堂亦可酌筹官款若干相助"①。

4. 筹设商学商会

西方各国有商业学堂，以考察各物制法，各货销路，各国需求，各业衰旺；又有商会，互相联络，故能广设公司。张之洞认为，现欲挽回利权，亟应设立商学、商会，以启发工商业的扩展。1902年，令商务局劝集商款于汉口，创设商务学堂和商会公所，并以捐助巨款的职商黄训典任商业总董。另外，在张之洞的倡导下，还办《湖北商务报》，自1899年起出版一年半。该报鼓吹振兴实业，挽回利权，对促进湖北民族工商业发挥积极作用。

5. 创办两湖劝业场

1902年，在武昌兰陵街建设两湖劝业场，该场南北长23丈，东西深3丈。

---

① 《湖广督宪张饬商务局申劝茶商购机制茶札》，《湖北商务报》，第五册，光绪十五年四月十四日。

内分三所，一曰内品劝业场，凡本省人工制造之品，分类罗列其中；一曰外品商业场，凡外省外国各种货物机器，切于民用者，分类罗列其中；另划一大间，名曰天产内品场，陈设两湖各种土产、五金矿产、煤炭各项、有用之土石泥沙，及谷、果、茶、麻、油、漆、竹木、药材、皮革等，以备外省外国人参观采买。

6. 设商场局

1900年11月28日，奏请开武昌城北十里外滨江之地为通商口岸，第二天，清廷奏准武昌对外开放。武昌成为"自开商埠"后，张之洞专设商场局，派委司道及武昌府知府、江夏县知县，妥为经理。其主要任务在于掌握武昌城北沿江地价，防止华洋商人贱价收购地皮，将来牟取暴利。

张之洞总督湖广、暂署两江的十八年（1889—1907年），兴实业是其洋务新政的基础性工作。此间他的实业建设以官办为主，兼及襄助民营工商业，均取得耸动视听的成就，特别是创建的汉阳铁厂（后演为汉冶萍公司）、湖北枪炮厂（后演为汉阳兵工厂）、布纱丝麻四局，其规模和技术水平都在国内乃至亚洲处领先地位。然限于政治体制、财经困窘和对科技的认知水平，兴实业可谓举步维艰，终日皆在"荆天棘地"之中，往往经不起价值法则的检验，成功与挫折兼收。但张氏的实业践履毕竟为中国近代经济的发展奠定初基，其成功经验与失败教训皆可垂之青史。

第六章　总督湖广·暂署两江（二）新军编练

建立采用洋枪洋炮和新式操典的近代化军队，实现"冷兵器"向"热兵器"的转化，以增强国家的武装力量，是洋务运动的基本目标之一。早在1860年代，恭亲王奕䜣在一份奏折中说："查治国之道，在乎自强；而审时度势，则自强以练兵为要，练兵又以制器为先。"[①]曾国藩、左宗棠、李鸿章等洋务大吏都以"练兵"为急务。张之洞的清流密友张佩纶也于1884年奏陈武科改试洋枪，提出"改弓矛刀石而用洋枪，改写五经而试算学、兵书"[②]。张之洞本人自出任封疆大吏之始，也高度重视"整军经武"，力图建立一支亲自掌握的、洋械装备的武装。但他创建新式军队的努力，是出任湖广总督和暂署两江总督期间正式展开的。

一、裁汰练军、勇营，教练旧军员弁

19世纪末期，中国的军制十分芜杂、混乱，各省除驻防八旗外，还有绿营兵，以及从绿营中挑选出来加以训练的"练军"；此外还有地方团练武装"勇营"（又称"防军"）。八旗兵多年养尊处优，早已失去战斗力；绿营兵则"久成虚设"，武器是弓矢刀矛、抬枪鸟铳，驻地零星分布于各乡各镇，空额很多。一些清朝官员也认为，保留这样的军队，是"养此数十万无用之兵，耗此数千万有用之饷"[③]。于是，从19世纪中叶起清政府便开始裁汰绿营，70年代以后裁汰疲弱勇营。但直至90年代中期，绿营、勇营等旧式武装仍占全国兵勇八十余万总数的大半。张之洞出任山西巡抚，即已痛恶旧军积弊，并在

[①]《筹办夷务始末》，同治朝，卷二五，第1页。
[②]《拟请武科改试洋枪折》，张佩纶撰《涧于集》，奏议，卷三，丰润涧于草堂1921年刊本。
[③] 刘锦藻：《清续文献通考》，兵一，浙江古籍出版社2000年版，第9508页。

山西"裁湘军正勇千人,建筹资遣,寻复裁汰,综合前后裁兵约及六千人"①。张之洞出任湖广总督后,继续致力于对旧式军队的裁汰和重新训练。他经常查阅营伍,调集各营弁兵合操阵式,并严饬各营将官认真督率训练,汰革疲弱,力除积习。"湖北通省绿营向皆沿用土枪,既觉迟钝,亦难及远,不足以备缓急",现在"一律操演后膛洋枪,其实缺候补各将弁,并于每营酌挑兵勇练习,后膛洋枪甫经陆续发给操练"②。

第一次暂署两江阶段（1894—1895年）,张之洞为了"节饷以练新军",继续裁减绿营和练军。考虑到旧军已沿袭多年,不可"裁汰过骤",于是提出"裁兵不裁官,裁散不裁整"的办法。1896年初返回湖广总督本任以后,张之洞将这一方案进一步付诸实施。1897年9月,张之洞奏请裁减湖北制军,"就湖北现有兵额实数,马步一律裁减五成","连光绪十一年前案,合计实已裁减将及七成"③。将湖北马战守兵7715名,分5年递裁。1898年4月,又上《裁减湖南制兵折》。同年10月,再上《裁营腾饷精练洋操片》。1901年,张之洞与两江总督刘坤一合奏,请求裁汰绿营。奏稿称绿营"层层积弊,已入膏肓,既甚骄顽,又极疲弱,本难练成可用之兵,自非裁汰不可。唯有分年渐裁一策,不分马、步、战、守,每年裁二十分之一,计百人裁五,限二十年而竣。……即以节省之饷,作缉捕营察之用"④。1902年11月,张之洞奏陈湖北分年裁汰绿营办法,以节饷充警察和新军经费。

在裁汰旧军的同时,张之洞又从各营练军及绿营中挑选少数员弁加以训练。1897年8月4日,他下令将省内外各处防营马步勇丁及绿营各标挑练之。同月21日,再次下令各营挑选年轻兵勇送省教练新式快枪,而禁止将老兵送来,因为他们是"在营年久兵勇,习染已深,性情疲滑,难期其奋发讲求"⑤。此后,他又于1898年5月6日发布《照札各营练习快枪》,指出,"本部堂秋间出省查阅营伍,即以洋枪之精否为将弁兵勇等考核之实据,功过之等差"⑥。裁汰"习染已深,性情疲滑"的兵油子,以洋枪洋操训练年青士兵,是张之洞

---

①④ 《清史稿》,卷一三一,志一〇六,兵二,第3902、3903～3904页。
② 《出省查阅营伍暨水师兵轮折》,《全集》,卷三三,奏议三三,第26～27页。
③ 《裁减湖北制兵并整顿练军折》,《全集》,卷四六,奏议四六,第14页。
⑤ 《照机防绿各营挑选年轻兵勇》,《全集》,卷一〇一,公牍一六,第5页。
⑥ 《全集》,卷二〇一,公牍一六,第22页。

改造旧式军队的重要措施。

此外，张之洞还派遣武备学堂学生到各巡防营充任副营官，专门负责"洋法操练"。他在有关札文中规定，省城各防营，"各营原委之营官作正营官，另派学生出身之员作为副营官。正营官照旧管辖营中事务，……至于教授功课，严定课法章程，讲说大义，考核勤惰，尽以责之副营官"①。这也是对旧式军队进行技术改造的一种办法。

二、中日甲午战争间的主战言行

裁减、教练绿营、防军，只是小修小补，不能改变清军旧观。张之洞的更大抱负是，编练一支素质不同于旧军的洋操军队。这项工作，是在他第一次暂署两江总督时正式开始的。而其契机则在于中日甲午战争的刺激。

1. 布置江南防务与筹措饷械

甲午战争期间，湘系集团出于与李鸿章的派系之争，力图通过参加外战，夺回久已失去的军事地位，因此，刘坤一等湘系官僚大都倾向于主战的帝党。而张之洞在两广总督和湖广总督任内，已同湘系集团结成同盟，很自然地加入主战派行列。当然，张之洞的主战也与他昔日清流党"卫社稷""御外侮"的传统有关。

与中法战争张之洞身临抗战前沿省份的情况相异，中日战争爆发时，张之洞任职华中腹地，但他仍然采取一系列备战措施。1894年6月，刘坤一致电张之洞，内称："日本调重兵至朝鲜王京，胁议善后，并谣称将用兵入长江内登岸——自系恐吓之言，姑密布闻，祈饬各将严防云。"②自此开始，张之洞便注意湖北的长江防务。同年7月清廷对日宣战，并令沿海沿江各省，联为一气，妥筹防务。张之洞特派湖北按察司陈宝箴赴江宁与两江总督刘坤一会商联防。

在加强湖北战守准备之外，张之洞还奉旨派遣部队北上参战。自1894年8月始，张之洞派出的湖北地方军队计有：湖北提督吴凤柱统带襄阳马队三营，共500名，驰赴天津，吴凤柱又就近在天津募步队四营，为所部马队之助；熊铁生铁字五营北上，又添足至十营；副将吴元恺恺字炮队营，派赴山海

---

① 《札武备学生王者化等充副营官》，《全集》，卷二〇一，公牍一六，第22~23页。
② 《全集》，卷一三八，电牍一七，第12~13页。

关协防。

同年 11 月，张之洞署理两江总督，立即督饬长江下游防务。鉴于江南防军大都北上，张之洞便奏请将广东粤勇调至两江，奏准后，张之洞于 11 月 16 日致电广州李先义，要求其征募粤勇，并特别叮嘱李先义对所募粤勇"一切照湘军营制，不可言照淮军——淮军屡战不利，朝廷深不喜之；此系粤勇，万勿袭淮军之名"[①]。由此可见张之洞亲湘远淮的倾向，以及投朝廷所好的权术。

根据中法战争的经验，张之洞认为，与洋人战，唯粤勇方能取胜，故欲多用粤将、粤勇，以开风气。张之洞还打算重新起用老将冯子材主持对日防务，但冯子材担心粤将难以在长江流域施展抱负，认为督师镇江唯楚人可任，他人督师必呼应不灵，并以此为理由，推辞张之洞的引荐。后来，冯子材虽应命率粤军北上护卫长江海口，但由于多受掣肘，冯部表现平平，与中法战争期间的情形大相径庭。

中日甲午战争爆发后，张之洞为筹集前线急需的军火，也费尽心力。他多次致电出使俄德大臣许景澄，申述因宣战过速，军火无从购买的情形，"闻德国不禁军火出口。望阁下与各厂设法密商，购毛瑟二万枝、弹千万、六七生车炮百尊、弹药两万"，"重价不惜，新旧不拘"[②]。后又请许景澄急购轮船，并申述船舶对战局的紧迫性：不添船，沈阳、榆关就危险了。又建议许景澄向南美诸小国，如秘鲁、智利、阿根廷等购买快船。许景澄答道，南美诸国太隔膜，无法可办。

甲午战争期间，清政府的财政陷入困境。张之洞为了筹措军费，主要采取三个方法。一是沿用咸丰、同治年间筹集军饷的成例，奏加盐引米厘以应急，劝令淮商集捐助饷一百万两，照海防例给奖，专备江南海防之用。二是息借商款，张之洞与刘坤一曾会奏筹饷事宜，提出向广东等省商人借款二百三十一万两，奏准，此款作江南防务之费。三是举借外债，如他曾与上海英商炽大洋行等外国金融机构商借外款，并对户部建议，向英、德借款。

甲午战争期间，张之洞虽为支援前线兵力、饷械以及加强长江下游防务作了一些积极努力，但拿不出救治战争困局的根本性办法。他同李鸿章固然有

---

① 《致广州李镇台先义》，《全集》，卷一三九，电牍一八，第 34~35 页。
② 《全集》，卷一三八，电牍一七，第 23 页。

"主战""主和"之分，对日策略却大同小异。作为亲俄派的李鸿章企图"联俄拒日"，张之洞与志锐（1853—1912）等亲英派则主张"联英伐倭"。志锐奏请"联英伐倭，以二三千万两饵之"，张之洞也有类似设想。1894年8月，张之洞致电盛宣怀，称"嗾英以兵力胁倭之策"为"奇计"①，认为"我战舰过少，倭海面游行，我处处防警，军火饷项日久难支。若此时若得外洋为助，虽饵以重金亦为得计"②。他在这年12月23日给许景澄的一份电稿中还专门阐述了自己的这种策略：

> 倭患日深，辽沈危，京畿急，非借强援不可。上等借船助战，次者武断胁和——如前数年英为俄土两国武断定和之事，英忌他国夺东方利，俄亦不愿倭强，志在自得海口，似均可商；但必须饵以重利，恐须商务、矿务、界务等事于彼有利益，方能相助。闻前数年英有在中国开煤矿之请祈。彼密向驻德、驻俄英公使及俄外部委婉探询。③

正当张之洞谋划"嗾英胁倭"之际，旅美华人容闳致函张之洞幕僚蔡锡勇，提出两条建议：第一策，中国速向英国商借一千五百万元，购已成铁甲三四艘，雇佣外国兵五千人，由太平洋抄袭日本，使其首尾不顾。第二策，中国将台湾抵押于欧洲某强国，借款四亿美金，作为全国陆海军继续作战之军费。④张之洞同意容闳的第一条建议，派容闳速赴伦敦借款一千五百万元。张之洞还授意蔡锡勇致函容闳："如能募洋军一万，令洋将带之，即乘所买兵船择妥便处，会齐中国派大员数人前往会同督率，许以重赏，包打日本东京，径赴东洋，直攻横滨、东京实为上策，若能办成，则阁下之功千古不朽矣。"⑤张之洞迷恋于"募洋军攻打日本本土"一类办法，说明他昧于世界形势，种种设想难免陷于荒诞。容闳在张之洞支持下，在欧洲各国往返活动，终因借款、借兵无成而归纽约。另一致力于"借英俄之势以制日"的出使英国大臣龚照瑗，在忙碌一阵以后，劳而无功，只得向张之洞抱怨说友邦无真关痛痒者。铁

---

① ② 《致天津盛道台》，《全集》，卷一三八，电牍一七，第20页。
③ 《致俄京许钦差》，《全集》，卷一四〇，电牍一九。第37页。
④ 见容闳：《西学东渐记》，湖南人民出版社1981年第1版，第114页。
⑤ 《蔡锡勇致容观察》，《全集》，卷一四〇，电牍一九，第12页。

一般的事实宣告了张之洞等人"以夷制夷"幻想的破灭。

2. 谏阻和议

甲午战争进行的过程，也是清廷主战、主和两派围绕战和问题不断争斗的过程。而每当战局不利，主和派的气焰便甚嚣尘上。

1894年9月，中国陆海军在平壤、大东沟溃败，李鸿章等请求英俄等国干涉，以"列强保证朝鲜独立与赔偿日本战费"为条件，向日本求和，为日本所拒绝。兵锋正锐的日军于10月越过鸭绿江，铁蹄踏入奉天，清廷又转而依赖美国斡旋对日求和，但骄横的日本仍然"拒绝一切干涉"。

1894年底，清廷派出使美国大臣张荫桓与湖南巡抚邵友濂为全权大臣，与日本谈判。张之洞认为，处在惨败之际与对手谈判十分不利。他在12月31日致电出使英、法、意、比大臣龚照瑗说：

> 洞宥电所谓借强援武断胁和者，倭寇无故开衅，妄肆要求，传闻所索数条，贪狠狂悖，实堪发指，若许之则中国不能立国矣。目前和议，断不能成；张、邵此行，恐亦无益。①

张之洞不幸而言中，清廷急于求和，而侵略气焰正盛的日本急于扩大战果，对谈判根本不感兴趣。日方以张、邵无全权，国书有"请旨"字样为理由，仅允张荫桓、邵友濂在广岛逗留两天，根本不与之举行正式谈判，张、邵二人只得灰溜溜地返回中国。

1895年2月，日方在战场上取得更大胜利，方允议和，清廷按照日本的意思，于2月18日委任李鸿章为"全权大臣"，初定在旅顺与日本会谈，后来日本为抬高自己的身价，将会议地点改在日本马关（又称下关），中国代表屈尊前往。

张之洞得知与日议和、割地、赔款的消息，痛心疾首，连上奏章，历陈利害，均不为朝廷采纳。1895年4月，清政府"钦差头等全权大臣"李鸿章、李经方与日本全权代表伊藤博文、陆奥宗光在日本马关签订《马关新约》，主要内容为：第一，承认朝鲜自主（实沦为日本殖民地）；第二，中国割让台湾、

---

① 《致伦敦龚钦差》，《全集》，卷一四一，电牍二〇，第2页。

澎湖和辽东半岛；第三，赔偿日本军费库平银二亿两；第四，开放沙市、重庆等通商口岸。中国广大士民强烈反对这一苛刻的不平等条约，统治阶层中的主战派也一再抨击这个条约。4月17日，张之洞致电使俄大臣许景澄，痛论对日和议于国家民族的巨大祸害。同一时期，他在给唐景崧的电稿中更具体分析了《马关条约》带来的战略性威胁：中国即将"北无旅顺，南无台湾，中华海面全为所扼，此后虽有水师，何从施展！梗辽沈之路，扼津、登之喉，卧榻养寇，京师岂能安枕！"①

对于《马关条约》中收缴中国军队炮台军械一条，张之洞尤感愤懑。他在给山东巡抚李秉衡的电文中说："并闻有收缴炮台军械一条，不知指何处？确否？公想必知其详。尊意有何法挽救，祈速示。"

张之洞虽有忧国之慨，却并无救国良策，他的办法是，请许景澄急速面谒俄皇，沥恳相助。俄方若肯代解危急，我国家必有以报。许景澄的回电说，自己是"二等使"（公使、非大使），"无谒君例，即代拟节略送外部"②。俄国对出面干预中日战争表现冷淡。此后，张之洞4月19日从盛宣怀处听说俄、法、德不同意《马关条约》，又大喜过望，立即于20日电询盛宣怀这一消息有无实据。然而，张之洞从驻法使臣王之春等人处得到的信息却是，列强各怀鬼胎，特别是英国，竟向中国驻英使臣龚照瑗施加压力，以"危词吓迫，意在值百抽二，利益均沾，私意显然"③。作为亲英派的张之洞对此也只能感叹道："中英最好，可为寒心。"④ 张之洞见英不可恃，又转而谋求法国援助。他致电王之春，要王之春与法国外交部密商，"如法能以兵力助战，胁倭废约，台、辽不割，赔款减少，我必以厚利相报，问其所欲何在？或越南、广西、云南界务，或代法收抚越地游众，或各项商务不令英国独擅东方利权，或别有愿得之处，切实与商，如彼有意，望速电复，当剀切电奏"⑤。

张之洞乞求英、法、俄等强国干预，以抑制日本侵略凶焰的种种设想，固然流露了救国苦心，但也充分显示清末统治阶层人士的虚弱本质。他们既无抗御外敌的经济、军事实力，又不敢动员民众起来抗战，只得一味玩弄"以夷制

---

① 《致台北唐抚台》，《全集》，卷一四四，电牍二三，第20页。
② 《许钦差来电》，卷一四四，电牍二三，第25页。
③④ 《致总署》，《全集》，卷一四四，电牍二三，第29页。
⑤ 《致巴黎王钦差》，卷一四四，电牍二三，第31页。

夷"权术。而在盛行强权政治的近代世界舞台，这类作法决不可能玩弄列强于股掌之上，其结局只能是把弱国的命运交付给列强摆布。当时的实际情况是，英、法、俄等国并不愿与日本形成对峙。退一步言之，即使列强插手中日争端，也是为了参与瓜分，对中国而言，不过是"前门拒狼，后门揖虎"。

3. 阻止割让台湾

中日《马关条约》第二条的附项规定，清政府将台湾全岛及其附属诸岛屿"永远割让于日本国"。对于这一丧失领土主权的条款，张之洞表示坚决反对，并采取一些实际措施，支持台湾官民的抵制割让斗争。

1894年7月，中日战争爆发，台湾防务成为突出问题。闽浙总督谭钟麟转致总理衙门电谕，著南澳镇总兵刘永福酌带兵勇前往台湾，随同台湾巡抚邵友濂办理防务。以后，台湾布政使唐景崧上奏，弹劾邵友濂办理台湾事宜不善，朝廷将邵罢免，委唐景崧署理台湾巡抚，兼督帮办全台军务；刘永福驻台南，唐景崧驻台北。这是甲午战争后期台湾的形势。

张之洞所具有的"清流遗风"使他素喜纵论国家大政，即使出任一方疆吏，也不忘评议全局。张之洞在两江总督任内，便对中日战争事宜的各重要侧面都十分关心，朝鲜战事、山海关防务、北洋海军的行止、威海卫的防御，他都一一向朝廷或当事人提出建议。当甲午战争进入尾声，台湾或弃或守成为突出议题时，他又接连不断地就此发表许多政见。

1894年11月，清政府已开始通过欧美强国斡旋，与日本试探议和条件，日本提出中国必须割让台湾。张之洞得知这一信息，立即致电李鸿章表示反对：

> 传闻法国调停，倭索台湾，并费千万等语，不知确否？窃谓台湾万不可弃，从此为倭傅翼，北自辽，南至粤，永无安枕；且中国水师运船终年受其挟制，何以再图自强？台湾每年出产二百万，所失更不可数计。①

李鸿章则以含糊的词句将张之洞的质询支吾过去。

张之洞还就台湾防务问题与唐景崧、刘永福两位大员多次磋商。唐景崧与刘永福在中法战争期间曾并肩战斗于越南，但唐景崧视台湾为自己的势力范

---

① 《致天津李中堂》，《全集》，卷一三九，电牍一八，第31页。

围，不容刘永福留在这个岛屿，因此二人矛盾日深。唐、刘都是张之洞旧部，张见二人渐成水火，便主张刘永福调离台湾。1894年12月，张之洞致电台北唐景崧，道明了这层意向。唐景崧正想送走刘永福，立即复电张之洞表示同意。从张之洞与唐景崧的往还电文中，可以看出他们视刘永福为异己，但又要利用刘永福在广东人中的军事威望。而唐景崧与刘永福的将帅不和，为台湾的抗日斗争种下迅速失败的病根。

　　1895年3月25日，《马关条约》签订前夕，日本海军已攻陷澎湖列岛，台湾局势十分严峻。张之洞拨枪一千余支，配足子弹，并军饷若干，解往台湾。又致电唐景崧，激励唐景崧坚持与敌周旋，并劝其"笼络"刘永福，和衷共济。

　　《马关条约》签订后，清政府致电唐景崧，谓台湾绝地难守，战亦徒损生灵，准备约定两月交台，以全大局。张之洞虽不同意割让台湾，却又拿不出挽救办法，他所能提的建策仍然是"以夷制夷"的老套路。4月28日，张之洞电告唐景崧，拟将台押与英国，恳其派轮保卫。但英国却以"局外"相辞。

　　张之洞求英援助不成，又求法、求俄，均一一碰壁。此后，张之洞便专力鼓动唐景崧担负据台抗日的责任，并电嘱刘永福忍小任大，和衷共济，建立奇功，与唐景崧同处海外，支持危局。但清廷抛弃台湾的主意已定，5月下旬电旨唐景崧"开缺来京陛见，其台省大小文武各员，并著唐景崧饬令陆续内渡"[①]。5月底，日舰抵基隆，正式发动进攻，台湾守军溃败。张之洞于6月5日致电唐景崧，通知已将三十万两饷银运往台湾，并望唐景崧利用全台地广，待倭深入，然后以兵截其归路，断其军火。然而唐景崧抗战决心已经丧失，于6月上旬乘商轮内渡。

　　唐景崧内渡后，刘永福继续支撑局面，抵御日军。张之洞与闽浙总督谭钟麟均接济刘永福部饷械。后清廷下令与台湾断绝一切应援，张之洞仍秘密接济五万元，因被李鸿章查悉阻挠，这笔款项未能运往台湾。但张之洞对台湾民众的抗日斗争仍然十分关心，他在6月5日给福州边制台的电稿中说：

　　　　刘镇悬军孤岛，系念之至。唯五月（公历6月——引者）内已奉旨查

---

① 《全集》，卷一四五，电牍二四，第31页。

禁接济饷械，自未便再为协济。……渠忠勇可敬，孤危可忧，然事已至此，只可任其自为之。成则为郑成功，败则为田横，皆不失为奇男子。①

不过，刘永福既没有当郑成功，也没有做田横，他在台南转战数月，终因饷械两绝，而步唐景崧的后尘，于同年10月内渡回到厦门，台湾终于完全沦于日本之手。

三、创建江南自强军

甲午战争中国陆海军的覆没，充分暴露清朝的腐败，尤其是军制的极端落后。李鸿章的淮军从朝鲜到奉天，一溃千里。继淮军之后北调的湘军，同样不堪一战，刘坤一、吴大澂统率的十万余众几乎没有与敌认真交锋，即在辽河两岸全线崩溃。以牛庄战役为例，日军袭来，吴大澂的亲军统领刘树元辄挥兵退遁，炮位全行抛弃，张之洞的亲信部将吴元恺统带的炮队未经战阵，亦相率而退；驻守田庄台的湘军主将、湖南巡抚吴大澂听说牛庄失守，吓得魂不附体，"弃冠脱剑"，连夜逃走，各将领随之，军队不战而溃。淮军、湘军的相继惨败于"蕞尔三岛"的"东瀛小国"，深深刺激了包括张之洞在内的一些官员。"修明武备"的呼声日高。出使英俄大臣许景澄的奏稿颇有代表性，他说："自辽海军兴，战守不利，中外论者，审溯兵事得失，无不以仿用西法，创练新兵为今日当务之急。"②清廷的最高统治者也意识到，甲午战争日本全胜，是因为"专用西法"，故而发出诏旨："一代有一代之兵制，一时又有一时之兵制，未可泥古剂以疗新病，居夏日而御冬裘也。"③就是说，清廷决心顺应时代潮流，采用西法，编制新军。在这一过程中，暂署两江总督的张之洞创建的"江南自强军"与胡燏棻（1840—1906）的"定武军"（1895年底由袁世凯统领，改称"新建陆军"）同为开风气之先，成效较著的洋操武装。

1895年初，张之洞目睹淮、湘练勇每战必败，提出在南洋练重兵一支，以备缓急。5月，张之洞准备在江宁督标营中挑练一部分兵勇，令华将洋将会同教练。7月，张之洞在中日战争结束以后给朝廷上的一道奏章，提出救治

---

① 《全集》，卷一四六，电牍二五，第21页。
② 刘锦藻：《清续文献通考》，兵二，第9509页。
③ 刘锦藻：《清续文献通考》，兵三，第9517页。

"眉睫之患"的九条办法，其中第一条便是编练新式陆军。

针对甲午战争中国陆军溃败，京畿及沿海诸省失去屏障的现实，张之洞提出：必宜趁一年之内，于海疆各省，效德人练兵之法，募洋弁洋将，训练洋操军。按照这一设想，张之洞在1895年11月，在江宁成立自强军，先从卫队、护军等营中选拔士兵二千六百余人，后组成步队八营，炮队二营，马队二营，工程队一营。

自强军在招兵、训练、建制等方面都不同于旧式勇营。首先，投军士兵必须"年在十六岁以上，二十岁以下，体力精壮，向不为非者"。其年龄、籍贯、身家都得注册，易于清查，以杜绝"淆杂劳费遣散流落之弊"，并规定，士兵要在军中效力十年，才能离队。其次，较全面仿效西方资本主义国家军队的建制，改变中国军队单一化的落后现象。自强军除拥有通常的马、步兵外，还设置炮兵和工程兵。营制方面，自强军仍然分营哨两级，但在兵员数额上已有变通，基本按照德国章程。自强军建制为：步兵营二百五十人，分五哨。炮兵营二百人，分四哨。马队营一百八十人，分三哨。工程营一百人。此外，各营还配有医官、枪匠、兽医等。各兵种营队在战斗中，可酌量配合，互不脱节。第三，军饷较为优厚。自强军正勇饷银每名每月给库平银三两六钱，勇目递加，较旧式勇营多三至五成。张之洞指出，士兵有足够的衣食，才能解除后顾之忧，一人可抵旧日勇营二人之用。为保证自强军饷银，张之洞裁减制兵，节省库平银二十万两，又新增芜湖米厘十二万两，以充自强军的饷。第四，由洋将训练部队。为系统学习洋操，张之洞仿效日本，特聘请德国军官来春石泰（1852—？）为首35人。这些外国人不仅当教练，而且担任营、哨两级指挥官，中国军官任副职，"选武职中壮健有志，不染习气者为副营官，选天津广东两地武备学堂出身之学生为副哨官。其带兵操练之权，悉以委之洋将弁，而约束惩责之权，则专归华官"[①]。

为加强对自强军的管理，张之洞派候补知府沈敦和与钱恂（1853—1927）为自强军洋操提调，经理各事，全军考核，则由营务处负责。

鉴于中国军官缺乏近代军事知识，张之洞还仿照德制，广设学堂，实力教练，以造就将材。为此，于1895年底在江宁创办陆军学堂，选择13~20

---

① 《全集》，卷四〇，奏议四〇，第4页。

岁的"聪颖子弟"150人入学，分马队、步队、炮队、工程队和炮台各科，学习研究兵法、行阵、地利、测量、绘图、算术、营垒、桥路各种学问，操练马、步、炮各种阵法，并学习德语，学制以三年为期，聘请德国军官5人充任教习。这所陆军学堂的毕业生，后来成为湖北新军及其他一些省份新军的骨干。

按照张之洞的计划，自强军开始编练半年后，再添练步兵六营，炮兵二营，宜兵增至五千。但这一扩军设想尚未实施，张之洞便于1896年初调回湖广总督本任，自强军交刘坤一赓续成之。此后，因自强军饷项过巨，猝难筹措，并无大的发展。1901年8月，江南自强军调扎山东，归山东巡抚袁世凯训练；同年10月，袁升任直隶总督，又调自强军赴北洋，成为后来的北洋六镇的源头之一。

自强军作为清末最早出现的洋操新军之一，与八旗、绿营、湘淮勇营等各类旧式武装相比，确有几分新气象。1897年，梁启超撰文评介自强军操练：

> 自强军者，全军操练仅八阅月，马军乃一月有余耳。……士躯之精壮，戎衣之整洁，枪械之新练，手足之灵捷，步伐之敏肃，纪律之严谨，能令壁上西士西官西妇观者百数，咸拍手咋舌，点头赞叹，百吻一语曰："不意支那人能如是，能如是。"①

凡检阅过自强军的官员皆认为，"举目江南诸军，无如自强军"。由于自强军训练卓有成效，成为东南数省军队的楷模，吴淞、江阴、镇江、南京等地的旗兵勇营纷纷请自强军选派军官前往教习，使之一律改练洋操。自强军的练成，增强了一班图强保国者的信心。梁启超曾就自强军发表感慨说："天下无不学焉而能之事，亦无学焉而不能之事，黄种人之聪明才力，坚苦耐定，无一事弱于白种。"② 自强军的成功操演，虽非实际战绩，但在国势虚弱、民气不振的时刻，起到一些激励民族自信心的作用。

---

① 梁启超：《记自强军》，《饮冰室合集》第二册，中华书局1936年版。
② 梁启超：《记自强军》，参见盛康编《皇朝经世文续编》，卷七四，武进盛氏思补楼刊本。

四、编练湖北新军

1. 组建经过

1896年初,张之洞从两江返任湖广,以更大规模编练新军。

该年3月,张之洞以从两江奏调回鄂的护军营为基础,又选募新兵,组成护军前营、护军后营、工程队一哨。护军前营由张之洞的贴身亲信、四川补用参将岳嗣仪任管带官。这支军队的任务是教习洋操以开风气,其应给饷项由鄂省裁营支抵。不同于江南自强军的是,这支军队不任命洋员作军官,只委洋员当教习。这支军队的建制仿直隶武毅军新练洋操章程,参用德国军制,专学西洋马步炮各队阵式技艺、枪炮药弹装卸、机器理法、营垒桥道测量绘画事宜。1897年,张之洞在一份奏折中说:"必须扫除故套,参用西法,参用各国洋弁教习,讲求枪炮理法,兼司营垒测绘,始可谓之为兵。"[①]1902年以后,又聘请日本教习,仿照日本军制进行编练。1903年,清廷在中央设练兵处,以庆亲王奕劻(1838—1917)为总理大臣、袁世凯为会办大臣、铁良为帮办大臣。1905年,由练兵处制定新军军制,各省设督练公所。计划在全国编练新军三十六镇,到辛亥革命前夕,实际编成十三镇(一说十四镇),而湖北即占一镇一混成协,这便是陆军第八镇(镇统张彪)和暂编第二十一混成协(协统黎元洪),共称"湖北新军"。1907年,清廷统计,湖北新军第八镇驻省城武昌,官702员,兵10520名;第二十一混成协驻武昌、汉阳及京汉铁路,官288员,兵4612名。是仅次于北洋六镇的第二支强大的新军。这支新式军队每年的开支甚巨,约占湖北省财政支出的百分之五十至六十,成为湖北民众的一大负担。

2. 湖北新军之"新"

张之洞主持编练的湖北新军,同袁世凯的"新建陆军"等其他洋操军队一样,以维护清廷统治,镇压人民革命为主要任务,但又有着与旧式军队(如八旗、绿营,以及防军、练军)不同的新特点。

(一)装备和训练,全为洋式。一切操练章程,均按西法处理,连一切行军应用器具都按西法购备。对于以西法练兵的必要性,张之洞曾多次论及。1898年,他在一份札文中的说法较有代表性:

[①]《请添练精兵折》,《全集》,卷四六,奏议四六,第27页。

查练兵之法，贵因时以制宜，就近今情形而论，欲御外侮非改用洋法操练，讲求新式枪炮理法，营垒桥路工程及测量绘图等学，不足以成精旅。①

在这种治军思想指导下，湖北新军以"热武器"取代"冷武器"，废戈矛弓箭，代之以新式后膛枪、克虏伯大炮。这不仅区别于八旗、绿营等以刀矛弓矢为基本武器的旧式军队，也不同于仅部分采用洋械的防军、练军。在编制、训练方面，新军开始仿效德国，后又仿效日本。日本军制也是按德国等西方国家军制改造而成。新军采取镇（相当于师）、协（相当于旅）、标（相当于团）、营、队（相当于连）、排、棚（相当于班）的编制。镇为综合军事单位，包括步、马、炮、工、辎五个兵种，比勇营制以营为单位的单一军事编制更能容纳多种新式武器的使用，更适合各兵种配合作战。因此，新军无论从装备到编制，都较旧式军队先进，适于近代战争需要。而且，新军的新式装备和编制，使其同铁路、电报、机器工业紧密联系在一起，从而脱离中世故道，迈入近代新式军队行列。

（二）淘汰老弱和兵痞，对入伍士兵有一系列较严格的要求。由于新军采用洋械洋操，旧式军队的"兵油子"和完全没有文化的士兵已不敷需要，于是便参仿西方国家的兵役法，对入伍者的年龄、体格、文化程度等方面都作出较严格规定：年龄一般在16～25岁之间；身高在4尺6寸以上（北方各省要求在4尺8寸以上）；五官不全、体质较弱、手举不及百斤及有目疾、暗疾者不收。来历必须土著，应募时须报三代家口住址和指纹箕斗数目。凡吸食鸦片或犯有事案者以及城市油滑向充营勇者，一概不收。尤其引人注目的是，要求入伍士兵粗通文字，这使新军的文化水准较之以往任何军队明显提高。当然，能够做到这一点，与清末"新政"造成的客观条件有关。当时科举停止，而学堂有限，不少贫苦读书人只有参加新军，以谋求出路。社会上的人们逐渐改变"好郎不当兵"的传统看法，青年知识分子也一反"埋首书城，磨穿铁砚"的故习，弃文就武，"庚子以后，士人多投笔从戎，不以苍头为耻"②。1905年，

---

① 《札武备学生王者化等充副营官》，《全集》，卷一〇一，公牍一六，第22页。
② 张难先：《湖北革命知之录》，商务印书馆1946年版，第234页。

湖北新军在黄陂募兵，入伍的96人中，就有12个廪生，24个秀才。知识青年在士兵中占如此高的比例，是以往任何旧式军队所没有的。士兵构成成分的这一变化，不仅使得现代军事技术的掌握成为可能，而且新军士兵也有了接受新的社会政治思潮的知识基础。这一点对晚清政局的影响十分深远。

（三）军官多由军事学堂出身者担任。光绪末年，清廷规定，非武备学堂出身的，不得充将弁。张之洞是这一政策的倡导者之一。他深知，建立一支新式军队，关键在于有一批掌握近代军事知识技能的军官。这固然可以从旧有军官的优秀者中挑选训练而成，但主要还得依靠军事学堂毕业生充任。这样，张之洞在创建新军的同时，大力发展近代化的军事教育，按照西法办起一系列军事学堂。他说：

> 唯练兵必兼练将，而练将又全赖学堂。西国军制，兵则期满遣归，各理旧业；将则戎行永隶，学有专长。故武备事宜尤以设立学堂，教育将材为首务。①

张之洞在两广和两江曾先后创办广东水陆师学堂、江南陆军学堂，湖北新军的首批军官多来自这些军事学堂，并有少量留日士官生充任军官。1897年2月，张之洞又在武昌黄土坡创湖北武备学堂，以教练军官。委派署江汉关道湖北候补道蔡锡勇为总办，聘请德国军官法勒根汉等为教习。学习课程有战法、舆地、测绘、算学、体操、军械、台垒、步队学、马操、炮队学。课程余暇，则令诵"四书"，披览《读史兵略》，"以固中学之根柢，端学生之趋向"②。武备学堂预定学生名额为60人，专教本省举人、贡生、监生，其程度与日本士官学校相等，属于中等军事学校。张之洞之所以专选这类有"功名"者入武备学堂，是认为他们"皆科名仕宦中人"，"将来效用国家，引伸会通，展转传授。裨益较多，收效亦速"③。可见，张之洞希望让军事指挥权掌握在既懂近代军事知识，又忠于朝廷的人手里。湖北新军的许多军官都是武备学堂出身。1903年，武备学堂改名为武备高等学堂。

---

① 《札道员王秉恩等筹办武备学堂》，《全集》，卷一〇〇，公牍一五，第27页。
② 见《设立湖北武备学堂折》，《张文襄公奏稿》，卷二九。
③ 《湖北武备学堂招生章程》。

1901年，张之洞在武昌阅马厂创设湖北武普通中学堂（1903年11月开学），其程度相当于日本中央幼年学校，为初等军事学校。武普通中学学额240名，学习德、日文及步兵操典、野外要务、工作教范、技击、泅水、马术等科目。在堂四年即入营学习当兵半年。委派黄以霖任监督。1907年以后，以武普通中学地址改建湖北陆军小学堂，对在役有文化的士兵进行"学""术"两科训练。此外，张之洞为了在更大规模上训练下级员弁，还办起陆军特别小学堂。加"特别"二字，为的是区别于陆军部规定各省必须办的"陆军小学堂"。这个"特别小学堂"的做法是，抽调各标营识字士兵入堂受训，分为智、信、仁、勇、严五斋，白天在堂操课，晚上回营住宿。由于名为"小学堂"，而学生年龄却不轻，故当时有"学堂特别小，学生特别老"之说。又由于到特别小学堂受训的人数很多，又有"六千君子共学堂"的美谈。不少辛亥武昌首义的参加者，都曾在这个"特别小学堂"受过训。

1902年，张之洞在武昌大都司街设湖北将弁学堂（1904年迁往绿营公所旧址），定学额一百名，仿日本户山学校，选取在营武职官弁队目，募日本教习五名任教，三年毕业。先设速成科，一年半毕业。1905年，湖北武备将弁学堂改为湖北武师范学堂，以黄以霖为监督，刘邦骥为堂长。先设速成科，仿日本士官学校学科，一年毕业。选取的学生须在营充当哨官以下，曾习兵事三月以上者。学成后仍回原营差使，名曰"学习哨官"，办事六个月，最优者做哨官，中等者做什长，下等者做伍长，最下等者，即行遣散。

张之洞还是派遣军事学堂学生出国留学的创导者之一。1898年，张之洞与两江总督刘坤一派遣陆军学生30名，委托日本陆军省派往成城学校接受陆军预备教育。至1903年，日本东京振武学校成立，中国留日陆军学生即改由该校给予预备教育。接受预备教育后，则入士官学校。张之洞派出的湖北留学生在留日士官生中占很大比例。如第一期留日士官生共39人，湖北占11人；第二期25人，湖北占17人。这些湖北留日士官生回国后，不仅充任湖北新军军官，而且派赴许多省份充任新军高中级军官，有的还进入清廷的练兵处。著名者有吴禄贞（1880—1911）、蓝天蔚等人。

总之，通过建立各级军事学堂，并派员出国留学军事，以正规训练的方式，培养掌握军事知识技能的人才充任各级军官员弁，这是新军不同于旧式军队的又一显著特点。

（四）不仅对士兵进行忠于朝廷的政治灌输，也进行一定的技术训练。这便是所谓"治军之道，首在训兵，其次练兵"。"训兵"，即以"忠义"等伦常观念熏陶士兵；"练兵"，则是"精其技艺"，把"应习操法，分门教授，由浅及深，均以实用易学为主"[①]。张之洞曾将自强军所纂《西法类编》和北洋军所刊《德国陆军操典入门》等书，分发湖北新军各营。书内分兵法、军器、测绘、数学诸门。此外，诸如世界地图、亚洲东部地图、沿海口岸全图等，也"一体购印颁发，不时翻阅"，"指勇丁以为精通门径"[②]。向士兵传授近代科技和军事常识，是旧式军队完全没有，而为新军所具备的一个特点。这是采用洋械洋操的新军所必不可少的。张之洞办事认真，对新军的军事训练抓得很紧，湖北新军的战斗素质在清末各省新军中是最好的。1905年2月，清廷派练兵大臣铁良检阅军队，湖北新军成绩最优。在几次全国各省新军的秋操（军事演习）中，湖北新军的成绩也都名列前茅。湖北新军的名声便遍传全国。

张之洞建立新式军队的努力，限于仿效西方先进的军事技术，并未着意创造近代化军队所必须具备的一系列社会前提。在"中体西用"思想的指导下，张之洞建立近代国防的措施，可以形成某些引人注目的外观，但在不触动旧有生产关系和官僚制度的情况下，这支用近代化武器装备起来的军队，仍然是一支帝制武装。不过，湖北新军与新建陆军（后扩充为北洋六镇）相比，又有一些区别。北洋六镇是清廷的中央军，被朝廷控制得很紧。主持者袁世凯野心勃勃，力图将其造成私家武装，沿袭湘军、淮军传统，固守"兵为将有"的旧习，把本应由国家节制的部队改变成私属的军阀部队。北洋军的这种素质，决定了它在辛亥革命期间，以及在此后若干年内，一直是一支军阀武装。而张之洞虽然也注意抓军队，但他毕竟不是军阀型人物，并未孜孜经营私家武装。同时，作为地方军的湖北新军所受清廷的控制较为松弛，张之洞等湖北当局虽然也防范革命者潜入新军，但为了不致引起朝廷指责并干预湖北事务，他们发现革命党人在军中的活动，一般不愿扩大事态，多半将露头的革命党人开除军籍了事，而没有深予追究。这种情形为新军中聚集

---

① 刘锦藻：《清续文献通考》，兵三，第9529页。
② 刘锦藻：《清续文献通考》，兵一七，第9648页。

的大量知识青年和贫苦农民接受革命党人的影响，提供某种方便，使得湖北新军成为清末"反满"革命运动的温床。这当然是与湖北新军创始人张之洞的主观愿望相违背的。

五、何以追谥"文襄"

张之洞是科举殿试三鼎甲出身的清末名臣，其仕宦生涯，历经翰林院编修、三省学官、京师言官、巡抚、总督，直至内阁大学士、军机大臣，是一位公认的政绩卓异的"文官"。然而，张氏于宣统元年八月（1909年10月）辞世，礼部曾拟"文正""文忠""文恭"等谥号作选项，最后朝廷"加恩予赐文襄"，时人或有不解。因为，"文襄"作为封给逝去的一品大员的谥号，多授予军功显赫者。

谥法始于周，废于秦，汉以后复用不辍，延及明清，在帝王及大臣死后，以一字或二字褒其德行勋业。《逸周书·谥法解》对谥法所用字皆有规定，如对"文"的解释是：

道德博闻曰文，无不知。学勤好问曰文，不耻下问……

清代只有曾入翰林或授大学士者方可用"文"作谥号，张之洞有此资格。《逸周书》对"襄"的解释是：

辟地有德曰襄，取之以义。甲胄有劳曰襄，亟征伐。

《大清会典》称："辟地有德曰襄，因事有功曰襄。"取义与《逸周书》同指有武事功勋者。在清代，谥号"文襄"多授予有大学士背景而又有军功的一品大员。如左宗棠谥号"文襄"，是因为左氏乃湘军统帅之一，有平定太平军，平定陕甘回变，率楚军讨伐阿古柏、收复新疆等重大军功，确乎"辟地有德""甲胄有劳"，堪称"亟征伐"的一代名帅。而文臣张之洞去世后追谥"文襄"，理由安在呢？清廷并未说明。笔者以为——

其一，张之洞出任两广总督期间适逢中法战争，他在此役有运筹帷幄、全局指挥之功，特别是排除种种非议阻挠，优容在越南抗法的黑旗军（因曾反清，被清廷视作叛匪）及其首领刘永福，使之在抗法战争中发挥重要作用。又启用老将冯子材，编组"广东萃军"十八营，奋战前线，赢得镇南关—谅山大捷。自第一次鸦片战争以来数十年间，抗击西方列强的多次战争，中国屡遭败绩，唯有1884—1885年的中法战争，中方虽在福建马尾海战全溃，而由张之洞统筹的粤桂边境陆战却取得胜利。"自中国与西洋交涉，数百年以来未有如此大胜者"[1]中法战争的重要将领唐景崧，此役取胜，运筹帷幄的张香帅"实为功首也"[2]。张之洞的门生罗献修作对联称述其恩师的文治武功曰：

  劝学踵仪征太傅，更有大焉，洵岭峤百世之师，颜欢寒士，长留广厦千间，惟惭后乐先忧，佛时谆勖为文正。
  易名媲湘阴爵侯，夫何疑者，概中外两军相见，威震远人，独数谅山一役，全仗纡筹决策，将略知非短武乡。

上联举文治之盛，下联赞武功，其在中法战争，尤其是镇南关—谅山大捷，军功与左湘阴（左宗棠湘阴人，封侯爵）媲美，将将之略不在诸葛武侯之下。这"独数谅山一役，全仗纡筹决策，将略知非短武乡"，足使张之洞获"文襄"之谥。

  其二，张之洞虽为文官，然鉴于清季严峻的国防危机，他视军事为"身心性命之学"，于改革兵制用力甚殷，成效卓著。出任封疆大吏以来，无处不编练洋操新式军队，山西巡抚任上有练军，两广总督任上有广胜军，暂署两江总督有江南自强军，湖广总督任上有湖北新军。其中仿效普鲁士陆军的"江南自强军"，与胡燏棻的"定武军"同为清末最早的洋操洋械军队，后来转调北洋，成为袁世凯"新建陆军"（北洋六镇）的源头之一。仿效德日的湖北新军，是清末最精锐的新式陆军，在几次各地新军"秋操"中皆列前茅，成各省编练新军的楷模。张氏是清末兵制改革的重要倡导者和实绩显著的践行者。

  仅就以上两端而论，张之洞的军事业绩堪称清末一流，追谥"文襄"恰如其分。

---

[1] 《抱冰堂弟子记》。
[2] 唐景崧《请缨日记》。

就张之洞本人的意愿而言，他对自己的谥号是属意于"文忠"的，曾多次流露出对宋人苏轼谥"文忠"、明人张居正谥"文忠"的欣赏。清廷礼部也曾为张之洞拟谥"文忠"，但因张之洞遗折有"不树党援，不殖生产"之语，触犯了以营私著称而又掌理中枢的庆亲王奕劻之忌，遂将张之洞谥号由排名第二的"文忠"改为排名第三的"文襄"。排名第一的是"文正"，如曾国藩谥号文正；地位略次于曾国藩的李鸿章谥号"文忠"；张之洞谥号"文襄"，便列第三级了。这种级次排列，虽无明文规定，于官场却尽在不言中。

第七章　总督湖广·暂署两江（三）文教兴革

张之洞成为洋务大吏以后，在兴实业、练新军的过程中，深感通晓近代事务的人才缺乏，他常常叹息："中国不贫于财，而贫于人才。"为了"兴学求才"，开通风气，张之洞在所辖地区（湖北与江苏）改书院、兴学堂、倡游学、办报纸，使文教事业极一时之盛，他本人则在朝野赢得"第一通晓学务之人"的称誉。然而，作为一个恪守纲常名教的儒臣，张之洞文教事业的主旨仍在"变器不变道"，即主张学习某些西方近代艺能政制，以保存中国的皇权政治及宗法伦理传统。其在湖广、两江兴办的文教事业呈现一种新旧杂糅的格局。

一、书院改制

书院为我国中古、近古的一种办学形式，始于唐而大兴于宋明。创办者或为私人，或为官府，一般选山林名胜之地为院址，由著名学者为"山长"，主持并讲学其间，采用个别钻研、相互问答、集众讲解相结合的教学方法，以研习儒家经籍为主。清代书院仍盛，但多数成为科举的预备所。清末科举终止，书院也随之衰微。而张之洞兴办教育，正值清朝学制由"书院式"向"学堂式"过渡之际。因而他所创立的教育设施，也是先书院而后学堂。同治年间和光绪初年，张之洞出任学政和督抚时，曾兴办过一系列书院，如湖北学政时建经心书院、四川学政时建尊经书院、山西巡抚时建令德书院、两广总督时建广雅书院等。出任湖广总督后，致力于书院改制。1889年，初任湖广总督即十分赞赏湖北罗田人周锡恩（1852—1900）在黄州经古书院以显微镜、千里镜、气球、拿破仑汉武帝合论等试题考学生的做法[1]，表现了引时务新学入书院的倾向。此后，便用力于书院改制。

---

[1] 刘禺生：《世载堂杂忆》，中华书局1960年版，第48页。

1. 经心书院

1869 年，张之洞任湖北学政，建经心书院于武昌三道街文昌阁，第二年改迁火星堂右。湖广总督李鸿章、湖北巡抚郭柏荫等拨款购置图书，增给膏火。经心书院学习课目为经解、史论、词赋。该书院以后又多次扩建、迁移院址，并更名经心精舍。1898 年 5 月，经心书院酌照学校办法，分设外文、天文、格致、制造四门。四门分年轮习，必须兼通。另设经史一门，专讲《四书》义理、中国政治。五年毕业，学成者择优请奖，不成者遣归。这种"书院"已与学堂近似。[①]

2. 两湖书院

1890 年 5 月，在武昌创建两湖书院。江夏县绅陈庆溥等人以都司湖地产捐入书院，湖南、湖北茶商捐助书院经费，湖南人士请附入肄业。这样，该书院专取湖北、湖南两省士子入学，故名"两湖书院"。开办之初，于湖南、湖北各取 200 名，另立商籍学生四十名。书院分经学、史学、理学、文学、算学、经济学六门。又因新学方兴，书院课程还开设天文、地理、数学、测量、化学、博物学、兵法、史略学及兵操等新学科。书院采用积分法，每月终考核分数多寡，以为进退。这便是所谓"月课"。1896 年，仿学堂办法，将两湖书院原有"月课"办法改为"日课"，即按日上堂听课，类似近代教育的班级授课制。两湖书院在两湖地区以至全国，享有较高的学术声誉，清末知名学者沈曾植（1850—1922）、杨守敬（1839—1915）、邹代钧（1854—1908）、杰出自然科学家华蘅芳（1833—1902）都曾在该书院执教。唐才常（1867—1900）、傅慈祥（1872—1900）、黄兴（1874—1916）等近代著名革命者曾在该书院就学。两湖书院实为由书院向新学堂的过渡形态。光绪末年两湖书院改成文高等学堂。

3. 江汉书院

该书院旧址在武昌文昌门内，由明代提学葛寅亮兴建。清代又多次迁移院址，修补斋舍。江汉书院地位甚高，常由督抚主持，武昌知府具体管理。张之洞出任湖广总督，在该书院原有天文、地理、兵法、算学四门外，又设经史一门，训以"四书"大义、宋明先儒法语。江汉书院以"中学"为主要内容、略涉"西学"。

[①] 2015 年 5 月，武汉商学两界人士在武昌东湖磨山风景区复建经心书院，举办经心读书会，设立经心成长基金，开展学术研究和教育活动。

张之洞的这些改制书院，体现了"中学为体，西学为用"的办学思想，育人"既免迂陋无用之讥，亦杜离经叛道之弊"，"总期体用兼备，令守道之儒兼为识时之俊"①。

1901年，清廷令各府书院改为中学堂，湖北诸书院亦纷纷改制。

二、暂署两江——始建学堂

张之洞第一次暂署两江总督历时一年零四个月（1894年11月至1896年2月），由于宁沪一带是经济文化发达地区，与外部世界联系较多，自19世纪60年代以后，已超过珠江三角洲，成为中国与西洋交往的最主要口岸。身处这种"华洋杂处"之地，加之中日甲午战争的刺激，张之洞的洋务举措进一步发展，在教育方面，便是始建新式学堂。

1895年，张之洞在一份奏折中说：

> 人皆知外洋各国之强由于兵，而不知外洋之强由于学。夫立国由于人才，人才出于立学，此古今中外不易之理。②

基于"立国由于人才，人才出于立学"的构想，张之洞在暂署两江总督期间兴办一系列新学堂。如在江宁（南京）创办储才学堂，内分交涉、农政、工艺、商务四门；改金陵同文馆为初等储才学堂，在原有英文、法文之外，增添德文；将已趋破落的水师学堂恢复到原有规模；兴办陆军学堂，并在该学堂附设铁路专门学堂；在江西高安办蚕桑学堂。

张之洞还力倡出洋游历，于1895年7月上《吁请修备储才折》，提出多选才俊之士，分派游历各国的建议。除主张派遣官员出洋游历外，还选派学生40名，分赴英、法、德三国留学，意在"知外洋各国之所长"，进而"知外洋各国之可患"。

暂署两江以前，张之洞在湖北的教育活动主要是书院改制，而暂署两江阶段则转向创办新式学堂，从两江返回湖广本任后，更大规模兴办学堂和派遣游学生。时人评说："张香帅（自两江）回鄂以来，以强学为本，务令于省垣中

---

① 《两湖、经心两书院改照学堂办法片》，《张文襄公奏稿》，卷二九。
② 《全集》，卷三七，奏议三七，第28页。

创设武备学堂","张香帅以时务为学问之急需"。可见,暂署两江及返鄂之初是张之洞教育活动近代转型的重要节点。

三、返任湖广——大举兴办各类学堂

张之洞暂署两江前,于19世纪90年代初开始在湖北创建学堂。1896年初,张之洞从两江返回湖广本任,开始在湖北大规模兴办学堂。

1. 实业学堂

同其他洋务大吏一样,张之洞创办新式教育,是从军事学堂开始的,其次便是实业学堂,普通教育尚在之后。诚如《清史稿》所说:"大抵此期设学之宗旨,专注重实用。盖其动机缘于对外。故外国语及海陆军得此期教育之主要,无学制系统之足言。"[①]1898年,张之洞在《劝学篇·外篇·农工商学第九》中引用《韩诗外传》语,并阐发道:

> 石田千里,谓之无地;愚民百万,谓之无民。不讲农工商之学,则中国地虽广,民虽众,终无解于土满人满之讥矣。

表现了对农工商等实业教育的重视。19世纪90年代,在湖北建立的实业学堂主要有下列几所。

(一) 矿业学堂和工业学堂　1892年,张之洞在湖北设矿务局,创办矿业学堂和工业学堂,附设于矿务局内。这两个实业学堂规模甚小,又不是独立的学堂,其影响不大。

(二) 湖北自强学堂　张之洞在设立两湖书院时,曾有续设方言(外语)、商务学堂之议。1893年11月,张之洞奏立自强学堂,堂址在武昌城内铁路局旁。他阐述学堂宗旨:"自强之道,以教育人才为先",故命名"自强学堂"。又说:

> 湖北地处上游,南北冲要,汉口、宜昌均为通商口岸,洋务日繁,动关大局,造就人才,似不可缓。亟应及时创设学堂,先选两湖人士,肄

[①]《清史稿》,卷一七〇,志八二,选举二。

业其中，讲求时务，融贯中西，研精器数，以期教育成材，上备国家任使。①

自强学堂初分方言（外语）、格政、算学、商务四门，清末著名数学家华蘅芳曾在算学门任教。张之洞对这四门学科的重要性分别作了叙述："方言学习泰西语言文字，为驭外之要领；格致兼通化学、重学（力学）、电学、光学等事，为众学之入门；算学乃制造之根源；商务关富强之大计。"②学习方言的学生须住堂肄业，其余三门学生只按月考核成绩。其后算学改归两湖书院教授，格致、商务因师资、教材都成问题，"多空谈而少实际"，只得停课，这样，自强学堂仅存方言一门，分英、法、德、俄四个语种，每一语种以30名学生为限，实际成为一所类似京师同文馆的外语学校。1896年，鉴于甲午战争教训，改订章程，强化外语人才培养。1898年上奏，请自强学堂开设日、英、法、德、俄五国外语。1902年，自强学堂由三佛阁迁东厂口。

（三）湖北方言学堂　自强学堂改组后，虽以教授方言（外语）为主，但仍兼课化学，并附译西书。1898年5月另立方言学堂，教授英、法、德、俄、日五国语言，以及地理、历史、算术、公法、交涉等学科，以培养外交人才为目的。学生额150名，每国文字30名。学生年龄15岁至20岁。先以自强学堂学生，择其品端文优者入学。后又以普通中学毕业生升入。学制五年，前两年以华人为教习，后三年聘洋人为教习。以湖北试用知府程颂万（1865—1932）为提调。民国初年全国设六大学区，各建一所高等师范学校。华中学区中心在武昌，1913年，在地处武昌阅马厂、蛇山南麓的方言学堂旧址，成立国立武昌高等师范学校，1923年，改为国立武昌师范大学，是为武汉大学前身。

（四）湖北方言商务学堂　茶叶为中国重要出口物资，但茶商对外贸诸事隔阂，不能不依赖"孖毡"作与外国人的中介。所谓"孖毡"系Merchaur之音译，是一种买办，他们能通外国语言文字，奔走于洋商与中国茶商之间，从中渔利，茶商每为所困。张之洞曾在两湖书院中抽四十名学生专习各国外语，以除孖毡的挟制。1891年6月，张之洞又设方言商务学堂，学生名额50个，

---

①② 《设自强学堂片》，《张文襄公奏稿》，卷二一。

除专学各国语言文字外，并学习商业知识，研究如何开通利源、堵塞漏卮、畅销土货。这些学堂以通西文而晓时务的华人分门教授。

（五）湖北算术学堂　1891年8月，张之洞于铁路局附近，设立算术学堂，其中还附列方言、商务两门，学生可兼习算术、方言、商务三门。如愿兼习化学、矿学的，可到铁路局观摩。

（六）湖北农务学堂　1898年4月，张之洞奏请兴办农务学堂。其疏稿曰：

> 窃唯富国之道，不外农工商三事，而农务尤为中国之根本。……
> 查农政修明以美国为最，上年即经电致外洋，选募美国农学教习二人来鄂，派员伴同前往近省各州县考察农情，辨别土宜，并购致美国新式农具，暨谷果佳种，为试种之用。兹于湖北省城设立农务学堂，……招集绅商士人有志讲求农学者入堂学习，研求种植畜牧之学。[①]

可见，农务学堂是以学习西方（尤其是美国）农牧业先进技术为目标的。该学堂设在武昌城内大东门，招农科学生30名，1899年，添招蚕科学生30名；1902年，移建武昌城北武胜门外多宝庵，以与试验农场相近。该学堂分农桑、畜牧、森林各门，学生名额共120人，由普通中学堂及高等小学堂毕业生升入。学制四年，前二年补习预科，后二年学习正科。农务学堂以河南试用道桑宝为总监，湖北候补知府汪凤瀛为提调，候选光禄寺署正罗振玉为总理。农务学堂为华中农业大学前身。

（七）湖北工艺学堂　张之洞在上述同一疏稿中指出：

> 又于洋务局内设立工艺学堂，选募东洋工学教习二人：一教理化学、一教机器学，招集绅商士人有志讲求商学者入堂学习，并派中国通晓化学制造之士人帮同教导艺徒，讲求制造各事宜。

工艺学堂设在江汉书院旧址，分理化、器、制造、纺织、建筑各门。学生定额60名，附设艺徒30名。学生由普通中学堂及高等小学堂毕业生升入。

[①]《设立农务工艺学堂暨劝工劝商公所折》，《张文襄公牍稿》，卷二九。

学制与农务学堂相同。以候选道梁敦彦（1857—1924）为提调，候补知州查双绥为副提调。

（八）湖北驻东铁路学堂（此"东"指日本） 张之洞调任湖广总督，主持筹建卢汉铁路事宜，深感专门人才的缺乏。因限于条件，当时还不能在国内创办铁路学堂，于是在1896年5月，征得日本政府同意，以日本东京原有路矿学堂改为湖北铁路学堂，教练铁路知识技艺，养成铁路人才。酌定湖北籍学生60名，外省附读学生20名。三年毕业。该学堂以保送知府廖正华为提调，聘岩仓为理事，肄原浩逸为校长。[1]

以上实业学堂都是零星创办，并无全盘计划。张之洞参与制定1903年《奏定学堂章程》（即"癸卯学制"）对实业教育作出系统规划，将其分为三级：第一级和高等小学堂平行，为简易实业学堂；第二级和普通中学堂平行，为中等实业学堂；第三级和高等学堂大学预科平行，为高等实业学堂。从而具有职业教育学制的雏形。然而，同各省一样，湖北并未全面实行这一职业教育学制，所建实业学堂仍是散漫无系统的。

2. 师范学堂

张之洞在兴办各类学堂的过程中，深感师资难得，从而发出求师之难尤甚于筹费的叹息。为解决学堂师资急需，他曾从经心、两湖、江汉三书院中选派优等学生赴日本学习师范。但这毕竟不能解决大量师资的供应问题，于是决心在省内创办师范。他在一份奏折中说：

> 查各国中小学教员咸取材于师范学堂，故认师范学堂为教师造端之地，关系至重。[2]

根据这一构思，先后在湖北兴办一批师范学堂。

（一）湖北师范学堂 1902年，在武昌城东宾阳门以南创设师范学堂，以东路小学堂附属其旁，作师范学生教学实习之处。课程除普通学科外，另加教育学、卫生学、教授法、学校管理法等科。学生名额120人。速成科一年毕

---

[1]《札知府廖正华筹办驻东铁路学堂》，《张文襄公牍稿》，卷一八。
[2]《筹定学堂规模次第兴办折》，《全集》，卷五七，奏议五七，第15页。

业，正科二年或三年毕业。以武昌府知府梁鼎芬（1859—1919）为监督，廪生陈毅、举人胡均为堂长，聘日本师范教员一人为总教习。

在此之前，1897年，上海南洋公学设师范院，次年，京师大学堂设师范斋。但这都是附设于其他学校内的师范专科，规模也很小，如南洋公学师范学额仅40名。所以，张之洞创设的湖北师范学堂与张謇在1902年建立的通州师范学校，同为我国近代教育史上最早的独立完备的师范学校。

（二）两湖总师范学堂　湖北师范学堂设立后，省内学堂教员仍然十分缺乏，遂于1904年7月，委派梁鼎芬将两湖高等学堂（两湖书院旧址）改作两湖师范学堂，拨库平银四万三千两作创建经费。这是湖北、湖南两省创办最早的一座规模较大的完全师范学校。1906年10月正式开办，设仁、义、礼、智、信五斋，先开仁、义两斋。又附设高等小学堂、初等小学堂各一。后又将智、信两斋开办理化专科；礼斋开办博物专修学堂。两湖师范学堂原计划收录两湖及其他省学生1200名，因此有"千师范"之称，实际上只招收了700多名。不过这一规模在当时已算是很大的了。为表示该学堂的重要，张之洞下令改称"两湖总师范学堂"，一般学人和老百姓称其为"正学堂"。该学堂1911年10月停办。李四光（1889—1971）为两湖总师范学堂学生，闻一多（1899—1946）是两湖总师范附属小学的毕业生。

（三）湖北师范传习所　1903年，朝廷颁布《奏定学堂章程》，规定先于省城开设师范传习所。张之洞认为师范传习所（实为简易师范）应广泛增设，不厌其多。并于第二年在省城武昌设立各属师范讲习所，以在籍刑部主事陈曾寿为监督，署江夏县教谕杜宗预、训导徐毓华为副提调。

1905年1月，又饬令各府将所设中学堂一律改为初级师范学堂，或先办速成师范，或先办师范讲习所。其教员或选聘出洋学习师范毕业生，或选聘省城师范学堂毕业生。学额多者60名，少者40名。

（四）支郡师范学堂　因各府县师范教员延聘不易，特于1905年9月，在省城武昌开设支郡师范学堂，分府录取。堂址设于江汉书院旧地等处。

张之洞关于师范教育重要性的论述，也颇有可采之处。由其主笔的《奏定学堂章程》对师范教育提出周详的计划，规定分优、初两级。优级师范和高等学堂平行（相当于现在的高等师范学院），初级师范和中学堂平行（相当于现在的中级师范）。此外，还设立简易师范科、师范传习所、实业教员养成所。

至此，我国师范教育才自成体系，取得独立地位。"章程"还指出"师范学堂，意在使全国中小学堂各有师资，此为学堂本源，兴学入手之第一义"。1904年7月，张之洞在一道札文中说："振兴教育，必先广储师资。师资不敷，学校何以兴盛？"① 同年10月，又说："各属只办学堂，全赖师范得人，课程方能合度，管理才能得宜。"② 第二年1月，再说："国民教育必自小学始，欲得小学教员，必自养成师范始。……是以兴办师范尤为小学之先务。"③ 这些言论，切中时弊，富于近代教育色彩，堪称远见卓识。

3. 普通学堂

19世纪60年代以来，各洋务大吏兴办近代教育，都是先从方言学堂、军事学堂、实业学堂入手，以应付变局。但经过一段实践后，人们意识到基础教育不跟上去，其他都如沙上建塔，于是纷纷回过头来发展普通教育。张之洞的"兴学育才"活动也经历这样一个过程：19世纪80年代始办军事学堂，90年代始办实业学堂，20世纪初始办普通学堂。

（一）湖北初等小学堂　对于小学教育的地位，张之洞是有所认识的。他在《奏定学堂章程》中说："初等小学为养正始基，各国均认为国家之义务教育。"但由于经费和人力缺乏，主张小学教育由民间自办：

> 初等小学堂教习，以习师范明教育之女师充选。中国师范初兴，士人之明教育者尚难多得，何况女师。十岁以下幼童，举动需人保持，断非学堂所能管理，可听民间自设家塾及义塾教之。

在省城内也官办少量初等小学堂，1904年分设东南西北四局，每局下设若干小学堂。武昌城内初等小学43堂，城外分设17堂，共60堂。经费由学务公所开支。

（二）湖北五路高等小学堂　1904年，在武昌城内设高等小学堂5所。东路小学堂，堂址昙华林，附属于师范学堂；西路小学堂，堂址武当宫旧地，以原武昌通判衙门修改充用；南路小学堂，堂址滋阳桥后，以原工艺学堂充用，

---

① 《札学务处改修两湖师范学堂》，《张文襄公牍稿》，卷二〇。
② 《札学务处开设师范传习所》，《张文襄公牍稿》，卷二〇。
③ 《札学务处开设师范传习所》，《张文襄公牍稿》，卷二一。

北路小学堂，堂址雄楚桥左侧，以原武昌左卫衙门修改充用；中路小学堂，堂址南楼前，以旧保甲总局改选充用。

以上五路高等小学堂，各定学生名额100人，招民间秀良子弟能背诵经书一两部，文理粗通者入学。4年毕业。以内阁中书衔训导刘洪烈为提调。以后中路小学改为高等学堂，东路小学改为第二中学，西路小学改为矿业学堂。

（三）湖北文普通中学堂　1903年主撰的《奏定学堂章程》对中学教育作如下规定：

> 设普通中学堂，令高等小学毕业者入焉；以为施较深之普通教育，俾毕业后，不仕者从事于各项实业；进取者升入各高等专门学堂，均有根柢为旨。

同年建立湖北文普通中学，以原有自强学堂为基础添改充实而成。定学额为240名，暂以两湖、经心、江汉三书院学生选充，后以高等小学堂毕业生升入。年龄限定在15岁至24岁之间。课目12门：伦理、温经、中文、外国语文、历史、地理、数学、博物、理化、法制、图画、体操。4年毕业。以湖北试用道黄绍第为监督，湖北试用同知高凌蔚为提调。

当时的中小学教育，仍以讲读记诵为主，正如《奏定学堂章程》所说："故求文法者，必自耕读始。"至于科学科目的教学，虽已规定采用实验法，由于既缺仪器设备，又乏新式师资，实际上仍以讲解为主。

（四）湖北文高等学堂　文高等学堂为大学预科，故又名两湖大学堂，堂址在两湖书院旧址。《奏定学堂章程》规定大学堂的宗旨：

> 以端正趋向，造就通才为宗旨，以各项学术艺能之人才足供任用为成效。

大学堂以造就各种"术德兼优"的"通才"为目标。湖北文高等学堂以"高等专门之学"为内容，科目分为八门：经学（道德学、文学附）、中外史学（国朝掌故学附）、中外地理（测绘学附）、算学（天文学附），以上四门为"中西公共之学"，延聘中国教习讲授。理化学、法律学、财政学、兵事学、则为西学,延聘东西各国教习讲授。学额 120 名。暂以两湖、经心、江汉三书院优等学生入学。先补习普通学(即中学课程)一年,再习专门学 3 年,计 4 年毕业,然后派往东西洋游历一年。嗣后以文普通中学堂毕业生升入,分习三年堂课毕业,即派往东西洋游历一年。以翰林院编修王同愈、内阁中书衔前直隶霸州学训导纪钜维为正副监督。广东候补道王秉恩为提调。

(五)湖北存古学堂 《奏定学堂章程》的《学务纲要》提出,中小学堂"宜注重读经,以存圣教"。面对新学勃兴,中国旧学衰微,张之洞常常发出"道微之敝,世变愈危"的感叹。

19 世纪 90 年代前后,张之洞主要是兴办新学,20 世纪初叶,出现"返古"现象,"读经""复古"成为他晚年办学的重点。1907 年 6 月(其时,张已擢升体仁阁大学士,授军机大臣,兼管学部),奏请在武昌城内三道街经心书院旧址改建存古学堂,同年 8 月开学。存古学堂虽有"学堂"之名,实则与中国旧式书院无异,其宗旨为"保存国粹","平息乱源"。课程分经学、史学、词章三门。选取中学较优学生入堂肄业,学额 240 名,三年毕业。张之洞不但要湖北试办这样的"学堂",并请敕下学部,通令各省一律仿照办理。这是他的"中体西用"论守旧面的发展。清政府虽然十分重视存古学堂,"鄂督自为监督,以提学使为提调",但"行之年余,腐败情形,日甚一日,经史词章各科教员,或并不到学;或到学而不上堂授课。体操算术各科,或教员到堂而学生不全行上课。一切任意,漫无规则,已成习惯"[①]。存古学堂的沉沦,表明旧学已失去生命力。

由书院改制、创办新学堂,到重办存古学堂,展示"文襄公"回环的思想行径,"求新"而"不改其旧"的窘境。

4. 妇幼学堂

张之洞对妇幼教育给予一定的重视。《奏定学堂章程》提出:

> 各省设立蒙养院,应就育婴、敬节两堂,扩充屋舍,增加额数,即于堂内划出一区为蒙养院,令其讲习。为乳媪及保姆者教导幼儿之事。

[①] 《学部官报》,第一五八期,《学务报告》。

根据这一宗旨，先后在湖北兴办妇幼学堂。

（一）湖北敬节学堂　1904年7月，在武昌宾阳门内之敬节分堂，扩充屋宇，添筑讲堂，命名为敬节学堂。挑选粗通文理之节妇100名，进"傅姆科"学习。这相当于今天的幼儿师范。以同知刘德馨为监督，聘请日本教习讲授女子师范、家庭教育。因当时还远未普及幼儿园，所以该学堂培养出来的人只是为将来绅富之家选作女师。

（二）湖北育婴学堂　1904年，在敬节学堂西南保安火药局基础上修筑，改作育婴学堂，附设蒙养院。挑选略能识字乳媪100名，入保育正科学习。这相当于今天的保育员学校。以湖北候补同知高凌蔚为监督，聘日本女教习讲授保育幼儿，教导幼儿之事。以备将来富绅之家选作乳媪。

（三）湖北女学堂　1906年，于武昌紫阳湖皇殿左首附设女子高等小学堂，此为湖北近代女学之始。

湖北兴学堂，耗资甚巨，据宣统年间《湖北学务处统计表》载，全省教育经费岁出240万两。其来源主要有四种：一为取庙产兴学，大率每县寺观，取十分之七改学堂，留十分之三安置僧道；二为劝募兴学，督饬地方官劝谕富绅，集资广设；三为截取丁漕平余兴学；四为挪赔款兴学。此外，张之洞还设"学堂捐"，每县至少5000串。学生学费，1902年规定，本省免费，外省学生每人年收费160元，湖南系兼辖省份，减收100元。1904年，对外省学生收费又有所减少，160元减至100元，100元减至70元。

经大力筹办，武汉成为清末新式学堂数量最多、门类最齐全的地区，辛亥革命前夕，武汉学堂达百所以上，学生人数逾万人，达到发达的江苏省2.2倍，浙江省1.3倍，广东省1.14倍。张之洞作《学堂歌》赞湖北教育之盛：

湖北省，二百堂，武汉学生五千强；
派出洋，学外邦，各省官费数湖广；
湖北省，采众长，四百余人东西洋。

四、派遣游学生最力者

早在同治以前，中国已有人赴欧洲留学。朝廷正式派遣留学生（时称"游学生"），与办洋务相关联。19世纪70年代初，中国首位留学美国的容闳提议政府派遣幼童出国留学，由丁日昌（1823—1882）将这一建议转达曾国藩，获曾氏采纳，1872年曾氏去世，李鸿章接办，于同年正式派遣幼童30名赴美，唐绍仪（1862—1938）、梁敦彦、詹天佑（1861—1919）均在其列。此为首批政府派遣的留学生。1875年，闽浙总督沈葆桢派福建船厂学生刘步蟾（1852—1895）等人赴法学习船政。这是政府正式送出的第一批留欧学生。张之洞注意于派遣游学生是从90年代任湖广总督时开始的，1896年首批派出戢冀翚（1878—1908）等留学日本。1898年，日本驻华使臣矢野文雄函请选派中国学生200名，陆续前往日本各学堂学习，并允支援经费，御史杨深秀（1849—1898）极为赞同，奏请朝廷速议游学日本章程。经议复同意。正在湖广总督任内的张之洞会商选择"聪颖子弟"湖北100名，湖南50名，前往日本学习武备、格致、农、商、工诸艺。这是两湖派遣大批学生留日之始。

张之洞之所以十分热衷于派遣游学生，与他急需洋务人才的愿望有关。他在《劝学篇·外篇·游学第二》中说：

> 出洋一年，胜于读西书五年，此赵营平百闻不如一见之说也。入外国学堂一年，胜于中国学堂三年，此孟子置之庄岳之说也。

他又从办学堂需要大批新式教员的角度，指出派遣游学生的必要性。

张之洞派遣游学生的方针是"西洋不如东洋"。一则，日本路近费少；二则，离华近，易考察（指便于掌握游学生情况）；三则，日文近于中文，易通晓；四则，日人已对西书作了删节酌改，便于学习。因此，于19世纪90年代和20世纪初叶，选派大批湖北学生游学日本，据粗略统计，达数千人之多，为留日学生数量最多的省份之一。其中多有后来成为著名人物者，如吴禄贞、蓝天蔚、刘成禺（1876—1952）、张继煦等。此外，1903年，时任两江总督的张之洞曾选派江南水师学堂毕业生16人分赴美、德学习军事。同年，湖广总督端方（1861—1911）派湖北各学堂学生8人赴德，4人赴俄，24人赴比。可见，当时游学生的派往方向，以东洋为主，西洋为辅。

除选派游学生出洋外，张之洞还提倡派遣官员出洋游历考察。中日甲午之战以后，于1895年7月上奏道：

> 洋务之兴,已数十年,而中外文武臣工,罕有洞悉中外形势,刻意讲求者,不知与不见之故也。不知外洋各国之所长,遂不知外洋各国之可患。……今欲破此沉迷,挽此积习,唯有多派文武员弁,出洋游历一策。①

光绪二十七年(1901年)又奏请广派游历。

因为以前中国派员游历不谙外语,主张多选才俊之士,分派游历各国,丰其经费,宽其岁月,随带翻译,以便深加考究,如工业、农业、水陆兵事、炮台战舰、学校例律,均用心考求。张之洞派遣官员游历东西洋,还有监视游学生的意图。令游历官员与游学生相熟悉,"灼知其品谊才识,何人为学行兼修之士,何人为乖张不逞之徒"②。

鉴于留学生在国外接受新思想、走向革命的不少,1898年派钱恂赴日,任湖北留日学生监督。1903年9月上奏,"饬筹防范之法",分别制订《约束游学生章程》和《奖励游学生章程》,对"妄发议论,刊布干预政治之报章"的游学生,由中国出使大臣知会该学堂,"剀切诫谕学生,立即停辍。如有不遵,即行退学"。对于"循理守法"的游学生,则给以举人、进士出身。③企图用恐吓和收买两种手段,使游学生就范。然而,一批又一批游学生走向革命行列,已成趋势,这是清廷无法阻止的。

为了培养洋务人才,需要大量派遣游学生;然而,知识青年到了国外,朝廷又难以控制其政治动向,故认为"出洋学生流弊甚多"④。这便是张之洞在派遣游学生问题上的矛盾状态。1906年,张之洞奉召入京,黎明在朝房与军机大臣王文韶(1830—1908)遇,偶语张在湖北办教育为天下先以誉之。张自诩其重大者为派学生东渡,开办文武高等及方言学堂。王文韶冷笑,从袖中取出抨击朝政的《湖北学生界》一册,给张之洞看。张阅数页无语。下朝后,即电嘱鄂督以后少派学生出洋,并下令将《湖北学生界》的主要撰稿者刘成禺、张继煦等电调回鄂。这件事典型地表现了张之洞在兴办教育、派遣游学生问题上的窘迫状态。

---

① 《奏请修备储才折》,《张文襄公奏稿》,卷二四。
② 《请奖励职官游历游学片》,《张文襄公奏稿》,卷三七。
③④ 《筹议约束鼓励游学生章程折》,《张文襄公奏稿》,卷三七。

张之洞对人才问题一直处于矛盾之中。一方面，出于兴办洋务的需要，十分注意引荐、培养和任用通晓近代知识的人才。如在两广总督、湖广总督任内，延揽蔡锡勇、辜鸿铭等"识洋文、悉西艺"的人物入幕府；在暂署两江期间，遵旨保荐人才，其中袁昶、黄遵宪、钱恂等，都是比较开明、对外部世界有所认识的士人。另一方面，对于具有新思想风貌的人才又不能容忍。例如，近代卓越诗人、政治家黄遵宪，曾任驻日本参赞，后移任旧金山、新加坡总领事，近代文化精神彰著。黄遵宪归国后，于1895年赴江宁（南京），谒见张之洞。张原有用黄之意，但在交往中，黄遵宪"昂首加足于膝，摇头而大语"①，张之洞深为不喜，便将黄置之闲散。又如，1895年初夏，张之洞电召旅美华人、改良派人士容闳，容闳兴冲冲到江宁谒见张之洞，结果却话不投机。张之洞给容闳一个"江南交涉委员"闲差，聊以敷衍其"远来之意"。二人交往即"以此处为起点，亦即以此处为终点"②。另外，张之洞赏识湖北青年军人吴禄贞，曾派吴第一批赴日学习军事。吴禄贞归国后，向张表露激进思想，张即加以指责，并对吴限制使用，后派送北京，以免在湖北生事。

总之，张之洞虽然"求贤若渴"，其实，他所需要的"贤才"不过是蔡锡勇、辜鸿铭一类思想是旧的，手段是新的，用新手段维护旧思想的人物，即"中体西用"人物。逾此轨范，即为其不容。

五、创办图书馆、报刊等文化设施

张之洞在兴建学堂的过程中，深感图书馆事业的重要。他说：

> 湖北省城学校林立，各属中小学堂亦渐多，开办各该学堂需用图书、仪器、表尺、纸笔、石板、标本、模型、桌凳及工艺需用之刀板、衣服一切等项，种类繁多。或须购自上海，或须购自外洋，必经旬累月，始能运到；且各学生有须自备之参考图书，道远购迟，费亦加重，于劝学之道，尚形不便。③

---

① 康有为：《人境庐诗草·序》，上海商务印书馆1931年版。
② 容闳：《西学东渐记》，湖南人民出版社1981年版，第117页。
③ 《札学务处设立学堂应用图书馆》，《张文襄公牍稿》，卷一五。

有鉴于此，于1904年8月，在武昌长街三佛阁设立"学堂应用图书馆"，此即湖北省图书馆，为中国最早成立、最先对外开放的省级公共图书馆。[①] 凡学堂一切需用的学术用品，分往上海及外洋择宜采购，广为储备，由各学堂随时购用。学堂应用图书馆归学务处统辖，由湖北试用知县张汝漪充任管理。

张之洞创办的学堂亦有相当丰富的藏书。如两湖总师范学堂设南北两书库，有些藏书是国内孤版珍本。南书库为一般阅览室，备有一般书籍和各种报刊，供学生自由阅览。北书库为资料性藏书处，供教员教学和学术研究参考。这已具大学图书馆雏形。以后，两湖总师范学堂南北书库藏书，一部分转给湖北省图书馆（今湖北图书馆典藏室还有多个上书"南书库""北书库"的书柜），一部分留给湖北省立第一师范。

对于近代新闻的"利器"——报纸，也给予特别的重视。1898年，在张之洞赞助下，汉口商务局办起《湖北商务报》，专门刊载湖北及外地工商业新闻。在此前后，汉口、武昌出现一批民营报纸，如《汉报》《楚报》《湖北日报》等，汉口逐渐成为两湖地区的新闻中心，有些由进步报人主持的报纸，常常以犀利的笔锋抨击当局和东西洋列强，在民众中影响渐增，张之洞对此颇觉忧虑。他在一个札文中说：

> 沿海各省新出各报，日增月多。其中核实平正者固多，而别存私见，捏造黑白，变乱是非者，亦间有之，甚至有专意煽惑良民，导人以犯上作乱者，以致邪说暴行，相应而起，尤为世道人心之患。[②]

为控制民间报纸的"犯上作乱"，于1901年12月指令武昌商务报兼办《湖北官报》，每旬刊行。其宗旨一曰崇正黜邪，二曰益智愈愚，三曰证实辩诬，以达到"定民志以遏乱萌"[③]的目的。由湖北试用知府王仁俊主持事务。

《湖北官报》的体例，张之洞亲自制订，共分15项：圣训、上谕、官抄、辕抄、要电、要闻、政务、科学、实业、杂纂、图表、论述、国粹篇、新说郛、纠谬篇。张之洞对这份报纸抓得很紧，"幕前拟稿，偶不惬意，辄令重改，

---

① 湖北省图书馆创办于1904年8月，1946年改称"湖北省立图书馆"，1951年更名"中南图书馆"，1954年定名"湖北省图书馆"。

②③ 《札商报馆兼办湖北官报》，《张文襄公牍稿》，卷一五。

再三不厌"[①]。由于官府系统发行,《湖北官报》第一期即数达二万份,这在当时是一个很大的数目。

此外,还于1891年6月设立湖北舆图总局,以舆地学家邹代钧为总纂,招收熟悉测算的人员十余名,又选学生四十余名,教以测量绘图之法,并向外洋购置仪器,分四路进行,定期三年完成测绘任务,绘制出比较完备的湖北地图。1895年(其时暂署两江总督),由护理湖广总督谭继洵(1823—1901)向朝廷进呈《湖广舆地图说》。

张之洞主持"湖北新政",政治上难称成功——它没有,也不可能挽救清廷政制颓势。在经济上则有成有败——一方面奠定华中地区近代工业初基,促进工商业发展;另一方面官办企业弊端丛生,亏损连连,难以维系。而在文教事业上,却取得了显著的社会效果。其在湖北创办的一系列近代文教设施,对湖北以至整个华中地区影响深远,湖北省的现代大、中、小学教育的雏形,形成于张之洞督鄂期间,武汉大学、华中农业大学、武汉科技大学、湖北省图书馆等重要文教机构,其渊源都要追溯到张氏业绩。至于从所办各类新学堂及所派遣的留学生里,更涌现出大批对近代历史发生重大影响的改革者和文化人。张之洞办教育,意在培养既懂近代科技文化知识,又不违"圣道"的人才,他所制定的教育宗旨,总是反复强调忠君、尊孔,但这些新学堂所引进的西方政治社会学说和自然科学,必然造就突破"三纲"信条的新人物,这里只需提一提曾为两湖书院、武备学堂、文普通学堂等校学生的黄兴、宋教仁、吴禄贞、蓝天蔚、董必武、李四光即可。这当然也是张之洞始料所未及的,时人称其"种豆得瓜",正是确评。

[①] 戈公振:《中国报学史》,第二章,官报独占时期,上海商务印书馆1927年版。

第八章 "戊戌变法""庚子国变"间"踩钢丝"

张之洞第一次暂署两江返回湖广本任后,国家进入"多事之秋"。发生于19、20世纪之交的"戊戌变法"、义和团运动和八国联军入侵北京(时称"庚子国变")等大事变,给古老的中华帝国的社会生活带来深刻而广泛的影响。值此跌宕起伏,张之洞捭阖纵横、翻云覆雨,显示复杂多变的姿态。这是一个老谋深算、机敏莫测的官僚对谲诡幻化的政局作出的淋漓尽致的反映。

一、从列名"强学会"到与维新派相区隔

随着民族资本的萌动和列强"瓜分"狂潮的袭来,19世纪90年代,一批带有爱国和革新倾向的人物集结起来,企图仿效日本明治维新,自上而下地改革君主专制,救亡图强,形成一次震撼朝野的维新运动。变法维新的倡导者和思想导师是康有为,最活跃的宣传家是康氏弟子梁启超。他们的变法主张得到帝党重臣翁同龢、孙家鼐、文廷式(1856—1904)等人的响应,又经帝党的推荐,为力图摆脱慈禧太后控制、初有变革思想的光绪皇帝所嘉许。虽然,清朝的军政实权掌握在慈禧为首的后党手中,但因变法运动顺应时代需要,又得到名义上的国家元首——光绪皇帝的支持,所以一度声势可观,一些以"自强"相标榜的朝内重臣和封疆大吏纷纷向"维新党"靠拢,张之洞便是这一行列中人。

1. 列名"强学会",邀请梁启超访鄂

1894年爆发的中日战争,洋务新政的成果——中国海陆军全面崩溃。翌年5月,李鸿章代表清政府同日本签订《马关条约》十二款,割让台湾、澎湖、辽东半岛,赔款白银二亿两,尽丧主权,清朝面临更加紧迫的国家危机。全国士民悲痛而又愤慨,在京会试的各省举人一千余人联名上万言书,要求

"拒和、迁都、变法"。梁启超后来说:"唤起吾国四千年之大梦,实自甲午一役始也。"① 光绪帝也因甲午惨败而深受震动,认为非变法不能立国。后党慑于民众的磅礴正气,不得不暂时放松对舆论的控制,那种士夫掩口、言路堵塞的状况有所松动,变法运动得以长足进展。1895 年 8 月,经康有为联络,由帝党要员、翰林院侍读学士文廷式出面,组织强学会(又名译书局、强学书局)。该学会十日集会一次,每次有人演说。又刊行《万国公报》(后改为《中外纪闻》),每日印一二千份分送朝中权贵。康有为受学会委托,作《强学会叙》,痛陈列强侵略下的危局及成立学会挽救时局的宗旨。户部郎中、军机处章京陈炽,以及丁立钧、张孝谦、沈曾植为强学会总董,以张孝谦主其事。列名会籍或支持学会者,有工部主事康有为、举人梁启超、户部尚书军机大臣翁同龢、大学士军机大臣李鸿藻、内阁中书杨锐、英国传教士李提摩太、美国传教士李佳白、英国驻华公使欧格纳等人。张之洞的儿子张权(1862—1930),其时以举人身份在北京任主事,亦为京师强学会"发始"者。此外,提督宋庆、聂士成等军人"咸捐数千金",道员袁世凯也捐金五百元入会,一些封疆大吏如直隶总督、北洋大臣王文韶,两江总督、南洋大臣刘坤一等亦捐款列名"赞助"。李鸿章也企图跻身强学会行列,但他刚签订《马关条约》,被国人唾骂,维新派以其"于政治上为公敌",故李鸿章"捐金二千入会,同会诸子摈之"②。可见,1895 年夏秋,实兼学校与政党的强学会,是一个很有吸引力的政治团体,它位处京师,"登高呼远",朝中大臣"趋之若鹜",以列名入会为荣。作为一个有影响的疆吏,张之洞当然也要与强学会发生联系。

　　早在 19 世纪 80 年代,张之洞因中法战争期间的主战态度,赢得"天下之望"。以后,张之洞主持"湖北新政"其声名之著与北洋势力领袖李鸿章相并列,不少有改革志愿的人都对张之洞颇为景仰,"现今有为之士,不北走北洋,即南归武汉,朝官外出,可寄托者,李与张耳"③。甲午战败和《马关条约》

---

① 梁启超:《戊戌政变记·改革起源》,《饮冰室合集》,专集第一册,中华书局 1936 年版,第 113 页。
② 康有为:《康南海自编年谱》,引自中国史学会编《戊戌变法》(四),上海人民出版社 1957 年版,第 134 页。
③ 刘禺生:《世载堂杂忆》,中华书局 1960 年版,第 82 页。

签订使李鸿章声名狼藉,"国中臣民,无不切齿痛恨,欲食李鸿章之肉"①。相形之下,张之洞成为众望所归的人物。他上疏力阻和议,大声疾呼"凡我普天臣庶,遭此非常变局,忧愤同心,正可变通陈法,以图久大,不泥古而薄今,力变从前积弊,其兴勃焉!又何难雪此大耻"②。这些救亡、变革之议,使张之洞被舆论界推重为能够挽回天下大局的"朝廷柱石",强学会诸人自然对其深寄厚望;而张之洞则企图利用强学会扩大自己的影响,遂捐银,列名入会。这样,强学会内有常熟(翁同龢为常熟人——引者),外有南皮,名士会者千计,集款亦数万。不过,因张之洞此时暂署两江总督,坐镇江宁,没有直接参加京师强学会的活动。

经过《马关条约》签订后的一段短期沉默,1895年10月,慈禧及其后党在帝俄支持下卷土重来,开始对集结在强学会旗帜下的变法运动发起攻击,大学士徐桐等发难,上疏指责康有为企图谋反。康有为得友人密告,于这一年10月17日将强学会会务交给梁启超,自己离开北京,10月"入江宁,居二十余日",着力于运动暂署两江的张之洞。

康有为交结张之洞,始于1886年。当时,张任两广总督,康有为请张鼎华转求张氏开局译书,张未允。而1895年10月康有为以北京强学会主将身份赴江宁,再度联络张氏,情形"今非昔比",张对康优礼有加,隔日一谈,每至夜深。康有为认识到,上海是"南北之汇,为士夫所走集"③,特请张之洞出面设立强学会上海和南京分会,张之洞则"颇以自认",并首先倡捐1500两作为开办费,随之沪上诸当道,亦有捐助。此后,张与康等"驿通朝政","引为声援"。但张之洞对康有为的思想理论素不相协,张自称"平生学术,最恶公羊之学。每与学人言,必力诋之"④,对康有为从公羊学引申出来的"孔子改制"说特别不满,曾频劝康勿言此学。不过,1895年10月,张、康之会总的气氛是融洽的。

该年11月初,康有为偕张之洞幕僚梁鼎芬等由江宁抵上海,发起成立上海强学会,并电张謇共办此事,与黄遵宪等切磋。12月4日,上海《申报》

---

① 《安侍御奏疏》,阿英辑《近代外祸史》,上册,第147页。
② 张之洞:《普天忠愤录·序》,张广德辑《普天忠愤录》,1859年铅印本,第3~4页。
③ 康有为:《上海强学会后叙》。
④ 《抱冰堂弟子记》,《全集》,卷二二八,第27页。

发布《上海强学会公启》，署"南皮张之洞孝达记"，其实，这篇序文是康有为代拟。1896年1月，上海强学会在上海王家沙正式设会开局，申明本会专为中国自强而立，联人心，讲学术，以保卫中国。又刊发《强学报》，力言科举制度积弊，阐述变法当知本原，主张开设议院"以通下情"。活动于江浙的维新名士黄体芳、黄遵宪、张謇、陈三立、章炳麟、汪康年（1860—1911）、岑春煊（1861—1933）等皆入会。张之洞亲信幕僚梁鼎芬、侄女婿黄绍箕也参议上海强学会章程，梁鼎芬、黄绍箕并与康有为等人合请张之洞作上海强学会发起人。

上海强学会成立不久，慈禧在北京加紧对强学会的压迫，首先于1895年11月，将翁同龢的助手汪鸣銮和长麟以"离间两宫"罪名，"革职永不叙用"。1896年1月，由御史杨崇伊（李鸿章亲家）出面弹劾强学会"私立会党，将开处士横议之风"；随之，慈禧太后强迫光绪皇帝下令封禁京师强学会，翁同龢等欲挽回，未果。张之洞获悉后党反攻消息，立即改变对强学会的态度，借口不同意康有为的"孔子改制"说和用孔子纪年，遂"背盟，电来属勿办"[①]，下令封禁上海强学会和《强学报》。这样，《强学报》1896年1月12日创刊，仅出版三期，即于1月22日终刊。张之洞由赞助上海强学会和《强学报》到封禁上海强学会和《强学报》前后不过两个月，其态度变化异常急骤。但此时维新变法派的力量尚在增长中，张之洞继续与之保持着各种联系，康、梁等人对张之洞仍寄期待。

上海强学会和《强学报》被查封以后，张之洞授意以强学会余款交汪康年，由梁启超、黄遵宪、汪康年等人于1896年8月在上海创办社会政治旬刊《时务报》，总理汪康年，主笔梁启超，麦孟华、徐勤（1873—1945）等任撰述。该报有论著、恭录谕旨、奏折录要、京外近事、域外报译、西电照译等栏目，以宣传维新变法、救亡图强为宗旨。数月之间，风靡海内，"销行至万余份，为中国有报以来所未有"[②]。《时务报》创刊前，张之洞已于1896年2月返回湖广总督本任，但他对《时务报》表示特别的支持，大力"助赀推行"，曾札饬湖北全省官销《时务报》。该年9月27日出版的《时务报》第六册，

[①] 康有为：《康南海自编年谱》，光绪二十一年乙未，三十八岁。
[②] 梁启超：《清议报第一百册祝辞》。

全文刊载湖广总督张之洞的《饬行全省官销时务报札》。其大要如下：

> 照得新报一项，有裨时政，有裨学术，为留心经世者必不可少之编。……查上海新设时务报馆，每旬出报一本，本部堂披阅之下，具见该报识见正大，议论切要，足见增广见闻，激发志气。凡所采录，皆系有关宏纲，无取琐闻；所采外洋各报，皆系就本文译出，不比坊间各报，讹传臆造。且系中国绅宦主持，不假外人，实为中国创始第一种有益之报。①

对《时务报》夸奖到了无以复加的程度。札文希望时务报馆对所有湖北全省文武大小各衙门，文职至各州县各学官止，武职至实缺都司止，各衙门俱行按期寄送一本，各局各书院各学堂，分别多寡分送，共计288份，每份每月三角，……以后按年于是月初预付。统由善后局在余闲款项下汇总支发。后来汪康年有《时务报》"南皮张制军提倡于先，中外诸大吏振掖于后"②的说法。

《时务报》创刊发行期间，维新变法运动正向纵深发展。目睹维新派在朝野上下锐意进取，皇帝也愈来愈明确地予以支持，张之洞便进一步密切同维新派的联系。他在1896年8月28日致函汪康年、梁启超：

> 穰卿（汪康年字穰卿——引者）仁兄、卓如（梁启超字卓如——引者）贤弟大人阁下，《戒缠足会叙》呈教，农学会请附贱名，谨捐助银圆五百元，已交汇号，甚盼卓老中秋前后来鄂一游，有要事奉商，欲得盘桓月余，此不多及。③

又是"坚请列名"，又是捐款资助，张之洞对维新派可谓殷勤备至。而维新派正急于争取当权人物赞助，在赢得湖南巡抚陈宝箴支持以后，进一步向张之洞下功夫。由于双方都有靠拢的愿望，便有1897年1月张之洞邀请《时务报》撰述（主笔）梁启超访鄂。

---

① 《饬行全省官销时务报札》，《时务报》，第六册。
② 汪康年：《昌言报跋》，《昌言报》第一册，光绪二十四年七月初一。
③ 《张之洞致汪康年函》，《汪穰卿先生师友手札》，上海古籍出版社1986年版。

梁启超身份只是举人，但因他著文宣传维新变法，名声甚大，"士大夫爱其语言笔札之妙，争礼下之，通都大邑，下至僻壤穷陬，无不知有新会梁氏者"①。张之洞对于这颗正在上升的政治新星给予格外的礼遇。1896年底，梁启超从广东、澳门返回上海，途中因张之洞相邀，于1897年1月中旬在武昌停留，谒见张之洞。据当时人记载，梁启超抵达武昌湖广总督督署，张之洞曾准备开中门及暖阁鸣炮迎之。这种接待规格，是迎接钦差大臣和外国使臣的专用礼节。下属提出，如此做"骇听闻对"，张之洞才作罢论。时人披露张之洞破格迎接梁启超的动机：

> 梁启超一举入耳，何以有是礼节？盖是时已有康梁柄国之消息，香翁特预为媚之耳。②

这一记载出自反对维新变法的顽固派之手，语中当然多带嘲讽，但张之洞以特殊礼遇接待梁启超却并非虚构。1897年1月19日，梁启超本人在致汪康年、麦孟华的信中也谈到张之洞对他的隆重礼遇。信函说，梁启超拜谒张之洞那天，正值张的侄儿娶亲，"贺客盈门"，"南皮撇下诸客延见，是夕即招饮，……谈至二更乃散。渠相招之意，欲为两湖时务院长，并在署中办事，以千二百金相待，其词甚殷勤"③。

在梁启超方面，由于张之洞给予殊荣和特别器重而受宠若惊，"恐惶不安，因著笺称弟子"④。他在致张之洞的函件中追述二人相会的情景：

> 反加奖借，赐以燕见，许以进言，商榷古今，坐论中外，激言大义，不吝指授，刍荛涓流，靡不容采，授餐馈烬，殷勤逾垣。宁唯知己之感，实怀得师之幸。归舟容与，喜不自胜。吾师蹐焉世变，默念时局，以培养人才为当务之急。因加意两湖书院、武备学堂，以观其成。诚救乱扶危第一义也。……今海内大吏，求其通达西学深见本原者，莫吾师若；求

---

① 胡思敬：《戊戌履霜录》，卷四，《梁启超传》。
②④ 王伯恭：《蜷庐随笔·潘文勤师》，山西古籍出版社1999年版。
③ 梁启超：《致汪康年·麦孺博书》，《汪穰卿先生师友手札》，上海古籍出版社1986年版。

其博综中学精研体要者，尤莫吾师若。①

此际梁启超对张之洞的赞美亦达到无以复加的程度。

梁启超这一时期对张之洞推崇备至，并非孤立现象。严复、章太炎（1869—1936）等人在甲午战争前后皆寄厚望于张之洞。另一维新党人刘光第（1859—1898）在 1897 年张之洞六十寿辰时，撰序称赞张之洞"举一切维新之新政"，"真识时务俊杰，中国神智人哉！"②可见，戊戌变法前夕，维新士子普遍对张之洞抱有颇高企望。而张之洞与梁启超的武昌之会，可以说是张氏与维新运动相契合的顶点。当然，张氏留梁启超在湖广总督督署任事，亦自有打算，他"知其所主张，必滋弊"，引入署中，可令梁"入我范围，以供驱使"③。但梁启超也并不准备入其彀中，他因"沪上实不能离，鄂事实无可办，故决不能就"④，谢辞了张之洞的挽留。总之，这一阶段，张、梁彼此间都抱有好感，但又各怀己意，并非真正融洽。此后，张之洞与维新派立场、政见的鸿沟很快便显露出来。

2. 干预、控制《时务报》《湘学报》

张之洞在暂署两江和返任湖广的 1895—1897 年间，先后资助上海强学会、《强学报》和《时务报》，既有靠拢维新派的打算，又有控制维新派的意图。由于《时务报》等刊物仰赖张之洞捐助，张之洞得以在《时务报》中安插亲信汪康年，并对报刊论说常加干涉。早在 1896 年 9 月，梁启超在《时务报》第五册撰文，批评张之洞暂署两江时创办的江南自强军过于优厚西洋将弁："金陵自强军所聘西人，半属彼中兵役，而攘我员弁之厚薪。"张之洞其时已返任湖广，读到这篇文章很不高兴。但这次不悦尚未演成直接干预刊物出版，不过从此对《时务报》已有所保留，认为"其中议论，不尽出于一人，手笔纯驳，未能一致，是在阅者择善而从"⑤。以后，《时务报》连续发表更激进的议政言论，张之洞终于举起了杀威棒。

---

① 梁启超：《上南皮张尚书书》，《饮冰室合集》，文集之一，中华书局 1936 年版。
② 刘光第：《湖北总督张公六十寿辰》，《衷圣斋文集》。
③ 《汪穰卿先生师友手札》，上海古籍出版社 1986 年版。
④ 杨复礼：《梁启超年谱》。
⑤ 汪诒年：《汪穰卿先生传记》，宁夏人民出版社 2007 年版，第 19 页。

1896年秋冬之际，梁启超在《时务报》第八册发表《变法通议》三之二《科举》，批评宋学家倭仁"误人家国"，第十册发表《变法通议》三之十三《论学会》，批评汉学家纪晓岚。张之洞对此大表"不平"，指示僚属致函汪康年"此无益而有损之文，以后请加检对也"①。1897年10月，《时务报》第四十册载梁启超《知耻学会叙》，谴责清廷丧权辱国，"放巢流凫"，"陵寝蹂躏"，"求为小朝廷以乞旦夕之命"。张之洞读罢，立即致电湖南巡抚陈宝箴及黄遵宪，称梁文"太悖谬，阅者人人惊骇"，"维时望速告湘省送报之人，此册千万勿送。湘鄂两省，皆系由官檄行，通省阅看，今报中忽有此等干名犯义之语，地方大吏亦有责焉，似不能不速筹一补救之法"②。张之洞又授意梁鼎芬致函汪康年，对梁启超加以掣肘，并以"勿惑于邪说，勿误于迷途"相警告。③

另一维新派健将、康有为的弟子徐勤，在《时务报》第四二、四四、四六、四八册连载《中国除害议》，抨击科举制度。张之洞亦大不满意，令梁鼎芬致函汪康年予以抑压。梁鼎芬在给汪康年的信中指责道："徐文太悍，直诋南皮，何以听之，弟不能无咎也。弟自云不附康，何以至是？"④又说："徐文专攻南皮，弟何以刻之？岂此亦无权邪？后请格外用心。"⑤因张之洞、梁鼎芬的兴师问罪，汪康年将原定于《时务报》第四八册以后续登的《中国除害议》后半篇腰斩不发。

即使对于汪康年本人，张之洞也加以限制。汪康年曾于1896年10月在《时务报》第九册上发表《中国参用民权之利益》，文中说："夫天下之权势，出于一则弱，出于亿兆人则强。……然则反散为聚，反愚为智，非用民权不可。"直截了当地鼓吹民权主义。张之洞读毕大不满，命梁鼎芬抑制之。梁鼎芬致函汪康年："实做经理二字，千万不可动笔"，并责备其"民权"文字触犯纲常。⑥梁鼎芬还代表张之洞警告汪康年："弟处华夷纷杂之区，耳目已淆，品类尤繁，望坚守初心，常存君国之念，勿惑于邪说，勿误于迷途。"⑦汪康年秉承张之洞、梁鼎芬意旨，很少再发表"越轨"文字。以后，汪康年还竭

---

① 《顾印愚致汪康年函》，《汪穰卿先生师友手札》，上海古籍出版社1986年版。
② 《致长沙陈抚台黄署臬台电》，《张文襄公电稿》，卷二九。
③ 汪诒年：《汪穰卿先生传记》，宁夏人民出版社2007年版，卷二，第17页。
④⑤⑥⑦ 梁鼎芬：《致汪康年函》，《汪穰卿先生师友手札》，上海古籍出版社1986年版。

力著文迎合张之洞。如《时务报》第五二期，汪康年撰文为洋务派张目，张之洞、梁鼎芬立即加以称赞，据钱恂致函汪康年说："星海（梁鼎芬——引者）极夸兄五二期文，南皮亦极谓然。"① 汪康年还对梁启超百般牵制，将《时务报》的经济与用人诸方面权力抓在手中，梁启超感到无法忍受，认为汪康年"视主笔若资本家之于雇用"②。而汪康年之所以如此，是因为有后台张之洞支持。梁启超在忍无可忍的情况下，于 1897 年 11 月愤而离沪赴湘，任湖南时务学堂总教习。自第五六册以后，《时务报》为汪康年和梁鼎芬所控制，"改弦易辙"，宗旨大变。1898 年 5 月，光绪帝诏定国是之际，《时务报》第六五册发表汪康年《论将来必至之势》一文，隐然攻击康、梁"肆其鼓簧"，又称："明者察几先，智者防未然，勇者耻下人，与其束手而受缚，何如奋足以图功。"对张之洞一类督抚的"改革"大加吹捧，张之洞对汪文深为夸奖，钱恂致汪康年信中说："南皮言第六五期《时务报》大著一篇，为有报以来之杰作，奉读一快。"③ 此时的《时务报》已变为洋务派的喉舌。故时人评说："新党之议论盛行，始于《时务报》，新党之人心解体，亦始于《时务报》。"④ 而《时务报》的解体固然有多方面的原因，但与张之洞的幕后施加压力大有关系。1898 年夏，上谕改《时务报》为官报，由康有为主持。在张之洞的赞同下，汪康年不缴出余款，以"空名归官"，自己另创《昌言报》，又由张之洞授意，梁鼎芬任《昌言报》主笔，"助汪敌康"⑤。

对于湖南的维新派组织南学会以及《湘学报》《湘报》等维新刊物，张之洞也采取类似对待上海强学会和《时务报》的态度。

19 世纪末期，湖南是维新派活动的重要舞台。"自甲午之役以后，湖南学政以新学课士，于是风气渐开。"⑥1895 年 8 月，开明政治家陈宝箴任湖南巡抚，倡新政，按察使黄遵宪、学政江标（后任徐仁铸）也都是变法运动的积极赞助者，湖南省维新之风更盛。1897 年 4 月，湖南维新派创办时务学堂、筹办新式水陆交通、开矿山、设武备学堂、组织保卫局、设立南学会，并且出版

---

① ③ 钱恂：《致汪康年书》，《汪穰卿先生师友手札》，上海古籍出版社 1986 年版。
② 杨复礼：《梁启超年谱》。
④ 胡思敬：《戊戌履霜录》，卷一，《政变月纪》。
⑤ 叶瀚：《致汪康年》，《汪穰卿先生师友手札》，上海古籍出版社 1986 年版。
⑥ 梁启超：《戊戌政变记·湖南广东情形》。

《湘学新报》(第二一册后改名《湘学报》),由江标、徐仁铸先后督办,蔡钟浚为总理,唐才常等主编,介绍西方国家的政治、法律和科学文化知识,宣传维新变法。陈宝箴通饬各州县订购,俾阅者"皆通晓当世之务,以为他日建树之资"。张之洞开始也很夸赞这份报刊,认为"《湘学报》大率皆教人讲求经济时务之法","有裨士林","自宜广为传布"①。并通饬湖北各道府州县"一体购阅"。②不久,张之洞发现《湘学报》颇有触犯纲常名教之处,认为"谬论甚多",遂于1898年5月6日札善后局停发《湘学报》,谓"湖北难于行销,以后勿庸续行寄鄂"③。

至于湖南维新派所办《湘报》发表的易鼎文章,张之洞更觉大逆不道。他于1898年5月致电湖南巡抚陈宝箴、按察使黄遵宪制止发行。电文称:

> 《湘学报》中可议处已时有之,至近日所出《湘报》,其偏尤甚。……此等文字,远近煽播,必致匪人邪士,倡为乱阶。④

同一时期,张之洞致函湖南学政徐仁铸指责道:

> 近日由长沙寄来《湘学报》两次,其中奇怪议论,较去年更甚。或推尊摩西,或主张民权,或以公法比春秋。……此间士林,见者啧有烦言,以后实不敢代为传播矣。⑤

张之洞要求陈宝箴等"随时留心救正"⑥。陈宝箴迫于行政压力,只得劝诫黄遵宪等,"此后删去报首议论,但采录古今有关世道名言,效陈诗讽谏之旨"⑦。也就是说,用借古喻今的曲笔,而不可直接议政。

对于1898年2月成立的湖南维新团体南学会,张之洞也取弹压态度。当

---

①② 张之洞:《咨会湘学院通饬湖北各道府州县购阅湘学报公牍》,光绪二十三年八月十一日,《湘学报》第一五册。
③ 《札善后局停发湘学报》,《张文襄公公牍未刊稿》第一四册。
④ 《致长沙陈抚台黄臬台电》,《全集》,卷一五五,电牍。
⑤ 《致长沙徐学台》,《全集》,卷一五五。
⑥ 《致长沙陈抚台黄臬台电》,《张文襄公电稿》,卷三〇。
⑦ 《张之洞未刊文稿·各处来电》(戊戌第一册),中国社会科学院近代史所藏。

朝廷来电指责"湖南省城所设南学会、保卫局等名目,迹近植党,应即一并裁撤,会中所有《学约》《界约》《札记》《问答》等书,一律销毁,以绝根株。"①张之洞立即取缔南学会、保卫局。至于张之洞的亲信幕僚梁鼎芬,对湖南维新运动更是咬牙切齿,他曾致书湖南顽固派王先谦(1842—1917),攻击康有为、梁启超、黄遵宪、徐仁铸"聚于一方,同恶相济,名为讲学,实与会匪无异"。"上则欲散君权,下则欲行邪教,三五成群,邪说暴作,使湘省有无穷之祸,粤有不洁之名,孰不心伤,孰不发指"。并号召湖南顽固派王先谦、叶德辉(1864—1927)等"誓勤力同心,以灭此贼,发挥忠义,不为势怵,不为祸动,至诚所积,终有肃清之一日,大快人心"②。时人说,"鼎芬即小之洞,之洞即大鼎芬"③,由梁鼎芬对维新运动的诅咒中,可以透视张之洞的心志。

总之,张之洞在1896年前后虽一度靠拢维新党,赞助维新刊物,但他对变法运动并非诚心拥护。严复对这一点有所洞察,他指出,张之洞以"谈新法为一极时髦之装,以此随声附和,不出于心"④。即使在与梁启超等维新党人最融洽的时期,张之洞也对一切违背纲常的言论采取不调和态度。1895年,严复在天津《直报》发表"尊民叛君,尊今叛古"⑤的《辟韩》一文,批判韩愈"知有一人而不知有亿兆"的尊君思想。一年多以后,梁启超将该文在《时务报》转载。张之洞则把《辟韩》诋为"洪水猛兽",命屠仁守撰《辨〈辟韩〉书》以辟之。据严复致其堂弟的信所说,《辨〈辟韩〉书》的作者可能是张之洞本人。严复信称:"前者《时务报》有《辟韩》一篇,闻张广雅尚书(张之洞——引者)见之大怒。其后自作驳论一篇,令屠墨君(仁守)出名也。"⑥参照张之洞撰《抱冰堂弟子记》而又托门弟子之名的做法,严复的这一猜测存在一定的可靠性。《辨〈辟韩〉书》载于《时务报》,该文鼓吹"君臣之义与天无极",斥责严复"以是为非"。《辨〈辟韩〉书》刊出后,张之洞发布《牌示》,称该文"正大谨严,与本部堂意见相合",谕令湖北各书院学生"务须

---

① 《光绪实录》,中华书局1987年影印,卷四二八,第3页。
② 梁鼎芬:《与王祭酒书》,《翼教丛编》,卷二,第2页。
③ 《咄!张之洞劾梁鼎芬》,《新民丛报》第二二号《国闻短评》,光绪二十八年十一月十五日出版。
④ 严复:《论中国分党》,《国闻报汇编》,卷上,第11页。
⑤ 王蘧常:《严几道年谱》,商务印书馆1936年版,第29页。
⑥ 原件藏北京革命历史博物馆。

细看，奉为准绳"①。直到甲午战争 1894—1895 年期间，严复还对张之洞抱有极高希望，认为"孝帅（张之洞——引者）素为公忠体国之人，想必有一番经纬也"。"日后撑拄光复，期之一二人而已"②。严复曾托陈宝箴把自己引荐给张之洞。但这次张之洞对《辟韩》一文大张挞伐，使严复对张之洞的幻想归于破灭。

二、撰著两线作战的《劝学篇》

随着维新变法的深入，张之洞与这个运动的矛盾愈益彰显。老练的张之洞"深窥宫廷龃龉之情与新旧水火之象"③，清楚地看到，清廷的实权掌握在反对变法的后党手中。出于权术考虑，从"预为自保计"，他于 1898 年 4 月撰写以"责顽固""辟邪说"为双重目标的《劝学篇》④，在批评守旧派"不知通"的同时，对维新变法派发起正面进攻。张之洞晚年追述其写作《劝学篇》的原委：

> 自乙未（1895 年——引者注）后，外患日亟，而士大夫顽固益深。戊戌春，金壬伺隙，邪说遂张，乃著《劝学篇》上下卷以辟之。大抵会通中西，权衡新旧。⑤

张之洞在"百日维新"前夕撰写《劝学篇》，意在两线作战——既批评顽固派的"守旧""不知通"，也批评维新派的"菲薄名教""不知本"，也即在顽固派和维新派之间寻求第三条路——"中学为体，西学为用"，这便是洋务派的政治、经济、文化思想的集中概括。当然，《劝学篇》攻击的重点，是被他称为"邪说"的维新派民权论。诚如幕僚辜鸿铭所指出的，张之洞在戊戌年间新旧两派即将摊牌的关口作《劝学篇》，目的在"绝康、梁并谢天下耳"⑥。

《劝学篇》共二十四篇，四万余字，"内篇务本，以正人心；外篇务通，

---

① 汪诒年：《汪穰卿先生传记》，卷二，宁夏人民出版社 2007 年版。
② 见严复致陈宝箴，原件藏福建省博物馆。
③ 《张文襄公大事记·张文襄公之学术》。
④ 一说《劝学篇》为张之洞幕僚起草，张之洞定稿。
⑤ 《抱冰堂弟子记》，《全集》，卷二二八，第 14 页。
⑥ 辜鸿铭：《张文襄幕府纪闻》，岳麓书社 1985 年版，第 9 页。

以开风气"。所谓"本",指有关世道人心的纲常名教,不能动摇;所谓"通",指工商学校报馆诸事,可以变通举办。全书贯穿"中学为体,西学为用"论点,主张在维护纲常帝制的基本原则下接受西方资本主义的技艺,并以这种新技艺"补"旧制之"阙","起"清廷统治之"疾",以达到维护名教的目的。这便是所谓"中学为内学,西学为外学;中学治身心,西学应世事"①。《劝学篇》虽然也抱怨"守旧者"的"不知通",但其锋芒主要指向维新派"开民智""伸民权"的"变法之本",断言"民权之说,无一益而有百害","若人皆自主","不尽灭人类不止"②。其《明纲》篇更鼓吹"三纲为中国神圣相传之至教","圣人所以为圣人,中国所以为中国,实在于此。故知君臣之纲,则民权之说不可行也;知父子之纲,则父子同罪、免丧废祀之说不可行也;知夫妇之纲,则男女平权之说不可行也"。在《正权》篇里,张之洞集中攻击民权论,认为:"使民权之说一倡,愚民必喜,乱民必作,纪纲不行,大乱四起。"③张之洞还颂扬清朝的"深仁厚德""良法善政",认为这一切妙不可言,"何必袭议院之名哉!"他甚至为清廷的丧权辱国、割地赔款行径辩护,说朝廷"苟可以情恕理遣,即不惜屈己议和,不过为爱惜生民,不忍捐之于凶锋毒焰之下"④。《劝学篇》虽有"劝工、劝农、劝商"之倡,但限制在官办和官督商办的轨范之内,认为"华商陋习,常有藉招股欺骗之事,若无官权为之惩罚,则公司资本无一存者矣。机器造货厂,无官权为之弹压,则一家获利,百家仿行,假冒牌名,工匠哄斗,谁为禁之?"⑤认为工商业的发展,只有在官权的保护之下才能实现。而近代中国的现实却证明,正是官权阻碍了工业化的步伐。

可见,《劝学篇》内篇为中国前途所开的处方,是守旧的,而外篇关于学习西政、西艺的主张,又相当开明,这正是19世纪60年代以来洋务事业属性的显示。

张之洞在撰写"激忠爱,摧横议"的《劝学篇》的同时,还聘请古文经学大师俞樾的高足章太炎来鄂任《正学报》主笔。章太炎作为古文经学家,以为"经即古文,孔子即史家宗主",不同意今文经学家康有为把孔子视作"素

---

① 《劝学篇·会通》。
②⑤ 《劝学篇·正权》。
③④ 《劝学篇·教忠》。

王",从孔子言论中阐发"微言大义"。1897年,章太炎指责康有为"病狂语",说自己与康有为"论及学派,辄如冰炭"①。并早在1891年4月,曾著批评康有为《新学伪经考》的《驳议》数十条。张之洞聘章来鄂,是想借章太炎的大手笔与康有为相抗衡,这便是办《正学报》的主旨——"盖使孤陋者不囿于见闻以阻新政,而颖异之士,亦由是可以无遁于邪也。"②此处所谓的"邪",便是指的康氏的公羊学。章太炎抵达武昌,正值1898年春,张之洞的《劝学篇》刚刚脱稿,张之洞以文稿给章太炎"咨度",章太炎"于上篇不置一辞,独谓下篇最合时势。张闻言,意大不怿"③。章太炎明显地表露出对于"论忠教""效忠清室"的《劝学篇》内篇的否定态度。章太炎还对梁鼎芬的弟子朱强甫批评《劝学篇》内篇的"忠爱""忠君"之说,认为满清蹂躏汉族已近三百年,"茹毛饮血,视民如雉兔",民众根本无"忠"可言,要谈"忠爱","其俟诸革命以后"。朱强甫立即将章太炎的这番话密报梁鼎芬,梁又急告张之洞。④张之洞渐由对章太炎不满,发展至冰炭不相容。一次,两湖书院山长梁鼎芬与章太炎谈及康有为想作皇帝,并问章太炎有所闻否?章太炎答道:"只闻康欲作教主,未闻欲作皇帝。实则人有帝王思想,本不足异;唯欲作教主,则未免想入非非。"梁鼎芬听罢"大骇",遂语张之洞,"谓章某心术不正,时有欺君犯上之辞,不宜重用。张乃馈章以程仪五百两,使夏曾佑、钱恂讽其离鄂"⑤。这样,章太炎便于1898年春夏之交,写了《正学报缘起》,《正学报》一期尚未刊出,便离开武昌,赴上海主持《昌言报》。⑥

刘禺生所著《世载堂杂忆》对章太炎赴鄂始末的记载有些出入,但关于张聘请章的意图,以及章太炎与张之洞、梁鼎芬的矛盾,描述基本属实。该书说,在维新变法运动的高潮时期,"康梁公羊改制说盛行。张之洞本新派,惧事不成有累于己,乃故创学说,以别于康、梁。在纺纱局办楚学报(实为《正学报》——引者),以梁鼎芬为总办,以王仁俊为坐办,主笔则余杭章太炎炳麟也。太炎为德清俞曲园高足弟子,著有《春秋左传读》一书,之洞以其尚左

---

① 《致谭献书》,《复堂日记续录》钱基博跋记。
② 《正学报缘起》,汤志钧编《章太炎政论选集》上册,中华书局1977年版,第60页。
③⑤ 冯自由:《中华民国开国前革命史》,第十四章《壬寅支那亡国纪念会》,广西师范大学出版社2011年版。
④ 莼轩:《章炳麟与张之洞》,《子曰丛刊》,1948年第二辑。
⑥ 《太炎先生自定年谱》。

氏而抑公羊，故聘主笔政"①。

然而，章太炎不仅是一个古文经学家，更是一位社会改革论者，对于清政府的腐朽深恶痛绝，虽然在学术观点上不同于康有为，宣称"古今文经说，余始终不能与彼合也"②。但他又认为康有为、梁启超是"志节才行之士"，肯定其"改制"的"救亡"实质。正因为章太炎的政治观点如此，据《世载堂杂忆》载，他在《正学报》第一期上撰文，"为《排满论》凡六万言，文成，钞呈总办；梁阅之，大怒，口呼'反叛''反叛'，'杀头''杀头'者，凡百数十次。急乘轿上总督衙门，请捕拿太炎炳麟，锁下犯狱"。后经刘成禺与朱克柔急告坐办王仁俊，说"总主笔为张之洞所延聘，今因《排满论》酿成大狱，朝廷必先罪延聘者，是张首受其累，予反对维新派者以口实。先生宜急上院，谓章太炎原是个疯子，逐之可也"③。章太炎当时是否在武昌撰"《排满论》凡六万言"，别无他证，但《世载堂杂忆》这段文字表现的这一状况大体符合历史真实——张之洞本欲请章太炎来鄂攻击康有为，与康梁理论别立一帜，结果搬起石头砸了自己的脚，讨得一个老大的没趣。

三、晋京主政遇挫，进呈《劝学篇》

戊戌年间（1898年），正当张之洞酝酿着上呈《劝学篇》，拟办《正学报》之际，光绪皇帝期望张之洞出来主持新政。这是因为，光绪帝虽有变法之志，却并无必要的权力，所以，他在依靠康、梁的同时，还要物色握有实权的重臣。张之洞固然已经表现出若干不赞同新政的端倪，但此时给人的主要印象，是一个"政绩昭著"的洋务大吏，且与维新派多有联系。与此同时，张又是慈禧"手擢之人"，可以为后党所容，以其为"言新者领袖，既可弹压群伦，且能调合两宫"④。这些特定的复杂因素，使张氏在戊戌变法之际成为光绪帝和一些官僚瞩目的人物。如袁世凯曾上奏：

古今各国变法非易，非有内忧，即有外患，请忍耐待时，步步经理，如操之太急，必生流弊。且变法尤在得人，必须有真正明达时务老成持

---

①③ 刘禺生：《世载堂杂忆》，中华书局1960年版，第126、127页。
② 《太炎先生自定年谱》。
④ 《张文襄公大事记·体仁阁大学士张公之洞事略》。

重如张之洞者,赞襄主持,方可仰答圣意。①

由于张之洞被统治者公认为"明达时务,老成持重"者,故经杨锐、乔树枏向大学士徐桐建议,徐桐立即疏荐张之洞入京。亟欲争取重臣支持变法的光绪皇帝在征得慈禧太后同意后,于1898年5月,电召张之洞入京陛见,"辅翊新政",湖广总督"著谭继洵暂行兼署"②。

张之洞接旨,立即上奏表示感激:"臣远离阙廷已逾十载,依恋之诚常萦梦寐,恭闻恩命,获申瞻觐之忱,曷胜欣幸。"③他兴致勃勃,大有春风得意之状,"昼夜不息"地做准备,于5月7日交卸篆务,11日起行,15日行抵上海。恰在此间,湖北沙市发生"焚烧洋房之案",朝廷指示,"恐湘鄂匪徒勾结滋事,长江一带呼吸相连,上游情形最为吃重,著张之洞即日折回本任,俟办理此案完竣,地方一律安静,再行来京"④。

沙市发生小骚乱,只是朝廷要张之洞折回本任的借口,实质性原因是帝师翁同龢对光绪进言,张之洞"不可恃"⑤。翁、张历来有隙,19世纪80年代即彼此攻讦,势同水火。戊戌变法前,光绪帝对翁同龢深为信任,"每事必问同龢,眷倚尤重"⑥,张之洞便曲意攀附,曾致函"贵为帝傅"的翁同龢,吹捧其为"敷陈古义之儒宗,兼通达时务之俊杰",表示"我公蕴道匡时,万流宗仰,慨然以修攘大猷提倡海内,内运务本之谋,外施改弦之法,凡有所指挥所及,敬当实力奉行,以期仰副苤悃"⑦。但宦场老手翁同龢并不信任张之洞,认为张之洞决非真正拥护维新运动,不能依靠,"会沙市有教案,乃与张荫桓密谋,中阻。张已至上海,奉旨折回"⑧。这样,张之洞在戊戌年间"内召"赴京参预变法一事就搁置下来。

经过这一曲折变化,张之洞对朝中的派系角逐的危险性颇有几分胆寒。1898年9月,陈宝箴拟电总理衙门,建议张之洞入京襄赞新政。张之洞致信

---

① 袁世凯:《戊戌日记》,收入《中国近代史资料丛刊·戊戌变法》。
②③ 《恭报交卸起程日期折》,《全集》,卷四七。
④ 《恭报折回本任日期折》,《全集》,卷四八。
⑤ 《张文襄公大事记·体仁阁大学士张公之洞事略》。
⑥ 《清史稿》,卷四三六,列传二二三翁同龢,第12369页。
⑦ 《张文襄公未刊函稿·致翁叔平尚书》(藏中国社会科学院近代史所)。
⑧ 黄尚毅:《杨叔峤先生事略》。

陈宝箴说:"自未便遽请北上,且自顾迂庸孤陋,即入都一行,岂能有益时局,唯有听其自然。"①

当然,张之洞并未"听其自然",他继续以著述介入维新运动。在"百日维新"期间向太后、皇帝进呈《劝学篇》便是重要一着。

1898年6月11日,光绪皇帝诏定国是,变法运动进入关键时刻。6月16日,光绪帝召见康有为以后,决定变法;接着又召见梁启超,后又特授谭嗣同、刘光第、杨锐、林旭(1875—1898)四品卿衔,充军机章京,专办新政。与此同时,慈禧也采取对策,在光绪帝颁布"明定国是"上谕后四天(6月20日),即迫令光绪帝将翁同龢开缺回籍,"皇上见此诏,战栗变色,无可如何。翁同龢一去,皇上之股肱顿失矣!"②慈禧又任命荣禄(1836—1903)为直隶总督,掌握近畿兵权,随时准备朝维新派猛扑过去。光绪帝此刻的处境是,既想变法维新,又"上制于西后,下壅于顽臣",无所措手足。正在这一微妙时刻,张之洞的侄女婿、翰林院侍读学士黄绍箕以张之洞所著《劝学篇》进呈,7月25日,光绪帝"详加披览",以为"持论平正通达","于学术人心大有裨益"。慈禧太后亦十分赏识,以圣谕形式下令军机处给各省督抚学政各一部,要求他们"广为刊布,实力劝导,以重名教而杜卮言",又谕总理衙门排印三百部。

《劝学篇》作为"钦定维新教科书","挟朝廷之力以行之","不胫而遍于海内",十日之间,三易版本,据当时在华洋人估计,刊印不下二百万册。西洋诸国对此书也深表欣赏,先后译成英、法文出版。1900年,美国纽约出版的英文本,易名为《中国唯一的希望》。日本前首相、侯爵伊藤博文1898年夏秋访华,曾对李鸿章说,张之洞《劝学篇》提出了中国的发展思路。美国人华传教士丁韪良(1827—1916)的《花甲忆记》也选录《劝学篇》。顽固派代言人、以"挽伦纪,扶圣教"自命的苏舆(1874—1914)为反对维新运动,编辑"首驳伪学,次揭邪谋"的《翼教丛编》,在收录守旧派王先谦、叶德辉等人咒骂维新运动文章的同时,亦选录了张之洞的《劝学篇》。另一顽固派官僚叶昌炽(1849—1917)则吹捧张之洞的《劝学篇》是"拯乱之良药"。可见,

---

① 《全集》,卷一五五,电牍三四。
② 梁启超:《戊戌政变记》,岳麓书社2011年版,第62页。

在戊戌变法高潮时期张之洞上呈的《劝学篇》，确乎成为抵制维新派民权说的有力武器，且力倡导西学为用，因而守旧营垒和西方列强各从自己的出发点对《劝学篇》竞相赞扬。

1898年9月，慈禧太后发动推翻戊戌变法的宫廷政变，幽禁光绪帝于中南海瀛台，并捕杀谭嗣同等维新"六君子"，通缉康有为、梁启超，罢免陈宝箴、江标、黄遵宪等支持维新变法的官员，又将已经开缺回籍的翁同龢，"着即行革职，永不叙用，交地方官严加管束，不准滋生事端，以为大臣居心险诈者戒"①。此时，有朝臣称张之洞赞助过维新派，应予惩处。但慈禧太后因张之洞"以先著《劝学篇》，得免议"。

此后，清廷一直把撰写《劝学篇》作为张之洞的"一大功绩"，张去世，朝廷的《谕祭文》中有"诏荆楚之髦士，劝学成书；控江汉之上游，典兵有制"②的赞语。时人评论，认为张之洞的思想学术"初由旧而之新，复由新而返于旧者也"。"然其由新学复返于旧也，则在戊戌变政之时，其宗旨具见所为《劝学篇》"③。这是恰当之论。

四、救杨锐，除康党

能够表明张之洞在戊戌变法前后政治倾向的另一典型例子，是他围绕杨锐事件的活动。杨锐是张之洞任四川学政时的"得意门生"，在维新运动发展阶段，杨锐曾慷慨陈词，并列名保国会会员。但当他发现康梁的激进主张被旧党深恨时，又竭力表示自己与康梁有距离，在保国会开会的第一天，"当众假寐"。在变法高潮时期，张之洞通过陈宝箴向朝廷推荐杨锐，1898年9月1日，光绪帝召对杨锐，五日加四品衔，充军机章京，参预新政。杨锐的政见颇近于张之洞，"张爱其谨密，甚相亲信"④。杨锐进入军机处"行走"，可以说是张之洞在朝廷中枢安插了一个耳目。

"张于京师消息，一切借君（指杨锐——引者），有所考察，皆托于君。"⑤此间，张之洞的长子张权在京任职，张之洞并未将政治使命交给张权，却托付

---

① 《德宗景皇帝实录》，卷四一八，第18页。
② 《张文襄公奏稿》，卷首，第3页。
③ 《张文襄公大事记·张文襄公之学术》。
④⑤ 梁启超：《戊戌政变记·杨锐传》。

给杨锐,足见对杨锐的倚重。杨锐也确乎不辱张之洞之命,在京期间,每月必以一二密札驰递张之洞,宫闱密事、朝政动态、官吏黜陟,无不一一详告。杨锐对康有为的政见多有批评,对张之洞的条陈则赞扬备至。1898年6月11日,光绪帝诏定国是后,杨锐致函张之洞:

  近日变法,天下大哗,人人欲得康有为而甘心之。然康固多谬妄,而诋之者至比之洪水猛兽,必杀之而后快,岂去一康而中国即足以自存乎?公(指张之洞——引者)科举一奏,立奉谕旨一切允行,天下仰望。上方锐意新政,凡关涉改革之事,但有建论,无不采纳,转较胜于身在政府也。①

  杨锐在这里虽然也替康有为略作辩解,但又指康有为"多谬妄",而对张之洞则竭诚拥护,并认为张之洞在京师之外对新政产生影响,较之入京更加有利,为张之洞考虑得十分周到。杨锐与其说是康梁同党,不如说是张之洞在朝廷里的"坐探"。

  杨锐到中枢以后,立即发现自己卷入政治斗争漩涡。1898年9月15日,光绪帝"密诏"杨锐,透露慈禧反对变法的情况:"近来朕仰窥皇太后圣意,不愿将旧法尽变,并不欲将此辈老谬昏庸之大臣罢黜,而登用通达英勇之人,令其议政,以为恐失人心。虽经朕屡次降旨整饬,而并且有随时几谏之事,但圣意坚定,终恐无济于事。"② 光绪帝哀叹道,"朕位且不能保,何况其他?今朕问汝:可有何良策,俾旧法可以全变,将老谬昏庸之大臣尽行罢黜而登进通达英勇之人,令其议政,使中国转危为安,化弱为强,而又不致拂圣意。"③ 杨锐接到"密诏"后,"震恐,不知所为计"④。面对光绪帝"泣涕商保全",杨锐竟推辞道:"此陛下家事,当谋之宗室贵近,小臣惧操刀而自割也。"企图推卸责任,明哲保身。杨锐自己不去商讨对策,而由林旭将"密诏"交康有为等筹商对策。目睹后党对新法虎视眈眈,杨锐自忖朝局将有变化,故一面加强同张之洞的密切联系,一面对新法加以裁抑。与杨锐同列一班的林旭所拟

---

① 杨锐:《致张之洞密札》,见梁启超《戊戌政变记》。
②③ 赵炳麟:《光绪大事汇鉴》,卷九。
④ 康有为:《康南海自编年谱》。

签语较激进，杨锐"强令改换三、四次"①，并自谓与林旭"积久恐不相能"。对一些新政措施，杨锐也认为是"万不可行之事"②。杨锐预感到后党即将反攻，"今上与太后不协，变法事大，祸且不测，吾属处枢要，死无日矣"，因而每每有"急流勇退"的抽身之念。但杨锐又"心縻好爵"③，"瞑瞒于利禄"，他在军机处期间，"馈献者踵相接，今日一袍料，明日一马褂料，今日一狐桶，明日一草上霜桶，是以恋之不能去也"④。戊戌政变，杨锐与谭嗣同、林旭、康广仁、刘光第、杨深秀一起被捕，杨锐甚感委屈，申辩道："我当差方五日，而又未上一折，同遭祸，岂非冤孽乎！"其表现与临刑前高吟"有心杀贼，无力回天，死得其所，快哉快哉！"的谭嗣同恰成鲜明对照。在杨锐的身上，确乎可以看到张之洞的深刻影响。

杨锐被捕后，张之洞心急如焚，立即致电盛宣怀转陈夔龙、王文韶，申述杨锐"素非康党"，恳请"鼎力拯救"⑤。

此外，张之洞还致电瞿鸿禨（1850—1918），请其力恳王文韶、刚毅，设法营救杨锐。在杨锐等行刑前的夜晚，张之洞又致电天津荣禄处，愿以百口保杨锐。

直隶总督、北洋大臣荣禄的党羽陈夔龙后来转述庆亲王奕劻之言，表明奕劻等清廷权贵亦认为杨锐、刘光第不同于谭嗣同、林旭等真正的"康党"："同案六人，情形亦复不同，杨君锐、刘君光第均系有学问之人，品行亦好，罗织一庭，殊非公道，须分别办理。"⑥连湖南王先谦也盛称杨锐之"才"，叶昌炽更认为杨锐"名登叛党，惨罹大辟，覆盆入地，湔洗无由，可谓千古奇冤"⑦。并为杨锐之死而"大恸"。由于慈禧太后对戊戌变法深恶痛绝，刚毅等顽固派大臣亦认为"此辈多杀个何惜！"⑧杨锐、刘光第仍未免于刀锯之刑。杨锐、刘光第死后，张之洞、梁鼎芬大有物伤其类感慨，梁鼎芬在致汪康年

---

① 《杨参政公家书》，叶德辉编《觉迷要录》，文海出版社1987年版，卷四。
② 杨锐：《与弟省严书》，叶德辉：《觉迷要录》，卷四，第18页。
③ 叶昌炽：《缘督庐日记钞》中《戊戌八月十四日日记》，卷七，第70页。
④ 章太炎：《革命道德说》。
⑤ 张之洞：《致盛宣怀》，见盛宣怀：《愚斋存稿》，卷三三，附《香帅来电》。
⑥ 陈夔龙：《梦蕉亭杂记》，卷一，第19页。
⑦ 叶昌炽：《缘督庐杂记》，卷七，第69页。
⑧ 赵凤昌：《戊戌辛丑纪述》，《人文月刊》，卷二，五期。

的函件中说：

> 杨刘冤惨，思之心痛（电来正在痛哭时），数日泪未干也。此为谭林二逆所累，其事想已传播矣。①

关于张之洞对杨锐的怀念，刘禺生的《世载堂杂忆》中有一段记载：中日甲午之役，张之洞由湖广移督两江，某夜曾与杨锐同游台城，憩于鸡鸣寺，月下置酒甚欢。戊戌政变，杨锐被杀。后来，张之洞二次暂署两江总督，重游鸡鸣寺，"徘徊当年与杨锐月夜酒谈之处，大为震悼。乃捐资起楼，为杨锐纪念，更取杨锐所诵'忧来豁蒙蔽'句，曰豁蒙楼。……世人知豁蒙楼命名出于杜诗，不知感慨前事，为杨叔峤作也"②。

张之洞对杨锐等维新派右翼的同情，颇能表明他自己的政治倾向。至于对维新运动的被镇压，张之洞倒是拥护的，光绪末年，张之洞升任内阁大学士、军机大臣，曾作诗曰："刺虎斩蛟三害尽，房谋杜断两心同。"③ 此"三害"指谭嗣同、林旭、康广仁，"两同心"指新党已歼，决心与袁世凯共主政局。

综观张之洞在维新变法运动全过程中的表现，可用"狡兔三窟"形容。他在这次事变中出尔反尔的行径，使他"向日声名堕之于涂炭"，"公之闻望乃有一落千丈之势"。④ 关于张之洞在维新运动前后的矛盾表现，《世载堂杂忆》记有一个颇为生动的故事：

> 戊戌前，张之洞由鄂省移督两江，游焦山，题长歌于松寥阁，颇有感慨时局，左袒维新诸贤之意。寺僧精装悬壁。政变事起，节庵（梁鼎芬字节庵——引者）先生乘小兵轮由汉星夜抵焦，问寺僧张督题诗尚存否？寺僧出轴曰：不敢损坏。梁曰：张督欲再题跋于后，题好还汝。携卷归，裂而焚之。广雅集中无此诗，夏口李逮闻居焦山，曾抄得。⑤

这段故事属于稗官野史，是否属实，尚不敢断论，但它却活画出张之洞在

---
① 《梁鼎芬致汪康年函》，《汪穰卿先生师友手札》，上海古籍出版社1986年版。
②③⑤ 刘禺生：《世载堂杂忆》，第56、54、53~54页。
④ 《张文襄公大事记·体仁阁大学士张公之洞事略》。

戊戌变法这一大事变前后反差强烈的状貌。

戊戌政变后，康有为、梁启超辗转逃遁日本，继续拥戴光绪帝，抨击慈禧及其后党，成为慈禧的心腹之患，以至逮捕康梁家属，铲毁其先人坟墓，又派刘学询、庆宽以"游历外洋，考察商务"之名，到日本等地指使杀手，企图谋刺康梁。时任两广总督的李鸿章在广东捕杀保皇党，并设计诱捕康有为。张之洞为表示对慈禧的忠心，也参加到镇压戊戌变法志士的合谋之中，设法把康梁从日本驱逐出去。1898年12月19日，张之洞致电总理各国事务衙门，建议总理衙门函托日本驻上海总领事小田切"转致日政府"驱逐康梁。电文说：

> 窃查康党若在日本，实为中国大患，若远离日本，虽未能获，似亦较胜。至湖北地方经之洞力持切谕，向来康说不行。凡官绅士民无不深恶康党，痛诋康学者指为邪教乱贼，断无附和康党之人，……①。

第二年8月，得知康梁在日本创办《清议报》，张之洞称该报"乃康党梁启超所作，大率皆谤议中国时政，变乱是非"，再次要求总理衙门"电上海日本总领事小田，力阻在沪分送，并嘱小田力商日本政府，速将康党遣去，不可容留。"②1899年3月，张之洞亲自致电小田切，要求小田切面告日本政府，干预《清议报》，"禁其妄说"，并"设法令康党出境"③。

张之洞由有限支持维新运动转为反对维新运动，由在帝党后党间徘徊转为效忠后党的过程，至此已告完成。

五、拒绝清廷"乱命"，策划"东南互保"

慈禧太后发动戊戌政变，将维新运动掐死在摇篮里，在中国实行"明治维新"式的自上而下的近代化改革通路，被无情地堵塞。这使得中国的政治舞台出现更加复杂错综的格局——一方面，革命派从维新运动的失败中进一步觉醒，坚定了武装推翻清廷、建立共和的信念；另一方面，在列强入侵的刺激下，尚未接受近代文明启蒙的以农民为主体的底层民众，以宗教迷信形式组织起来，宣泄其排外怒涛，这便是1899—1900年爆发的席卷半壁中国的义和团

---

①② 《致总署》，《全集》，卷八〇，第14、16页。
③ 《致上海日本总领事小田切》，《全集》，卷一五八，第16页。

运动。清政府出于其反人民和排外的双重目的，对义和团采取镇压、欺骗、利用、出卖相交替的手法，列强则踏着义和团的尸体，自大沽、天津突入，直至攻占北京，把第一次鸦片战争以来对中国的侵略推向新的高峰。在这一民族危亡的紧迫关头，张之洞是怎样立身行事的呢？

1. 义和拳起，张之洞"主剿"·慈禧策划帝位废立，张之洞不置可否

义和拳作为一次自发的排外运动，大规模兴起绝非偶然，它是中国近代各种社会矛盾演进的产物。义和拳盲目排外，带有浓厚的蒙昧色彩，斗争形式十分落后，其"扶保中华，逐去外洋"的宗旨，为当权者利用。以慈禧为首的清政府对其心怀叵测。前期，清政府出自反人民的本能，镇压义和团，以后又利用义和团以排外，列强入侵后，清廷转而出卖义和团，弹压义和团。清廷对义和团政策的变换，深藏着特殊的权力斗争原因。

1898 年 9 月戊戌政变后，光绪帝虽被剥夺权力和人身自由，但这个挂名帝王仍然对后党是一大威胁。因为，如果比光绪帝年长三十余岁的慈禧太后一旦先期弃世，还得归政光绪帝，那时，后党就可能作为参预戊戌政变的叛逆被治罪。因此，慈禧及其后党千方百计要除掉光绪帝。慈禧与光绪的宫廷争权，又与列强争相瓜分中国的纠纷交织在一起。沙俄竭力支持后党以控制清廷中央大权，英、美、日等国则支持光绪，裁抑后党，以抵制沙俄的在华势力。因此，当慈禧企图加害光绪帝的信息一经传出，英、日、美等国公使立即赴总理衙门面见庆亲王奕劻，警告清廷。英国公使窦纳乐爵士以"半官方"身份通知总理衙门："我坚信，假如光绪帝在这政局变化之际死去，将在西洋各国之间产生非常不利于中国的后果。"[①] 此后，慈禧又放出"帝久病不能君天下"的空气，打算废黜光绪帝，立端郡王之子、15 岁的溥儁（1885—1942）为"大阿哥"（皇位继承人），并密电南方各省督抚，征求同意。湖广总督张之洞采取含糊态度，既不明确赞成废立，亦不轻言归政光绪帝，"不敢稍立异同"[②]。而两江总督刘坤一则坚决反对废立，电争死不奉诏。刘坤一电文称："君臣之分已定，中外之口宜防。"[③] 连与慈禧关系密切的李鸿章也认为废立一事，"危险万状，各国驻京使臣，首先抗议。各省疆臣更有仗义声讨者"，"为害曷可

---

① 《张文襄公大事记·体仁阁大学士张之洞事略》。
② 《清史稿》，卷四一三，列传二〇〇，刘坤一，第 12049 页。
③ 陈夔龙：《梦焦亭杂记》，卷一。

胜言"①。海外的康有为则鼓动美洲、日本、南洋华侨，以号称十万之众发电"请皇帝圣安"，并要求归政；梁启超在日本办《清议报》，揭露后党丑行，歌颂光绪帝"圣德"。这一切，使慈禧及后党意识到禁锢于瀛台的光绪帝并不孤立。更重要的是，外国公使出面干预，使慈禧和后党感到掣肘。这批顽固派素有的排外心理，因此恶性膨胀，以至暂时压倒他们一向推行的媚外主义。而恰在此时，义和团运动如火如荼，并蔓延至京、津一带。后党便企图利用义和团发泄对于洋人的仇恨，排除其废黜光绪帝的阻力，"太后使刑部尚书赵舒翘、大学士刚毅及乃莹先后往，道之入京师。……遂焚铁道，毁电线，至者数万人，城中为坛场几遍。"②清廷并令进入京城的义和团"挂号"、"编入行伍"，以实行控制。

当然，清廷内部的各个集团对于义和拳的态度并不一致，概而言之，可分为"主抚"和"主剿"两大派。在义和拳迅猛发展的1900年，顽固派如端郡王载漪、军机大臣刚毅、大学士徐桐等都主张招抚，利用其制止列强扶保光绪帝；而与列强有着千丝万缕联系的洋务派，或与洋务有关系的官员则主张"赶紧剿办，以清乱萌，而杜外人借口"③。两广总督李鸿章、两江总督刘坤一、山东巡抚袁世凯等督抚，曾任驻外使臣的京官，如总理衙门大臣、吏部侍郎许景澄，总理衙门大臣、太常侍卿袁昶，以及兵部尚书徐用仪，军机大臣荣禄、王文韶等均持此见。时任湖广总督的张之洞也是主剿最力者之一。

1900年6月，义和拳在北方大规模兴起，列强在湖北的利益也受到威胁。张之洞为列强作解释，甚至说列强发动侵华战争，"亦不过自保"④。与此同时，又谴责义和团，防止其向湖北蔓延。7月前后，湖北境内群众毁教堂反洋教事件屡屡发生，枣阳民众更"大张顺清灭洋旗帜"⑤，掀起反洋教风潮。张之洞对此惧恨交加，他在一份札文中说："照得现在北方拳匪滋闹，长江一带会匪地痞恐不免亦欲煽惑愚民"，特下令部属"力任保护洋人"⑥。札饬江汉关道照会英国领事："告以两湖地方，本部堂力任保护，当不致痞匪滋生事端；

---

① 《中国近代史资料丛刊·戊戌变法》，第一册，第478页。
② 李希圣：《庚子国变记》。
③ 北京大学历史系：《义和团运动史料丛编》，第一辑，中华书局1964年版，第138页。
④ 《张文襄公电稿》，卷三五，第6页。
⑤ 《拳祸记》，下册，第400页。
⑥ 《札江汉关照会各领事力任保护洋人》，《全集》，卷一〇三，公牍一八，第18页。

即使偶有生事猝防不及者，乌合之众，官兵威力亦可立时弹压扑灭，断断不能任其滋蔓。"①

可见，虽然湖北不是义和团活动的中心地区，张之洞没有直接处理义和团事务，但他力主镇压义和团，在一份电稿中明白宣称，对于义和团唯有"格杀勿论"。②

1900年春，义和团应诏入北京，排洋行动愈演愈烈，烧教堂、折铁道、杀洋人，也大量屠戮教民（中国的天主教徒）。1900年5月28日，英、美、法、德、俄、日、意、奥组成八国联军，对中国武装干涉。1900年6月，八国联军两千人在英国海军中将西摩率领下，从天津向北京进犯，义和团及部分清军在落垡、廊坊狙击西摩联军。当此千钧一发之际，清廷围绕战和问题展开激烈辩论，由于慈禧痛恨列强支持光绪帝，倾向对外宣战，因而主战派占据优势。慈禧除进一步"招抚"义和团以外，又令直隶总督荣禄备战，并饬各省督抚"星夜驰赴京师，听候调用"③。但湖广总督张之洞与两江总督刘坤一、两广总督李鸿章、四川总督奎俊、闽浙总督许应骙、巡视长江李秉衡、湖北巡抚于荫霖（1838—1904）、湖南巡抚俞廉三等南方督抚反对同列强开战，主张以镇压义和团，换取八国联军退兵。张之洞与刘坤一等通过总理衙门转奏道："如再迟疑不自速剿，各国兵队大至，越俎代谋，祸在眉睫"，又称："从来邪术不能御敌，乱民不能保国，外兵深入，横行各省，会匪四起，大局溃烂，悔不可追。"④张之洞、刘坤一等强有力的疆吏的反对宣战，曾使慈禧对外开战的决心犹豫起来，但是，1900年6月17日，大沽炮台沦陷，八国联军对清廷构成现实威胁，慈禧惧怕联军进京逼她归政光绪帝，遂匆促对联军宣战。6月20日开始，清军与义和团围攻北京东郊民巷使馆区达50多天，其间八国联军自天津向北京推进。这样，在京畿重地出现三股力量——入侵者八国联军，以慈禧为首的清朝中央政府，抗击入侵者的义和团。而张之洞与刘坤一、李鸿章等南方督抚，拒不受命清廷的宣战诏旨，对八国联军取友善态度，而力主镇压义和团。在这种方针的指导下，经英国等列强的策动，以张之洞、刘坤一为盟

---

① 《札江汉关照会各领事力任保护洋人》，《全集》，卷一〇三，公牍一八，第19页。
② 《张文襄公电稿》，卷三五，第1页。
③ 故宫博物院编：《义和团档案史料》，上册，中华书局1956年版，第147页。
④ 中国史学会编：《义和团》，第三册，上海人民出版社1951年版，第327页。

主,与东南各督抚结成"互保派"。

1900年8月14日,八国联军进攻北京;8月15日,慈禧、光绪西逃,八国联军随即占领中国首都北京。张之洞等东南督抚的"东南互保"正式展开。

2. 张之洞在"东南互保"中的关键作用

19世纪90年代末叶,张之洞同英、日、德等国的关系渐趋密切,他的疆吏地位,日益依赖列强的支持。这样,前期张之洞抵御外侮的态度急骤软化。梁启超在《戊戌政变记》中讲到,1897年冬,德国人占据山东胶州,"欧洲列国分割支那之议纷起,有湖南某君谒张之洞诘之曰:'列国果实行分割之事,则公将何以自处乎?'"①张之洞竟然答道:"列强果然瓜分中国,则虽分割之后,亦当有小朝廷,吾终不失为小朝廷之大臣也。"②这一记载是否确切,尚难断定,但征之以张之洞庚子年前后的实际行动,可谓大抵不差。

庚子年(1900年)夏,八国联军在攻打大沽炮台前后,开始在长江流域炫耀武力,先是"俄茶船载兵一百五十名到汉",但"俄派陆兵入江干预,为英所阻,故退出"③。紧接着,英国驻汉口领事见张之洞,"云英政府电令渠来告,欲派水师入长江,帮助弹压土匪"④。张之洞立即向英国人保证"力任保护",并以"恐各国援例效尤"为理由劝阻"英水师入江"⑤。长江流域是英国的势力范围,英国当然不愿其他列强染指,所以张之洞的警告,颇能打动英国领事,"英领首肯,已允转告英政府。"⑥张之洞保证"添重兵"对"洋商教士,力任保护";英国也就答应不出兵华中,这已初具"互保"意味。

鉴于北方形势危迫,卢汉铁路大臣盛宣怀于6月14日致电刘坤一、张之洞:"各国正在筹议,如两公再不设策,危殆即在旦夕。"⑦张之洞又受到英、俄等国直接派兵侵入长江中下游的压力,于1900年6月18日致电两江总督刘坤一,筹措"保护"东南事宜。其电文称:

> 台端务宜速切告税司及上海道,转达上海英总领事,力任保护洋商教士之责,以杜藉口窥伺为要。近沪电屡云英水师欲据长江,若我不任保护,东南大局去矣。管见是否可采?敬候荩裁。⑧

---

①② 梁启超:《戊戌政变记》,卷三,第三篇,政变前纪。
③④⑤⑥⑧ 《致江宁刘制台》,《全集》,卷一六〇,电牍三九,第16、17页。
⑦ 《寄江督刘舰帅鄂督张香帅电》,盛宣怀《愚斋存稿》,卷三五,武进盛化刊本1939年版。

张之洞给刘坤一的这份电文，是策划"东南互保"较早的正式言论。此后两天，即6月20日，张之洞又会同李秉衡、刘坤一、鹿传霖、王之春、松寿、于荫霖、俞廉三等南方各省军政大员，联名致电总理衙门荣禄，申述"痛剿"义和团的四大理由，请求朝廷"速安慰各使馆，力言决无失和之意，告以已召李鸿章，李到当与各国妥商办法。"①

光绪二十五年五月、六月（1900年6—7月），张之洞频繁上奏朝廷，致函荣禄、许景澄、袁昶等京官，李鸿章、刘坤一、盛宣怀、袁世凯等方面大吏，内容一为"痛剿拳匪"，二为安抚列强；并就"互保"与各国领事沟通，俨然"东南互保"的实际主持人。

3. 指清廷对列国宣战诏旨为"矫诏""乱命"

就在张之洞等人给总理衙门的电文发出的第二天，即五月二十五日（6月21日），清廷颁布对外"宣战"和"招抚"义和团的上谕。然而，对于这个上谕，清朝统治集团的许多重要分子都采取不承认态度。连主持总理衙门的北洋大臣、直隶总督荣禄，在"宣战"后也私告李鸿章："对北京的谕旨不必继续予以重视。"②本是后党中坚的荣禄这样做，一则是担心得罪列强，二则是"企图同汉族总督合作，并反对端王（载漪——引者）"③。在此以前，刘坤一等人曾电奏总理衙门，建议"电召李鸿章派为全权大臣，先与各国外部电商，声明中朝绝无助拳拒洋之意，乱匪准由中国自剿，使馆即派宋军（宋庆所率军队——引者）保护，劝止添兵"④。这份电报是6月23日到京的，同一天，荣禄亦收到张之洞、刘坤一等人请他转奏慈禧太后的电报，内容不外乎反对外战，力主镇压义和团。但电报到京时，朝廷已宣战两天。

李鸿章、张之洞、刘坤一等东南督抚见劝阻朝廷宣战未果，便在自己管辖的区域抵制朝廷的宣战上谕。两广总督李鸿章给盛宣怀的电报称："廿五矫诏，粤断不奉，所谓乱命也。"并要盛告刘、张。张之洞与刘坤一、李鸿章等经过紧张磋商后，相约决定，凡五月廿四日（6月20日）以后之上谕概不奉行，并称这些上谕为伪诏，对其辞不应命，秘而不宣。这就等于对清廷宣告独立。此后一段时间，张之洞等东南督抚便放开手来与英、美等列强筹划"互

---

① 《致总署荣中堂》，《全集》，卷八〇，电奏八，第23页。
②③ 《英国蓝皮书》中国第二号，1901年，第222件。
④ 故宫博物院编：《义和团档案史料》，上册，中华书局1959年版，第179页。

保"协议。

经英国驻上海总领事华伦策动,卢汉铁路大臣盛宣怀于6月24日致函李鸿章、刘坤一、张之洞,希望这些地方实力派对于清廷发布的"招拳民御外侮"的电诏"万勿声张",进而"趁未奉旨之先",由刘坤一、张之洞会同电饬上海道与各国领事订约,"上海租界准归各国保护,长江内地均归督抚保护,两不相扰"①。这就提出了"东南互保"的大致轮廓。张之洞、刘坤一认为盛宣怀的主张"思考周密",决定采纳,并请盛宣怀"帮同与议,指授沪道,必更妥速"②。6月26日,张之洞、刘坤一委托上海道台余联沅,出面与列强驻上海领事订立《东南互保章程》,同日,盛宣怀"奉南洋大臣刘、两湖督宪张电示",向东南各省督抚,宣布这个章程。可见,此刻的张、刘俨然以东南地区的首脑身份,对邻省督抚发号施令了。不仅如此,张之洞还与刘坤一以"互保派"盟主姿态,向朝廷宣布"东南互保"宗旨。他们在6月24日的电奏中,除声言对列强开战中国必败外,特别驳斥了朝廷谕旨"饬各省招集此义民成团御侮,必能得力"之说。③

此后一段时间,以刘坤一、张之洞为首的东南督抚组成一个独立于清廷之外的权力中心,不仅拒不向列强作出战争姿态,而且对清朝中央政府的调兵求援谕旨,置若罔闻。

1900年6月17日,清廷曾发布上谕,"著各直省督抚迅速挑选马步队伍,各就地方兵力饷力,酌派得力将弁,统带数营,星夜驰赴京师听候调用"④。对此,李鸿章不予理睬,刘坤一则借口没有精锐部队可抽,拒绝发兵,张之洞也是按兵不动。6月24日,清廷军机处向各省督抚发布电旨,一方面申诉朝廷对外宣战的"不得已之苦衷",声称这场外战,"此乃天时人事相激相迫,遂成不能不战之势";一方面要求"各督抚勿再迟疑观望,迅速筹兵筹饷,力保疆土。如有疏失,唯各该督抚是问"⑤。张之洞接旨后,仍然按兵不动。7月9日,张之洞致电在日本东京监督湖北留日学生的钱恂,为其不发兵北上勤

---

① 《寄李中堂刘岘帅张香帅》,《愚斋存稿》,卷三六,《电报》一三,第5页。
② 《张文襄公电稿》,卷三五,第20页。
③ 《会衔电奏》,《全集》,卷八〇,电奏八,第24页。
④ 《会派藩司统军北上折》,《全集》,卷五一,奏议五一,第8页。
⑤ 《军机处寄各省督抚等电旨》,见故宫博物院编《义和团档案史料》,上册,中华书局1959年版,第187页。

王的行为辩护:"鄂省需兵需械,专为弹压土匪,保护地方","现派兵北上,系奉旨调赴京听用,未言何用",湖北军队北上后,"何从保全东南乎?"① 不过,老谋深算的张之洞虽然拒不应命发兵北上援救朝廷,又不愿刺激朝廷,以便留下后路。7月初,上海报刊纷纷报道东南督抚与外国人订立"互保"的消息,说各督抚主张列强派兵北上"剿匪",又说东南各督抚对朝廷的宣战上谕"同心抗阻"。张之洞读罢这些消息十分震恐,立即致电刘坤一、盛宣怀、余联沅:"六月初八日(公历7月4日——引者)申报,力保安全一条内有'唯各国亦须遣兵北上剿匪'一语,万分可骇,岂非各督抚请洋人攻京城耶?照会内并无此语,显系报馆添捏,祈速令更正,要紧要紧!又六月七日(公历7月3日——引者)中外日报传谕报馆一条,亦谓东南各督抚等亦同心抗阻云云。'抗阻'两字万万不可,亦须更正,以免讹传。"②

然而,张之洞拒绝派兵北上援救朝廷对外作战,是无法掩饰的事实。7月21日,张之洞在一份奏折中,说了些为朝廷分忧的空话后,接着便声称无兵可派。张之洞以委婉的词句拒绝派兵勤王,这在中央集权的皇权时代,是十分罕见的现象。它表明,自太平天国起事以后,清廷对握有实权的汉族督抚的控制力江河日下,到了清末,地方军政要员已敢于公开对中央闹独立。虽然清廷的满洲亲贵对李鸿章、刘坤一、张之洞等汉族疆吏的"抗命"恨之入骨,提出"诛三凶"口号,企图收回李、刘、张的权力,但是,由于列强在背后给予支持,李、刘、张又实权在握,所以敢于有恃无恐地"犯颜抗命"。

1900年6月14日,八国联军已在北方与义和团及部分清军大规模交火,这时,英国驻上海的代理总领事华伦报告英国外交大臣,"在扬子江流域内任何事件的爆发,是能够引起大的损失",因而准备"立刻与湖广及两江总督取得谅解",并说:"我有充分信任假若他们能够信赖帝国政府的有效帮助,那么在他们区域内,他们将要做到他们能够做到的,来维持和平。"③ 英国外交大臣立即于6月16日电复华伦,授权他通知刘坤一,"假若他采取了维持秩序的方法,也将受到帝国海军的协助",华伦又通知英国驻汉口总领事给张之

---

① 《致东京钱念劬电》,《全集》,卷一六一,电牍四〇,第31、32页。
② 《致江宁刘制台上海盛京堂余道台》,《全集》,卷一六一,电牍四〇,第32~33页。
③ 《英代总领事华伦致萨利斯布里侯爵电》,《英国蓝皮书·议会文件》,第128页。见中国史学会编《义和团》,第三册,上海人民出版社1951年版,第517页。

洞"一个同样的保证"①。英国又于同日命令三艘军舰分别驶入汉口、南京和吴淞口,并向刘坤一、张之洞"保证当扰乱发生时,在维持秩序及保护英人利益上",英国将予以"协助"②。张之洞立即对英国表示"愉快的感谢",并保证和刘坤一同心协力,决意维持和平,并不惜代价采取有力措施,以保护英国在长江流域的利益。6月19日,中国驻英公使在接到张之洞关于与英国"互保"的电报后,向英国外交大臣萨利斯布里呈交一份备忘录,内称张之洞"和两江总督手下都有很充足的、装备优越的训练良好的军队,这是可以完全信赖的,他们将要如此的安排及使用这些军队,使得居住在他们各自的管辖区域内,不论本地或外国人,以及任何宗教信仰的人,有一个整个保护的处置"。在同一备忘录中,又转述张之洞关于"很不赞成英国海军在扬子江上莽撞的示威"的意见,因为这种示威不但不能帮助他们维持省份内的安静和秩序,反而对中国当局更造成困难。英国驻上海代理总领事佛兰斯·伯提领会张之洞的意图,立即请英国外交部向海军部转达以下意思:"我建议应该向扬子江的帝国海军舰指挥官发出指示,要避免任何示威"③,把弹压中国民众的任务交给中国督抚完成,这样更有利于英帝国在长江流域的利益。当然,与此同时,英方又威胁张之洞等督抚,如果"合作成为必要的时候,帝国军舰是要准备与他们合作的"④。这里的"合作"一词,实指武装干涉。

1900年6月,张之洞开展紧张的外事活动。21日,他致电驻美使臣伍廷芳:"特请转达美国总统及外交部,恳其与各国切商,保全东南大局。"⑤22日,又致电驻英、美、日三国公使,要他们转告各驻在国政府"目下长江沿海一带,各督抚力任保护之责。诸国洋人,均可无庸顾虑"。⑥24日,张之洞致电各国驻上海领事团领袖美国总领事古纳:"上海租界归各国保护,长江内地各国商民产业,均归督抚保护,本部堂与两江刘制台意见相同,合力任之,已饬上海道与各国领事迅速妥议办法矣,请尊处转致各国领事。"⑦同一天,张之洞又给日本驻上海总领事小田切以同一内容的电报。6月29日,古纳在致美国第三副国务卿的报告中对张之洞的保证给予响应:"若湖广、两江总督在

---

①②③④ 中国史学会编:《义和团》,第三册,上海人民出版社1951年版,第517~518、519、522页。

⑤⑥⑦ 《张文襄公电稿》,卷三五,第13、19、21页。

其管辖下保护生命财产时,则彼等保证对于湖广、两江总督不加攻击。"①古纳还给上海道台余联沅一份公函,内称对盛宣怀、张之洞、刘坤一的"保证"表示"愉快",并说美国政府"以前及现在都没有企图,无论是个别的或集体的,在扬子江流域采取任何仇视的行动"②。张之洞等人与列强间"投桃报李",彼此承担"保护"责任。

6月26日,《东南保护约款》订立,两天后清廷的宣战上谕在上海公布。盛宣怀唯恐"互保"破裂,电请张之洞、刘坤一"坚定"原议,并电示各领事,"以坚其信"③。刘坤一、张之洞互相致电相约,"无论北事如何""仍照原案办理,断不更易","以坚各国之信"。④张之洞并于6月29日致电刘坤一、盛宣怀、余联沅,"请速致意各国领事,如见廿八日(公历6月24日——引者)宣战上谕,不必疑虑",各省督抚仍"执守沪约,尽力保护,以全东南大局"⑤。刘坤一接电后,立即向各国领事发电,并派余联沅向各国领事重申"保护"之意,"各领事均深信"。⑥

经张之洞、刘坤一发出号召,由盛宣怀从中斡旋,东南各督抚纷纷加入"互保"。两广总督李鸿章全力支持《东南保护约款》,表示"力任保护";山东巡抚袁世凯决心"仿照南方各省"进行"互保",并向驻上海英国领事表态:"愿与李鸿章、刘坤一、张之洞采取一致坚定立场,维持和平。"⑦闽浙总督许应骙则与俄、英、美、日等六国仿《东南保护约款》,订立《福建互保协定》。这样,"互保"范围便由原来的长江中下游诸省扩大到浙江、福建、广东、四川、陕西、河南、山东等十余省。

"东南互保"是在列强支持下由东南督抚策划下的一次政治行为,使列强得以集中兵力镇压"为国为家,人自为战"的北方义和团运动,放开手脚洗劫京畿。而东南诸省(又扩及十余省)得以避开战乱。张之洞在此一大举措中充当盟主角色。时人评说,张之洞在庚子年间"所处之地位,不啻为南方各省之

---

①②《美总领事古纳致克雷特第三国务卿的报告》,《美国外交文件》,见中国史学会编《义和团》,第三册,上海人民出版社1951年版,第29~30页。
③ 盛宣怀:《愚斋存稿》,卷三六,武进盛化刊本1939年版。
④ 《张文襄电稿》,卷三六,第2~3页。
⑤⑥ 《全集》,卷一六一,奏议四○,第4页。
⑦ 转引自《义和团运动史论丛》,第19页。

总统"①。此话并不过分。

4. 慈禧、光绪西逃前后张之洞"首鼠两端"

在英、美等列强与张之洞、刘坤一等东南诸省督抚策划"东南互保"的同时,八国联军于1900年7月加紧向北京的进犯,7月14日攻占天津;7月22日,八国联军成立"天津都统衙门",对天津、宁河、静海等地实行军事统治;7月27日,德皇威廉二世向侵华德军发布屠杀俘虏的命令。8月初,八国联军的前锋已抵达北京郊县,亡国之祸迫在眉睫。

在此之前,以慈禧为首的清政府侥幸取胜的幻想已被列强的洋枪洋炮所打破,对于列强的态度由色厉内荏的"宣战",变为卑躬屈节的"求和"。6月底,慈禧便通过驻外公使向列强表白,"朝廷非不欲将此种乱民下令痛剿,而肘腋之间,操之太蹙,深恐各使保护不及"。公然以出卖义和团来讨好列强,并向列强作出保证:"照前保护使馆,唯力是视。此种乱民,设法相机自行惩办。"②此后几天,清政府更直接向俄、英、日等国乞和。在八国联军的兵锋伸抵北京近郊的杨村时,清廷更慌了手脚。8月7日,清廷接受张之洞、刘坤一的建议,任命李鸿章为议和全权大臣,又派总理衙门章京文瑞给被围攻的列国使馆送西瓜等物,以示"慰问"。但英、美等国公使都对文瑞报以冷嘲热讽,并表示联军不进北京决不罢休。这样,慈禧便准备弃京西逃,并于8月10日召集近臣"议西幸"③。

其实,早在7月中旬,清军溃败于"天津—北仓"一线时,慈禧就有放弃北京的打算。李鸿章得知慈禧有西迁之意,立即表示反对。他打算建议太后、皇帝"当安坐,夷兵虽入城,论公法,保无他虑,倘车驾出国门一步,则大局糜烂,后患将不可胜言"④。李鸿章致书刘坤一、张之洞、袁世凯相约联名上奏,刘坤一、袁世凯皆赞许,但张之洞不同意,他答道:"公不见徽、钦之事耶?吾不忍陷两宫于险也。"⑤李鸿章得到张之洞的这一回函,大失所望,那份奏疏也就没有发出。

张之洞表面上是担心慈禧、光绪留在北京落得宋徽宗、宋钦宗被金兵俘虏那样的下场,其实,他反对慈禧、光绪留京,是另有原因的。《庚子国变记》

---

① 《张文襄公大事记·外人对于张文襄公评论》。
② 故宫博物院编:《义和团档案史料》,上册,中华书局1959年版,第202~203页。
③④⑤ 李希圣:《庚子国变记》,清光绪间刻本,上海古籍出版社1999年重版。

载有一段记述张之洞事后的言论：

> 后之洞与客饮而醉，私语客曰："吾亦知无王国城之祸，然太后在京，夷兵必挟之归政，事尚可问耶？"故之洞不敢请回銮者，恐归政也。①

张之洞力主慈禧、光绪帝西逃，后来又反对他们在八国联军尚未撤出北京时"回銮"，并非为太后、皇帝的安危考虑，而是担心八国联军迫使慈禧归政光绪。而自戊戌政变后，张之洞在"两宫"之争中，已倒向慈禧一边，所以他当然害怕光绪帝重新亲政。康有为曾说："张之洞本知变法，亲于新党，徒以戊戌之秋，曲媚那拉，思免党祸，故敢背皇上请杀六士，一线之差，方针遂反，至于今也。"②这里所谓张之洞"请杀六士"（指许景澄、袁昶等六个反对对外宣战的大臣），不符事实，但说张之洞"曲媚那拉，思免党祸"，"背皇上"，却是实际情形。

即使在对外宣战问题上张之洞与慈禧发生矛盾时，张之洞也力图在慈禧那里预留地步。例如，八国联军侵占北京，慈禧、光绪西逃之后，国人谴责载漪、刚毅等"祸国殃民"的呼声大起，李鸿章、刘坤一、张之洞、袁世凯乘势联名弹劾主张招抚义和团，对外宣战的载漪、载澜、载勋、刚毅、英年、赵舒翘等亲贵重臣。但是"奏行而之洞中悔，请削衔，然无及矣。太后之复出，之洞惧祸，持两端，名声远在坤一下"③。

然而，张之洞的忠于慈禧，也并非是始终如一的。后期的张之洞看两个方面眼色行事，一是慈禧，二是英、日等帝国主义列强。他对慈禧的忠诚程度，受到内外两方面力量对比的制约。如前所述，在八国联军近迫京畿，清朝中央政府失去对全国的控制时，张之洞与其他东南各省督抚敢于公然拒绝朝廷要求增援助饷的谕旨。"朝廷以诏书责刘坤一、张之洞，居南方久，袒英，置京师根本，不谅朝廷苦心。"④慈禧从北京逃至太原时，曾派吴永到武昌向张之洞催饷。张之洞在同吴永的谈话中论及大阿哥时说："此次祸端，实皆由彼而起，酿成如此大变，而现在尚留处储宫，何以平天下之人心，且祸根不除，尤恐宵

---

①③④ 李希圣：《庚子国变记》，清光绪间刻本，上海古籍出版社1999年重版。
② 康有为：《皇上复位新党辅政中国可保论》，《康有为与保皇会》，上海人民出版社1982年版，第31页。

小生心，酿成意外事故。彼一日在内，则中外耳目，皆感不安，于将来和议，必增无数障碍，此时亟宜发遣出宫为要着，若待外人指明要求，更失国体，不如及早自动为之。君回至行在，最好先将此意陈奏，但言张之洞所说，看君有此胆量否？"①这与昔日慈禧立溥儁为大阿哥时张之洞不敢发一言的态度恰成反照。这是因为，此刻的慈禧已如丧家之犬，政治前途未卜，张之洞在其面前当然敢于气大声粗了。此间，张之洞还与刘坤一合奏，弹劾力主"灭洋"的毓贤，这自然触到慈禧的痛处，"太后怒，抵其奏于地"②。然而，当张之洞发现西逃的慈禧很快便立住脚跟，列强出于平衡考虑，不准备抛弃慈禧，张之洞便竭力修补裂痕，改变对以慈禧为首的清廷的态度。

与1900年7月份公然拒绝派兵北上勤王的做法截然相反，到了9月份以后，张之洞便开始向"移驾"西安的慈禧表示效忠。9月12日，张之洞上《派员赍折恭请圣安并进方物折》，奏折字里行间流露出诚惶诚恐意味。③

此后，张之洞接连不断地用实际行动取得慈禧的信任。首先是在8月下旬以"擒诛"自立军首领唐才常④，作为向慈禧贡献的一份效忠礼。9月23日，张之洞又上《请调武功营赴行在片》，主动要求派军队到西安"护驾"；10月，张之洞又"购米运陕"⑤；11月，更"选拨枪炮解赴西安"⑥，真所谓"常以其间悉索敝赋筐筐壶浆以供行在之求"⑦。1901年2月16日，慈禧、光绪帝返驾北京，张之洞上折称颂："欣闻我皇上恭奉慈舆启跸回京，上安九庙之神灵，下慰万方之仰望"⑧，并"专派湖北试用道王万震驰赴京师跪迎两宫圣驾"⑨。

与张之洞重新赢得慈禧"恩宠眷顾"的努力相同时，在慈禧方面，因深知张之洞等督抚实力雄厚，又有列强撑腰，今后还得倚重于他们。更重要的是，虽然在"宣战"前后，慈禧与张之洞等东南督抚发生矛盾，但慈禧在受到

---

① 吴永：《庚子西狩丛谈》，卷四上。
② 李希圣：《庚子国变记》，清光绪间刻本，上海古籍出版社1999年重版。
③ 《全集》，卷五一，奏议五一，第20、19页。
④ 《擒诛自立会匪头目分别查孥解散折》，《全集》，卷五一，奏议五一，第9~17页。
⑤ 《购米运陕折》，《全集》，卷五一，奏议五一，第23页。
⑥ 《选拨枪炮解赴西安折》，《全集》，卷五一，奏议五一，第26页。
⑦ 《张文襄公大事记·襄公薨逝之观感》。
⑧⑨ 《派员迎銮折》，《全集》，卷五五，奏议五五，第16、17页。

八国联军惩罚后，很快由"排外"返回"媚外"的故道。1901年2月，慈禧在"回銮"前，以光绪帝的名义下达批准《议和大纲》的电令，这个电令无耻地声言，今后将"量中华之国力，结与国之欢心。既有悔祸之机，宜颁自责之诏"①。慈禧自己既然已向列强"低头服罪"了，也就不必再去深究张之洞、刘坤一等人与列强合谋的"东南互保"了。其实，早在清廷对外宣战后的第三天，慈禧在抱怨李、张、刘"不谅朝廷苦衷"的同时，又赞扬李、张、刘的对外主和，对内主剿的策略是"老成谋国之道"②。对于这批疆吏擅自设计的与中央闹独立的"东南互保"，清廷竟然表示欣赏，说是与朝廷"意见正复相同"③。以后，"东南互保"更被认为是张之洞、刘坤一等人的一大"功勋"。1901年，慈禧、光绪帝返京前夕，清廷特下上谕：刘坤一、张之洞、袁世凯共保东南疆土，尽心筹划，均属卓著勋劳，刘坤一赏加太子太保衔，张之洞、袁世凯均赏加太子少保衔。1909年，张之洞死后，清廷发布的"上谕"又特别肯定张之洞"庚子之变，顾全大局，保障东南，厥功甚伟"④。

总之，在义和团起事、八国联军入侵的一段时间，张之洞一度同以慈禧为首的清廷发生摩擦，又因为根本利益一致，双方有相互倚重的需要，终于和好如初，重新奏起"君恩臣忠"老调。

六、从默许"自立军"到镇压"自立军"

在张之洞参与"东南互保"的前后，由改良派和革命派联合领导的"自立军"运动迅猛发展，构成庚子年间长江中下游复杂错综、瞬息万变的政局的又一因素。

1. 自立军运动的兴起与英国独占长江流域的图谋

戊戌变法夭折以后，康有为、梁启超逃亡日本，成立保皇会，高唤"勤王"、"保皇"，寄希望于光绪帝重握政柄。这时，以孙中山为首的革命派在海外十分活跃，公开打出推翻清廷的旗帜。改良派也发生分化，激进分子如湖南维新志士唐才常、毕永年（1869—1902）、秦力山（1877—1906）等开始接近革命派。毕永年、秦力山先后参加兴中会，与康梁绝交；唐才常则徘徊于改良

---

① 故宫博物院编：《义和团档案史料》，下册，中华书局1959年版，第945页。
②③ 故宫博物院编：《义和团档案史料》，上册，中华书局1959年版，第195、365页。
④ 《张文襄公大事记·上谕》。

派与革命派之间。1899年夏，孙中山正在筹划惠州起义，唐才常与孙中山会晤，"商讨湘鄂及长江起兵计划"，并讨论与革命派"合作问题"，共"订殊途同归之约"①。

此后，唐才常在日本联络同志，林圭（1875—1900）、吴禄贞、傅慈祥、戢元丞等均与唐才常过从甚密，相约回两湖发难。林圭与湖南哥老会头目有交往，唐才常依靠林圭组织会党；其时正在日本士官学校学习的湖北人傅慈祥、吴禄贞是兴中会成员，已接受孙中山赴长江流域发动武装起义的指示，也赞同唐才常的计划。

1899年秋，梁启超、唐才常、林圭、秦力山、吴禄贞等集会于东京，商讨起义谋略，决定在长江沿岸起兵，首先袭取武汉作基地。唐才常负责运动会党和防军，康有为、梁启超负责在海外华侨中募集经费，以接济"义师"。

1899年11月，唐才常、林圭、吴禄贞、傅慈祥等回国举事。临行前，梁启超、孙中山及日本友人宫崎滔天、平山周等都来送别，梁启超还把合作的话"殷殷商酌"②，孙中山则将兴中会员容星桥（容闳之弟）的汉口地址告知唐、林诸人，以后林圭在汉口得到容星桥的协助不少。可见，唐才常回国举事，改良派和革命派都给予了赞助，唐才常对于双方也依违两可，"对康梁则曰勤王，对留学生则曰保国保种"③。

1899年底，唐才常等从日本回国，先聚于上海，不久林圭等经汉口返回湖南，在长沙设立哥老会中央本部，又创办报刊、学校，并知照湖广总督张之洞，以争取支持。唐才常继续在上海活动，与沈荩、毕永年等组织"正气会"，对外托名"东文译社"，以翻译、出版书刊作掩护。

1900年1月，慈禧太后立溥儁为"大阿哥"，准备取代光绪帝，舆论哗然。康有为联络海外四十六埠华侨，致电国内，反对废立，唐才常在上海也参与士商各界反对慈禧"建储"的活动。唐才常在从事"保皇"活动的同时，又改"正气会"为"自立会"，向长江流域会党发展组织，吸收会员，并仿会党办法，建立富有山堂，发行富有票。自立会既接受康梁指导，又遥戴孙中山为"极峰"。几月内，南北各省军人、会党、农民加入自立会者甚多，其中包括

---

① 《唐才常集》，中华书局1980年版，第274页。
② 中国史学会编：《辛亥革命》，（一），上海人民出版社1957年版，第62页。
③ 冯自由：《革命逸史》，第二集，第76页。

张之洞手下的一些官吏和军人。

1900年春夏之际，义和团向京津扩展，改良派和革命派对于义和团运动都颇有批评，不愿与之为伍，但他们又都以"拳变为有机可乘"，竞相加紧在国内做起事准备。1900年8月，唐才常在上海张园召开国会（又名中国议会），参加者有社会名流及自立会领袖共数百人，与会者推容闳为会长，提出"保全中国自立之权，创造新自立国"，拥护光绪帝复辟的纲领。为适应在内地开展军事行动的需要，唐才常又在自立会基础上组织自立军，共分七军，即中、前、后、左、右五军，另置总会亲军、先锋营二军。总会亲军和先锋营在武汉，由唐才常直接指挥。

1900年8月，八国联军入侵北京，慈禧、光绪弃京西逃。唐才常认为："北京已破，皇上及那拉诸人，仓皇西窜，此时此机，绝大题目，万不可失。"[①]这里所谓"绝大题目"，即是起兵勤王，造成东南独立的局面。为达到这一目的，维新派企图通过日本人"通殷勤于张之洞，欲利用之"。而英国在与张之洞、刘坤一等策划"东南互保"以后，还想进一步独占长江流域。"英人想在扬子江流域建立特权，要求在那里不仅占领导地位，并且排除其他列强的参加。"[②]为此，英国曾想在南京扶植刘坤一"重建一个中华帝国"[③]。在武汉，英国也试图推动张之洞"独立"。于是，英国希望通过康有为指使自立会拥护张之洞割据长江中游以"自立"。这样，自立会与英国从不同的立场出发，在1900年8月一段时间，分别致力于"东南独立"活动。而这种活动的中心舞台便在张之洞治下的武汉。

2. 对自立军从"虚与委蛇"到"剿办""擒诛"

1900年8月八国联军攻占北京，慈禧、光绪西遁，全国为之震动。已在两湖运动会党的林圭促唐才常尽速从上海赶赴汉口，主持自立军起事。唐才常于1900年8月9日溯江抵达汉口。在船上，唐才常对同行的日本人田野桔次说："此行专欲纠合武汉之同志，巩固自立会之根底，张之洞倘奉北廷之伪敕，以出于排外之举动，则余唯先一蹶彼而自任保护外人之权利。"[④]可见，

[①] 支那汉族黄中黄：《沈荩》，第11页。
[②] 《红档杂志有关中国交涉史料选译》，第二册，第66页。
[③] 中国近代经济史资料编委会编：《中国海关与义和团运动》，中华书局1983年版，第78页。
[④] 姜泣群编《朝野新谭》（丁），光华编译社1914年版，第41页。

唐才常是反对清廷对外宣战的,并决定"自任保护外人之权利"。唐才常这种见解,与他主张中国与英日联盟的思想有关。1898年4月,唐才常在《湘报》第二十三号上发表《论中国宜与英日联盟》一文,提出"合中、日、英之力,纵横海上",以抵御沙俄的侵略。由于唐才常对英、日抱有幻想,而湖广总督张之洞是亲英、日派,加之唐才常又曾就读两湖书院,算是张之洞的门生,所以,唐才常从上海抵达汉口时,有利用张之洞建立"东南自立之国"的计划,"才常犹恃张之洞与彼有师生之谊欲以勤王大义说之"①,并把自立军的总部设于汉口英租界与华界相交的李慎德堂楼上。唐才常认为,有英国人庇护,又自信张之洞不会对自立军下手,可保安全无虞。

其实,早在1900年3月,张之洞对自立会的活动已有所防范。他在3月7日的札文中便说:"长江一带会匪素多,因之造为各种揭帖,公然纠众谋逆,实堪发指,亟应遵旨严禁。"②这里所说的"会匪""纠众谋逆",即指自立会联络会党的活动。但当时唐才常等人通过日本人"通殷勤于张之洞",告以自立军将拥护张之洞宣布两湖独立;英国也有推动张之洞与自立会合作,共谋在长江中游"独立"之意,而此刻全国政局不甚明朗,以慈禧为首的清政府能否维持下去,尚是未定之秋,所以,张之洞在这一阶段没有干预自立军的活动,表面上与自立军周旋应酬,对自立军提出的由张之洞宣布两湖独立的主张,不置可否。但与此同时,张之洞又派遣"水客"刺探情报,严密监视自立军的动向。

自立军原定于1900年8月9日在汉口、汉阳、安徽、江西、湖南同时起事。由于康有为筹集的海外汇款迟不寄来,唐才常只得一再将起事时间展期,唯有对自立军总计划上不甚了然的秦力山、吴禄贞于8月9日在安徽大通率先起义。"大通势孤弱,遂为刘坤一所败。"唐才常得知大通起义失败消息,"心气昂进",便在海外汇款没有收到的情况下,决定于8月23日在武昌、汉口、汉阳三处同时起义,其计划是:先夺汉阳兵工厂,以为军资,然后率军渡江,赴武昌,拘禁统将张彪、吴元恺及督抚,自取代之。在武汉起兵后,再预图向西之策。据梁启超主持的《清议报》后来解释,这个"向西之策",意在迎接

---

① 张难先:《湖北革命知之录·庚子汉口之役》。
② 《张之洞书牍》,见中国史学会编《戊戌变法》(二),上海人民出版社1957年版,第662页。

光绪帝归政。

正当自立军亟谋起事之际,张之洞从江汉关道稽察长徐升派出的"水客"那里得知唐才常等准备暴动,而且"所为与己绝反对,且将布告各国领事,据武昌独立,决计先发制人,将党人一网打尽,以绝祸根"[①]。

张之洞之所以在这时决计对自立军下手,除了因为自立军的矛头首先指向以张之洞为首的湖北军政当局以外,还由于英国在华中策划"独立"的图谋因俄、德、法诸列强的反对而告吹。德国宣布,他们的任务至少应阻止英国的独占。法国也有类似的警告。法德等国还派军舰到长江口示威。鉴于列强各不相让以及中国民众的反抗斗争,列强认识到唯有保存清廷最符合列强的殖民主义利益。当时据清政府总税务司之位的英国人赫德将这一层意思表述得十分露骨:"各国于支那问题,大率不外三策,一曰瓜分其土地,二曰变更其皇统,三曰扶植满洲政府。然变更皇统之策,无人足以当之,骤难施行。今日之计,唯有以瓜分为一定之目的,而其达此目的之妙计,则莫如扶植满洲政府,使其代我行令,压制其民。"[②] 这种保全清廷,维持中国形式上的独立和统一,列强通过清廷实现殖民统治的政策,便是所谓的"保全主义"。在"保全主义"的指导下,英国放弃其策划东南独立的计划。这样,自立军对于英国已失去利用价值,并且还会影响英国在长江流域的既得利益。因此,张之洞在镇压自立军时不但不必担心英国出面阻挠,而且可以指望英国的配合与支持。

张之洞在8月21日行动之前,事先告知英国驻汉口领事,并保证维持秩序和保护外国人。英国驻汉口领事立即签字,允许张之洞派兵进入英租界逮捕唐才常等人。

8月21日,张之洞在照会汉口各国领事以后,于次日凌晨,派亲军包围设在英租界李顺德堂的自立军总部以及英租界附近的唐才常、傅慈祥住所宝顺里。由于唐才常等自恃有租界保护,没有做任何防备,这样,张之洞的亲军一举逮捕唐才常、林圭、李炳寰、田邦璿、傅慈祥、黎科、蔡成煜等20人。8月22日夜,张之洞下令杀害唐才常等20余人。自立军终因总部破坏而风流云散。改良派在革命派赞助下用武力开辟夺权道路的尝试遂告终结。

---

① 《中华民国开国前革命史》,广西师范大学出版社2011年版,第76页。
② 转引自杨度:《〈游学译编〉叙》,见王忍之等编《辛亥革命前十年间时论选集》,第一卷上册,三联书店1977年版,第254页。

在武汉破坏自立军总部后，张之洞建议上海当局追捕自立军成员，并请"驻洋各埠领事官传谕各华商，切勿误听康、梁邪说，枉助资财，用以伐狡谋而杜乱源"，以期"多歼渠魁，解散党羽"①。

张之洞镇压自立军可谓"快刀斩乱麻"，下手迅猛。但就张之洞本意，并不想大开杀戒。据《张文襄公大事记》称，自立军案发后，张之洞"对幕友叹息云：'今日动辄杀人，大非佳兆。'其意欲生唐免于死罪。鄂抚于荫霖执不可，公不敢固争"②。刘禺生的《世载堂杂忆》也有类似说法：（唐才常等被捕后）张之洞颇欲从轻治罪，于荫霖为湖北巡抚，力主处以大辟，张之洞忍气不敢争。总营务处姚锡光、文案陈树屏主张只罪当场拿获者，余不究。而唐才常、傅良弼（即傅慈祥——引者注）、黎科、蔡成煜，皆骈首于武昌大朝街天符庙前矣。

考察张之洞与自立军骨干的关系，上述两处记述有可信成分。唐才常等人是张之洞创办的两湖书院的"门弟子"，吴禄贞等人又是张之洞派往日本学习军事的"官费生"。张之洞知道，如果深究由这批人发动的自立军起事，于己不利。但对已捕者不予处置，又恐于荫霖等同僚向朝廷告发，于是从速杀害唐才常等20余名在押者，以了却此案。事后，张之洞在禀报此事的奏折中，除唐才常不得不报名上列外，其他均隐其名，也是不愿张扬自立军骨干与自己的师生关系。正如康有为所披露的：张之洞"既惧亡国大夫之诮，又羞蒙杀士之名，内疚神明，外惭清议"③。

总之，张之洞与自立军始而"虚与委蛇"，继而"剿办""擒诛"，但又不愿将事态扩大。这一切做法，是张之洞在"东南互保"前后的特有表现：竭力周旋于列强、清廷、民众之间，以谋求自身的保全。这在那一时期的诸洋务大吏中是颇有代表性的。

张之洞镇压自立军，"屠戮士类"的行径，对于当时的各派进步人士也无异于一副清醒剂。截至此前，不仅改良派诸人对包括张之洞在内的汉族疆吏寄予期望，企图"借权"督抚以反对慈禧太后为首的清政府，连革命派也认为

---

① 《宣布康党逆迹并查拏自立会匪首片》，《全集》，卷五一，奏议五一，第26页。
② 《张文襄公大事记·体仁阁大学士张公之洞事略》。
③ 康有为：《代上海国会及出洋学生复湖广总督张之洞书》，《康有为与保皇会》，第52页。

"疆臣重吏,观望依违,定乱苏民,究将谁属?"①1900年,清廷对外宣战后,章太炎曾致函李鸿章说:"事机既迫,钧石之重,集于一人",并建议李鸿章"明绝伪诏,更建政府,养贤致民,以全半壁"②。孙中山及其助手陈少白也在同年六月前后,与李鸿章的幕僚刘学询接触,运动李鸿章借"北方拳乱"之机,"以粤省独立"③。可见,利用汉族督抚以反清,是当时不少进步人士的共同想法。而张之洞杀害唐才常等自立军志士,使各派进步人士对洋务大吏的幻想破灭。章太炎还专门为此写了《分镇匡谬》一文,对自己过去依赖汉族督抚的"借权之谋"进行了自我批判。该文说:

> 今督抚色厉中干,诸少年意气盛壮,而新用事者,其葸畏又过大耋旧臣,虽属以一道,弗能任。④

章太炎明白地表示了对李鸿章、张之洞之类汉族疆吏的失望。要救国,唯有走革命道路。这是死于张之洞屠刀之下的自立军志士留给同辈和后人的血的教训。

七、张之洞庚子年间做过"皇帝梦"吗?

庚子年(1900年)是国家深陷危难的多事之秋,义和团起事、清廷掀起排外狂潮、八国联军入侵首都北京,慈禧、光绪西逃,清王朝几近倾覆,而维新派与革命派联手组织自立军,试图举义长江中游……当此时局变幻莫测之际,作为擅机变的封疆大吏张之洞,纵横捭阖,翻云覆雨,有种种应对之策,其中要著是与刘坤一等督抚策划"东南互保",拒受朝廷对列强宣战之旨,在东南数省与英国等达成"互保"和局。一时间,张之洞等东南督抚似已独立于朝廷之外,形成一种内政外交自主的政府。张之洞的此类行为,在当时曾招致朝野的尖锐抨击,以为是背叛朝廷,张氏俨然为东南地区的"总统"。上列诸情,本章前节已有陈列,此不赘述。值得注意的是,近十余年来,史学界有

---

① 邹鲁:《中国国民党史稿》,上册,东方出版社2011年版,第33页。
② 《庚子拳变与粤督书》,《甲寅》,第一卷第四二号,《太炎集外文》。
③ 冯自由:《刘学询与革命党之关系》,《革命逸史》初集,中华书局1981年版,第22页。
④ 《分镇匡谬》,《章太炎政论选》,上册,第107页。

学者（如美国哈佛大学费正清东亚研究中心研究员孔祥吉等），根据日本披露的新发现材料，认定庚子年间张之洞做了一阵"皇帝梦"，试图"独立为王"。又有学者（如中国社科学院近代史所研究员李细珠等），则力辟此说。

张之洞在庚子国变间是否梦想称帝，对于把握这段诡异多端的历史段落、完整认识张之洞这个复杂人物，颇有意义，故值得一辩。

持张氏做过"皇帝梦"之说者，依凭的新史料，主要是日本女子大学久保田次教授2002年春披露的宇都宫太郎（1861—1922）的《明治三十三年当用日记》（此日记由宇都宫太郎后裔宇都宫恭三捐出）。

宇都宫太郎是日本军政要员、情报巨头，晚年官至陆军大将，为明治陆军"三太郎"之一（另二人为桂太郎、仙波太郎）。中青年时的宇都宫是日本参谋本部中级官佐，负责搜集清朝（主要是长江中下游）军政情报，明治三十年，即光绪二十三年（1897年），曾前往湖北晋见湖广总督张之洞，密商中日联交事宜。张之洞致总理衙门的电报记述此事。以后几年，宇都宫氏一直致力联络清朝高中级官员，获取战略情报。

明治三十三年，即庚子年或光绪二十六年六月，八国联军攻占大沽、天津，俄军、日军直逼北京。《明治三十三年当用日记》六月二十八日记载，宇都宫氏在日本东京仲之町会见张之洞派往日本监督中国游学生的知府钱恂，平岩氏作翻译，谈论时事。其间，钱恂说道：

> 张等曾言，倘若天子蒙尘既久（大概至长安），清国将陷入无政府状态，届时南部二三总督互相联合，于南京建立一政府，实乃不得已之事云云。

《明治三十三年当用日记》还记述宇都宫氏与清国公使李盛铎、张之洞长子张权（进士出身，户部主事）、孙张厚琨、游学生监督钱恂晤谈。《明治三十三年当用日记》七月六日载：

> 钱恂至公所来访，言及张之洞或会设立新政府，目前当务之急乃是厚置兵力。吴元恺部二千名，张彪部二千五百名，此外再募集三千名。并又提及要求日方援助大尉二人，步枪（三十年式或小村田连发）五千挺。……

七月十二日等日记还载有与钱恂再次晤谈情节。

钱恂是张之洞亲信，他对宇都宫转述的"张等曾言"，当是钱恂赴日本前夕，张之洞对钱直接面授之意，似这等重大情节，钱恂绝不会虚构、妄议。钱恂转述的张之洞"厚置兵力"等情节，也有事实为佐证：张之洞长子张权所率军事团（总兵吴元恺、游击张彪等湖北高级军官参加）已在日本活动月余，采购武器装备、聘请日本教官等，紧锣密鼓地展开。

根据上述可信材料，联系张之洞在"庚子国变"之际积极筹划"东南互保"，与英日等国紧密联络，又对力倡"两湖宣布独立"的唐才常"自立军"取虚与委蛇的模糊态度（以致唐对张深抱幻想），可见张氏确有东南独立的设想。在这一点上，张之洞较其"东南互保"的盟友——两江总督刘坤一、两广总督李鸿章走得更远。刘坤一只限于与列强"相互保护"，以维持两江辖区的安定。他没有接受幕僚"迎銮南下"以控制太后、皇帝的建议。李鸿章虽受梁启超等"两广独立"的策动，但并未应承，并很快接受清廷派其与八国联军谈判的使命。而张之洞则在东南独立上不仅有所思而且有所行。总之，张之洞在慈禧、光绪西逃，清廷命运未定之际，有东南独立、组织新政府的设计，并迈出尝试性步伐。这大约是较可信的评断。

然而，称张之洞在庚子年间做"皇帝梦"，则是一种根据不足的推论。

综观各类文献，张之洞在公开场合乃至私下，绝未流露称帝意向。即使是钱恂向宇都宫太郎转述的张之洞语，也只是"与南部二三总督联合"，在南京建立新政府。请注意，这里讲的是"与南部二三总督联合"，约指联合刘坤一、李鸿章等南方总督，并非张之洞独干或带头干。而且是准备在南京，并不是在武昌设立新政府，这显然是让两江总督刘坤一领衔"东南互保"。可见，张之洞的东南建新政府的设想，与他"独立称王"、做"皇帝梦"之说，有相当大的距离。我们不应对钱恂转述的张之洞意向作过度诠释。

明清是专制皇权达于极点的朝代，加之理学忠君教言的熏染，士大夫不作篡夺帝位之想。明清两朝有过藩王叛乱，却没有官员图取帝位的事件发生。有"篡夺"之名的王莽、曹操一向被明清士大夫所唾骂，指为千古罪人。即使至清代咸同之际，曾国藩拥领强劲湘军，湘系将帅几占全国督抚之半，幕僚王闿运劝说曾国藩自立称帝，为曾国藩拒绝，理学家曾国藩采取"剪翼自敛"之路，要把"忠臣"做到底。张之洞受理学之教不亚于曾国藩，坚持儒学"三纲"教义更在曾国藩之上。张之洞素以"儒臣"自居，世人对他也以"儒臣"相称，以区别于曾国藩这样更重视权谋的"大臣"（见辜鸿铭《张文襄幕府纪闻》相关记述）。张氏1898年所撰《劝学篇》，其内篇充满"忠君"之论，这不能以虚言假话视之。说张氏于两年后（1900年）即有取清帝而代之的念想，不符合张氏严守纲常的主观逻辑。他在出现"无政府"局面之际，有建立独立新政府的构想，是一种"不得已"的权变，当然也确乎部分逾越了"忠君"教义，但远未达到试图自己当皇帝的程度。至于以客观条件而论，当时荣禄等满洲大臣拥有重兵，袁世凯等汉族疆吏也实权在握，不会听命于张某称帝，刘坤一、李鸿章等盟友也不愿臣服张某。以机敏多谋著称的张之洞，怎么会无视这些巨擘可能形成的障碍，去勉强攀登皇帝宝座呢！

当年有传言，说东南督抚们达成秘密协议，若清廷瓦解，则改建共和，选举李鸿章为总统。[①] 传说也未提到举张为总统，因从资历、地位论，李皆在张之上。

综论之，庚子年间的张之洞鉴于时局似有不可收拾之势，遂与刘坤一、李鸿章等策划"东南互保"，意在避免卷入朝廷与列强的争战，如此，守可维持自己辖区的安定，进可扩大自己在东南以至全国的势力，并赢得时间空间，观望大局变迁，从长计议。此间他有"独立"、自建新政府的设想并开始行动，但尚无材料证明他想做皇帝。看到列强不准备抛弃慈禧，仍让慈禧掌理朝政，英国也放弃单独控制长江中下游的图谋，张之洞的东南独立计划也就胎死腹中，于是立即诛戮唐才常等自立军骨干，这既是向朝廷献上效忠礼，也是消灭曾经谋求湖广独立的痕迹。此后，张之洞频频向以慈禧为首的清廷表示臣服，重新步入一贯的"忠臣"故道。

依据以上史实和逻辑辨析，不能作出张之洞于庚子年间曾做"皇帝梦"的判断。而张之洞确有东南独立设想，而此一设想又未获实现，则是当年情实。

[①] 参见雷颐：《历史：何至以此——从小事件看清末以来的大变局》，山西人民出版社2010年版。

第九章　挽救清王朝的最后努力

张之洞晚年，即20世纪最初几年，是一个大事变的酝酿期。有政治嗅觉的人身处其间，都能感受到"山雨欲来风满楼"气氛。而张之洞正是在这样的关头，由"久任疆寄"的地方大吏迈进朝廷中枢门槛，步入漫长官宦生涯最后也是最高阶段，从而在更广阔领域卷入清王朝危局之中。

一、清末新政主角

1. "第二次洋务运动"——清末"新政"

义和团运动和八国联军入侵使得清王朝几乎"宗社倾覆"，以慈禧太后为首的清朝统治集团感到创巨痛深，惊心动魄，意识到必须"改弦更张"，才能遮掩天下人耳目，挽救统治危机。这样，慈禧便在扑灭戊戌变法一年多之后，也捡起"变法"旗帜，开始举办"新政"。

1901年1月29日，避难在西安的慈禧太后，以自己和光绪帝的名义下"变法诏"，指出近数十年积弊相仍，因循粉饰，以致酿成大衅，欲求振作，当议更张。诏书说：

> 世有万祀不易之常理，无一成不变之治法……盖不易者三纲五常，昭然如日月之照世；而可变者令甲令乙，不妨如琴瑟之改弦。[①]

诏书还声言"取外国之长""去中国之短""壹意振兴"，并要求各军机大臣、六部九卿、各省督抚及出使各国大臣，"参酌中西政要，举凡朝章、国故、吏

[①] 朱寿朋：《光绪朝东华录》，第四册，中华书局1958年版，第4601页。

治、民生、学校、科举、军政、财政,当因当革,当省当并",条议以闻,在两个月内提出建策。这个变法上谕是清末"新政"的开端,它无法解决中国社会存在的基本矛盾,却促成清朝统治营垒各种力量的重新组合,在一定程度上暂时弥合 1900 年夏天前后出现的统治集团的分裂。张之洞以及刘坤一、袁世凯等强有力的汉族疆吏,由"东南互保"期间与朝廷离心离德的状态,重新回到以慈禧为首的权力中心左右。

为了筹办"新政",清廷于 1901 年 4 月 21 日设立"督办政务处",派亲庆王奕劻,大学士李鸿章、荣禄、昆冈、王文韶,户部尚书鹿传麟为督办政务大臣,两江总督刘坤一、湖广总督张之洞遥为"参预政务大臣"(后来袁世凯也补任"参预政务大臣")。督办政务处总揽新政事宜,主要任务是参酌中外政治,列成条文,汇编成"政典",供慈禧参考,"俟回銮后切实颁行"。从 1901—1905 年,清廷采纳"督办政务处"的建议,先后颁行一系列"新政"上谕。第一个实际步骤是废除总理各国事务衙门,建立仿效欧美的外务部。此外还有停止捐纳实官,裁汰各衙门胥吏差役,裁汰绿营防勇,编练常备、续备、巡警各军,废弃武科,建立武备学堂,派遣游学生出洋,废科举、兴学堂,准满汉通婚,酝酿实行立宪等等措施,相当广泛地展开上层改革。

从"变法诏"的精神实质,"督办政务处"的人员组成和"新政"的基本内容可以看出,清廷在 20 世纪初叶实施的所谓"新政",是满洲亲贵与汉族洋务大吏相结合的统治集团的自救运动,它所提出的某些任务似乎与戊戌变法目标相近,但却否定了维新派的主旨——扬弃君主专制的民权思想。清末"新政"不过是在维持君主专制制度的前提下,对政治、经济、军事、文教诸方面涂抹上某种近代色彩。这个"新政"的指导思想,正是张之洞在《劝学篇》里详加阐述的"中体西用"论。因此,与其说清末"新政"是戊戌变法的变相实施,不如说它是 19 世纪 60 年代开始,90 年代遭到惨败的洋务运动的东山再起。有见地的外国人当时就一语破的地把"新政"呼作"第二次洋务运动"[①]。

同第一次洋务运动一样,"第二次洋务运动"的操纵者表面上是朝廷中的满洲亲贵(前次为恭亲王奕䜣,这次为庆亲王奕劻),但实际发挥作用的是汉族疆吏,最重要的人物是刘坤一、张之洞和袁世凯。刘坤一在"新政"展开后

---

① [日]森藤吉郎:《清国视察复命书》,(日本)农商务省 1902 年印行。

不久即死去，张之洞和袁世凯便成为清末"新政"最显赫的两个角色，其中以张之洞为甚。

2. 与刘坤一合奏"变法三疏"——新政纲领

1901年1月29日颁布的"变法诏"，要求大臣就变法事宜"各抒所见"。时任湖广总督的张之洞初拟联合各省督抚会奏，两江总督刘坤一推荐张之洞执笔起草。正在酝酿期间，山东巡抚袁世凯收到慈禧太后、光绪帝从"行在"西安发来的电报，得知上意欲廷臣"各抒所见，不必联衔入告"，这样，袁世凯便于1902年5月抢先提出新政条陈，单衔具奏，主要内容有充实武备，改进财政，开通民智，派遣游学生等。① 这样，刘坤一便主张不必联络其他督抚，由两江总督、湖广总督联衔上奏。张之洞于是"荟萃众说，断以己意，日撰一、二条，月余始就"，这便是1902年7月2日上奏的《变通政治人才为先遵旨筹议折》②，同年7月8日上奏的《遵旨筹议变法谨拟整顿中法十二条折》③，7月9日上奏的《遵旨筹议变法谨拟采用西法十一条折》④。这三份由张之洞起草，由刘、张两人具名的奏稿合称《湖广、两江总督会奏三疏》或《江楚会奏三疏》，俗称"变法奏议三折"，简称"变法三疏"。

在"变法三疏"中，张之洞针对"上年京畿之变，大局几危"的严重形势，强调"变法"的必要，指出"不变何以为国"⑤。关于变法的具体措施，"变法奏议"第一折提出"兴学育才"的四"大端"："一曰设文武学堂，二曰酌改文科，三曰停罢武科，四曰奖励游学。"⑥ 这些办法张之洞19世纪90年代在湖广和两江已经实施，现在又加以系统化，建议朝廷推行全国。

"变法奏议"第二折，提出"整顿中法十二条"，"一曰崇节俭，二曰破常格，三曰停捐纳，四曰课官重禄，五曰去书吏，六曰去差役，七曰恤刑狱，八曰改选法，九曰筹八旗生计，十曰裁屯卫，十一曰裁绿营，十二曰简文法"⑦。张之洞指出："以上十二条，皆中国积弱不振之故，而尤为外国指摘诟病之端"，"必先将以上诸弊一律划除，方可冀民心永远固结，然后亲上死长，御

---
① 袁世凯：《养寿园奏议辑要》，卷九，第13页。
② 《全集》，卷五二，奏议五二，第9~29页。
③ 《全集》，卷五三，奏议五三，第1~33页。
④ 《全集》，卷五四，奏议五四，第1~32页。
⑤⑥ 《变通政治人才为先遵旨筹议折》，《全集》，卷五二，奏议五二，第10页。
⑦ 《遵旨筹议变法谨拟整顿中法十二条折》，《全集》，卷五三，奏议五三，第1页。

侮捍患可得而言矣。"①

"变法奏议"第三折,提出"采用西法十一条","一曰广派游历,二曰练外国操,三曰广军实,四曰修农政,五曰劝工艺,六曰定矿律、路律、商律、交涉刑律,七曰用银圆,八曰行印花税,九曰推行邮政,十曰官收洋药,十一曰多译东西各国书"②。这些条目,与张之洞所著《劝学篇》外篇大体相近,不过进一步强调变法必须"以仿西法为主"。他声称:"非变西法不能化中国仇视外国之见","不能化各国仇视朝廷之见"③,表明他的"变法"主张是为了顺应列强的需要,足见张之洞买办化程度已大大加深。张之洞虽然高唤仿效"西政西学",但又同维新派的社会改革方案有所区隔。正如张之洞在"变法三疏"第三折里所说的,他的"采纳西法"的主张,与"乱纪纲"的"康有为之邪说谬论""判然不同","大率皆三十年来已经奉旨陆续举办者"④。这就清楚点明,张之洞所提出的"新政"主张,与戊戌变法的精神实质大有差别,其实是19世纪后半叶展开的洋务建设诸项目的继承和发挥,其中心内容是筹饷练兵,次为兴学堂、罢科举、鼓励工商业,其战略目标则是维护清廷,捍卫纲常名教。

清廷对张之洞、刘坤一合奏的"变法三疏"十分重视,1901年9月发布上谕:"昨据刘坤一、张之洞会奏整顿中法以行西法各条,其中可行者即著按照所陈,随时设法择要举办。各省疆吏亦应一律通筹,切实举行。"⑤这样,"变法三疏"成为清末"新政"的行动大纲。不过,由于当时朝政的腐败已入膏肓,"变法三疏"提出的诸项措施推行起来困难重重,慈禧的亲信、大学士荣禄曾对人说:"刘张奏,慈圣称好。我对:法是好,止是无人办。"⑥至于改良派更看出这些"新政"措施不过是欺世盗名,黄遵宪指出:"变法之诏,第为辟祸全生,徒以媚外人而骗吾民也。"⑦这个批评,既是对"变法诏"而发,也是对张之洞的"变法三疏"一针见血的揭露。

① 《遵旨筹议变法谨拟整顿中法十二条折》,《全集》,卷五三,奏议五三,第1页。
②④ 《遵旨筹议变法谨拟采用西法十一条折》,《全集》,卷五四,奏议五四,第1~2、32页。
③ 张之洞:《电稿》,卷四五,第31页。
⑤ 朱寿朋:《光绪朝东华录》,第四册,中华书局1958年版,第4771页。
⑥ 胡编《年谱》,卷四。
⑦ 黄遵宪:《驳革命书》,《新民丛报》,第24期。

3. 再次暂署两江，参预处置"苏报案"

1902年10月，正当张之洞在湖广总督任内推行"新政"之际，张之洞的洋务伙伴、两江总督刘坤一病故，10月7日，奉上谕两江总督著张之洞署理，迅速赴任，湖广总督由端方署理。10月31日，张之洞交卸湖广总督篆务，11月5日抵江宁，8日第二次接署两江总督。12月8日，奉旨魏光焘（1837—1916）调补两江总督，张之洞回湖广总督本任，1903年3月交卸两江篆务返回湖北。

张之洞第二次署理两江，为时甚短，"唯补苴幽邈，亦未尝有赫然之举动"①。可称得上政绩的有：设两江学务处，奏设三江师范学堂，与袁世凯会奏"变通科举"，议定沪宁铁路借款合同，整顿淮盐积弊，奏陈移江南制造局于内地等等。这些兴革可以说都是"变法三疏"的具体化。张之洞暂署两江的这四个月间（1902—1903年之交），是革命运动蓬勃发展的时期，而两江总督所辖上海等地，又是革命派活动的中心地带。清政府为扑灭革命运动，于1903年夏制造"苏报案"，其时张之洞已返湖广本任，并奉旨赴京篡修学堂章程，但他仍然遥控这一处置革命派的案件。

早在1901年底，张之洞在湖广总督任内即已插手长江下游，弹压革命运动。当时，章太炎在苏州东吴大学任教，鼓吹革命。张之洞派人到江宁与两江总督刘坤一密商，继而又派人赶到苏州与江苏巡抚恩寿密谋逮捕章太炎。因章太炎放寒假回杭州过年，才没有抓到，章闻讯后东渡日本避难。1903年春，中国留日学生发起拒法、拒俄运动。4月，上海群众千余人在张园集会，抗议俄国向清政府提出独占东北的七项要求。同年夏，上海《苏报》聘章士钊为主笔，章太炎、蔡元培为撰稿人，专辟"学界风潮"栏，报道各地学生的爱国运动，刊载邹容（1885—1905）的《〈革命军〉自序》，以及章士钊等人所撰《读〈革命军〉》《介绍〈革命军〉》等文章，又发表章太炎的《驳康有为论革命书》，该文称光绪帝为"载湉小丑，未辨菽麦"。清政府深恨《苏报》，遂勾结上海公共租界工部局，于1903年6月逮捕章太炎等，并封闭《苏报》。章太炎和邹容在会审公堂宣传革命，据理力争，各报纷纷报道章、邹言论，造成广泛影响。清政府惧恨交加，两江总督、南洋大臣魏光焘照会各国驻沪领事，请求将章、邹二"钦犯"引渡给清政府，以便"一曰逮上海，二曰发苏州，三曰解南

---

① 《张文襄公大事记·体仁阁大学士张公之洞事略》。

京,四日处极刑",达到"定国是而遏乱萌"①的目的。但各国领事为维护租界治外特权,不愿引渡。他们这样做,"系争界内之权,非实惜各犯之命"②。其时正在北京的张之洞为清政府出谋献策,竭力促成引渡。军机处接受张之洞建议,于7月两次电令魏光焘"尽法惩办,勿稍疏纵"③。根据张之洞的提议,暂署湖广总督的端方派湖北巡警局总办金鼎赴上海,办理引渡章、邹事务。

金鼎抵沪后,同其他大员一起,几番同各国领事交涉引渡,甚至向列强许以沪宁铁路利权,又愿出银十万两,另送三百两给工部局捕房,作为引渡章、邹的代价。但列强租界当局为了维护面子,又担心激起中国民众的愤怒,始终表示"租界事,当于租界治之",不同意清政府的引渡要求。当此一筹莫展之际,张之洞电示端方说:"在中国境内,虽系租界,其中国人民仍然归中国管辖,故遍查条约并无租界交犯章程。"④在张之洞启发下,魏光焘等人企图提出主权要求,迫使各国领事同意引渡。张之洞等人则在北京活动,终于使法、俄、德、美等国公使赞成引渡,唯意大利公使反对,英国代办则模棱两可。正当交涉进入紧张关口,北京发生刑部鞭毙革命党人沈荩事件,引起国内外舆论的强烈反响,各国使领转而一致拒绝引渡章太炎、邹容。为挽回局面,张之洞又提出用"只以监禁了事,决不办死罪"⑤为条件,向各国公使、领事交涉引渡。但英、美政府指示其驻华使节不得交人,清政府引渡图谋终以失败告终。

张之洞在"苏报案"中充当摇鹅毛扇的角色,表现出同革命运动不共戴天的态度。他在与外国使领交涉的过程中,虽然打出一副维护主权的姿态,但他同洋人力争的不过是镇压中国革命者的权利,其立意既在于打击《苏报》诸君,还在于"将来再有缉拏匪犯之事,便易措手"⑥。此时的张之洞虽然也在激昂慷慨地批评洋人"有意占权",表示"万难迁就"⑦,但其矛头的真实指向,并非外国侵略者,而是中国民众。这同张之洞做清流党和出任两广总督时力主抗御外侮,维护领土主权的言行,外貌近似,实质却已大异。将晚年张之洞与中年张之洞的言行加以比较,可以清楚看出这位清末政界巨擘思想的重心,已由"御外"转为"制内",其卫朝廷、反人民的本能日益演为压倒一切的东西。这正是清朝末年政局的反照。它表明,随着国内冲突日趋白热化,像张之洞这样嗅觉敏锐的官僚,已全身心投入阻止革命总爆发的生死搏斗。

---

①②③④⑤⑥⑦《苏报鼓吹革命清方档案》,见中国史学会主编《辛亥革命》(一),第446、433、413、427、432、428页。

4. 入京编纂学堂章程

1903年初，张之洞尚在两江，即已奉旨入京陛见。3月，他交卸两江篆务返回湖广本任，稍事整顿即乘火车北上，5月16日抵达京师。张之洞入京之际，正是李鸿章、刘坤一等汉族重臣相继死去以后，"舆论方谓公将握政柄大用"①，但因为张之洞与庆亲王奕劻等朝中亲贵多有矛盾，被"冷置于都下，使进退维谷"②。此时，清廷正在筹议全国学制改革，管学大臣张百熙在制订新学制的过程中受到荣庆（1859—1919）等守旧大臣掣肘，便奏请添派重臣会商学务。张之洞素以"知学"著称，特别是在湖北"兴学育才"名震遐迩，故张百熙在奏折中请求"与湖广督臣张之洞商定会办之法。学堂为当今第一要务，张之洞为当今第一通晓学务之人，此中利弊阅历最深"。清廷遂派张之洞会同张百熙、荣庆重新商定京师大学堂章程，并将各省学堂章程一律厘定。在此后几个月内，张之洞实际主持了（名义是张百熙、荣庆、张之洞三人）一系列教育制度的制订工作。七月议订《约束游学生鼓励毕业生章程》，8月，奏定《约束出洋游学生章程》《奖励游学生章程》，12月，奏进《重订学堂章程》，同月清廷颁布《奏定学堂章程》。因光绪二十九年是癸卯年，这个学堂章程提出的学制称"癸卯学制"。

"癸卯学制"的雏形，在"变法三疏"的第一折《变通政治人才为先折》中已可窥见。在这份奏稿中，张之洞参考西洋、日本教育制度，提出包括蒙学、小学、高等小学、中学、高等学校、大学的新学制设想，同时又提出"科举学校合一"的过渡办法。1902年（光绪二十八年），管学大臣张百熙制订"钦定学堂章程"（因光绪二十八年是壬寅年，故又叫"壬寅学制"），即以此为本。次年3月，张之洞与袁世凯会奏"变通科举，分科递减"，又由"科举学校合一"向前迈进一步。"癸卯学制"则在"壬寅学制"的基础上，广泛参酌东西洋各国学制，制订出较完备的学堂章程十余种。这些章程由曾经赴日考察的湖北沔阳人陈毅草拟，张之洞亲自审定，故王国维说："今日之奏定学堂章程，草创之者沔阳陈君毅，而南皮张尚书实成之。"③

"癸卯学制"是我国第一个经政府正式颁布后，在全国范围内推行的学制，

---

① ② 《张文襄公大事记·体仁阁大学士张公之洞事略》。
③ 王国维：《奏定文科大学章程书后》，《教育世界》，第118期。

施行到辛亥革命为止。以后，民国年间提出的几个学制，与"癸卯学制"大同小异。

张之洞在制定学堂章程的过程中也坚守其"中学为体，西学为用"宗旨，他虽然重视学习西洋技艺，却断然排斥西洋的哲学体系，他多次论及学堂不可讲"泰西哲学"，认为"中国圣经贤传无理不包，学堂之中，岂可舍四千年之实理，而骛数万里外之空谈。"① 基于这种偏见，张之洞在重订学堂章程时，不准将哲学列入课程。王国维曾质问张之洞"之所以必废此科之理由如何？"并说："若不改此根本之谬误，则他日此二科（指经学、文学二科——引者）中所养成之人才，其优于占毕帖括之学者几何？而我国之文学经学不至于坠于地不已，此余所不能默尔而息者也。"②

对于西洋的近代政治法律，张之洞更视作洪水猛兽。他深恶所谓"少年躁妄之徒"，"妄谈民权自由"，并认为之所以出现这"种种悖谬"，是由于"不讲西国科学，而好谈西国政治法律"。为了预防此种事态发展，张之洞在重订学堂章程时，规定"私设学堂概不准讲习政治法律专科，以防空谈妄论之流弊"③。与张之洞排斥西方政治学说的做法截然相反，梁启超则力主学习西方政治学说以改造中国，他指出："士夫不讲此学，则市侩弄舌而横议之；中国不讲此学，则外夷越俎而代谋之。""故为今之计，莫若用政治学院之意，以提倡天下。"④ 对比梁氏、张氏的教育思想，可以清楚洞见维新派与洋务派主旨的根本区别。时人即已看出张之洞教育思想不可解之矛盾：

> （张之洞）笃守儒家藩篱，与欧化不融，则又发为以中学为体西学为用之言，实堕宋人体用看成两橛之迷障。⑤

留日学生更尖锐地抨击张之洞"平日守数千年文章诗赋之旧，傲然自负为通学，耳食一二西事，知之未全，便又自以为深通西学，于文明之学术，世界之

---

① 《筹定学堂规模次第兴办折》，《张文襄公奏稿》，卷三四。
② 王国维：《奏定文科大学章程书后》，《教育世界》，第 118 期。
③ 《学务纲要·私学堂禁专用政治法律》。
④ 梁启超：《饮冰室合集·文集》，卷四，《上南皮张尚书》，中华书局 1936 年版。
⑤ 《张文襄公大事记·体仁阁大学士张公之洞事略》。

公理，未尝梦见，亦未肯虚心求益"①。这些批评所揭露的不仅是张之洞个人知识结构的"病根"，也是洋务派的通病。

二、入阁拜相之荣，大厦将倾之忧

1. 政局动荡之际充任体仁阁大学士，入参军机处

张之洞在北京会商学务约八个月，于1904年初返回湖广总督本任。此后几年（1904—1907年），张之洞一面在湖北孜孜推行"新政"，一面眼观朝局，谋划进退应对之策。这一时期，中国面临革命时机渐趋成熟的形势："下层"不愿照旧生活下去，"上层"也不能照旧统治下去。在"上层"，满汉之争和其他派系倾轧日益剧烈，贪墨搜刮、疲玩泄沓、枉法残民等痼疾一并恶性发作；在"下层"，革命派领导的武装暴动此起彼伏，"海滨洋界，会党纵横，甚者倡为革命之说，顾其所以煽惑人心者，则曰政体专务压制，官皆民贼，吏尽贪人，民为鱼肉，无以聊生，故从之者众。"②长江中下游是革命党人和会党活动的中心地带，刘坤一1902年死后，两江总督三年四次更易，不利于这一地区统治秩序的稳定，朝廷多次拟调张之洞出镇两江。张之洞因在湖广经营多年，不愿到两江另起炉灶。

在张之洞推辞两江总督之任的同时，朝廷还在考虑将张之洞上调中枢。清廷的这种意向早在1900年"东南互保"以后便已萌生。鉴于张之洞、袁世凯等疆吏在地方形成尾大不掉的势力，清廷深怀疑惧，企图让张之洞等人入参军机处，以"明升暗降"的伎俩将其从权力基地调开。张之洞知悉此中内情，屡电鹿传霖，坚辞廷枢之任。因为卢汉铁路等事宜尚需张之洞在湖广任内处理，朝廷暂时维持原任。至1907年，情形发生变化。其时，朝廷中枢的汉族重臣李鸿章去世数年，王文韶等继任者的能力和影响都远不及李鸿章，清廷需要物色新的汉族官僚代表，而举朝内外，从实力和威望言之，只有张之洞、袁世凯堪负此任，这样便促成清廷疑信参半的张、袁二人的同时进入朝廷中枢。由于此刻的"入枢"同1901年前后的含义有所不同，故张之洞"隐辞两江而不辞

---

① 沈翔云：《复张之洞书》，《黄帝魂》。
② 1906年载泽奏请宣布立宪密折，见中国史学会编《辛亥革命》（四），上海人民出版社1957年版，第29页。

枢府"①。

1907年6月29日，协办大学士、军机大臣瞿鸿禨因"丁未政潮"与庆亲王奕劻形同水火，奕劻向慈禧密奏：瞿鸿禨企图推翻戊戌成案，要求"归政"光绪，这便触犯了慈禧的忌讳，于是策动言官弹劾瞿鸿禨，随即将瞿鸿禨遣放田里，协办大学士职务空缺，两天后，以张之洞补任协办大学士。7月23日，张之洞又著授大学士，仍留湖广总督之任。7月27日，张之洞著充体仁阁大学士。明清两代，大学士"无宰相之名，有宰相之实"，故张之洞充任体仁阁大学士，时称"入阁拜相"。9月3日，张之洞著补授军机大臣。"入阁拜相"，加上"入参军机处"，可以说登上清朝行政官职的极峰。9月中旬，张之洞入京，兼管学部，开始以首相身份跻身晚清政坛。

2. 奏请"化除满汉畛域"

清朝是东北少数民族满洲人入主中原建立起来的一个王朝。清初，满洲贵族在征服汉人的过程中，曾举行大规模的屠杀和镇压，满汉矛盾一度白热化。康熙中叶以后，随着清朝政局稳定、经济恢复，满洲贵族与汉族地主阶级的联合统治确立，满汉矛盾渐趋缓和。鸦片战争后，人民大众同腐朽卖国的清政府之间的矛盾逐步加深，但直至19世纪末期，还极少有人提出"排满"。20世纪初年，八国联军入侵，《辛丑条约》签订，民族危亡迫在眉睫，愈来愈多的人认识到，要救亡图存，必须打倒堕落为"洋人朝廷"的以满洲人做皇帝的清王朝，加之革命党人广为介绍明季亡国痛史和清初满人压迫汉人的暴政，"旧恨新仇"交集，"革命排满"思想日益深入人心。

作为一个维护清王朝的深谋远虑的重臣，张之洞清楚看出，若不采取措施调和满汉矛盾，势必危及根本。1901年，张之洞与刘坤一会奏"整顿中法十二条"，其内"筹八旗生计"一条，即建议清廷取消某些旗人特权，以便熔满汉于一炉。1904年春，张之洞奉召入京纂修学堂章程，1月13日返回湖北前陛辞请训，面奏数百言，"力请化去满汉畛域，以彰圣德、遏乱端，如将军都统等缺可兼用汉人，驻防旗人犯罪，用法与汉人同，不加区别"②。慈禧太后闻奏不大高兴地说："朝廷本无畛域之见，乃无知者妄加揣测耳。"③1907

---

① 胡编《年谱》，卷六，第7页。
②③ 胡编《年谱》，卷五，第7、8页。

年7月，张之洞就任大学士，抱病上疏，再次申述"化除满汉畛域"的紧迫性。他在奏稿中说："欲御外侮，先靖内乱，探原扼要，唯有请颁旨布告天下，化除满汉畛域。"①他把调和满汉之争作为"靖内乱"的关键。这是张之洞向清廷上的"治安策"。清廷面临危局，只得采纳这类疏议，于同年8月2日发布上谕，一方面给自己涂脂抹粉，声言开国二百余年来"满汉臣民，从无歧视"，指责臣民"犹存成见，自相纷扰"，另一方面又不得不羞羞答答地承认"满汉畛域"的客观存在，并说："究宜如何化除，著内外各衙门，各抒所见，将切实办法妥议具奏，即予施行。"②此后，清廷颁旨声明"满汉平等""不分畛域"，宣布取消满汉异法，满汉不婚等旧制，将军虽仍然专任旗人，都统则开始选任汉人。

清廷虽在表面上作出上述消除满汉鸿沟的姿态，但随着统治危机的日益加深，虚弱的满洲亲贵骨子里的民族猜忌心却有增无减，为了维护"天潢贵胄"的皇位和特权，他们宁肯投靠外国侵略者，也不愿以汉人为主体的各族人民得享自由，"我家之产业，宁可赠之于朋友，而不必畀诸家奴"③一说，颇能代表这一小撮满洲贵族的共同心理。他们既然把汉人视作不可与之分权的"家奴"，便不仅与全国民众相对立，而且同汉族官僚也同床异梦，视作异类。特别是当光绪帝、慈禧太后相继死去之际，皇族乘机集权，排斥汉官，亲贵联翩用事：摄政王载沣（1883—1951）自统禁卫军，代行大元帅职权；以其弟载涛（1887—1970）和皇室成员毓朗（1864—1922）充训练禁卫军大臣，继而又由二人任管理军谘处事务大臣；载沣的另一弟弟载洵（1885—1949）充筹备海军大臣。面对"少年贵胄骤起以操持大事"④的局势，张之洞"固争以为不可"⑤。但载沣不纳，一意扶植"少壮亲贵集团"。这就大大缩小了清廷的统治基础，动摇了清王朝维系二百余年的基石——满洲贵族与汉族地主阶级的联合统治。富于政治经验的张之洞清楚意识到，这种做法无异于自杀，所以反复抗争，终"因孤掌难鸣，不得已而萌退志，告病数月，竟至不起矣"⑥。但他

---

① 胡编《年谱》，卷五，第7、8页。
② 《东方杂志》，1907年，第八期，第43页，上谕栏。
③ 梁启超：《戊戌政变记》，卷四，引刚毅语。
④⑥ 《张文襄公大事记·体仁阁大学士张公之洞事略》。
⑤ 胡编《年谱》，卷六，第19页。

直至死前的弥留之际，仍念念于兹，留下遗折，再次强调"满汉一体"。然而，清王朝的腐败已入膏肓，包括满汉矛盾在内的各种基本矛盾，不可能在维持清王朝体制的前提下得到解决，张之洞调和"满汉之争"的努力，只能以失败而告终。

3. 谏阻诛戮袁世凯

张之洞"化除满汉畛域"的精神实质，是恢复满汉地主阶级的联合统治，调和满汉官僚之间的争权纠纷。而清末朝廷内部满汉争权的焦点集中在袁世凯身上。

袁世凯以天津小站练兵，创立"新建陆军"起家，戊戌年间因出卖变法运动及光绪皇帝得到慈禧赏识，升任山东巡抚，后参加张之洞、刘坤一策划的"东南互保"，又屡上"新政"条陈，名重一时。1901年，李鸿章死前，遗疏推荐袁世凯："环顾宇内人才，无出袁世凯右者。"袁遂有直隶总督、北洋大臣之任，承续李鸿章多年职权，后又为练兵处会办大臣，与庆亲王奕劻阴相勾结，权势日增。时人称北洋大臣袁世凯驻在地天津为"第二政府"。袁世凯势焰熏天，为朝野人士所侧目。1907年，袁世凯被调入京师任军机大臣，兼外务部尚书，成为与张之洞并列的廷枢汉官要员。张、袁之间虽然也有矛盾，但他们同为清末"新政"的重要主持者，又都受到满洲亲贵疑忌，故彼此援引，"深相结纳"[①]。

张、袁在朝中地位相似，但张之洞尚无明显政敌，处境比较平稳，袁世凯则因曾出卖光绪帝，被皇帝系统的贵胄所深恨，据说，光绪帝临死前留下遗诏：对袁世凯"时机一至，立予处斩"。光绪帝之弟载沣任摄政王后，声言为兄报仇，必诛袁世凯而后快；更重要的是，作为汉官的袁世凯占据军政外交要津，"权重震主"，为"少壮亲贵集团"所不容。这样，光绪帝、慈禧太后接踵死后，袁世凯处于岌岌可危的境地。张之洞虽对袁世凯炙手可热的骄横颇觉不快，但他意识到，亲贵们"除袁"的真实内蕴是排斥汉官，故对袁世凯有同病相怜之慨，因而，1907年6月，梁鼎芬专折奏请罢除庆亲王奕劻、权臣袁世凯，张之洞对梁鼎芬的这一奏折表示很不赞同，认为"朝局杌陧，鄂吏不能

[①] 张一麐：《古红梅阁笔记》，上海书店1998年版。

为此言也"①。后来，当载沣准备杀袁世凯时，张之洞又竭力谏阻。一次，载沣代表隆裕皇太后（1868—1913）临朝，宣布袁世凯罪状，以为帝后不和，国政失调，皆袁世凯构陷所致，宜处极刑。诸王大臣默不敢言，唯张之洞为之辩解，并说袁负练兵重任，京畿为其势力所在，倘处置不慎，非国家之福。这一警告，使载沣不敢贸然处死袁世凯，决定从轻发落。②张之洞出朝后对人说："主上冲龄践阼，而皇太后启生杀黜陟之渐，朝廷有诛戮大臣之名，此端一开，为患不细。吾非为袁计，为朝局计也。"③清廷接受张之洞的劝告，未杀袁世凯，于1909年1月21日颁布罢除袁世凯的上谕，以袁氏"患足疾"为词，"着即开缺，回籍养疴"④。这种比较缓和的处置，避免了统治集团内部满汉势力的火并，却为袁世凯日后的东山再起埋下伏笔。

4. 由"不敢妄议"立宪到襄赞立宪

1901年初，清廷宣布实行"新政"，这是无法照旧统治下去的统治阶层变更政策的初步尝试。但是，"新政"实施几年，国政并无起色，清廷在上谕中也不得不承认。"朝廷屡下明诏，力图变法，锐意振兴。数年以来，规模虽具，而实施未彰。"⑤为了欺骗本国人民并讨得外国主子的信任，清廷决定把"新政"向前推进一步，表示"俯从民情"，宣布"预备立宪"，于1906年8月颁布"仿行宪政"上谕，打起"大权统于朝廷，庶政公诸舆论"的旗帜。此后数年，清廷的"一举一动，皆纳入于筹备宪政之范围中"⑥。慈禧太后及诸王大臣戊戌年间视康梁的君主立宪主张为洪水猛兽，而现在却一致倡言"仿行宪政"，其奥妙在于，20世纪初叶，"革命"这个幽灵徘徊在中国上空，防止革命风暴来临成为清廷的当务之急。而君主专制的破旧旗帜再也撑持不下去，于是清政府便把"立宪"当作抵制革命，笼络民心，使清王朝得以起死回生的灵丹妙药。出国考察政治大臣端方在一份密折中说："今日欲杜绝乱源，唯有解散乱党；欲解散乱党，则惟有于政治上导以新希望"，"夫所谓政治上导以新希望者，则奴才等前此所谓宣布国是定十五年实行立

---

①③ 胡编《年谱》，卷六，第5、16页。
② 邹镜人：《同光风云录》上编，第三十章，第十一节。
④ 金毓黻：《宣统政纪》，卷四，辽海书社1934年版，第24页。
⑤ 《清德宗实录》，卷五四六，光绪三十一年六月丙辰。
⑥ 梁启超：《论政府阻挠国会之非》，《国风报》，第一年第十七期。

宪是也。"① 这便供认了清廷高唤"立宪"的目的。

1906年前后，热衷于鼓吹"宪政"的有两部分人。一是由资产阶级改良主义者组成的"立宪派"；二是清廷的"少壮亲贵集团"。这两部分人虽然立场不同，但他们都惧怕革命，都企图以"立宪"作为"消弭"革命的手段。然而，作为元老重臣的张之洞开始对于宪政却深怀疑虑，这是有历史渊源的。如前所述，张之洞在戊戌政变前夕进呈的《劝学篇》，其主旨便在"倡君权，抑民权"。他认为：

> 民权之说无一益而有百害。将立议院欤？中国士民至今安于固陋者尚多，环球之大势不知，国家之经制不晓，外国兴学立政练兵制器之要不闻，即聚胶胶扰扰之人于一室，明者一，暗者百，游谈呓语，将焉用之。②

一言以蔽之，张之洞认定中国人没有实行宪政的资格。他的这一见解相当顽固。1904年以降，两江总督魏光焘、两广总督岑春煊、直隶总督袁世凯、驻法使臣孙宝琦（1867—1931）等争相疏请立宪，清廷也派遣大臣出国考察宪政，但张之洞仍对立宪之议持保留态度。1906年7月，端方、戴鸿慈自美国返回，途经上海，致电张之洞征求对于立宪问题的意见。张之洞电复："立宪一事关系重大，如将来奉旨命名各省议奏时，鄙人自当谒其管蠡之知，详晰上陈，此时实不敢妄参末议。"③

1906年8月，清廷颁布预备立宪之诏，第二天又下令进行官制改革，不久下诏委派载泽、世续、那桐、铁良等八名满员，张百熙、袁世凯、徐世昌等六名汉官会同编纂新官制，由奕劻、孙家鼐、瞿鸿禨等三位军机大臣任总司核定之责，又令湖广总督张之洞、两广总督岑春煊等派员来京协助。这次"官制改革"由满洲官员把持，其目的在于向握有军政大权的汉族督抚开刀，以加强皇室中央集权。张之洞自然明白清廷藉"立宪"之名，策划"外官改制"的矢

---

① 《请平满汉畛域密折》，见中国史学会编《辛亥革命》（四），上海人民出版社1957年版，第44页。
② 《劝学篇·内篇·正权第六》。
③ 《全集》，卷一九六，电牍七五，第26页。

的所在。当他接到朝廷征询督抚意见的电旨后,并没有掩饰自己的反对态度,他致电浙江巡抚张曾敭说:

> 外官改制,窒碍万端,若果行之,天下立时大乱,鄙人断断不敢附和,倡议者必欲自召乱亡。①

张之洞在这份电文中还扬言,朝廷若强行实施外官改制,他将卸职辞官。此外,张之洞曾两次复电编制馆,第一电强调民情浮嚣,物力匮乏,官制"不宜多有纷更",只可"就现有各衙门认真考核,从容整理,旧制暂勿多改"②。第二电驳斥司法独立,认为如果司法独立,督抚不能过问案情,就会有人强行西法,对革命党"曲贷故纵",其结果将是,"不过数年,乱党布满天下"③。可见张之洞对清廷削夺督抚大权的"外官改制"之策持强烈抵制态度。

然而,在清廷于1905年颁布"预备立宪"之诏前后,张之洞虽然抵制"外官改制",但没有发表直接反对宪政的言论。这是因为,1905年以后,"朝野上下,鉴于时局之阽危,谓救亡之方只在立宪。上则奏牍之所敷陈,下则报章之所论列,莫不以上为请"④。善观时势的张之洞当然看到了这种变化,所以,他由戊戌年间痛骂立宪,经过一段对立宪"不敢妄议"的过渡时期,终于转为在行动上襄赞立宪,从而汇入清廷鼓吹立宪的潮流之中。1905年9月,张之洞派湖北道员、知府四人,随同钦差大臣分赴各国考察政治;1906年8月,选派湖北司道大员来京参议宪政事宜;同月令两湖新选新补州县官出洋考察宪政;1906年12月,张之洞的幕僚郑孝胥出任预备立宪公会会长。

由于张之洞以推行"新政"而享有盛名,后来又作出襄赞立宪的姿态,所以立宪派对他抱有幻想,连戊戌政变后对张之洞十分愤恨的梁启超等人,此刻因迷恋于"宪政",组织"政闻社"活动于朝野,竟再次打算联合张之洞。1908年政闻社健将彭渊洵给梁启超的信函,流露了对张之洞寄予的希望。信

---

① 胡编《年谱》,卷六,第7页。
② 《鄂督张议复外官改制电》,《时报》光绪三十二年十二月三日。
③ 白衣:《驳鄂督论习法独立之害》,《时报》,光绪三十二年一月十二日。
④ 《达寿奏考察日本宪政情形折》,见故宫博物院编《清末筹备立宪档案史料》,上册,中华书局1979年版,第25页。

中说，政闻社诸人"力任婉说南皮，以得其赞成为此"。又说，张之洞进京入阁的目的，"在速立民选议院，以庆（庆亲王奕劻——引者）、袁（袁世凯——引者）反对甚力，志不得遂，乃主先设咨议局。意谓此局一经成立，不久必四方一致而为国会运动，则其结果，自能良好。其定该局章程，颇费苦心，隐含有监督行政长官之权能。故南皮深恐一般人民，不解其命意深远，漠不经意，极欲各新闻杂志，有以引伸其义而鼓吹之"①。这封信表明：第一，立宪派组织"政闻社"着力于争取张之洞；第二，张之洞本人也俨然以宪政魁首出现，并敦促报刊宣扬立宪；第三，张之洞是各省成立咨议局的重要推动者。

慈禧太后死后，康有为、梁启超加紧鼓吹宪政运动，因袁世凯已成政闻社大敌，康、梁曾分别致书张之洞，企图借张之洞之力，打击袁世凯，实现君主立宪。可见，改良派虽一度失望于张之洞，但最终又要借重张之洞。这一方面表现了康、梁走上层路线的痼疾之深；另一方面也说明，由于张之洞善变色彩，往往给改良主义者以幻想。

5. 从力主收回粤汉路权，到举借外债、反对铁路商办

20世纪初叶，随着民族资本的初步发展，绅商阶层要求摆脱列强和官府控制的要求渐趋强烈。1903年，商部颁发重订《铁路简明章程》，准许华洋官商集股修筑铁路，为中国人自办铁路开了绿灯。此后几年间，"收回利权""集资自办"的呼声逐渐响彻南北，在这一形势下，粤汉铁路"收回自办"运动蓬勃兴起。张之洞几乎介入这个运动的全过程，但前后表现迥异。他始而支持湘、鄂、粤三省绅商"挽回铁路利权"，赢得广泛赞誉；继而又举借外债，拒绝绅商"商办"要求，将粤汉、川汉铁路的权益出卖给英、德、法等西方列强，遭到国人唾骂。从这貌似矛盾的表现中，可以看出张之洞与列强关系的发展轨迹，以及同国内绅商阶层的离合变幻。

1896年5月，清政府决定修筑粤汉铁路，颁布上谕说：粤汉紧要，宜由官方主持，督率三省绅商通力合作，以杜外人要求而保权利。然而，1898年，铁路大臣盛宣怀却经手把粤汉线修筑权出卖给美国合兴公司，1900年，向该公司借款四千万美元。1904年，受法俄支持的比利时资本也插手争夺粤汉铁路权益，购买合兴公司三分之二股票。而这条铁路将要经过的湖北、湖南、广

---

① 丁文江：《梁任公先生年谱长编（初稿）》，卷一七，上海人民出版社1983年版。

东三省绅商不愿外国人把持，早在1897年便准备集资修路，当清政府将路权卖与美、比，三省绅商坚决反对，要求废除同美比合兴公司签订的合同，以"挽回利权"。当1904年三省绅商力倡废约之际，湖广总督张之洞、湖南巡抚赵尔巽（1844—1927）、两广总督岑春煊都表示支持，张之洞的态度特别积极。这是因为，张之洞等中南督抚属于亲英、日派，当时英国与俄、法矛盾尖锐，而合兴公司表面上是比利时人占主要股份，但比利时人背后有法、俄两国政府和资本支持，所以英国驻汉口领事便竭力推动张之洞出面争取将粤汉路从合兴公司手中收回。总之，中南三省督抚力图从合兴公司手里收回筑路权，实际上反映了英国向俄、法两国争夺权利的要求。不过，张之洞当时是以维护国家主权的面目出现的。他慷慨陈词道：粤汉铁路"以北段售与比国承办，比用法款，权即属法，卢汉铁路即已如此，若湘路再归比法，法素助俄，合力侵略路权，其害不可思议"①。又说："俄法合谋，比国素听法入主使，俄人既修西毕里亚铁路，又请修库伦张家口两路，法又属比承揽粤汉铁路，今又请修辰常铁路，自中央而达中国，全在俄法掌握之中，可危孰甚。"②在这些忧国之论的背后可以得见，张之洞是从防范俄、法势力扩张的动机出发，力主收回粤汉铁路利权的。

鄂、湘、粤三省绅商在督抚支持下争取收回路权，受到美国及铁路大臣盛宣怀的阻挠，他们设置种种障碍，使交涉拖延一年多。最后，美比合兴公司同意中国方面提出的"赎"路办法，但要价甚高。张之洞唯恐"夜长梦多，别生枝节"，提出"重在路权，不争银数"③，"但期公司归我，浮价不必计较"④。接受了合兴公司提出的付款675万美元的苛刻要求，并由张之洞出面向香港英国殖民当局借款一百万英镑作为赎金，这样，方于1905年7月与合兴公司签订"粤汉铁路售路合同"，以高昂代价收回粤汉路权。所借美国款项，由鄂、湘、粤三省分十年摊还。清廷还允许三省绅商集资，分省设立铁路公司。

此后，鄂、湘、粤三省绅商开始筹划自办粤汉铁路，并于1905年11月，由张之洞主持，在武昌召开三省绅商代表会议，决定三省"各筹各款，各修各路"，就各省情形，另定章程，筹款招股。截至此时，张之洞一直以收回路权

---

①② 《张文襄公电稿》，卷五九，第8、1页。

③ 《张文襄公电稿》，卷六一，第7页。

④ 《张文襄公电稿》，卷六二，第11页。

运动的赞助者姿态出现，在三省绅商士民中赢得广泛信誉。然而，随着绅商自办铁路要求的日益具体化，代表英国资本和中国官府利益的张之洞逐渐与绅商阶层发生尖锐矛盾。

早在武昌召开三省绅商代表会议前，广东绅商已于1904年议定，粤汉铁路收回后，"仿外国签札票章程，定为商办"①。三省会议后，广东绅商阶层商办铁路的热情更为高涨，但两广总督岑春煊却反对完全商办。这样，绅商与官府冲突逐步升级，以至岑春煊悍然逮捕绅商代表黎国廉，并"告示绅民"，"不许妄行抗议"②。这一暴行激起广东民众的广泛抗议，要求"去岑安粤"。而张之洞则以他在前一段支持"收回路权运动"中获得的声望为资本，出面"开导"广东绅商，使之"渐就范围"③；并劝岑春煊不要"操之过急"，暂且同意广东绅商的"商办"要求。对于随之而起的湖南绅商的商办要求，张之洞则采取明显的压制态度。他挟"上谕"以威逼商董，迫其同意官督商办，并下令"作为筹款招股之绅，不能自树一帜"，"越分争权"④。湖南巡抚赵尔巽，也追随张之洞，坚持官督商办。由于张、赵的压迫，湖南绅商要求"商办"遭受挫折。至于张之洞直接控制的湖北，绅商阶层迫于淫威，未敢公开提出商办要求。

由于张之洞把两湖"商办"铁路的计划扼杀在摇篮里，广大绅商的修路热情顿时冷却，由积极筹集资金转而裹足观望。而三省官款有限，"祇湖北有官款四百万两，湖南集股过百余万耳"⑤。这些资金显然远远不敷需用，张之洞便企图向英国举借外债。由于言官弹劾张之洞"赎之美人，奉之英国；去一合兴，来一合兴"⑥，加之当时"收回利权"运动在全国兴起，张之洞未敢把举借外债筑路的计划付诸实施。不久，张之洞晋京入参军机处，粤汉铁路因资金缺乏，修筑工作陷入停顿。

1908年7月，清廷以"立宪"作招牌，加强皇室集权，而收全国铁路归中央经营，是"皇室集权"的一个重要内容。在这种形势下，清廷任命一贯主

---

① 《申报》，1906年7月14、15、16日，《粤汉铁路风潮始末情形述略》。
②⑤ 密汝成：《中国近代铁路史资料》第三册，中华书局1963年版，第105、1040页。
③ 《全集》，卷一九五，电牍七三，第6页。
④ 《全集》，卷六八，奏议六八，第12页。
⑥ 《粤汉铁路始末记》，湖南省文史研究馆1999年，第11页。

张铁路官办的张之洞为"粤汉铁路督办大臣"。10月,清廷颁布上谕,命张之洞通筹粤汉路全局,专其事权;12月,又命张之洞兼督鄂境川汉铁路。张之洞接任伊始,即宣称"各省商办铁路,……将来皆须由官收回"①。明示同各省绅商相对立。而清末财政的窘困已达到极点,"官办"实际是"借外债办"的代名词。张之洞控制鄂、湘、粤三省铁路公司以后,立即与外商洽谈借债。1909年6月,与英、法、德三国银行团达成借款协议,后又加入美国,组成四国银行团,议借600万英镑。张之洞为迷惑三省绅商,声言"由官借款""准商民买股"②。他还以外资代言人的口吻向湖南绅商解释这项借款有四种"利益":一,"扣头少";二,"还期短";三,"重自料";四,"厚余利"③。但张之洞将路权交洋商的行径,绝非这些雾障所能遮掩,三省绅商和全国民众立即起而抗议。借款协议签订的当月,湖南留日学生便举行会议,决定创办《湘路警闻》,"救济路权,监督路政,以达完全湘办为宗旨",并派代表回国运动绅商学界,坚拒借款。此后,湖南绅商学界相继设立"湘路拒款会""股东共济会"等拒款组织。湖南咨议局初选议员820人致电张之洞,声称"照咨议局章程,本省权利之存废应由议员决定","铁道借款,湘人决不承认"④。以往比较沉寂的湖北省,这时也掀起拒款运动。1909年7月,湖北宪政筹备会联合汉口商务总会致电张之洞,要求他尊重"庶政公诸舆论之旨,将合同底稿交鄂督发下,否则即或奏定,鄂人也决不认此未经公论之合同"⑤。两湖绅商都利用清廷宣布预备立宪的有关条文,同张之洞展开合法斗争,使张之洞不敢将借款一事"轻邃入奏"。张之洞死后,粤汉、川汉铁路商借外款事,改归邮传部接办,而两湖民众的拒款商办斗争愈演愈烈,发展成为辛亥年间震撼全国的"保路风潮"的前奏。

张之洞在自己生命的最后阶段,为挽救清王朝的覆灭,使出浑身解数。然而,他的这些努力,无论是调和满汉之争,襄赞立宪,还是维护铁路国有,全都以失败而告终。

---

① 詹文琮等编:《川汉铁路之过去及未来》,湘鄂路局工务处1935年,第47页。
② 张之洞致陈夔龙电,见詹文琮编《川汉铁路之过去及未来》,湘鄂路局工务处1935年,第48页。
③ 杨度:《粤汉铁路议》。
④ 《湖南历史资料》,1959年第1期,第150页。
⑤ 《电请宣布铁路草合同》,《大公报》,1909年8月21日。

三、"国运尽矣"叹息·一代权臣之死

1908年11月14、15两日,光绪皇帝、慈禧太后相继弃世[①],光绪帝之弟醇亲王载沣之子溥仪(1906—1967)继承皇位,光绪帝的皇后隆裕为皇太后,载沣为监国摄政王。执掌政柄达四十余年的慈禧死去,使得清廷出现权力真空,如何稳定朝局,是统治阶级的一桩大事。时任体仁阁大学士、军机大臣的张之洞在这一关键时刻,以"顾命重臣"身份,昼夜入宫议事,为皇统继承、权力交替出谋划策。隆裕皇后曾问王大臣,何人继皇位?诸臣未答,张之洞对曰:"承嗣穆宗毅皇帝,兼祧大行皇帝。"隆裕又问:"何以处我?"张之洞答:"尊为皇太后。"隆裕说:"既如是,我心慰矣。"[②]当时,因继位的溥仪年幼,而国内事变日亟,以致人心惶惶,王大臣有人提议调兵入卫,张之洞认为这样做容易引起士民的惶恐,故力加阻止。他还请度支部发放款项周转市面,以安定人心。张之洞的这些作为,显示出"一言定邦"的元戎重臣的特殊作用。

1909年6月,张之洞患肝病,服药无效,仍勉强入朝办公。其时摄政王载沣一味任用皇室亲贵,造成满汉鸿沟日深,张之洞"忧形于色"。6月间,津浦铁路督办吕海滨、总办道员李顺德等因营私舞弊被弹劾革职,载沣准备用满官继任,并以此征询张之洞意见,张之洞答曰:"不可,舆情不属。"载沣仍坚持己见,张之洞说:"舆情不属,必激变。"载沣不以为然,有恃无恐地说:"有兵在,还怕什么民变。"张愤然曰:"国家养兵,岂是用来打老百姓的?"君臣不欢而散,张出而咳血,长叹曰:"不意闻此亡国之言!"[③]次日即病,自此不再入朝。

9月,张之洞肝痛加剧,奏请开去各项差缺。上谕"再行赏假","所请开去差缺""著毋庸议"。10月4日,监国摄政王载沣亲临探病。胡钧撰《张文襄公年谱》所记载沣与张之洞的一番对话及事后张之洞的感触,颇有深意:

> 王(摄政王载沣——引者)至谓公(张之洞——引者)曰:"中堂公

---

① 光绪去世,有自然死亡、慈禧谋害致死两说,经近年科学检测证明,光绪乃中毒死亡,此为慈禧旨令所致。

②③ 胡编《年谱》,卷六,第15、19页。

忠体国，有名望。好好保养。"公曰："公忠体国所不敢当，廉正无私不敢不勉。"王出，陈太傅（陈宝琛——引者）入问曰："监国之意何？"公无他言，唯叹曰："国运尽矣！盖冀一悟，而未能也。"①

张之洞深知统治危机深重，但以载沣为首的皇室亲贵却不知国亡之将至。张之洞在弥留之际，还想劝说载沣，但载沣坚执己见，张之洞企图使载沣醒悟而"未能"。这位老臣只能抱憾终天了。

10月4日，在摄政王载沣探视后不久，张之洞的生命进入最后时刻。他在谆谆告诫子弟"勿负国恩，勿堕家学，勿争家产，勿入下流"后，命家人朗读自己所拟遗疏，又对诸子说："吾生平学术行十之四五，政术行十之五六，心术则大中至正已。"复改"政术"二字为"治术"。语毕命去。②一代权臣张之洞辞世，享年72岁。

10月6日，清廷派载涛率管理军咨的郡王带领侍卫十员，前往张之洞灵前奠祭，宣布加恩予谥文襄，晋赠太保。翌年，将张之洞棺椁归葬南皮。

《清史稿·张之洞传》终篇曰："之洞短身巨髯，风仪峻整。莅官所至，必有兴作。务宏大，不问费多寡。爱才好客，名流文士争趋之。任疆寄数十年，及卒，家不增一亩云。"

张之洞自青年时代即经由"科举正途"，登上政治舞台，历经学政、翰院京官、巡抚、总督、大学士、军机大臣，活跃于晚清政坛达半个世纪。不同于清末官场一班尸位素餐者的是，张之洞作为一个有抱负的政治家，其"政绩"之著，在晚清官僚群中罕见。日本明治时代的权臣伊藤博文1898年周游半壁中国，广结朝野人士，得出的印象是：中国能办事者"唯张香帅耳"。张之洞确乎是清末政坛的一位能吏，他为挽救清王朝的崩解竭尽主观能动性，直至死前，他仍在针砭国政，上遗疏劝清廷"满汉视为一体，内外必须兼筹"，并就"理财""教战""用人"诸问题一一提出建策，以期清王朝"国本自固"，纲常名教不致坠毁。正如清末民初文士甘鹏云（1861—1940）所说，张之洞"矢抱冰握火之志，持危扶颠之心，冀挽虞渊之落日"③。然而，落日毕

---

①② 胡编《年谱》，卷六，第21、22页。
③ 胡编《年谱》，甘鹏云序。

竟是无可挽回的,清朝的灭亡,君主专制的崩溃,有如"落花流水春去也",其趋势是谁也阻挡不了的。张之洞本人也深知颓势不可挽回,故而他的遗诗有"君民末世自乖离"之句,死前更发出"国运尽矣"①的哀叹。所以,就挽救清王朝和纲常名教的目标而论,张之洞一生可谓"回天无力",他在戊戌变法前后的依违两可、在庚子国变间的首鼠两端,皆是其彷徨矛盾的表现。然而,张之洞在相当长的一个阶段,又是站在抗御列强入侵的立场上的:做京官清流时曾谏阻"中俄新约"签订;两广总督任内,为抵抗法国侵略,运筹帷幄;暂署两江总督期间,力主抗击日本,反对割让台湾。对于这些捍卫国家主权的言行,后人自应给予积极评价。不过,随着洋务经历的加深,张之洞愈益依附于列强,其旧式爱国主义坚持不下去,以致在某些历史关头堕入出卖主权的泥坑,向列强转让粤汉、川汉铁路权益,便是这类记录。至于张之洞作为一个后起的洋务大吏,从19世纪80年代至20世纪初叶长达三十余年间,兴实业、练新军、办学堂,造成一种耸动中外视听的格局。张之洞从事这些洋务活动的主观动机,当然在于维持纲常名教,实施过程中也处处显露出种种弊端,然而,张之洞惨淡经营的实业、学堂、新军,在近代经济史、文化史、军事史上毕竟占有一席显著的地位。这些事业无论就所奠定的可触摸的物质基础而言,还是就所提供的经验教训而论,都是一切后来办实业、兴文教、练军队者所不能忽视的。有谓中国工业发展四个人不能忘记:讲到重工业,不能忘记张之洞;讲到轻工业,不能忘记张謇;讲到化学工业,不能忘记范旭东;讲到交通运输业,不能忘记卢作孚。②这里所说的"不能忘记",可以理解为不能忘记他们为近代工业所奠定的基础和提供的经验教训。而且,这些事业作为一种带有近代色彩的物质实体,对以后中国(尤其是华中)社会变迁的影响也是深刻而久远的。清末民初政论家、教育家张继煦说:

  辛亥革命曷为成功于武昌乎?论者以武昌地处上游,控扼九省,地处形胜,故一举而全国响应。斯固然矣。抑知武汉所以成为重镇,实公(指张之洞——引者)二十年缔造之力也。其时工厂林立,江汉殷赈,一隅

---

① 胡编《年谱》,卷六,第22页。
② 转引自丁守和:《关于近代史人物研究和评价问题》,《近代史研究》1983年第4期。

之地，足以耸动中外之视听。有官钱局、铸币厂，控制全省之金融，则起事不虞军用之缺乏。有枪炮厂可供战事之源源供给；成立新军，多富于知识思想，能了解革命之旨趣。而领导革命者，又多素所培植之学生也。精神上，物质上，皆比较彼时他省为优。以是之故，能成大功。虽为公所不及料，而事机凑泊，种豆得瓜。畿辅先传谓追论祸首，资为口实，其殆有感于斯乎。①

张继煦是光绪年间张之洞派遣的湖北留日学生，崇敬张之洞，对张难免溢美隐恶。但张继煦这番论述，却道出了一个历史的真情：张之洞所从事的事业，其主观动机与客观效果存在着矛盾，他播下洋务实绩的种子，收获的却是革命的风暴。

关于上述矛盾状况，辛亥年间的湖广总督瑞澂在武昌爆发新军起义以后给清廷的奏疏中也有所道及："升任总督张之洞费十数载之经营，糜数千万之库帑，辛苦选练，而不料均为匪用也。"②买办欧阳萼在阳夏战争期间给袁世凯的信中谈及武昌起义时，对张之洞的指责更为尖锐："追原祸始，张文襄优容新进，骄纵军人，养痈十余年，糜帑数千万，兴学练兵，设厂制造，徒资逆用，以演成今日非常之惨剧，殊堪浩叹。"③民国初年由清朝遗老编撰的《大清畿辅先哲传·张文襄公传》的篇末则说，清朝晚期"藩篱既决，人心益嚣，之洞鉴于末流之弊，怵然不宁，而风会所趋，挽回无术，栋梁既摧，国体斯革。论者追论祸首，资为口实。此之洞所不及料也。呜呼，岂非天哉，岂非天哉！"

瑞澂、欧阳萼、《大清畿辅先哲传》的作者，追怀清朝，对张之洞事业造成的客观效果，感到痛心疾首。这些旧营垒中人自然无法解释此种矛盾现象：张之洞为挽救清帝国倾覆而设置的种种器具——新学堂、近代化工厂、新军——竟然在一天早晨变成摧毁清王朝和两千年帝制的利器。他们感到茫然、困惑和愤慨，只能为此而一再浩叹："岂非天哉！"他们不懂得，近代化的工业和文化教育，是不可能与中世专制和伦理规范长期和平共处的。无论主持这些近代事业的人物的私意如何，这些物质实体一旦降临世上，便为旧制度准备

---

① 张继煦：《张文襄公治鄂记》"一、文襄督鄂之时代及其环境"，湖北通志馆民国三十六年版。
② 《近代史资料》，1954年第1期，第64页。
③ 《欧阳萼致袁世凯书》，见卞孝萱《闵尔昌旧存有关武昌起义函电》。

了灭亡条件。汉阳龟山（即大别山）山麓蒸汽机的轰鸣、武昌城里新学堂的琅琅书声、黄土坡新军营房的演操呐喊，在"尽瘁清室"的张之洞听来是纯正悦耳的旋律，其实，这些音响里正不断传递着张之洞所力图挽救的制度行将崩溃的信息。总之，在张之洞"种豆得瓜"的奇异现象中，在历史对他的事业的嘲弄里，包蕴着辩证法铁律，展现出近代中国所走过的坎坷崎岖而又不以人们意志为转移的必由之路。

概而言之，张之洞是一个矛盾的综合体——既坚守传统的儒学教义，维系纲常名教，又力图学习西技、西艺，试图从经济、军事、文教诸方面进行近代化改革。这两个矛盾的侧面，被他用"中学为体，西学为用"纳入一个框架之内，其结果却演出了有如上述的出人意表的戏剧，导致他的事业的主观动机和客观效果之间的强烈反差。这本身就说明，张之洞是一个复杂的过渡型人物——将要逝去而未能逝去的中古幽灵和已经降临的近代巨影，纠缠于这位"文襄公"一身。观落叶而知劲秋，见一斑而窥全豹，通过张之洞，可以看到中国近代社会的历史特点和民族特点，可以明白无误地发现历史前进的无可阻遏的趋势及此间的崎岖坎坷、曲折多致。这正是我们今天仍然有兴趣研究张之洞这个色彩斑驳的人物的原因所在。

四、著述遗世

张之洞以"儒臣"名世，以"有学"自负，终其一生，不仅励精图治，政绩斐然，而且亲治文书，勤于笔耕。他生前已有多种论著刊行，辞世后，其家人、门生及学者一再编辑遗作，出版文集。著述勤奋，兼之刊印及时，使张之洞以近千万言垂世，成为晚清名臣中留下文字较富的一位。

1. 生前刊本

张之洞生前出版的著作，影响较大者是《书目答问》《輏轩语》《劝学篇》，此外还有《张香涛学使学究语》《广雅碎金》《广雅堂诗集》等。

《书目答问》共五卷，收书2200余种，按经、史、子、集、丛书五部分类，著录书名、作者、版本，指引士子读书门径。完成于光绪元年（1875年）四川学政任上，光绪二年（1876年）初刻本即广为流行。光绪三年（1877年）重加勘定，在京师为诸生授读。光绪五年（1879年）贵阳王秉恩刊刻本增补二百多处，为较善之本。《书目答问》究竟是张之洞自撰还是由目录学家缪荃孙（1844—1919，字筱珊，晚号艺风老人）执笔，素有争议。民初学者范希曾（1899—1930）编《书目答问补正》，范氏在跋中称："张氏《书目答问》，出缪筱珊先生之手，见《艺风堂自订年谱》。"① 文化史家柳诒徵（1880—1956）为《书目答问补正》作序，亦称："文襄之书，故缪艺风师代撰。"② 这类说法出自缪荃孙本人，他在《艺风老人年谱》中说："光绪元年（1875年），年三十二，八月，执贽张孝达先生门下，命撰《书目答问》四卷。"但缪氏《丰岩厂所见书目序》却别有交代："同治甲戌，南皮师相督四川学，有《书目答问》之编。荃孙时馆吴勤惠公（棠）督署，随同助理。"若依此说，则张为《书目答问》编者，缪为协助者。

《輶轩语》（一卷），上篇语行，中篇语学，下篇语文，论士人言行、问学、科举考试等容，为"举业指南"，光绪元年（1875年）著于四川学政任上，翌年刊行，光绪十四年（1888年）山西解州书院刻《存诸已斋格言丛书》本。民国十二年（1923年）汇印光绪中沔阳庐氏刻《慎始基斋丛书》本。

《张香涛学使学究语》（一卷），蒋德钧辑，光绪中湘乡蒋氏龙安群署刻《求实斋丛书》本。

《广雅碎金》（四卷），光绪二十三年（1897年）桐庐袁昶刻《渐西村舍汇刊》本。

《劝学篇》（二卷），光绪二十四年（1898年）春书成，三月有两湖书院刊本，五月有桐庐袁昶于芜湖刻《渐西村舍汇刊》本。又有同年两湖书院石印本、桂垣书局刊本、中江书院重刊本、黄州河东书院刊本、汉川诒谷堂重刊本及各省重刊本，估计总印数不下二百万册，一时风行海内。美国人渥特勃内基（Samuel Woodbridge）将其译为英文，以《中国的唯一希望》（China's only hope：An Appealeby the Graetset Vitory Chang Chintung）作题，于1900年在纽约出版。法国传教士热罗姆·托巴尔将《劝学篇》译为法文，在《汉字杂志》第二十六期发表。《劝学篇》为张之洞手撰无疑，许同莘《张文襄公年谱》卷七称，张于戊戌（1898年）初，夜以继日著作《劝学篇》，"日撰一首，率以灯下为之，黎明而就，次日复改，易稿至于六、七"。但时人又有黄绍箕、杨锐曾襄助张之洞写作《劝学篇》之说。黄绍箕是张之洞挚友黄体芳之子、三兄

---

①② 范希曾：《书目答问补正》，上海古籍出版社1983年版，第361、2页。

张之渊的女婿，又是张之洞的门生，1898年授翰林院侍读学士，戊戌变法前后与张之洞接触频繁，《劝学篇》即由其进呈皇上。杨锐是张之洞任四川学政时的得意门生，以后长期追随张之洞，张设两湖书院，"以锐为史学分校，之洞关于学术文章，皆资取焉"①。1898年张之洞荐杨锐应经济特科，又以陈宝箴荐，充军机章京，参与新政，继续与张之洞保持密切联系，"张爱其谨密，甚相亲信"②，"张于京师消息，一切借君（指杨锐——引者），有所考查，皆托于君"③。杨锐在京期间（也即张在武昌著《劝学篇》前后），每日必以一二密札驰递张之洞，宫闱秘事、朝政动态、官吏黜陟，无不一一详告。故称黄绍箕、杨锐曾参与《劝学篇》写作过程，诚有可能，然未获直接证据，但张之洞为主撰者，则无疑义。

《广雅堂诗集》（四卷），纪钜维编校，光绪间顺德龙凤镳刊刻。卷一收《连珠诗》等三十题，卷二收《海水》等三十四题，卷三收《过华山》等五十二题，卷四收《咏史》等四十题。

2. 身后文集编辑

张之洞作古以后，编辑其遗作出文集者颇多。最先问世的是宣统二年（1910年）刊印的《张文襄公诗集》，端方作序，卷一收古今体诗一百三十首，卷二收古今体诗一百零四首，卷三收古今体诗八十九首，卷四收古今体诗一百六十九首，词一阕。

张之洞亲属南皮张氏刻印《广雅堂四种》（十五卷）。其中《广雅堂散体文》（二卷）《附录》（一卷），民国七年（1918年）刊本；《广雅堂骈体文》（二卷）《补遗》（一卷），民国十年（1921年）刊本；《广雅杂著》（四卷），为早年潜研经学时所缀辑，民国十一年（1922年）刊本；《广雅堂论金石札》（五卷），为晚年治金石学之作，民国十一年刊本。

张之洞的十三子张仁蠡（1900—1951）辑印《先文襄公传家遗墨》，收张之洞与家人偶书小幅十九纸。后北平琉璃厂荣宝斋、北平琉璃厂清秘阁、通县鼓楼新生工艺社以"专己守残斋"名义将此印行，名曰《张文襄公传家遗墨》，湖北省图书馆有藏。1980年代笔者撰《张之洞评传》时曾在湖北省图

---

① 刘禺生：《世载堂杂忆》，中华书局1960年版，第55页。
②③ 梁启超：《戊戌政变记·杨锐传》。

书馆多次阅览此本。

由张之洞门人或学者所编各类集子，有民国七年（1918年）刊印曾入张之洞幕府的许同莘编《张文襄公电稿》（三十二册，六十六卷），陈宝琛题签，辑录张之洞自光绪十年（1884年）闰五月至光绪三十三年（1907年）八月的电稿及对方电稿约五千件。仅此一端，足见张氏政事之勤。

民国九年（1920年）许同莘编《张文襄公函稿》（二册），卷一，十九首；卷二，二十九首；卷三，三十九首；卷四，二十六首；卷五，三十八首；卷六，十八首；续编，三十一首。共二百封信函。

同年，许同莘编《张文襄公公牍稿》（十五册），陈宝琛题签，汇集张之洞光绪八年（1882年）二月讫光绪三十三年（1907年）八月的咨札、批读、谕示。

同年，许同莘编《张文襄公奏稿》（二十六册，五十卷），陈宝琛题签。收录张之洞自光绪五年（1879年）四月至宣统元年（1909年）八月的奏折共六百一十九篇，《附录》（四卷）七十八篇。

《张文襄公论书语》，赵尊狱辑，全书仅八页，收张之洞答张佩纶书若干则，均论书法及时文。

旁搜远绍张之洞各类著作的集成性文本，有许同莘编《张文襄公全书》，民国八年至十年（1919—1921年）出版；王树枏（1851—1936）编《张文襄公全集》，北平文华斋1920年出版，1928年再版，台北1963年重印。中国书店1990年10月海王邨古籍丛刊以文华斋本为底本缩印《张文襄公全集》。

许同莘编《张文襄公全书》，奏议五十卷，公牍二十八卷，电牍六十六卷，书札六卷，骈体文二卷，散体文二卷，杂著四卷，金石文四卷，共一百六十二卷，为张氏全集奠定基础。

王树枏编《张文襄公全集》是民国行世的较完备的张之洞文集，奏议七十二卷，自光绪五年（1879年）四月初十日《遵旨妥议折》至光绪三十四年（1908年）十月二十七日《谢赏加太子太保衔并用紫缰折》，共七百三十三件；电奏十三卷，自光绪十年（1884年）闰五月三十日《致总署》至光绪三十三年（1907年）八月初四日《致军机处》，共四百二十九件；公牍三十六卷，自光绪八年（1882年）二月二十九日《札藩司通饬永远裁禁陋规》至光绪三十三年（1807年）八月初一日《手谕停止兴修示》，共八百八十一件；电牍八十卷，自光绪十年（1884年）六月初七日《致总署》至宣统元年（1909年）六月二十日《致武昌高等学台存古学堂纪监督》，共六千件（含对方电牍）；《劝学篇》二卷；《𬨎轩语》二卷；《书目答问》四卷；《读经札记》二卷；古文二卷，收古文十八篇，附录二篇，存目阙文三篇；骈文二卷，收骈文二十一篇，存目阙文四篇；诗集四卷，收诗四百六十一首；《弟子记》[①]一卷，一百二十条；书札八卷，三百二十七件；家书一卷，十三件。全集二百二十九卷，另有卷首上、下，辑关于张之洞丧事的上谕、谕祭文、谕葬碑文、奏折、墓志铭，以及《清史稿·张之洞列传》《大清畿辅先哲传·张文襄公传》等。

苑书义、孙华峰、李秉等编《张之洞全集》，河北人民出版社1998年出版，12册。该全集在《张文襄公全集》基础上增补四千余件，为一纂集大成。

赵德馨、吴剑杰、冯天瑜等以1928年北平文华斋《张文襄公全集》为底本，广为辑佚张之洞未刊奏折、试卷、书札、诗文、联语、著作、手迹、图片等，并收录"抄本张之洞督楚公牍"等件，编辑整理《张之洞全集》，分奏议（含文华斋本奏议七十二卷、电奏十三卷及未刊奏议），公牍（含文华斋本公牍三十六卷、电牍八十卷及张之洞督楚公牍、辑佚公牍），书信（含文华斋本书札八卷、家书一卷及辑佚），论著（劝学篇、𬨎语、书目答问、读经札记、古文二卷及辑佚、骈文二卷及辑佚、诗集四卷及辑佚、弟子记），手迹（含书法、题字，多为辑佚）。该全集2008年由武汉出版社出版，12册，1275万字，收录文献14453件，比底本增加7802件，比河北人民出版社本多3473件。此《全集》收入《国家清史编纂委员会·文献丛刊》。

张之洞在四川学政任上在《书目答问》中倡"劝刻书说"，以为"刻书者，传先哲之精蕴，启后学之困蒙，亦利济之先务，积善之雅谈也。"近人刊刻、辑佚张氏文集，正是此类传先启后、利济积善之盛事，也足见张氏遗文映现着一个时代的影像，而为后人多方辑录、一再编纂，以示珍惜。

[①]《抱冰堂弟子记》，以张之洞弟子名义撰，实为张氏自述。

思想篇
开新与卫道二重变奏

第一章　儒臣之"仁"与能吏之"智"
——政治风格

> 清代大臣之爱才而喜推毂者,前惟湘乡,后则南皮。其流风遗韵久而愈新者,亦惟此二公,诚所谓百世之人也。
>
> ——《广雅堂诗集》愚公评语

张之洞素以"儒臣"著称。有人曾问张之洞的资深幕僚辜鸿铭:"张文襄比曾文正何如?"辜氏答曰:

> 张文襄儒臣也,曾文正大臣也,非儒臣也。三公论道,此儒臣事也;计天下之安危,论行政之得失,此大臣事也。国无大臣则无政,国无儒臣则无教。政之有无关国家之兴亡,教之有无关人类之存灭,且无教之政终必至于无政也。……虽然文襄之效西法,非慕欧化也;文襄之图富强,志不在富强也。盖欲借富强以保中国,保中国即所以保名教。吾谓文襄为儒臣者以此。①

"保名教",即坚守纲常秩序、儒学教化,张之洞一生为政,以"三公论道"自任,大体以"保名教"为职志,辜氏因而将张之洞定位"儒臣"。

张之洞本人,也向以"儒臣"自居。他对此多有解说:"所谓儒者,宗法圣贤,博通古今,以之为吏,谁曰不宜?"② "弟儒家者流"③。"余性鲁

---

① 辜鸿铭:《张文襄幕府纪闻·清流党》,岳麓书社1985年版。
② 《全集》,卷二百十二,古文一,《殿试对策》。
③ 《全集》,卷二百十九,书札六,致袁慰亭。

钝，不足以窥圣人之大道，学术惟舆（与）儒近。儒之为道也，平实而绌于势，恳至而后于机，用中而无独至，条理明而不省事，志远而不为身谋，博爱而不伤，守正而无权，……余当官为政，一以儒术施之。"[1] 张之洞不仅以儒道为自己行事宗旨，而且希望儿孙辈也以此安身立命。他以由"仁"字开头的二十字叙子孙辈行，曰："仁厚遵家法，忠良报国恩。通经为世用，明道守儒珍。"[2]

如果说重教化、行仁政、尚中庸的"儒臣"风格是张之洞为政主色调，那么，由中国官僚政治养育出来的"经世致用"的"能吏"作派，则是其辅色调，于晚清国势衰微、官风疲沓、政治纷争波谲云诡之中，张氏由学政而巡抚，由巡抚而总督，最后入参军机，位极人臣，运作自如，成就了一番事业，成为后期洋务运动的领军人物。不仅慈禧太后屡赞其干练有为，而且日本明治维新枢要伊藤博文来华，也于清廷的总理衙门声言："中国办事大臣，惟张香帅一人耳"。[3]

集儒臣之"仁"与能吏之"智"于一身，是张之洞政治风格的显著特征。

一、"凡百政事，皆须得人"

"儒臣"的精要处，在于奉行"仁政"，而"人治"又是仁政的实行之径。张之洞深得此中三昧。他经常引用《论语》名言："夫仁者，己欲立而立人，己欲达而达人。"[4] "为政以德，譬如北辰，居其所而众星共之"[5]。张之洞尤其服膺孟子之论：

> 王如施仁政于民，省刑罚，薄税敛，深耕易耨；壮者以暇日修其孝悌忠信，入以事其父兄，出以事其长上，可使制梃以挞秦楚之坚甲利兵矣。
>
> 彼夺其民时，使不得耕耨以养其父母。父母冻饿，兄弟妻子离散。彼陷溺其民，王往而征之，夫谁与王敌？[6]

---

[1] 《全集》，卷二百十三，古文二，傅鲁堂诗集序。

[2] 许编《年谱》，卷一。

[3] 许编《年谱》，卷七。

[4] 《论语·雍也》。

[5] 《论语·为政》。

[6] 《孟子·梁惠王上》。

将王者的"施仁"与否施视作王道的关键。

以儒学为理论基础的中国传统政治,可以"得人"二字加以概括。明君贤相秉政则神州安宁,海晏河清;昏君佞臣当道则天下离乱,民不聊生。儒家政治学说认为治国安邦的首务不在法家所主张的"宣法明制",而在统治者自身的道德修养:"修己以安人","修己以安百姓"。[①] 如果统治者能做到这一点,"其身正,不令而行",否则,"其身不正,虽令不从"[②]。

先秦时期,儒家的"人治"说与法家的"法治"说曾进行过激烈的论战。儒学传人荀子不否认法的作用,但法的实际效果取决于执法者品行、才识之优劣,故而"有乱君,无乱国;有治人,无治法。……故法不能独立,类不能自行,得其人则存,失其人则亡。法者,治之端也;君子者,法之原也。故有君子则法虽省,足以遍矣;无君子则法虽具,失先后之施,不能应事之变,足以乱矣。"[③] 秦统一中国,秦始皇严刑峻法,将法家学说阴惨刻毒的一面发展到极端,结果二世而亡。汉初经过短暂的"与民休息","无为而治"的黄老政治之后,从武帝开始,儒学独尊地位渐次形成,而"人治"也成为统治者治国安邦的圭臬。

东汉思想家荀悦(148—209)总结出"任贤除十难",揭示妨害仁政—人治的各种表现:

> 惟恤十难以任贤能:一曰不知;二曰不进;三曰不任;四曰不终;五曰以小怨弃大德;六曰以小过黜大功;七曰以小失掩大美;八曰以讦奸伤忠正;九曰以邪说乱正度;十曰以谗嫉废贤能。是谓十难。十难不除,则贤臣不用;用臣不贤,则国非其国也。[④]

唐太宗李世民(589—649)确认"得人"(得有德有学之人)是为政的要领:

[①] 《论语·宪问》。
[②] 《论语·子路》。
[③] 《荀子·君道》。
[④] 荀悦:《申鉴·政体》,涵芬楼 1936 年影印本。

为政之要，惟在得人，用非其才，必难致治。今所任用，必须以德行、学识为本。①

宋代名臣包拯（999—1062）强调"用人"的重要，以及"用人之道"的要旨：

天下不患乏人，患在不用。用人之道，不必分文武之异、限高卑之差，在其人如何耳。若得不次进用，则必有成效。②

明末清初思想家顾炎武（1613—1682）提出选拔人才不应限于科举，而应多方罗掘：

天下之人，无问其生员与否，皆得举而荐之于朝廷，则取士之方，不恃诸生之一途而已也。夫取士以佐入主理国家，而仅出于一途，未有不弊者也。③

张之洞承袭儒学"人治"传统，为官几十年很少倾力于立法建制，而用力于"得人"之仁。这种政治风格，既成就了他的治绩显赫，也是其人去政息的重要原因。学说，吸纳上述精义，加以力行。

同治二年（1863年）四月，二十六岁的张之洞以复试一等第一名参加殿试。就在这决定科场命运的关键时刻，他直抒胸臆，在殿试对策中指陈时政之弊，并依据"人治"观，作"任人者治，任法者乱"的论证。他批评"今日人材之乏，资格太拘、科目太隘致之也"，建议"多其途，优其用，严其限，重其不举之罚"，以利人才"奋迅鳞集京师"，然后，"陛下欲综核名实，则何不试其言之效不效，以为用不用之权衡哉"。其论与顾炎武异曲同工。

关于"任人"与"任法"的优劣，张之洞有自己独到的见解："先王用刑，临事酌断，不豫设详细条目"。其理由是，"若纤悉毕载刑书，布之民间，则

---

① 《贞观政要》，卷七《崇儒学》，上海古籍出版社1987年版。
② 《包拯集》，卷一《天章阁对策》，中华书局1963年版。
③ 顾炎武：《顾亭林诗文集》，《生员论下》，中华书局1983年版。

奸民必有挺身扞法、避就、告讦诸弊，蠹吏亦有舞文鬻狱之弊。"正因为如此，"晋铸刑鼎，仲尼非之"，"而赵鞅荀寅弃被庐之法，铸范宣之刑书，则失中又失矣"。他总结道：

> 随时酌断，岂得无弊，但任人之弊，弊在官；任法之弊，弊在吏。任人之弊在国家，任法之弊在奸民，两害相形取其轻，不如任人也。①

立足于"人治"优于"法治"，"任人"优于"任法"的基本认识，张之洞宦海一生，不论为学政，任督抚，作京官，始终注意人才的培养、选拔与任用，他把这称为"治术以培植人才为本，经济以通达时务为先"②。"学术造人才，人才维国势，此皆往代之明效，而吾先正不远之良轨也。"③"得人"成为他奏议、电牍、公文、信札中出现频率极高的语汇。

张之洞认为，"筹饷事理，尤在度支得人"④。"为今之计，惟有大举储粮平粜一策"，"要之，此事止在得人"⑤。两广总督任上，为开发海南，张之洞强调，"必破格而后可言得人，必得人而后可言辟土"⑥。在各类奏稿中，张之洞一再申述"得人"的重要："边防实效全在得人"，"得其人则皆胜算也，不得其人则尽空文也。"⑦"各属兴办学堂，全赖师范得人，课程方能合度，管理才能得宜。"⑧总之，"凡百政事，皆须得人。"⑨张之洞还总结出"得人之道"有七：

> 一曰至诚。责大臣以荐举，不荐不止。广条目以求才，不得不休；
> 二曰秉公。务采物望，务拔幽滞，黜尸素，禁滥竽。不以喜怒为爱憎，不以异同为去取；

---

① 《全集》，卷二百十一，读经札记二，《议事以制说》。
② 《全集》，卷三十四，奏议三十四，《设立自强学堂片》。
③ 《劝学篇·内篇·同心第一》。
④ 《全集》，卷二，奏议二，《详筹边计折》。
⑤ 《全集》，卷一，奏议一，《灾象可忧储粮平粜折》。
⑥ 《全集》，卷十八，奏议十八，《密陈琼防人才片》。
⑦ 《全集》，卷二，奏议二，《边防实效全在得人折》。
⑧ 《张文襄公牍稿》，卷二〇。
⑨ 《全集》，卷四，奏议四，《整饬治理人才片》。

三曰虚心。不患下无才，但患上不求。朝廷以枢臣为耳目，枢臣当以公论为耳目。宜储之于夹袋，不可取办于临时；

四曰破格。勿计年资，勿泥成例。奇杰之才不拘文武，艰巨之任不限疏戚；

五曰器使。足食足兵，量能授任，南船北马，各用所长。即塞外番僧，泰西智巧，驾驶有方，皆可供我策遣；

六曰节取。边才每多偏驳，健将每涉不羁。不以一眚掩大德，不以二豰弃干城，或取其技能，或采其议论；

七曰造就。有边事始有边才，颇牧卫霍，非本天生，皆由习练。疆围孔棘之秋，正磨练人才之具。①

根据不同需要，不拘一格地及时延访、选拔、推荐人才，是张之洞的一贯做法。

同治年间，他先后出任浙江乡试副考官、湖北学政、四川乡试副考官、四川学政。在选拔科举人才时，他"所录专看根柢性情才识，不拘于文字格式，其不合场规文律而取录者极多"。②"平日衡文不举一格，凡有一艺之长，无不甄录，而尤注重于经史根柢之学。"③近代史上颇著声名的袁昶、许景澄、孙诒让、杨锐、宋育仁等，均为张之洞所提携登进。

抚晋期间，为改变"三晋表里山河，风气未开"的闭塞局面，他亲撰《延防洋务人才启》，"分咨各省"，"延访习知西事，通达体用诸人，……但有涉于洋务，一律广募，或则众美兼备，或则一艺名家，果肯闻风而来，无不量材委用"。④光绪八年（1882年）四月，他上《胪举贤才折》，荐举京秩十四人，外官二十九人，八旗大臣六人，武职十人。一次荐举五十九人之众，这在当时是极为罕见之举，"疏入，枢垣惊诧"⑤。另外，他还极力促成隐居故里的理财行家阎敬铭复职，出任户部尚书，以堪国用。

---

① 许编《年谱》，卷一。
② 《全集》，卷二百二十八，《抱冰堂弟子记》。
③ 赵尔巽奏折，见《全集》，卷首上。
④ 《全集》，卷八十九，公牍四，《札司局设局讲习洋务》。
⑤ 胡编《年谱》，卷二。

总督两广，他于中法战争的胜负关键之机，慧眼识才，毅然启用已近古稀之年的老将冯子材，又多方回护抗法名将、"且有治众之才"的黑旗军首领刘永福，为夺取战争的胜利创造了重要的人事条件。另外，他"密陈于荫霖才堪大用"，"为粤省第一贤员"①；请调"清操卓绝，才力强毅而又能权宜因应"的山西按察使河东道黄照临来粤差委；挽留"端法公明，刚柔得中，专务力行，周悉民隐"的广州知府萧韶；特别是奏请将"志向端谨，才识精详""实为办理洋务不可多得之员"的候选知府蔡锡勇留粤补用，都可谓知人善任的例证。

移节两湖及暂署两江期间，张之洞更是广为延揽各方名士，"以广大风雅之度，尽量招纳，以书院学堂为收容之根据，以诗文讲学为名流之冠冕。其时有罣误失意之朝士，在两广则延揽朱一新等，在两湖延揽吴兆泰、梁鼎芬、蒯光典等。又有告假出京之朝士在两湖，如周树模、周锡恩、屠寄、杨锐、郑孝胥、黄绍箕、沈曾植、曹光弼、杨承禧等"②。学通中西的"怪才"辜鸿铭，也被张之洞聘为幕僚，协办外交，"粤鄂相随二十余年"③。

辜鸿铭十四岁即赴欧游学，十一年间辗转英、法诸国，学习文学、法学、政治学、哲学，精通英、法、德、希腊、拉丁等九种语言，获十三个博士头衔。可惜汉文却十分生疏。他本人回忆道：

> 我在张公幕府中，遍请那些翰林、进士老先生们教我汉文。他们的回答都是这一句话："你是读洋毛子书的，没有资格读我们中国的经传。"我没有办法，购买了一本官话指南。那本书是日本人写的，书中搜集了中国官话，译成英文。我便把那本书作为汉文读本。苦恼的是不会查中国字典，遇到生字，还是没办法。事为张制军所知，他对我说："孔子说，'自行束修以下者，吾未尝无诲也。'他们不是不肯教你，是因为你无礼貌。师道严肃，未可唐突。"……从第二天起，张制军便亲自教我读《论语》，查字典。④

---

① 《全集》，卷十八，奏议十八。
② 刘禺生：《世载堂杂忆》，中华书局 1960 年版，第 81 页。
③ 辜鸿铭：《张文襄幕府纪闻·弁言》，岳麓书社 1985 年版。
④ 兆文钧：《辜鸿铭先生对我讲述的往事》，参见全国政协文史资料工作委员会编《文史资料选辑》第八辑，中华书局 1961 年版，第 183~184 页。

张之洞主持湖北新政，对洋务人才格外优礼。他奏调近代著名科学家徐建寅（1845—1901）督办保安火药局。徐因试制无烟火药失事，以身殉职，张之洞痛惜"失此臂助，更惜中国少此人才"，请"敕部照军营阵亡之例，从优议恤"。①他还建议委任程仪洛、潘学祖二人共同主持上海制造局，并向同僚担保，"两人相济，各尽其长，如此而沪局仍无实际无起色，则鄙人甘受妄言之咎可也"②。光绪二十四年（1898年）六月，张之洞向朝廷推荐使才，列名者有外交家黄遵宪、钱恂等。光绪二十八年（1902年）九月、十二月，他两次保荐经济特科人才，列名者有历史地理学家杨守敬、教育家姚晋圻、考古及文字学家罗振玉、地理学家邹代钧、经学家孙诒让等。在张之洞屡次保荐人才的奏折中，推举者还有伍廷芳、缪荃孙、汤寿潜、劳乃宣、徐世昌等，后来皆成为近代史上的著名人物。

张之洞对于青年俊杰，尤其奖掖有加，寄予厚望。他督学四川，将高才生杨锐、范溶、毛席丰"召之从行读书，亲与讲论，使研经学"③。后来，杨锐因参与维新变法，身陷囹圄，张之洞极力营救，终未得免，为之痛惜不已。对于才华出众，英年早逝的鄂藉经义治事学舍学生贺人驹、陈作辅、付廷浩、范昌棣，张之洞"感念怆怀，不能已已，乃合光禄五君咏工部八哀七歌之体，作'四生哀'以存其名"④。张之洞爱才心切，思贤若渴，对于那些确有才能的青年学生，即使其政见与己不合，甚至有的还参加革命组织，他也往往加以回护。"田吴炤、卢静远、吴禄贞诸人游学日本，初闻其议论激烈，商之日本，欲除学籍。及毕业归国，乃深器之，吴炤以经济特科荐，静远置诸幕下，禄贞且骎骎大用"⑤。吴禄贞于光绪二十二年（1896年）参加湖北新军，次年进湖北武备学堂学习。张之洞选派学堂的二十名高材生赴日本士官学校学习军事，吴为其中之一。吴在日本加入兴中会，并于光绪二十六年（1900年）回国，领导自立军安徽大通起义，失败后复去日本留学。张之洞知道这一切，并没有严加追究，反而于吴学成归国后，委任为湖北将弁学堂总教习、护军总教

---

① 《全集》，卷五十二，奏议五十二。
② 《全集》，卷二百十七，书札四，致鹿滋轩。
③ 许编《年谱》，卷一。
④ 《全集》，卷二百二十五，诗集二。
⑤ 许编《年谱》，卷七。

习等重要职务。后又推荐他进京,担任陆军部练兵处骑兵监督。光绪三十三年(1907年),吴禄贞出任延吉边务邦办,力证延吉自古为中国领土,挫败日本侵吞阴谋。其时朝中有人对吴禄贞恶意中伤,张之洞"实调护之。己酉(1909年——引者注)春,相见于都门,与南皮痛言时政,皆唏嘘不止。南皮曰:二三子皆雄才,幸少敛锋锷。"① 为国惜才之思,跃然语间。

张之洞信"人治",重"得人",一生中确实擢拔、任用了不少优秀人才,但也有看走眼的时候。前面提到他于山西巡抚任内一次荐举五十九人,赫然名列榜首者,是他引以为同道的翰林院侍讲张佩纶。张之洞称张佩纶"内政外事皆所优为,论其志节才略,实为当代人才第一"。② 但正是这个张佩纶,受命"会办福建海疆事宜",麻痹轻敌于前,临阵脱逃于后,空言误国,致使马江惨败,福建水师全军覆没。张佩纶原与李鸿章形同水火。马江一役得咎,革职充军,期满返京,无所归依,竟投附李鸿章门下为其幕僚,还入赘做了李的女婿。不惟志大才疏,而且气节人品,亦为世所诟。又如周锡恩,湖北罗田人,"之洞督鄂学所赏拔,为得意门生"。后点翰林。张之洞重其才,"游宴必延锡恩为上客"。张之洞五十五岁寿辰,周锡恩撰文寿张之洞,"典丽高皇,渊渊乎汉魏寓骈于散之至文也"。张之洞大为激赏,"名辈来,之洞必引观此屏。"后经机要文案赵凤昌看出此寿文竟大半抄袭龚自珍所作《阮元年谱》序,张之洞核实,默然长吁曰:"周伯晋(锡恩字伯晋——引者注)欺我不读书,我广为延誉,使天下学人同观此文者,皆讥我不读书,伯晋负我矣,文人无行奈何,非赵竹君(赵凤昌字竹君——引者注),尚在五里雾中。"③ 自是日与周远,几至不见。

张之洞虽然终生注重"得人之道",并为此多耗心力,然而他为封疆大吏、为中枢要员,其幕府、其麾下却并未聚集多少人才,除办交涉的辜鸿铭、主经济的蔡锡勇尚可称道外,余多默默无闻,若与曾国藩幕府人才济济相比,则大见逊色。究其缘故,主要是时势所至。曾幕人才之盛,张幕相形见绌,正表现了从咸丰、同治到光绪、宣统间,清王朝的国势及其对士人的吸引力,都在向下迅速滑落。曾国藩尚能聚集当日英才,武将如彭玉麟、李

---

① 见谢炳朴辑《吴绶卿先生遗诗》所载程明超《题娱园遗诗》第四首自注。
② 《全集》,卷四,奏议四。《胪举贤才折并清单》。
③ 刘禺生:《世载堂杂忆》,中华书局1960年版,第63~64页。

续宾（1818—1858）、曾国荃、刘长佑（1818—1887）、刘坤一，文士如郭嵩焘、容闳、薛福成、徐寿（1818—1884）、华蘅芳，等等，皆一时之选，有的堪称卓异历史人物。曾幕多才，是"同治中兴"的一种表征，说明其时汉族疆吏对士子精英尚有凝聚力。而张幕乏人，难以招徕一时俊杰，这并非张氏缺乏魅力，也并非张氏无识人之明，乃是光、宣之际，知识界精英已别有追求，不愿受朝臣羁勒。以张之洞的眼力，何尝不识天下英雄，但天下英雄却纷纷与他分道扬镳，张之洞也莫奈其何。例如，张之洞曾企图将梁启超、章太炎、容闳、黄遵宪等一代人杰引入幕中，但与这些人一经接触，彼此政见相左，意气不投，主客间顿失和谐，甚至反目成仇。即使进入张幕之人，也并非对他依顺，而是各怀抱负，张之洞晚年曾感叹道，"所用之人皆非心悦诚服之人"①，诚可浩叹！

　　就追求"得人之道"的执着论，张之洞并不亚于曾国藩，而"得人"的实际情形却有天壤之别，这岂止是张氏个人悲剧，其实是报告了一种时代消息：清末朝廷已尽失人心，英杰离散。这应验了龚自珍早在嘉道之际所说的：清朝已进入"无才之世"。这里所谓"无才"，并非天下无才，而是朝廷无才——"京师"（指清王朝）失人，"山中"（指反叛朝廷的民间）得人；"京师"如"鼠壤"，一触即溃，"山中"则"壁垒坚矣"；"京师""寡助失亲"，"山中之民"则"一啸百吟"，"天地为之钟鼓，神人为之波涛"②。如果说，龚自珍说这番话，带有预言性质，而时至清末，张之洞则实实在在地经历了这种人才背离而去的困境。这正预示着一个大变革时代的来临。

二、"书生习气"

　　张之洞与李鸿章之间久存芥蒂，时相攻讦。庚子年间，李鸿章受命与各国议和，张之洞"会同办理"。两人在议论《辛丑条约》若干条款时，意见相左。李鸿章挖苦张之洞："张督在外多年，稍有阅历，仍是二十年前在京书生之习，

---

① 《全集》，卷二百二十八，《抱冰堂弟子记》。
② 见《尊隐》，《龚自珍全集》，中华书局1961年版，第84~85页。

盖局外论事易也。"①张之洞闻讯大怒:"合肥谓鄙人为书生习气,诚然,但书生习气似较胜于中堂习气耳。"②双方演成意气之争,以致朝廷不得不出面调解:"彼此积疑负气,究于国事何补。……李鸿章身处其难,原多委曲,然时有不受商量之失,刘坤一、张之洞虑事固深,而发言太易,亦未免责人无已",申谕双方"同一竭忠谋国务,各互除意见,和衷经画,挽回气数,共济艰难"③。

平心而论,李鸿章批评张之洞"书生习气",并非妄言。"书生习气"确实伴随张之洞一生。

"书生习气",内涵丰富。清高、耿直、儒雅、迂腐、空疏……都可视为其表现。当然,李鸿章以"书生习气"讽张之洞,主要是取其不切实际,好作大言、空语的贬义立论。而"好大言原是书生本色"④,张之洞也确有这种品格,他曾自命"虎豹当关卧,不能遏我言"⑤。《清史稿·列传》称张之洞"以文儒致清要,遇事敢为大言"。这番评论应作两方面理解。一是说张之洞性情耿介,敢于直抒己意,不事曲意阿谀;二是说其言意旨虽宏,然亦间有迂阔之弊。

光绪三年至七年(1877—1881年),张之洞以翰林院谏官身份入党"清流",成为其中健将,与张佩纶、陈宝琛、宝廷、王懿荣等相互引援,"连同一气,封事交上,奏弹国家大政,立国本末"⑥,十分活跃,成为当时京师舆论一大中心。在平反东乡冤狱、改订"中俄条约",以及重议庚辰午门案、裁抑阉宦权势等重大问题上,张之洞"不避嫌怨,不计祸福,竟以直言进"⑦,发挥了关键作用,赢得时誉。但是,不可否认,其时清流党人多无实际行政经

---

① 李鸿章:《李文忠公全书》电稿三十,寄西安行在军机处,光绪二十六年十一月十四日,南京金陵刊本1908年版。
② 《全集》,卷一百七十,电牍四十九,致江宁刘制台,光绪二十六年十一月二十一日。此又见辜鸿铭《张文襄幕府纪闻·五霸罪人》:"李文忠电奏有曰:'毋听张之洞书生见解。'当时有人将此语传于张文襄,文襄大怒曰:'我是书生,他是老奸巨猾。'至今文襄门下论及李文忠,往往痛加诋訾。"
③ 《全集》,卷八十三,电奏十一,行在军机处来电,光绪二十七年六月十五日。
④ 辜鸿铭:《张文襄幕府纪闻·书生大言》,岳麓书社1985年版。
⑤ 《全集》,卷二百二十四,诗集一,《送冯竹儒》。
⑥ 刘禺生:《世载堂杂忆》,中华书局1960年版,第90页。
⑦ 《全集》,卷一,奏议一。

验，不少建策虽然头头是道，但难以付诸实行，往往流入空谈。我们可以从张之洞此时的奏疏中，信手拉来若干例证：

光绪五年（1879年）十二月，张之洞建议"责以义"，"折以约"，"怵以势"，以阻止沙俄侵吞我疆土。如不成功，则可考虑委西藏阿里地区以赐英，捐台湾以赐日，换取英、日两国出兵，夹击沙俄，解除西北边患。①

光绪六年（1880年）九月，他提出与俄议约，松花江行船一条万不能允。如对方坚持，我可以两策钳制之。一是以行水利为辞，决松花江南岸数处，放水入乌苏里河之西淀泊，"江流渐浅而轮船自阻"；二是于江水浅处沉船坠石，或仿江南沙田之法，种植挂淤之物，数年后淤积洲成，以碍船行。②

如果说这些建策还仅仅是坐而论道的书生之见，那么下面一折《请劝俄主除去苛政片》，就更显得荒唐可笑了。

光绪七年（1881年）闰七月，张之洞建议，乘俄主屡遭刺杀之机，发一国书，遣曾纪泽赴俄，"先道存问安慰之意，继申恤灾联好之谋"，"劝其除去苛政，务行宽大，轻刑薄赋，弭兵息争，亲睦四邻"。他还津津乐道：

> 尝考西洋风俗，邻邦公使常有排难解纷之事，堂堂中国岂可无此举动哉！夫不乘危，大信也；除邻国之虐政，息海外之兵，大仁也；中国能定俄国之乱，使地球上下万国无不赞服，大威也；长驾远驭之略，昭德怀远之径，实在于此。孔子云怀诸侯则天下畏之，正谓是也。③

当然，随着张之洞日后身膺疆吏重任，实际担负繁杂行政事务，其清流党人的空疏之习渐次消失，而务实品质却日见光大。其最有说服力的例证，是他于两广总督任内，为解经费短缺的燃眉之急，竟然开"闱姓"赌，提取捐资，以敷政用。此举于败坏民风吏治、干扰国家选拔人才，为祸甚烈，张之洞当然不会不知。如若发生于他人他省，依其清流气概，大概又该慷慨激昂地予以纠弹了。可是身陷捉襟见肘的窘迫之境，张之洞迫于无奈，只得出此权宜之计，同时上奏辩白："此时饷源无出，亦可藉纾目前之急"，"若非幸蒙圣恩，得此

---

① 见《全集》，卷二，《详筹边计折》。
② 见《全集》，卷三，奏议三，《预筹钤制松花江行船办法片》。
③ 《全集》，卷三，奏议三，《请劝俄主除去苛政片》。

巨款百余万，聊济目前，粤事殆不堪设想。"①

除了"敢为大言"，张之洞身上的书生习气还有诸般体现。洁身清高是他一贯作风。他曾自白：

> 鄙人立身立朝之道，无台无阁，无湘无淮，无和无战，其于忠于国家者敬之，蠹于国家者恶之，其事利于国家者助之，害于国家者攻之，中立而不倚，论卑而易行，当病而止而不为其太过，奉公而不为身谋，期有济而不求名，此则鄙人之学术也。……《论语》曰，君子和而不同，群而不党。惟其独立，所以既和又能不同，既群又能不党，此鄙人之解经，即鄙人自处之道。②

> 平生有三不争，一不与俗人争利，二不与文士争名，三不与无谓争闲气。③

在张之洞的往来电牍、信札中，每有"鄙人之不合时宜亦日甚"④，"朝廷责鄙人以固执"⑤，"性情不宜"⑥等语，但这些与其说是反躬自省自责，不如说是矜持的自夸自诩。而当他赋诗以言志抒怀时，这种情绪更是毫无遮拦地喷涌而出：

> 湛思究理乱，搤腕规匡扶，
> 稠人广如海，欲语气类孤。⑦

> 小人工依附，祸福不自料，……

---

① 《全集》，卷十一，奏议十一，《筹议闽姓利害，暂请弛禁折》。
② 《全集》，卷二百十四，书札一，致潘伯寅。
③ 《全集》，卷二百二十八，《抱冰堂弟子记》。
④ 《全集》，卷二百十九，书札六，与樊云门。
⑤ 《全集》，卷九十二，电牍七，致东兴邓钦差等。
⑥ 《全集》，卷一百二十，电牍三十五，致京钱念劬。
⑦ 《全集》，卷二百二十四，诗集一，送冯竹儒。

> 志士贵自立,炙手耻眉奥。①
>
> 孤芳讵免蒙菰累,公论终无蒉苡诬,
> 旧德肖然资顾问,岂容挥手卧江湖。②
>
> 皓皓不受浊流浑,怀沙惜誓将毋同。
> 我本海滨士,独衔幽愤希高躅,
> 坐对天池一长啸,枯桑槭槭生天风。③
> 处默固应浑众独,希声何用计成亏。④

宦海浮沉四十年,官至正一品内阁大学士,但张之洞文儒清雅的书生本色却未曾消退。"陆好学,至老不倦。听政之暇,率危坐读书终日。"⑤"张自命名臣,实则饱含书生气味,尤重诗文。"⑥尽管殚心国事,无暇浅酌细吟,"诗学捐弃几二十年",然自光绪二十一年(1895年)后,"复以理咏自娱,而识益练,气益苍,力益厚,境地亦愈高愈深。"⑦从艺术上看,其诗并无卓拔超群之名篇足以传世,但"心思密致,言不苟出。用字必质实,勿纤巧;造语必浑重,勿吊诡;写言不虚造,叙事无溢辞;用典必精切,不泛引,不斗凑;主意必己出,勿袭故,毋阿世;要旨真性情,称心而出"⑧,故亦不乏清新、隽雅之佳作,如:

> 少乞残杯道已孤,老官检校亦穷途。
> 荣名敢望李供奉,晚遇难齐高达夫。
> 凭仗诗篇垂宇宙,发挥忠爱在江湖。

---

① 《全集》,卷二百二十六,诗集三,连珠诗。
② 《全集》,卷二百二十四,诗集一,《座主萧山朱尚书六十寿辰》。
③ 《全集》,卷二百二十四,诗集一,《东海行》。
④ 《全集》,卷二百二十五,诗集二,《汉上秦台》。
⑤ 许编《年谱》,卷一。
⑥ 刘禺生:《世载堂杂忆》,中华书局1960年版,第82页。
⑦ 《全集》,卷二百二十四,诗集一,增祥跋语。
⑧ 张秉铎:《张之洞评传》,台湾中华书局1972年版,第239页。

> 堂堂仆射三持节，那识流传借腐儒。①
>
> 又到山寒木瘦时，黄鸡白日去如驰。
> 诗才已为尘劳尽，霜鬓空教海内知。
> 送远添愁身是客，解忧无效酒亭卮。
> 梦争王室烦惊醒，枥马依墙龁断萁。②
>
> 老去忘情百不思，愁眉独为惜花时。
> 阑前火急张油幕，明日阴晴未可知。③
>
> 故人宿草已三秋，江汉孤臣亦白头；
> 我有倾河注海泪，顽山无语送寒流。④

政事繁杂，军务倥偬，张之洞于万忙之中，仍不失文人雅兴。他"性喜山水林木，登临啸咏，兴来独往，于各省程途所经，遇有名胜，虽冒雨雪必往游览。"⑤从他为数颇丰的记游诗中，我们可以得知他曾登临剑阁雄关、黄鹄矶头，拜谒杜工部祠、黄陵庙宇，纵览西山流云、华岳飞瀑，领略赤壁壮景、隆中秀色。尤其对于先贤故址，张之洞更必往凭吊，以寄托哀思。对于年久失修，衰败荒芜者，还下令重行修葺。光绪十四年（1888年）十一月，张之洞致电琼州道台，令其修治阌整苏东坡祠，并表示愿捐千金以为兴工之助⑥。

把赏古玩，是中国文人风雅趣味之一。张之洞于此亦不乏兴致。光绪九年（1883年）底，他于太原给京师的朋友王廉生去信，"附去三十金，敢恳过市时代求有风趣物事数品，以娱劳人新年，破书弃扇皆好。如价贵不足用，乞示知补寄，幸勿以一无所遇见覆也"⑦。

---

① 《杜工部词》。
② 《全集》，卷二百二十七，诗集四，《白日一首示樊山》。
③ 《全集》，卷二百二十七，诗集四，《惜春》。
④ 《焦山观宅竹坡侍郎留带三首》之三，《全集》，卷二百二十七，诗集四。
⑤ 许编《年谱》，卷九。
⑥ 《全集》，卷一百二十二，电牍一，致琼州朱道。
⑦ 《全集》，卷二百十四，书札一，与王廉生。

三、"私利不可讲，而公利却不可不讲"

据辜鸿铭回忆，他于张之洞幕府中得见——

> 一日晤幕僚汪某，谓余曰："君言皆从是非上著论，故不能耸听。香帅为人是知利害不知是非，君欲动听，必从利害上讲，始能入。"后有人将此语传文襄耳，文襄大怒，立召余入，谓余曰："是何人言余知利害不知是非？如谓余知利害，试问余今日有诺大家事否？所谓利者安在？我所讲究者乃公利，并非私利。私利不可讲，而公利却不可不讲。"①

明于公私之分，公而忘私，是中国传统中被推崇的美德。历代先贤于此有嘉言懿行传世。先秦韩非论道："人臣有私心，有公义：修身洁白，而行公行正，居官无私，人臣之公义也；污行从欲，安身利家，人臣之私心也。"②宋代范仲淹"先天下之忧而忧，后天下之乐而乐"③的千古名句，将士子公而忘私的品质升华到崇高境界。而包拯、海瑞更以其刚直不阿、清正廉洁的政声，赢得黎民百姓的"青天"赞誉。当然，先哲、贤臣们所谓"公心""公义"，非指民众利益，而是指君国的整体利益，张之洞的"公利"说也属这一范畴。

综观张之洞一生，确如所言，"私利不可讲，而公利却不可不讲"，这在贪赃枉法，贿赂公行的晚清政坛中，尤其难能可贵。为表白心迹，张氏曾以"广雅"为其于两广所设书院、书局命名。幕客梁鼎芬为此释曰："广者，大也；雅者，正也。大而能正，公无愧焉。"④

前文论到，张之洞一贯主张"任人者治"，"凡百政事，皆须得人"。他任用属员的首要标准，是人品、气节。这也是辜鸿铭以他为"儒臣"而与曾国藩、李鸿章等"大臣"相区别的根据之一："文忠（指李鸿章——引注）步趋文正，更不知有所谓教者，故一切行政用人，但论功利而不论气节，但论才能而不论

---

① 辜鸿铭：《张文襄幕府纪闻·公利私利》，岳麓书社1985年版。
② 《韩非子·饰邪》。
③ 《岳阳楼记》。
④ 许编《年谱》，卷十。

人品。"①张之洞笃信"修己以安人"②,"其身正,不令而行"③的先儒教诲,认定"恤民必先恤官,治官必先治己"④,"官无瑕疵,四民自然畏服,不必专心致志惟务箝民之口,须当惠法兼施,尽父母斯民之道。"⑤他号召士子"廉正无欲,必有政绩可观"⑥,以清正廉洁之风,为下属作出表率。

同治十二年(1873年),张之洞出任四川乡试副考官,后又简放四川学政,裁撤陋规,两袖清风,以至于"还都后窘甚,生日萧然无办,夫人典一衣为置酒"⑦。升任抚督,官居二品,亦不讲排场,不事铺张。"自居外任,所到各省,从不用门丁,不收门包,不收馈赠礼物"⑧。于广东任内过五十岁生日,为拒收寿礼,干脆紧闭辕门,不纳贺客。广州明伦堂士绅"以公兴学育材,撰文为寿,縢爆竹三万,至辕门不得入。舁归明伦堂燃放,时以为趣事"⑨。光绪十五年(1889年)七月,张之洞调补湖广总督。抵任之前,他便致电江夏、汉阳两县:"十一月中旬到鄂,所有公馆及衙署供应,务从俭朴,不得华侈繁费,不准用绸缎锦绣燕莱,不准送门包、前站礼。一切使费,所有到任供张,如有公款,勿过领款之数,如无公款,用过若干,开帐照数发还,万勿故违。"⑩抵任后,又禁止官场赌博,演剧宴会奢侈,规定每宴客不得过五簋。

张之洞书生本色,笃嗜典籍、古玩。在山西时,有人以宋本经史五种为赠,"不索值,但乞在山西听鼓当差而已"。但张之洞秉公处置,"乃峻却之"⑪。广东德庆县东有端溪水,其地有三洞,产良砚。唐人刘禹锡称"端州石砚人间重"⑫。但自明嘉庆年间后,停采已久。商人何昆玉以办贡乏材,请开大西洞老坑以采石制砚,获利颇丰。此时张之洞已离粤赴鄂,"商人谓督部在粤未尝求砚也,乃寄十方至鄂"。张之洞予以时价每方二十金,以为"不悖

---

① 辜鸿铭:《张文襄幕府纪闻·清流党》,岳麓书社1985年版。
② 《论语·宪问》。
③ 《论语·子路》。
④ 《全集》,卷二百一十四,公牍二十九,《批司道会详裁减各署公费》。
⑤ 《全集》,卷二百零四,公牍二十五。
⑥ 《全集》,卷二百零四,《輶轩语一》。
⑦ 《全集》,卷二百二十五,诗集二,《永咏》自注。
⑧⑪ 《全集》,卷二百二十八,《抱冰堂弟子记》。
⑨ 许编《年谱》,卷三。
⑩ 《全集》,卷一百三十三,电牍十二,《致江夏、汉阳两县》。
⑫ 刘禹锡:《刘梦得集》四。

于古人不携一砚之义也"①。

舐犊情深,人之常情。张之洞对长子张权,十分宠爱。光绪二十四年(1898年),三十八岁的张权中贡士,赐同进士出身,签分户部任职。张之洞望子成才,"今洋务最为当务之急,故拟令其至海外一游,或可开扩胸襟,增益不能。"为此,特致函广东巡抚鹿传麟,"恳赐给一公牍,派其至东洋西洋各国游历考察武备水师陆军各事宜,学校章程及农工商务等事","庶到彼得以博览考求,不至为人所拒耳"。并请声明"该员自备资斧,不领薪水"。张之洞其时任湖广总督,经手选拔官费赴海外游学的青年学子,数以百计,加入张权一人,可以说不成问题,但他没有这样做。退一步讲,鹿传麟是张之洞的姐夫,"现领南洋",托鹿出面,委张权一公差,出洋游历,亦绝无不成之理,但张之洞仍未这样做,而只是请鹿出一公牍,以为介绍。"此举于公事毫无干涉,于他人毫无妨碍,想可行也。"②

清人吴敬梓《儒林外史》第八回,录有俗语对于贪官墨吏的讽刺之句:"三年清知府,十万雪花银"。号称"清廉"的从四品知府,三年任内,竟然可敛得十万纹银。那么声名狼藉者,更可想而知。相比之下,张之洞的清正廉洁、不事聚敛,难能可贵。他居官四十年,位及一品。按清制,一品文官岁俸一百八十两银,是为正俸,京官例支双俸。又正俸一两兼支米一斛。大学士俸米再加倍支给。即使按正常俸禄计,亦可谓家道殷实。但张之洞辞世后,"竟至囊橐萧然,无以为子孙后辈计"。连治丧所需费用,也出自门人、僚属的赙襚。辜鸿铭闻此,"回忆昔年'公利私利'之言,为之怆然者累日"③。

张之洞于钱财看得淡薄,但对于职守却兢兢业业,事必躬亲。抚晋之初,由于文案无人,"一切笔墨皆须己出,不惟章疏,即公牍亦须费心改定,甚至自创"④。张之洞自幼养成秉烛夜读之习。"在翰林时,讲诵恒至夜分"。⑤ "其后服官治文书,往往达旦。自言乃幼时夜坐读书故"⑥。个人习惯,是一方面;更重要的原因,恐怕还在军国要务,不敢些许疏忽,日力不暇,乃继之

---

① 《全集》,卷二百二十八,《抱冰堂弟子记》。
② 《全集》,卷二百十七,书札四,致鹿滋轩。
③ 辜鸿铭:《张文襄幕府纪闻·公利私利》,岳麓书社1985年版。
④ 《全集》,卷二百十四,书札一,与张幼樵。
⑤⑥ 许编《年谱》,卷四、卷一。

以夜。张之洞曾回顾自官疆吏以来，"惟在晋两年，公事较简，此外无日不在荆天棘地之中"①，未及知天命之年，便因"劳顿过度，心血日亏，须发多白"②。在他的奏折、电牍中，我们可以翻检到许多强撑孱躯，抱病视事的记录。光绪十年（1884年）在山西，"自入二月，诸病交作，心忡气喘，舌燥咽痛，日食一餐，仍复不能运化，言语稍多，即觉舌本枯强謇涩，力疾从公，未敢请假"③。光绪十一年（1885年）在广东，"夜寐不过数刻，罕有解带安息之事。……接晤同僚将吏、他省委员，每自平旦至于日暮，甚至夜未已。……患疮症，困顿床蓐，痛楚万状，仍力疾自作函牍，延客卧内，日与僚属筹措赈务"④。光绪十三年（1887年），"感受春寒，触动肝本旧症，郁塞作痛，医者谓病原在于用心太苦，有乖消息之宜"⑤。光绪二十六年（1900年）在湖北，"衰病日甚，心血耗尽，夜睡仅五六刻，午睡三四刻，且甚艰难，久成怔忡之症。……忽则眩晕欲倾，忽则目花无睹。自去腊起，因勉强乘马，忽得腰疾，两足软弱无力，时常酸痛，治之半年无效，已成痼疾"⑥。光绪三十一年（1905年），又患口疮，"将及一年，中医云系心劳肝火病在内，东医云系胃热牙虫病在外信。……大率数日内公事顺畅、睡时较多则痛止，公事拂逆，睡时过少则痛剧"⑦。与清末官场司空见惯的文恬武嬉、尸位素餐者流相比，张之洞确实担当得起身后朝廷上谕所称"公忠体国，廉正无私"的美誉。

张之洞经营荆楚之地18年，政绩昭然，口碑在民。光绪三十三年（1907年）六月，张之洞奉旨授大学士，仍留湖广总督任。湖北各界"霍霍如失鹰师。军界酾金于宾阳门内，依山建抱冰堂。抱冰者，公晚年自署也。学界酾金于黄鹄山建风度楼。盖公道自在人心，卧辙生祠，庶几如古所云者"⑧。张之洞闻讯，颇为不安，立即手谕停工：

> 昨阅汉口各报，见有各学堂师生及各营将佐弁兵建造屋宇以备安设

---

① 《全集》，卷二百二十八，《抱冰堂弟子记》。
②③ 《全集》，卷八，奏议八。
④ 《全集》，卷十四，奏议十四。
⑤ 《全集》，卷二十，奏议二十。
⑥ 《全集》，卷一百六十五，电牍四十四。
⑦ 《全集》，卷八十五，电奏十三。
⑧ 张继煦：《张文襄公治鄂记》，湖北通志馆民国三十六年版，第54页。

本阁部堂石像铜像之事，不胜惊异。本阁部堂治楚有年，并无功德及民，且因同心难得，事机多阻，往往志有余而力不逮，所能办到者，不过意中十分之二三耳。抱疚之处，不可殚述。各学各营此举，徒增愧歉。……俟他年本阁部堂罢官去鄂以后，毁誉祝诅，一切听士民所为，若此时为之，则是以俗吏相待，不以君子相期，万万不可。该公所该处，迅即传知遵照，将一切兴作停止。点缀名胜，眺览江山，大是佳事，何必专为区区一迂儒病翁乎？①。

尽管张之洞本人不赞成建堂兴楼之举，然而"谦尊而光"，在各界人士热心襄助下，风度楼仍于光绪三十四年（1908年）竣工，抱冰堂也于张之洞死后于蛇山东端建成②。张之洞得知武昌蛇山头的风度楼已成，又致电继任湖广总督陈夔龙，"此楼关系全省形胜，不可以一人专之"③，建议更名"奥略楼"，取《晋书·刘弘传》"恢弘奥略，镇绥南海"语意，并亲笔题写奥略楼匾额。④

张之洞之"私利不可讲"，已如前述。而于"公利不可不讲"方面，他亦为同侪中之佼佼者。

晚清洋务大吏，无一不以编练新式武装为要务。张之洞于此，亦有皇皇可观之成就。他主持编练的湖北新军，无论从数量、质量方面衡量，都堪称全国一流水准。但与其他洋务大吏相比，张之洞编练新军，少有拥兵自重之意，而与曾国藩、左宗棠、李鸿章、袁世凯有别。曾于湘军，左于楚军，李于淮军，袁于新建陆军，都以私家武装视之。朝廷对这些手握兵权的汉族疆吏，时时怀有疑虑之心，惟恐尾大不掉。张之洞则不同。他在晋筹办练军，在粤建广胜军，在两江编自强军，在鄂编练湖北新军，都是人一离任，军即交权。清末"新政"，张之洞、袁世凯同为风云人物，满贵集团深存戒心，设陆军部接管全国陆军。袁世凯反应强烈，以"直境幅员辽阔，控制弹压须赖重兵"为借口，要求将二、四两镇仍由自己"统辖督练"，只肯交出一、三、五、六各镇

---

① 《全集》，卷二百二十一，公牍三十六。
② 抱冰堂现存武昌蛇山首义公园内。
③ 《全集》，卷二百零一，电牍八十。
④ 最后一座木结构黄鹤楼1884年焚毁，在其址于1908年建成的奥略楼曾被近时武汉人以黄鹤楼视之。该楼1955年因修建武汉长江大桥而拆除。

由陆军部直接管辖。相比之下，张之洞却对朝廷收兵权淡然以应。张、袁之所以有此区别，是因为袁世凯视军队为个人命根所系，须臾不可离身；而张之洞却视军队为国家干城，与己并无直接利害关系，故而泰然处之。

张之洞久为一方疆吏，但并不以邻为壑，而是"不分畛域，通筹全局"。"从来举大事者必须毅然担当，不计小利小害乃能成功"①。他曾于《到山西任谢恩折》中剖白心迹："身为疆吏，固犹是瞻恋九重之心；职限方隅，不敢忘经营八表之略"。②这后一句曾在京师引起不大不小的波澜，凡怨政敌纷纷揪住此话大张挞伐，说张之洞心存僭越，图谋不轨，若雍正、乾隆帝在世，不要他的脑袋才怪呢！但是不管旁人如何议论，张之洞于国事为重，确实做到"不分畛域，通筹全局"，因而博得慈禧"张之洞办事向来实心"③的赞赏。中法战争中，广东边防吃紧，张之洞仍多方援助各地抗法军事行动，派潮军两营连同大批军火援闽；主动接济饷械与驻台刘铭传部；新组粤军赴滇抗敌，并承担全部费用。中日战争中，张之洞对过鄂境北上御敌各军，无不助饷械，耗资数十万两。山东威海危急，他又主动送去快枪一千支，子弹一百万发。山东巡抚李秉衡电谢曰："我公统筹全面，谋国之忠，与人之厚，深钦佩！"④

《礼记·礼运》倡"大道之行也，天下为公"。宋儒石介论曰："善为天下者，不视其治乱，视民而已矣。民者，国之根本也。天下虽乱，民心未离，不足忧也；天下虽治，民心离，可忧也。"⑤黄宗羲也说："为臣者轻视斯民之水火，即能辅君而兴，从君而亡，其于臣道固未尝不背也。"⑥张之洞"公利却不可不讲"的内涵，也包括体恤民情，以民为本。他"尝考从古帝王所以享国之长者，财力兵力权谋术数皆不足恃，惟民心为可恃。"⑦他曾训导后辈："悉故乡风味，稼穑艰难，于官途世事未必无益。"⑧在他的诸多诗作中，表露出忧民、恤民之情。僚属赠白瓜三枚，张之洞啖之，赋诗一首：

---

① 《全集》，卷七，奏议七。
② 《全集》，卷四，奏议四。
③ 《全集》，卷七十七，电奏五，总署来电。
④ 《全集》，卷一百四十一，电牍二十。
⑤ 吕祖谦：《宋文鉴》，卷一○二，江苏书局1886年刊本。
⑥ 黄宗羲：《明夷待访录·原臣》，上海大中书局1932年版。
⑦ 《全集》，卷一，奏议一。
⑧ 《全集》，卷二二九，家书，致侄子密。

> 仙枣曾传海上瓜，今尝珍蓏玉无瑕。
> 清凉已足还思雨，尚有农夫转水车。①

光绪十七年（1881年）冬，荆楚之地三得大雪，微雪无数。张之洞于除日命笔，顾念农事堤工，市廛民情：

> 瘦人愈饥肥愈饱，今年三白犹未了，
> 江上千山化白云，势欲出川薄天表，
> ……
> 楚国土宜兼南北，高稷下麦均得宝，
> 协风入律土膏释，且忍五日行泥潦，
> 既幸汉口粥场空，复愁南楼灯市少，
> 太空落落德怨集，安能委曲慰祈祷，
> 褊心独忧荆襄堤，誓殚人力俟天道，
> 蟋蟀太康民已偷，衣祴日戒神所保，
> 庶矜泽农止流亡，差免愚臣疚癃老，
> ……②

张之洞"公利却不可不讲"之下的体恤民情，是基于对"载舟之水亦能覆舟"的清醒把握而作出的一种明智选择。这有利于社会稳定繁荣和民众的安居乐业，于道德情操也属上乘。

四、纵横捭阖，进退机变

张之洞讲求儒行，然而又并不迂腐，其为官行政，颇精于谋略，显示能吏之"智"。

熟悉楚地掌故的刘禺生《世载堂杂忆》记载，张之洞入枢府后，一日，问幕僚高友唐，外间对自己有何议论。高回答："人皆曰岑西林（即岑春煊——引者注）不学无术，袁项城（即袁世凯——引者注）不学有术，老师则有学无

---

① 《全集》，卷二百二十六，诗集三，《谢周伯晋惠上海三白瓜时方苦热》。
② 《全集》，卷二百二十六，诗集三，《湖北三得大雪微雪无数除日赋诗》。

术。"张之洞笑曰:"项城不但有术,且多术矣;予则不但无术,且不能自谓有学。"高对曰:"老成谋国,必有胜算,本从学问中来,房谋杜断,当以老师为归。"张之洞莞然。①

面对"房谋杜断"的赞誉之词,张之洞莞然接受,可见他虽然口称"不但无术,且不能自谓有学",但其内心,对自己之学与术,还是颇为自信自得的。临终之际,张之洞对诸子总结平生,"学术行十之四五,治术行十之五六,心术则大中至正已"②,由此足见他对于学术、治术、心术,均有足够的自觉并自视甚高。关于学术、心术,以下章次另有专论,此处专论张之洞的治术。

张之洞一代能臣,工于心计,精于权变,善于转圜。对于仕途坎坷、官场倾轧之种种机关,可谓尽得其钥。唯其如此,他才能驾驶人生之舟,于艰险莫测的宦海沉浮中,乘风破浪,直挂云帆。要而言之,张之洞之治术,约有以下数端:

(一)慎独避嫌

张之洞早年入党清流,议论风发,锋芒毕露,已对朝中权贵,多有触犯。外放疆吏后,大事兴革,"务宏大,不问费多寡。爱才好客,名流文士争趋之"③。更难免遭夙怨物议。光绪十九年(1893年),大理寺卿徐致祥(1838—1899)参劾张之洞于两广总督任内,"兴居无节,号令不时",任用肖小,恣意挥霍。朝廷谕令刘坤一、李翰章确查具奏。刘、李据实禀报,为张之洞辩诬,"并无懒见僚属,用人不公,兴居无节,苛罚滥用等情"。④光绪二十一年(1895年),又有人奏劾张之洞于暂署两江总督时,藉筹措军资办理捐借之名,于省城苏州"拦户编查,横搜大索"。这次张之洞为己洗刷:

> 臣虽为外吏,本系迂儒,深知固结民心乃可捍御外患,且到任未久,无德及人,纵无干誉之心,亦岂肯故为敛怨之事。若谓臣过于拘泥矜慎,不能猝筹巨款则诚有之,若谓肆意苛求,似与臣用意正为相反。原奏所

---

① 见刘禺生《世载堂杂忆》,中华书局1960年版,第54页。
② 胡编《年谱》,卷六。
③ 《清史稿》,卷四百三十七,列传二百二十四,第12380页。
④ 许编《年谱》,卷四,第78页。

云各节，何以讹传力诋至于如此之甚，臣实未解其故。①

虽云"未解其故"，但张之洞内心明白，谦恭谨微，慎独修行，乃是避除嫌疑，驳斥物议的最好方法。他在《连珠诗之六》中写道：

> 善饮者善醉，善骑者善坠，
> 隐祸由忽萌，高才以矜累。
> ……
> 得意忌再往，上人休自怃。
> ……
> 极讷该万辩，无争处常贵，
> 初患不可胜，不如味无味。②

"诸葛一生唯谨慎"。张之洞于"谨慎"二字亦时时警觉。光绪三十三年（1907年）五月，协办大学士、军机大臣瞿鸿禨因与庆亲王奕劻有隙，被遣放归里。两日后，张之洞补任协办大学士。瞿"持躬清刻，以儒臣骤登政地，锐于任事"③，与张之洞私谊甚笃。瞿鸿禨既获遣，返归故里湖南善化。途经夏口，欲渡江访张之洞，张之洞曰："是实朋党之说也，必不可。"乃乘舟舶于江心，置酒话旧而别。④可见其在官场行事谨慎。

（二）"度德为进退，相时为行藏"

精于审时度势，以为进退之据；因时因地制宜，以为行事之规；灵活变通，立于不败，是张之洞治术的过人之处。他在《连珠诗之十六》中，将此概括为"度德为进退，相时为行藏"⑤。戊戌变法时，他与维新派保持一种若即若离的关系，并作《劝学篇》，预留后路。而一旦慈禧太后发动政变，囚禁光绪，缉捕康、梁，他马上摆出与维新派势不两立的姿态。其他与维新派有瓜葛者（如陈宝箴等）均获咎免职，而张却安然无恙。庚子年间，他看准慈禧太后虽然对

---

① 《全集》，卷三十七，奏议三十七，《江苏办理捐借并无抑勒片》。
②⑤ 《全集》，卷二百二十六，诗集三。
③ 《清史稿》，卷四百三十七，列传二百二十四，第12382页。
④ 许编《年谱》，卷九。

列强"宣战",但不愿与列强对抗,遂策划"东南互保",拒绝出兵"勤王",并对英国挑动长江流域"独立"的企图不予公开抵制,静观事态发展。而一旦他发现列强并不急于抛弃后党时,立即改变对慈禧的态度,派员向"移驾"西安的慈禧恭请圣安,并进方物,又调拨湖北枪炮厂生产的毛瑟快枪三千支,三生七口径大炮十六尊等大批军火,解赴陕西,以供"勤王"之需。对于"自立军",在各方力量对比不明时,张之洞表面听之任之,不作干预,而当北方局势趋于缓和,英国方面对自立军不再感兴趣之时,他立即快刀斩乱麻,将"自立军"首脑人物一网打尽,迅即处决,以取悦朝廷,并消弭他与自立军联络的人证。举凡种种,都显现出张之洞干练老辣的治术,已达炉火纯青的程度。

(三) 中庸勉强而行

张之洞曾对僚属归纳,自己"所办之事皆非政府意中欲办之事,所用之钱皆非本省固有之钱,所用之人皆非心悦诚服之人,总之不外中庸勉强而行四字,然所办各事亦颇有竟睹成功者,真侥幸也"[①]。"真侥幸"是表面文字,内心则对于"中庸勉强而行"的治术真正得意。

"中庸"为儒家的核心范畴。孔子称:"中庸之为德也,其至矣乎!"[②]《礼记》又加以发展,不仅以中庸为最高美德,而且以中庸作为处理万事万物的基本原则与方法,"君子尊德性而道问学,致广大而尽精微,极高明而道中庸"。宋儒程颐、程颢解释:"不偏之为中,不易之谓庸。中者,天下之正道;庸者,天下之定理。"[③]张之洞可谓尽得"中庸"精髓。他有诗曰:

<blockquote>
舌以柔而存,齿以刚而亡,
健顺贵兼济,祸福岂有常。
……
精金能屈伸,百炼仍无伤,
君子有卷舒,帝王有弛张。[④]
</blockquote>

---

① 《全集》,卷二百二十八,《抱冰堂弟子记》。
② 《论语·雍也》。
③ 《二程遗书》,卷七。
④ 《全集》,卷二百二十六,诗集三,连珠诗之十六。

他以"中庸"行政:"事欲常行必先从暂行起,欲停办必先从缓办起,百事皆然,历历不爽"①。裁汰练军、勇营,不可"过骤","裁兵不裁官,裁散不裁整","百人裁五,限二十年而竣"②。办新教育,先从改旧书院始,"令守道之儒兼为识时之俊"③。他以"中庸"治吏:"水清者无鱼,人察者无徒","隋文好聪察,肘腋忘独孤,卫君辨白马,无救国为墟,王道如春台,亡国如秋荼,法烦乱愈生,徒快巧吏胥"④。他以"中庸"谏主:"高论不启蒙,强谏不悟主","既遇讳疾人,岂御药酒苦,强教欲觉迷,徒受按剑侮,知心一言善,戾时三策腐","躁隐两不佯,叩鸣视所舆。"⑤他甚至这样以"中庸"总结为臣之道:"不聪不明不能为王,不痴不聋不能为公!"⑥有时装糊涂,是张氏游走政坛的一大法门。

(四)"声名功德是本官的,余光治润是众人得耳"

张之洞为官一生,十分注意博取口碑,维护自己的廉正形象。无论抚晋、督粤、经营荆楚,还是入赞廷枢,皆"一时称贤",⑦在朝野大体保持了廉洁清正的声名。他在一封给侄子的信中,于谆谆告诫之间,相当自得地描述了自己的官风:

> 良民颂声载道,公事无瑕可指,虽有强宗、讼棍,彼何能为。至于绅士之十分狡很者,若自揣力不能锄去而降伏之,则亦不能不略用笼络驾驭之法,免致挠我政事。……既不恋缺,更可放手办事,专心为民,即使将钱漕赢余减去大半,亦不过与无缺等,尚落得口碑载道,万家尸祝也。……州县处处克己恤民,劣绅何从挟持煽动哉。侄能禀请减成征收,又能捐巨金办缉捕破重案,已是探骊得珠,闻之深为欣慰,勉力为之,必然与地方日臻浃洽,……须知声名功德是本官的,余光治润是众人得耳。⑧

---

① 《全集》,卷二百二十,书札七,致张野秋。
② 《清史稿》,卷一三一,第3904页。
③ 《张文襄公奏稿》,卷二十九。
④⑤⑥ 《全集》,卷二百二十六,诗集三,连珠诗之九,之十二,之二十六。
⑦ 《清史稿》,卷四百三十七,第12382页。
⑧ 《全集》,卷二二九,家书,致侄子密。

这一长篇自白,乃张之洞数十年为官治民的经验之谈,勾勒出他作为集儒臣能吏于一身者,既重立功立言,更以立德为本。此不可用"求虚名"一言以蔽之。诚如张之洞所言,为官清正所获得的"声名功德"固然属于为官者,而其功其德却造福于百姓,"余光治润是众人得耳"。这正是民众不会忘却古往今来给国家民族留下实绩功业的政治家的原因所在。

第二章　恶公羊，兼汉宋，通经致用

——学术宗旨

> 之洞学兼汉、宋。……平生讲学，最恶《公羊》。……历官中外垂四十年，持国治民，根于学术。
>
> ——《大清畿辅先哲传·张之洞传》

起自先秦，"伦理—政治型"的中国文化便形成"学治一体"传统，将治学与从政看作由内而外的统一体。清代康熙皇帝甚得此中奥妙，他一语破的，打通道统与治统："万世道统之传，即万世治统之所系也"，"道统在是，治统也在是也。"[1] 早于张之洞半个世纪的清儒龚自珍也有类似论述："一代之治，即一代之学也。……道也，学也，治也，则一而已矣"。[2] 道、学、治三者之间，存在着客观的贯通关系是一回事，而从政、治学、求道者自觉地将三者统一起来，并在这几方面都取得令人瞩目的成就，则是颇不容易的另一回事。有清一代二百六十余年，集权臣名士于一身者，屈指可数。于晚清，仅曾国藩、张之洞两人而已。

张之洞四岁发蒙，所师从者，皆一时硕学鸿儒。张之洞本人于学业又十分勤勉，"非获解不辍，篝灯思索，每至夜分"[3]，八岁即读毕四书五经，十岁开始习作诗文。青少年时代神游学海，发愤攻读的经历，不仅铺垫了他厚实的学问根柢，而且陶冶了他文儒旷雅的性情。张之洞晚年曾语亲故曰："吾生性

---

[1] 康熙：《四书讲义·序》。
[2] 《龚自珍全集·治学》，中华书局1961年版。
[3] 胡编《年谱》，卷一。

疏旷雅，不称为外吏，自愿常为京朝官，读书著述以终其身。"① 以出抚山西肇始，张之洞走上封疆大吏、朝廷首辅的人生之旅，颇悖于其书生意气。不过，终其一生，张之洞于文章学术时时萦怀，未有一日懈怠。在晚清学术史上，张之洞以其宗旨宏达、思理淹通、学派性鲜明而占有重要的一席之地。

一、力辟今文公羊说

在中国古代，没有哪一门学问像经学这样占有如此显赫的学术地位，对于社会政治、意识形态产生如此深刻久远的影响。

从汉武帝开始，儒学凌驾于诸子学之上。儒家经书《诗》《书》《易》《礼》《春秋》《论语》《孟子》，成为只可注疏，不可评论；只可顶礼，不可怀疑的神圣经典。而关于儒学经典的训解之学，便是经学②。

经学既然是对儒经的阐释，那么依阐释者的政治立场、学术倾向、思维方式的差别，形成若干经学流派。在经学兴起的汉代，由依据经典古文本、今文本的出发点之异，区分为古文经学派与今文经学派。两派壁垒森严，相互攻评，形成千年不息的大公案。

张之洞生活的晚清，经学的今、古文之争呈现与汉代相当的热烈场面。对经今古文之争，张之洞持古文经学立场，深恶痛绝今文经学，声称"平生学术最恶公羊之学，每与学人言，必力诋之。"③ 他题诗批评盛行一时的今文经学：

理乱寻源学术乖，父仇子劫有由来，
刘郎不叹多葵麦，祇恨荆榛满路栽。④

张之洞于诗后自注："二十年来，都下经学讲公羊，文章讲龚定庵，经济讲王安石，皆余出都以后风气也，遂有今日伤哉。"戊戌时期，张之洞与康有为等维新派在"忧愤同心""变通成法，以图久大，不泥古而薄今，力变从前

---

① 《全集》，卷二百二十八，《抱冰堂弟子记》。
② 经学研解的对象，起初仅为《诗》《书》《易》《礼》《春秋》五经，后来经历代不断增列，由唐代九经、十二经，到宋代，衍为十三经，即《诗》《书》《易》《周礼》《仪礼》《礼记》《春秋左氏传》《春秋公羊传》《春秋谷梁传》《论语》《孝经》《尔雅》《孟子》。
③ 《全集》，卷二百二十八，《抱冰堂弟子记》。
④ 《全集》，卷二百二十七，诗集四。

积弊"方面，颇有共识，但对于康有为依本今文经学《春秋》公羊说而制定的托古改制变法理论，却大不以为然，曾当面规劝康有为放弃该说，但被笃奉今文经学的康有为断然拒绝。张之洞自己不便著文公开驳议，曾约请古文经学大师章太炎"为书驳难"，但未果。他还曾贿逼今文经学家廖平（1852—1932）"著书自驳"①，廖居然应命，称今文是小统，古文是大统，张之洞颇为赞赏此议。

为了准确评价张之洞的经学观，有必要简要回顾经学今、古之争的来龙去脉。

先秦时儒学与墨、道、法、名、兵、阴阳诸学并列，并未占据特别优越的地位。秦始皇行法家路线，焚书坑儒，使儒学遭受沉重打击。汉兴之初，行黄老政治，儒学也并不时兴。直至武帝刘彻时，董仲舒奏言："今师异道，人异论，百家殊方，指意不同，是以上亡以持一统，法制数变，下不知所守。臣愚以为诸不在六艺之科、孔子之术者，皆绝其道，不使并进。"②武帝用其言，罢黜百家，独尊儒术。虽然实际上百家并未绝灭，但孔儒之学却逐渐取得学术正统地位，声势日张。

汉武帝于建元五年（公元前一百三十六年）兴太学，置《诗》《书》《易》、《礼》《春秋》五经博士，各以家法教授诸生。秦火之后，儒学先秦旧本多不存，五经博士讲授所据，均用两汉流行的隶书书写的经籍，故而称为今文经学。西汉今文经学，最重《春秋公羊传》，此为战国时齐人公羊高所撰，口授流传，"至汉景帝时（公羊）寿乃与齐人胡母子都（生）著于竹帛"③。《春秋公羊传》开篇第一句便讲"大一统"，正合武帝口味。今文经学着重阐发经文的"微言""大义"，为"大一统"作学理论证，故"公羊"学成为一时之显学。

秦皇焚书，也有少量儒经或藏于空壁，或散佚民间，逃脱了毁灭的厄运。这些儒经用先秦的古籀文字书写，故称古文经。汉武帝时，古文经亦有少量传本，但未立博士，不列于学官，影响远逊于今文经。西汉末年，刘歆（前50—23）向哀帝建议将古文经籍《春秋左氏传》《毛诗》《古文尚书》《逸礼》列立

---

① 见梁启超：《清代学术概论》二十三，中华书局1954年版。
② 《汉书·董仲舒传》。
③ 徐彦：《公羊传疏》，引戴宏《序》。

学官，遭到今文经学家的激烈反对。王莽（前45—23）立"新"朝，刘歆为其"国师"。王莽援引古文经《周礼》作为政治改革的依据，刘歆则借王莽的政治势力为后盾，提高古文经学的地位。东汉平帝时，古文经学终于立博士，与今文经学分庭抗礼。东汉中叶以后，古文经学压倒今文经学，盛极一时。

与今文经学以开掘儒经的"微言""大义"不同，古文经学着意儒经的名物典章训诂，特别强调从文字训释入手，阐明经义。著名古文经学家许慎（约58—约147）称："文学者，经义之本，王政之始。"① 由此分野衍生，今古文经学区隔愈显。

1. 对孔子和五经的看法不同。今文学家以孔子为政治家、教育家，尊孔子为"素王"，即不在位之帝王。孔子手订经籍，寄托自己的政治理想，以为治国之道。古文学家却以孔子为史学家，尊孔子为先师。在他们看来，孔子"信而好古"，"述而不作"，五经是他记录下的历史资料。

2. 学术源流不同。今文经学讲究"师法"。"师法者，鲁丕所谓说经者传先师之言，非从己出。法异者各令自说师法，博观其义是也。"② 他们斥责古文家不溯学术之源，古文经均为刘歆伪造，"毁师法，令学士疑惑"③。古文经学则讲究"家法"。"家法者，范晔所谓专相传祖，莫或讹杂，繁其章条，穿求崖穴，以合一家之说是也。"④ 他们鄙薄今文学家抱守秦火之残缺。

3. 学风不同。今文经学大讲阴阳灾异，谶纬迷信，学风流于空疏、荒诞。古文经学注重名物训诂，学风较为朴实平易，但往往失于烦琐。

4. 两派都崇尚三代，但对其具体制度，解释各异。今文家认为三代封建分五服三等，王畿内封国，天子五年一巡狩，有太庙，无明堂，无世卿，有选举，三公为司徒、司空、司马。古文家却认为三代封建分九服五等，王畿内不封国，天子十二年一巡狩，无太庙，有明堂，有世卿，无选举，三公为太师、太傅、太保。

东汉末年，郑玄（127—200）以古文为学，兼采今文之说，综合今古文两派精华，自成一家之言，郑学蔚为大观，两汉今古文经学之争始告平息，但分歧依然存在，门户依然壁立。

---

① 许慎：《说文解字·序》，中华书局1963年版。
②④ 马宗霍：《中国经学史》，上海书店1984年版，第38页。
③ 公孙禄斥刘歆语，见《汉书·王莽传》。

降及清代，今、古文经学之争于沉寂千余年后，重开战端。清代康雍乾三朝文网重密，将士人逼入象牙之塔，考据之学长足发展，乾隆、嘉庆年间达于极盛。顾炎武、阎若璩（1636—1704）、胡渭（1633—1740）、惠栋（1697—1758）、戴震（1723—1777）等大师辈出。与此相关联，古文经学也发展到空前高峰，"烂然如日中天矣"①。道光、咸丰以后，情况为之一变。太平天国风暴席卷半壁河山，西方列强的鸦片、大炮，撬开封闭的国门。清政府"积威日弛，人心已渐获解放，而当文恬武嬉之既极，稍有识者，咸知大乱之将至，追寻根源，归咎于学非所用"，"一时英拔之士，奋志事功，更不复以学问为重"②。脱离实际社会生活的古文经学受到冲击，而"喜以经学作政论"③的今文经学渐起衰势，勃然成风。

清代今文经学复兴的前驱人物是庄存与（1719—1788）。庄氏"从幼入塾，即以古人自期"，"研经求实用"，"笃志深邃，穷源入微，独有会心"④。庄存与最重要的著作《春秋正辞》专门发挥《春秋》"微言大义"，认为"《春秋》以辞成象，以象垂法，示天下后世圣心之极"。"《春秋》治乱必表其微，所谓礼禁未然之前也，凡所书者有所表也，是故《春秋》无空文"⑤。庄存与的外孙刘逢禄（1776—1829），继承了外家"庄氏之学"。他认为《春秋》"垂法万世"⑥，"将以禁暴除乱，而维封建于不敝"⑦。他说："圣人之道，备乎五经"，而《春秋》则是"五经之管钥"，"拨乱反正，莫近《春秋》，董、何之言，受命如响"⑧。经过刘逢禄发扬光大，今文经学"常州学派"⑨卓然而立。

道光、咸丰年间，龚自珍、魏源目睹社会危机日甚一日，承接今文经学要旨，"以经学作政论"，力图振颓起衰，挽大厦之将倾。龚自珍自幼从外祖父段玉裁（1735—1815）学习《说文解字》。段玉裁是戴震的及门弟子，《说文解字》是古文经学大师许慎的代表作品。因此龚自珍古文经学素养颇深，但

---

① ② ③ 梁启超：《清代学术概论》二十一，二十，二十二，中华书局1954年版。
④ 庄勇成：《少宗伯养恬兄传》，见《毗陵庄氏族谱》。
⑤ 庄存与：《春秋正辞·春秋要指》。
⑥ 《释内事例》，见刘逢禄《刘礼部集》，卷四。
⑦ 《释内事例》，见刘逢禄《刘礼部集》，卷三。
⑧ 刘逢禄：《春秋公羊释例·序》。
⑨ 庄、刘隶籍江苏常州，故得名。

是，他并不为文字考据之学所囿，其殷忧国事，救治社会"痹瘘"的襟怀抱负与今文经学的"经世"倾向吻合，因而"好今文，说经崇庄、刘"，"往往引《公羊》义讥切时政，诋排专制"①，其议论之激烈、痛切，影响了一代忧国忧民之士。梁启超评价曰："晚清思想之解放，自珍确与有功焉。光绪间所谓新学家者，大率人人皆经过崇拜龚氏之一时期。初读《定庵文集》，若受电然，稍进乃厌其浅薄，然今文学派之开始，实自龚氏。"②

魏源二十岁从刘逢禄学《春秋公羊传》，认为只有今文经学，才能"承七十子微言大义"。其"变易"思想，基本脱胎于今文经学"三统"（黑统、白统、赤统）"三世"（衰乱、升平、太平）说。他对乾嘉学派颇表不满，还攻击戴震有抄袭行为。

为晚清今文经学大张其军者，乃维新领袖康有为。康氏早年亦酷好古文经《周礼》。曾写作宣扬古文经学的《政学通议》。后受今文经学家廖平影响，乃尽弃其旧说，服膺今文经学，认为"传经只有一公羊"。③他著《新学伪经考》，言西汉经学并无所谓古文者，凡古文皆刘歆伪作。刘歆所以作伪之故，在佐王莽篡汉，先谋湮乱孔子之微言大义。他又作《孔子改制考》，力证《春秋》等儒经皆孔子为托古改制而作，"孔子之圣意，改制之大义，《公羊》所传微言之一第一义"。他论述由据乱、经升平、至太平之世的公羊三世说和大同理想，借孔子的旗号，为维新变法制造舆论。《新学伪经考》和《孔子改制考》一经问世，立即于学术、思想界引起"大飓风""大喷火""大地震"，今文经学由此而声势大振。

张之洞稍晚于龚、魏，与康有为属同时代。当龚、魏、康等人将清代今文经学推向高涨的时代学术潮流中④，他却恪守古文经学立场，这与他早年问学经历有关。

张之洞早年师从者，如韩超、丁诵孙、童云逵、洪次庚、吕文节等，皆宗古文经学，这无疑给予张之洞以决定性影响。张之洞曾回忆道：

---

①② 梁启超：《清代学术概论》二十一，二十二，中华书局1954年版。
③ 《门人陈千秋等初来草堂问学、示诸子》，《南海先生诗集》，卷三。
④ 梁启超曾将清代学术潮流概括为考证学大兴于先，今文经学继起于后。见《清代学术概论》自序，中华书局1954年版。

先师旌德吕文节教不佞曰，欲用注疏工夫，先看《毛诗》，次及《三礼》，再及他经，其说至精，请申其义。盖《诗》《礼》两端最切人事，义理较他经为显，训诂较他经为详，其中言名物学者能达与否较然易见，且四经皆是郑君元注，完全无阙。《诗》则，毛传粹然为西汉经师遗文，更不易得。欲通古训，尤在于兹（古人训诂乍读似觉不情，非于此冰释理顺，解经终是隔膜）。①

张之洞秉承古文学派于五经中推重《诗》《礼》的一贯传统，认为治经次第，当以《诗》《礼》为先。"《诗》《礼》兼明，他经方可著手"。因此，"治《诗》《礼》可不兼三经，治三经必涉《诗》《礼》"②。

对于今文经学推崇备至的《春秋公羊传》，张之洞持鲜明的否定态度。他认为："《春秋》乃圣人治世大权，微文隐义，本非同家人言语。""学者于《春秋》，若谓事事能得圣心，谈何容易。"③对于西汉今文经学的开山董仲舒，张之洞批评其"治《公羊》多墨守后师之说，几陷大愚之诛"④。又说"公羊家师说虽多，末流颇涉傅会，何（何休——引注）注又复奥朴"⑤。对于今文经学之末流谶纬说，之洞更予以猛烈抨击：

汉兴之初，曲学阿世以冀立学，哀、平之际，造谶益纬以媚巨奸，于是非常可怪之论益多，如"文王受命"、"孔子称王"之类。此非七十子之说，乃秦汉经之说也，而说《公羊春秋》者为尤甚。……假如近儒《公羊》之说，是孔子作《春秋》而乱臣贼子喜也。⑥

张之洞依据古文经学《春秋左氏传》，驳斥《春秋公羊传》"大义悖谬"，"文义乖舛"。其《驳公羊大义悖谬者十四事》⑦曰：

一、隐元年春王正月，左于传文加周，文义自明（犹言王制之正月，

---

① 《全集》，卷二百零四，《輶轩语》一，语学第二。
②③⑤ 《全集》，卷二百零四，《輶轩语》，语学第二。
④⑥ 《劝学篇，内篇，崇经第五》。
⑦ 见《全集》，卷二百十一，《读经札记》二。着重号为引者所加。

周正之正月），而尊王之义大著。公羊以王为文王，乃用纬书文王改元受命之说，遂为后世僭逆悖乱之祸首。

一、公羊以卖君之祭仲为知权合道（左记祭仲事皆有讥鄙之辞，但记时人之语以智免而已）。

一、齐国夏卫石曼姑帅师围戚，公羊谓辄可拒父（左不取卫辄及孔悝）。

一、公羊贤鸟兽行之齐襄，坿会以为复九世之雠（左不取齐襄）。

一、朱、黑肱以滥来奔，左斥为叛，斥为贼，公羊奖妻嫂之权术以为贤者，奖叛国之黑肱，以为宜有地。

一、昭五年舍中军，鲁遂亡矣。左以为卑公室（又极言叔孙婼不欲毁，乃深恶之也），公羊以为复古。

一、昭公攻季氏，被逐，公羊记其事曰，昭公将弑季氏，又曰吾欲弑之，终弑之，怪悖可骇。齐侯唁公于野井，公羊述其应对之辞，未缀孔子曰，其礼与其辞足以观矣。国君奔亡，孔子痛愤之不暇，而赏其仪节辞令乎！不惟无君，抑且诬圣（左深恶，意如闵昭公之失国而讥昭公之习仪）。

一、公羊例，君弑贼，不讨，不书葬。襄三十年，葬蔡景公，公羊说之曰，君子辞也。何休解曰，恕蔡般。公羊惨激至矣，何独曲恕一弑君弑父之蔡般乎（左无传）。

一、逢丑父免君于难，左褒之，公羊非之，董仲舒又力衍其说。

一、宋襄公泓之战，愚妄沽名，丧师伤身，左极讥之，公羊以为文王之战，不是过。

一、晋人围郊（昭二十三年）乃会王师讨王子朝，公羊乃以晋为伐天子（子朝居王城在西，王居成周在东，郊郚在西，为子朝所得，故晋攻之。公羊不考事实，不明地理）。

一、成周宣榭火，左曰人火之也。公羊所见经学作灾说之，曰新周也。邪逆之徒遂傅会为春秋当新王之说（孔巽轩、陈东塾虽力为公羊解免，然周公时已有成周之名，何得为新。实公羊好怪妄说作诵也）。

一、吴顿胡沈蔡陈许鸡父之战（昭二十三年），公羊谓不使吴主中国，亦不使中国主之，中国亦新夷狄也。狂怪骇人，是为今日逆乱之徒所祖。

一、澶渊之会（襄三十年）为宋灾，故公羊谓卿而书人，贬卿不得忧诸侯。不思春秋卿大夫交会，忧诸侯之事甚多，未尝皆贬，胡乃于救灾贬之（左谓谋归宋财，既而无归，卿不书信也。公羊谓财复矣）。

其《驳公羊文义最乖舛者十三事》[①]曰：

一、误以隐公之母君卒为周尹氏，遂误以桓公之母夫人子氏薨为隐母声子，以致仲子之薨不见于经。一突有考仲子之宫之事，二隐母称夫人，自与桓以母贵之说矛盾。

一、高偃纳北燕伯于阳，公羊臆改为公子阳生（公羊本经昭三年有北燕伯款奔齐一条，不考）。

一、桓二年，会于稷，以成宋乱成平也。公羊见下有取郜鼎之文，因读为助成之成，不以下取鼎为大恶，而以会稷为大恶，此误解字义所致。

一、甲戌己丑，陈侯鲍卒，公羊谓甲戌亡，己丑死，难通（左谓再赴为通）。

一、邓侯吾离来朝。误以为邓灭，故名。不知其时邓未为楚灭。

一、齐仲孙湫来，讹为庆父，鲁人何为冠以齐。

一、左氏葬我小君敬嬴，公羊经学以音近，讹为顷熊，遂造为娶楚女之事。

一、齐人执单伯，又执子叔姬。公羊不知其事实，见男女竝被执，造为单伯与子叔姬道淫，可谓出辞鄙倍。

一、归于为罪未定，归之于为罪已定，不知其义。

一、赤归于曹，郭公。公羊误读为一句，谓郭公归于曹，不辞。且寓公又何得言归。

一、卫石恶与会，释之曰恶人在此矣。如此说经意，真何解颐也。

一、公羊自云名从主人，乃于仲孙何忌作仲孙忌，魏曼多作魏多，不以为脱文，而以为讥二名。

一、全经王正月，公羊皆以王字绝句（公、谷两家后师说春王两字

[①] 《全集》，卷二百十一，读经札记二。着重号为引者所加。

怪谬百出皆由此起）。

至黜周王鲁文成致麟等类，乃公羊后师之谬说，其何劭公创造坿益者尤多，姑不具论，此外迂曲刻深不合于理者，不可胜计，已为郑君所驳，杜征南所纠，乃后儒所不取者，亦不具论。

以上可见，张之洞对今文《春秋公羊传》的批评，虽然言词尖刻，然从学理上考究，亦具有缜密笃实的特点。这既得力于先师的训诲，本人的攻读，也与他的性格、学风相关。辜鸿铭评骘张之洞："张文襄学问有余，而聪明不足，故其病在傲。"① 张之洞对于公羊学的批评，恰证辜言之不诬。

晚清今文经学不同于西汉董、何之学及清中叶庄、刘之学的重要区别，在于龚、魏、康等人并非纯然的学问家，而是呼唤风雷的社会改革家（当然龚、魏与康又有程度不同）。因而晚清今文经学又具有大不同于董、何之学及庄、刘之学的"经世"特色。龚自珍主张"不必泥乎经史"，而要"通乎当世之务"以"救裨当世"② 康有为更明白申言取公羊三世说的真用心："布衣改制，事大骇人，故不如与之先王，既不惊人，自可避祸"③，因而他在阐发引申经义时，"往往不惜抹杀证据或曲解证据，以犯科学家之大忌"④ 而张之洞反对今文经学，也基本上是立足于学术本身，对于龚、魏、康等人的"经世"倾向，则并无微词，而且他本人也是学术应经世以致用的积极倡导者⑤。他尤不满于龚、康等人的，在于其"六经皆我注脚，群山皆其仆从"⑥ 的学风⑦，这正是古文经学派"我注六经"式"朴学"风格的典型反映。有人曾向梁启超问及张之洞为何反对"孔子改制"说，梁答曰："学派不合"⑧。梁所称"学派"，即今、古文经学派，而非维新派、洋务派之谓也。

---

① 辜鸿铭：《张文襄幕府纪闻·翩翩佳公子》，岳麓书社1985年版。
② 《龚自珍全集》，中华书局1961年版，第114页。
③ 康有为：《孔子改制考》，中华书局1958年版，第267页。
④ 梁启超：《清代学术概论》二十三，中华书局1954年版。
⑤ 关于此，本章有专节讨论，此处从略。
⑥ 梁启超：《康有为传》第九章《人物及其价值》。
⑦ 梁启超对龚、康也有类似批评，他评龚"浅薄"，病康"武断"，语见《清代学术概论》二十二，二十三。
⑧ 《湖南历史资料》1958年。

二、"汉学，学也；宋学，亦学也"

中华学术史上，与今、古文经学之争同样影响深远的又一公案，是汉学与宋学的壁垒对峙，相互消长。

汉学，即以古文经学为代表的汉儒考据训诂之学。汉代古文经学家治学多从文字训诂入手，前推《尔雅》，后重《说文解字》，通过对字形、字音、字义的训释和名物制度的考据，求得儒学经籍之"甚解"，学风质朴无华，故又称"朴学"，但亦往往病于烦琐支离。汉学时兴于两汉，其学风流播后世，不绝于缕，成为中华学术的主要派别之一。两汉以后，历代皆有重考证、尚质朴之治学者，他们便是汉学传人。

宋学，即以理学为代表的宋儒性命义理之学。"宋儒之学、派衍支分，不可殚述。有讲术数者，有务事功者，有以礼制为主者，有兼治乐律者"①，其共同特色，则在阐释义理，兼及性命。宋学不满汉学，称"秦汉以来，圣学不传，儒者唯知训诂章句之为事，而不知复求圣人之意，以明乎性命道德之归"②。宋学家"沟通佛、老，以治儒书，发前人之所未发，遂别成为一时代之学术"③。宋学"穷理尽性，以至于命"，抛弃汉儒治学传统，以理学观点注释儒家经典，重在发挥义理，而不在名物训诂上多用功夫，其学之长是精微博大，"像盖房屋那样，它们搭起来的是更细密的间架，更深邃的殿堂"④，但其流弊则在虚妄空疏。宋学在宋元明各代地位极尊，治学者翕然从风，宋学遂成学坛主潮。

降及清代，"汉学"又呈复兴态势。究其原由，则在宋学自身。宋学"尽祧汉、唐诸儒，而自以为直接孔门的心传"⑤，"凡经师旧说，俱排斥以为不足信，其学务别是非，及其弊也悍。学脉旁分，攀缘日众，驱除异己，务定一尊，自宋末以逮明初，其学见异不迁，及其弊也党。主持太过，势有所偏，材辨聪明，激而横决，自明正德嘉靖以后，其学各抒心得，及其弊也肆。空谈臆

---

① 柳诒徵：《中国文化史》下卷，中国大百科全书出版社1988年版，第509页。
②⑤ 朱熹语，转引自杨东莼《中国学术史讲话》，岳麓书社1986年版，第179、178页。
③ 柳诒徵：《中国文化史》上卷，中国大百科全书出版社1988年版，第20页。
④ 侯外庐、邱汉生等：《宋明理学史》上卷，人民出版社1984年版，第20页。

断,考证必疏,于是博雅之儒引古义以抵其隙"①。顾炎武、胡渭、阎若璩等起而矫理学家"束书不观游谈无根"之病,大倡"舍经学无理学"之说,"教学者脱宋明儒羁勒,直接反求之于古经"②。但是,清统治者充分利用理学维系纲常名教的理论功能,以朱熹配享孔庙,以朱注《四书》作为科举取士的圭臬。在"汉学"复兴的强劲冲击下,宋学以其七百年间形成的传统优势,仍雄踞学坛正宗地位。综观有清一代学坛,"要其归宿,则不过汉学、宋学两家互为胜负。夫汉学具有根底,讲学者以浅陋者轻之,不足服汉儒也;宋学具有精微,读书者以空疏薄之,亦不足以服宋儒也"③。

张之洞研习古文经学出身,于汉学自有心得。但他于宋学,也未予排斥。清代以朱注"四书"为科场试帖之本,故凡科举出身者,于宋学必然熟稔。清代古文经学大师如惠栋、戴震、段玉裁等,亦未曾偏废宋学。汉宋之学于互争雄长之中,又呈综合之势,成为清代学术有别于元、明时代的"宋学"一统天下。尤其是到张之洞生活的晚清,西方文化学术渗入,太平天国激起"名教奇变","中国数千年礼义人伦、诗书典则""一旦扫地荡尽"④,为了挽救纲常名教于沦丧之中,清朝统治者也要求士子兼采汉、宋。而张之洞与曾国藩,分别是汉学出身和宋学出身,二者殊途同归,走上兼采汉、宋之路,实践了《四库总目》所倡导的"消融门户之见而各取所长,则私心怯而公理出"⑤。

曾国藩本"一宗宋儒"⑥,他曾讥贬乾嘉汉学为"一种破碎之学,辨物析名,梳文栉字,刺经典一二字,解说或至数千万言,繁称杂引,游衍而不得所归"⑦。但是,他于壮年以后,又转变态度,"余于道光末年,始好高邮王氏父子(清代古文经学家王念孙、王引之——引者注)"⑧,对汉学发生好感。他说:

> 乾嘉以来,士大夫为训诂之学者,薄宋儒为空疏;为性理之学者,又薄汉儒为支离。鄙意由博乃能返约,格物乃能正心,必从事于礼经,

---

① ③ ⑤ 《四库全书总目》《经部总叙》,中华书局1965年版。
② 梁启超:《清代学术概论》二,中华书局1954年版。
④ 曾国藩:《讨粤匪檄》,见《曾文正公全集》,上海国学整理社1948年版。
⑥ 《曾文正公全集》,《书札》,卷二十,《复颖州府夏教衡书》,上海国学整理社1948年版。
⑦ 《曾文正公全集》,《文集》,卷一,《朱慎甫遗书序》,上海国学整理社1948年版。
⑧ 曾国藩:《谕纪泽》,同治元年正月十四日。

考核于三千三百之详，博稽于一名一物之细，然后本末兼赅，源流毕贯，虽极之军旅、战争、食货凌杂，皆礼家所应讨论之事。①

曾国藩研读汉学家江永（1681—1762），秦蕙田（1702—1764）等考证古代礼制的著作《礼经纲目》《五礼通考》等，赞其"自天文、地理，军政，官制，都萃其中，旁综九流，细破无内，国藩私独宗之"。②他还训导儿子曾纪泽，治学务悉汉学门径：

> 学问之途，自汉至唐，风气略同；自宋至明，风气略同；国朝又自成一种风气。不顾顾、阎、戴、江、钱、秦、段、王数人，而风气所扇，群彦云兴。尔有志读书，不必别标汉学之名目，而不可不一窥数君子之门径。③

曾国藩由"一宗宋儒"而"汉宋兼容"，其动因既有学术方面的，即汉、宋之学确实互有短长；更有政治方面的。面对太平天国农民起义对礼教纲常的猛烈攻击，曾国藩惊呼"此岂我大清之变，乃开辟以来名教之奇变，我孔子、孟子之痛哭于九原"④。两千年中国宗法专制政治，以"礼"为行为、道德规范。"礼，经国家，定社稷，序民人，利后嗣者也"⑤，"礼者，法之大分，类之纲纪也"。⑥孔子因此主张对黎民百姓"导之以德"的同时，还要"齐之以礼"⑦。在对"礼"的研究、考证方面，汉学家穷精竭虑，成就远在宋学家之上。因此当礼教纲常受到严重威胁时，弘扬汉学，便成为清儒的急迫使命。正是基于此点考虑，曾国藩提出推本礼教，"以通汉、宋二家之结"。⑧

同是兼综汉、宋，曾国藩是以宋学为本，张之洞则是以汉学为本。曾国藩

---

① ⑧ 《曾文正公全集》，《书札》，卷十三，《复夏弢甫》，上海国学整理社1948年版。
② 《曾文正公全集》，《文集》，卷一，《孙芝房刍议序》。
③ 曾国藩：《谕纪泽》，咸丰九年四月二十一日。顾，顾炎武；阎，阎若璩；戴，戴震；江，江永；钱，钱大昕；秦，秦蕙田；段，段玉裁；王，王念孙；皆清代著名汉学家。
④ 《曾文正公全集》《文集》，卷三，《讨粤匪檄》，上海国学整理社1948年版。
⑤ 《左传》隐公十一年。
⑥ 《荀子·礼论》。
⑦ 《论语·为政》。

多从政治需要着眼，而张之洞则多从学术本身考虑。张之洞将汉学视为学术之本，他说：

> 汉学者何，汉人注经讲经之说是也。经是汉人所传，注是汉人创作，义有师承，语有根据，去古最近，多见古书，能识古学通古语，故必须以汉学为本而推阐之，乃能有合。以后诸儒传注，其义理精粹足以补正汉人者不少。要之宋人皆熟读注疏之人，故能推阐发明。倘不知本源，即读宋儒书，亦不解也。①

他着意强调汉学的训诂考证在推明经典原意上的重要作用：

> 汉学所要者二，一音读训诂，一考据事实。音训明方知此字为何语，考据确方知此物为何物，此事为何事，此人为何人，然后知圣贤此言是何意义。不然空谈臆说，望文生义，即或有理，亦所谓郢书燕说耳，与经旨无舆也。②

张之洞认为，一切学问，皆以通经为根柢，而通经又必须以小学（即汉儒音韵训诂之学）为根柢，他说：

> 凡学之根柢，必在经史。读群书之根柢在通经，读史之根柢亦在通经。通经之根柢在通小学，此万古不废之理也。不通小学，其解经皆燕说也；不通经学，其读史不能读表、志也；不通经史，其词章之训诂多不安，事实多不审，虽富于词，必俭于理。故凡为士必知经学、小学，综此两端，其在笃嗜神悟，欲以此名家著述者，终身由之而不尽。③

另一方面，张之洞对于宋明义理之学，也不一概排斥，尤其对于集理学之大成的朱熹之学，更表崇敬：

---

① ②《全集》，卷二百零四，《輶轩语》一，语言第二，宜讲汉学。
③《全集》，卷二百十三，古文二，《创建尊经书院记》。

> 四书朱注最精最显，澄怀观之，何语不憭……世断无通经博览之人而不能解朱注者。
>
> 四书一编，为群经之纲维，万理之渊海。①
>
> 宋儒以后理学家书，推明性理，洵发前代未发，然理无尽藏，师无定法，涯矣难穷，其高深微眇，下学未能猝解。朱子《近思录》一书，言约而达，理深而切，有益身心，高下咸宜，所宜人置一编。②

如果说曾国藩于"兼综汉宋"仍有所保留，态度较为暧昧，主张"不必别标汉学之名目"，那么张之洞则公开揭橥破除门户之见，综采两家之长的标帜：

> 近世学者，多生门户之弊。奈何曰学术有门径，学人无党援。汉学，学也；宋学，亦学也。经济词章以下，皆学也。不必嗜甘而忌辛也。大要读书宗汉学，制行宗宋学。汉学岂无所失，然宗之则空疏蔑古之弊除矣。宋学非无所病，然宗之则可以寡过矣。至其所短，前人攻之，我心知之。学人贵通，其论事理也，贵心安。争之而于己无益，排之而究不能胜，不如其已也。……使者于两家有所慕而无所党，不惟汉、宋两家不偏废，其余一切学术，亦不可废。③

张之洞批评偏于汉宋之一隅者都未能探获"圣人之道"，他指出：

> 近代学人，大率两途。好读书者宗汉学，讲治心者宗宋学。逐末忘源，遂相诟病，大为恶习。夫圣人之道，读书治心，宜无偏废，理取相资。诋諆求胜，未为通儒。甚者或言必许、郑，或自命程、朱，夷考其行，则号为汉学者，不免为贪鄙邪刻之徒，号为宋学者，徒便其庸劣巧诈之计。是则无论汉宋，虽学何为。要之学以躬行实践为主。汉宋两门，皆期于有品有用。使行谊不修，涖官无用，楚固失矣，齐亦未为得也。若

---

① 《全集》，卷二百零五，《輶轩语》二，忌墨守高头讲章。
② 《全集》，《輶轩语》一，语学第二，宋学书宜读《近思录》。
③ 《全集》，卷二百十三，古文二，《创建尊经书院记》。

夫欺世自欺之人，为汉儒之奴隶而实不能通其义，为宋儒之佞臣而并未尝读其书，尤为大谬，无足深责者矣。①

他认为合理的学术态度是兼采汉学的认真读书和宋学的深入穷理：

愚性恶闻人诋宋学，亦恶闻人诋汉学。意谓好学者即是佳士，无论真汉学未尝不穷理，真宋学亦未尝不读书。即使偏胜，要是诵法圣贤，各适其用，岂不胜于不学者。乃近人著书，入主出奴，互相丑诋，一若有大不得已者，而于不学者则绝不訾议，是诚何心，良可怪也。（近年士人既嫌汉学读书太苦，又嫌宋学律身太拘，五经几于废阁，名文亦嫌披览，但患其不学耳，何暇虑及学之流弊哉。）②

张之洞兼综汉宋，从其学术根本上检讨，在于他对本原的孔门之学的全面理解。"先王设教，孔门授学，自当本末兼赅，道器竝著，岂有但详学僮仪节之文，五礼名物之制，而于身心治道绝不容一语及之者。"③他认为，"浅陋之讲章，腐败之时文，禅寂之性理，杂博之考据，浮诞之词章，非孔门之学也。""孔门之学，博文而约礼，温故而知新，参天而尽物。孔门之政，尊尊而亲亲，先富而后教，有文而备武，因时而制宜。孔子集千圣，等百王，参天地，赞化育，岂迂陋无用之老儒，如盗跖所讥，墨翟所非者哉！"④张之洞兼综汉宋，归根结底是要将二者统一到本原的孔门之学的真正精义上来。"窃惟诸经之义其有遇曲难通分歧莫定者，当以《论语》《孟子》折衷之。《论》《孟》文约意显，又群经之权衡矣"⑤。

由于张之洞学术的根本立足点在本原的孔儒之学，故而不仅能对孔儒之学内部的汉、宋学派兼容并纳，而且对于先秦诸子之学，也从补苴、印证孔儒之学的意义上发掘其价值。

在学术宗旨方面，张之洞出于纯正孔儒之学的立场，对于先秦诸子，包括

---

①② 《全集》，卷二百零四，《輶轩语》一，语学第二，为学忌分门户。
③ 《全集》，卷二百十一，读经札记二，汪拔贡述学，案语。
④ 《劝学篇·内篇·循序第七》。
⑤ 《劝学篇·内篇·宗经第五》。

一般人认为虽然主张礼法兼治、王霸并用，但仍不失为"八儒"之一的荀子，都持严格批评态度。他说：

> 《老子》尚无事则以礼为乱首，主守雌则以强为死徒，任自然则以有忠臣为乱国。《庄子》齐尧桀，黜聪明，谓凡之亡不足以为亡，楚之存不足以为存（此不得以寓言为解）。《列子·杨朱篇》惟纵嗜欲不顾毁誉。《管子》谓惠者民之仇雠，法者民之父母，其书羼杂伪托最多，故兼有道、法、名、农、阴阳、纵横之说。《墨子》除《兼爱》已见斥于《孟子》外，其《非儒》，《公孟》两篇，至为狂悍，《经》上下、《经说》上下四篇，乃是名家清言，虽略有算学、重学、光学之理，残不可读，无裨致用。《荀子》虽名为儒家，而非十二子，倡性恶，法后王，杀《诗》、《书》，一传之后即为世道经籍之祸。申不害专用术，论卑行鄙，教人主以不诚。韩非用申之术，兼商之法，惨刻无理，教人主以不任人，不务德。商鞅暴横，尽废孝弟仁义，无足论矣。此外若《吕览》多存古事，大致近儒。《晏子》兼通儒墨，瑕瑜互见。《战国策》考见世变，势不能废。《孙》、《吴》、《尉缭》，兵家专门，尚不害道。尹文、慎到、鹖冠、尸佼，可采无多。至于公孙龙巧言无实，鬼谷阴贼可鄙，皆不足观。……大抵诸家纰缪易见，学者或爱其文采，或节取一义，苟非天资乖险，鲜有事事则傚实见施行者。①

对于《老子》，张之洞尤其深恶痛绝：

> 独《老子》见道颇深，功用较博，而开后世君臣苟安误国之风，致陋儒空疏废学之弊，启猾吏巧士挟诈营私软媚无耻之习，其害亦为最巨，功在西汉之初，而病发于二千年之后，是养成顽纯积弱不能自振之中华者，老氏之学为之也。②

但是，从学术资料着眼，从诠释、补充儒学的需要出发，张之洞又强调先

---

①② 《劝学篇·内篇·宗经第五》。

秦诸子之学的珍贵价值：

> 子有益于经者三。一证佐事实，一证补诸经伪文佚文，一兼通古训古音。然此为周秦诸子言也，汉魏亦颇有之，至其义理，虽不免偏驳，亦多有合于经义、可相发明者，宜辨其真伪，别其瑜瑕，斯可矣。唐以后子部书最杂，不可同日而语。
>
> 诸子道术不同，体制各别，然读之亦有法。首在先求训诂，务使碻实可解，切不可空论其文，臆度其理。即如庄子寓言，谓其事多乌有耳，至其文字名物，仍是凿凿可解，文从字顺，岂有著书传后，故令其语在可晓不可晓之间者乎？以经学家实事求是之法读子，其益无限。大抵天地间人情物理，下至猥琐纤末之事，经史所不能尽者，子部无不有之，其趣妙处，较之经史尤易引人入胜。故不读子，不知瓦砾糠秕无非至道，不读子，不知文章之面目变化百出，莫可端倪也。（今人学古文以为古文，唐宋巨公学诸子以为古文，此古文家秘奥。）此其益人又有在于表里经史之外者矣。①

显而易见，张之洞这里所论诸子典籍的学术价值，不惟纠正了当时腐儒排拒诸子之陋见，且于后世治学者，亦有所启迪。清末诸子学的发达，正是对张之洞"读子为通经"说的阐扬和展拓。

三、"经世""务实"学风

有清一代学风，旨在"经世""务实"。梁启超说："要之，清学以提倡一'实'字而盛，以不能贯彻一'实'字而衰，自业自得，因其所矣。"②张之洞的学风，亦大受时代熏染，以经世、务实为其特色。

孔儒之学素有"经世"传统。经世，即治世。孔子一生栖栖皇皇，为的是按照周礼的模式匡救时弊，以成大治。他的全部学术活动，均服从于这一终极目的。"诗以道志，书以道事，礼以道行，乐以道和，易以道阴阳，春秋以道

---

① 《全集》，卷二百零四，《輶轩语》一，语学第二，读子为通经，读子宜求训诂看注。着重号为引者所加。

② 梁启超：《清代学术概论》二十，中华书局1954年版。

名分。"①从根本上看,孔子并非深研宇宙本体的哲人,也非咿咿于名物训诂的学者,而是全身心地考察伦理—政治问题,修己以治世的政治家、思想家。他广为收徒授学,号称弟子三千,贤人七十,也不是为了培养徒托空论、不切实际的学究冬烘,而是为了造就经邦治国的栋梁之材。他明确告诫弟子:"诵《诗》三百,授之以政,不达;使于四方,不能专对,亦奚以为?"②

儒学"经世",又以"内圣"与"外王"的统一为其完美体现。"内圣",是讲求主观伦理道德修养。在此基础上,达礼治,行仁政,以求天下大同,这便是"外王"。在孔子那里,"内圣"与"外王"本浑然一体。其后孟轲侧重于"内圣"之学,荀况侧重于"外王"之学,儒学"经世"走向,遂生歧义。

汉代以后,儒学取得学坛正宗地位,其"经世"功能得以充分发挥。所谓"半部《论语》治天下",正是儒学"经世"传统及其社会实践的生动概括。

宋、元、明三代,正宗儒学以"理学"形态行世。理学家讲究"人心惟危,道心惟微,惟精惟一,允执厥中"的十六字心传,大谈道、无极、太极、阴阳、五行、性命、善恶、诚、德、仁义礼智信、鬼神、死生、无为、无欲等等。由于"子不语怪、力、乱、神"③,孔子高足子贡所"不可得而闻"的"性与天道"哲理,成为理学家们全力探究的中心问题。理学发展了思孟学派的"内圣"之学,使之哲理化、精微化,理论形态臻于成熟。但是另一方面,由于理学将学术重心转入对人心、人性、人欲的主观世界的探究,使儒学由孔、孟的伦理—政治学演变成道德哲学,从而削弱了原始儒学"内圣"落实于"外王"的"经世"功能,正如梁启超所论:

> 道学派别虽然不少,但有一共同之点,是想把儒家言建设在形而上学——即玄学的基础之上。原来儒家开宗的孔子不大喜欢说什么"性与天道",只是想从日用行为极平实处陶养成理想的人格,但到了佛法输入以后,一半由儒家的自卫,一半由时代人心的要求,总觉得把孔门学说找补些玄学的作料才能满足。于是从"七十子后学者所记"的《礼记》里头抬出《大学》《中庸》两篇出来,再加上含有神秘性的《易经》作为

---

① 《庄子·天下》。
② 《论语·子路》。
③ 《论语·述而》。

根据，来和印度思想对抗。"道学"最主要的精神，实在于此。所以在"道学"总旗帜底下，虽然有吕伯恭、朱晦庵、陈龙川各派，不专以谈玄为主，然而大势所趋，总是倾向到明心见性一路，结果自然要像陆子静、王阳明的讲法，才能彻底的成一片段。①

宋学以陆（九渊）、王（守仁）心学为其终结，正是这种逻辑与历史相一致的绝好表征。

明亡于清，士人于学术方面查寻祸根，自然归罪于宋明之学的空疏玄妄。清初学者李塨（1659—1733）指斥道学先生：

> 高者谈性天，撰语录，卑者疲精死神于举业，不惟圣道之礼乐兵农不务，即当世之刑名钱谷，亦懵然罔识，而搦管呻吟，自矜有学。……中国嚼笔吮毫之一日，即外夷秣马厉兵之一日，卒之盗贼蜂起，大命遂倾，而天乃以二帝三王相传之天下授之塞外。②

早于李塨的顾炎武亦尖锐抨击宋明儒"清谈孔孟"：

> 刘石乱华，本于清谈之流祸，人人知之。孰知今日之清谈，有甚于前代者。昔之清谈谈老、庄，今之清谈谈孔、孟，未得其精，而已遗其粗，未究其本，而先辞其末。不习六艺之文，不考百王之典，不综当代之务，举夫子论学论政之大端一切不问，而曰一贯，曰无言，以明心见性之空言代修己治人之实学。股肱惰而万事荒，爪牙亡而四国乱，神州荡覆，宗社丘墟。③

以此为契机，清儒拨其乱而反之正，于学术上倡导"经世""务实"，开出一代新风。有清一朝，执学界牛耳的人物，无论是宗古文经学的顾炎武、惠栋、戴震，还是宗今文经学的庄存与、龚自珍、魏源、康有为，虽然其学术门

---

① 梁启超：《中国近三百年学术史》，一，反对与先驱，中国书店1985年版。
② 李塨：《恕谷集》，《书明刘户部墓表后》。
③ 顾炎武：《日知录》，卷七，夫子之言性与天道条。

户壁立，但于"经世致用"宗旨方面，却息息相通。儒学的"内圣"与"外王"两翼，经过千余年的分道扬镳，至清重归合流。顾炎武于此论道：

> 愚所谓圣人之道者如之何？曰"博学于文"，曰"行已有耻"。……士而不先言耻，则为无本之人；非好古而多闻，则为空虚之学。以无本之人，而讲空虚之学，吾见其日从事于圣人而去之弥远也。①

经学家程晋芳（1718—1784）亦说：

> 夫古人为学者以治其身心而从应天下国家之事，故处则为大儒，出则为大臣，未有剖事与心为二，剖学与行为二者也。②

张之洞本宗孔儒，又生当"经世""务实"之风笼罩学坛之晚清，故"通经致用"被其视作圭臬。他曾反复申言："一切学术，……要其终也，归于有用。"③通经当用韩愈"提要钩元之法"，务以"切用"为"要指"④。"读书期于明理，明理归于致用"。他比喻道：

> 书尤谷也，种获春揄，炊之成饭，佐以庶羞，食之而饱，肌肤充悦，筋骸强固，此谷之效也。若终岁勤动，仆仆田间，劳劳爨下，并不一尝其味，莳谷何为。近人往往以读书明理判为两事，通经致用视为迂谈。浅者为科举，博洽者著述，取名耳，与己无舆也，于世无舆也，亦犹之获而弗食，食而弗肥也。随时读书，随时穷理，心地清明，人品自然正直，从此贯通古今，推求人事，果能平日讲求，无论才识长短，筮仕登朝，大小必有实用。《易》大畜之象曰：君子以多识前言往行以畜其德。多识，畜德，事本相因。若读书者既不明理，又复无用，则不劳读书矣。⑤

---

① 顾炎武：《亭林文集》，卷三，《与友人论学术》。
② 贺长龄：《皇朝经世文编》，卷一，学术二，《正经论三》，上海百宋斋1891年版。
③ 《全集》，卷二百十三古文二，《创建尊经书院记》。
④ 《劝学篇·内篇·守约第八》。
⑤ 《全集》，卷二百零四《輶轩语》一，语学第二，读书期于明理，明理归于致用。

张之洞鄙薄那些"不知时务",不切"经济"的士人为"陋儒":

> 扶持世教,利国利民,正是士人分所应为。宋范文正、明孙文正,并皆身为诸生,志在天下。国家养士,岂仅望其能作文字乎。通晓经术,明于大义,博考史传,周悉利病,此为根柢。尤宜讨论本朝掌故,明悉当时事势,方为切实经济。盖不读书者为俗吏;见近不见远,不知时务者为陋儒。可言不可行,即有大言正论,皆蹈唐史所讥高而不切之病。①

为纠此之弊,张之洞倡导"读书宜读有用之书":

> 有用者何?可用以考古;可用以经世;可用以治身心三等。唐人崇上词章,多撰璅碎虚诞无理之书。宋人笔墨繁冗,公私文字多以空论衍成长篇,著书亦然。明人好作应酬文字,喜谈赏鉴清供,又好蓝本陈编,改换敷衍,便成著作,以故累车连屋,眩入耳目,耗人精神,不能专意要籍。唐以后书,除史部各有所用外,其余陈陈相因之经注,无关要道之谱录,庸猥应酬之诗文集,皆宜屏绝廓清,庶几得有日力,以读有用之书耳。②

张之洞认为,"孔孟之时,经籍无多,人执一业,可以成名,官习一事,可以致用,故其博易也。今日四部之书汗牛充栋,老死不能遍观而尽识"。③为避免士子于浩如烟海的典籍面前茫然无措,虚掷年华,张之洞又提出研习各类学问的"易简""切用"之策:

> 一、经学贵通大义。切于治身心治天下者谓之大义。凡大义必明白平易,若荒唐险怪者乃异端,非大义也。《易》之大义,阴阳消长;《书》之大义,知人安民;《诗》之大义,将顺其美匡救其恶;《春秋》大义,明王道,诛乱贼;《礼》之大义,亲亲,尊尊,贤贤;《周礼》大义,治

---

① 《全集》,卷二百零四,《輶轩语》一,语行第一,讲求经济。
② 《全集》,卷二百零四,《輶轩语》一,语学第二,读书宜读有用书。
③ 《劝学篇·内篇·守约第八》。

国治官治民三事相维。

一、史学考治乱典制。史学切用之大端有二：一事实，一典制。事实择其治乱大端有关今日鉴戒者考之，无关者置之。典制择其考见世变可资今日取法者考之，无所取者略之。

一、诸子知取舍。可以证发经义者，及别出新理而不悖经义者取之，显悖孔孟者弃之。

一、理学看学案。惟读学案可以兼考学行，甄综流派。

一、词章读有实事者。当于史传及专集总集中择其叙事述理之文读之，其他姑置不读。

一、政治书读近今者。政治以本朝为要，百年以内政事，五十年以内奏议，尤为切用。

一、地理考今日有用者。考地理必有图，以今图为主，古图备考。此为中学地理言。若地球全角，外洋诸国，亦须知其方域广狭，程途远近，都会海口，寒暖险易，贫富强弱。重在俄、法、德、英、日本、美六国，其余可缓。

一、算学各随所习之事学之。一切格致制造，莫不有算，各视所业何学即习何学之算，取足应用而止。如是则得实用而有涯涘。

一、小学但通大旨大例。惟百年以来，讲《说文》者终身钻研，汩没不反，亦是一病。要之止须通其大旨大例，即可应用大旨大例者解六书之区分，通古今韵之隔阂，识古籀篆之源委，知以声类求义类之枢纽，晓部首五百四十字之义例。至名物无关大用，说解间有难明，义例偶有抵牾，则缺之不论。①

综上所述，张之洞对林林总总的各门学术有取舍标准，这便是是否"切用""实用"。这里所谓的"用"，便是经世致用之"用"。"取足应用而止"，是张之洞提倡学术的边界线，超越了经世致用界线的学问，则当"止"。在这种指导思想之下，泰西哲学被视作"不经之论"遭到排斥，自然科学的基本理论被视作"不急之务"受到冷落。西方技术知识，因切实用，则备受青睐，然

---

① 《劝学篇·内篇·守约第八》。

而因其与哲学基础、理论科学相割裂，不能完整、深刻地被急于求成者所掌握。张之洞的这种以"切用"为旨趣的学术路线，正是中国传统文化实用理性的典型表现。

从农业—宗法社会生发出来的实用观念，是中华古代文明得以生成的思想根源，在近代则起着双重作用——一方面，提供接纳新知（符合"经世致用"需要的新知）的可能，近代中国人正是在"经世实学"的旗帜下接受西洋技艺并进而创立新学的；另一方面，又限制着文化全方位的发展。现代社会科学、自然科学中若干重要成就，凡属突破"实用"轨范的，便遇到强劲阻力。张之洞在这两方面都发挥了引人注目的作用。

张之洞并非专业学问家，而是有学养并且终生关切学术的政治活动家。大凡以"治国平天下为己任"的政治家往往喜作纵横谈，天文地理、古往今来无所不论。张之洞正是此类论者。政治、经济、军事、教育当然是他研讨的范围，因本书另辟专章，此不赘述；仅就较纯粹的学术而言，张之洞论及的方面就相当广阔，经史、诗文、词章、训诂、版本、目录诸多领域均有涉猎。就论学的范围之广而言，张之洞颇类似梁启超。这位以渊博著称的梁任公的可爱处之一，便是勇于解剖自己，他曾说："启超'学问欲'极炽，其所嗜之种类亦繁杂"，"以集中精力故，故常有所得；以移时而抛故，故入焉而不深。"① 张之洞虽然未能像梁启超那样坦率承认，而实际上，他论学也有"入焉而不深"的芜杂之弊，但其可取之处，则在务求平实，切济时用。

对于文学，张之洞在"文"与"质"的关系问题上，偏重于"质"。他认为，"文学之道，先贵诚笃。"张之洞厌恶文风轻浮者，批评"世有聪明浮薄之人，能作浅薄诗数首，略记僻冷书数语，便冗冗放荡，乖僻不情，自命为才子名士，不惟见笑大方，一染此种气习，终身不可入道"②。张之洞平生"最恶六朝文字，谓南北朝乃兵戈分裂，道丧文敝之世，效之何为。凡文章本无根柢，词华而号称六朝骈体，以纤仄拗涩字句强凑成篇者，必黜之"。"谓此辈诡异险怪，欺世乱俗，习为愁惨之象，举世无宁宇矣"③。他在《连珠诗》中写道：

---

① 梁启超：《清代学术概论》二十六，中华书局1954年版。
② 《全集》，卷二百零四，《輶轩语》一，语行第一，戒自居才子名士。
③ 《全集》，卷二百二十八，《抱冰堂弟子记》。

> 凡百文学科，积理为根核。
> 衷圣义乃高，广纳言乃恢。
> 古今归一贯，雅郑慎别裁。
> 左氏肇经传，千篇搜帝魁。
> 班生擅史法，九流综兰台。
> 能漱六艺润，始起八代衰。
> 勃如芝菌生，浩如江河来。
> 文笔且犹然，何况著述才。
> 玄言王弼谬，卖饼公羊哀。
> 逃虚诗喻禅，破道文类俳。
> 陋乃理之贼，碎乃文之灾。
> 吾闻南华经，风积必待培。①

张之洞强调"中国文章不可不讲"，"文以载道，此语极精"。"中国之道具于经史，经史文辞古雅，浅学不解，自然不观，若不讲文章，经史不废而自废"②。他提出："多读经、子、史乃能工文，但读集不能工文也。"③主张文章应"有意，有词，有气，有势，有声，有色"，"通乎上下，意笔为先"。④文体不同，要求亦随之而异。"古文之要曰实，骈文之要曰雅。实由于有事，雅由于有理。散文多虚字，故尤患事不足。骈文多词华，故尤患理不足，各免偏枯，斯为尽美"⑤。至于时文，则宜"清、真、雅、正"⑥。无论何种文体，均应"先求法变可观，再议神明变化"⑦。

张之洞于诗亦多有论述。他认为："有理、有情、有事，三者俱备，乃能有味。诗至有味，乃臻极品。数语虽约，颇能赅括前人众论学诗者。"⑧诗家所忌，因体而殊。"五古忌散缓垛积，七古忌空廓平直，五七律忌枝节钉饾，

---

① 《全集》，卷二百二十六，诗集三《连珠诗》之二十二。
② 《全集》，卷二百二十六，电牍五十七，致京张冶秋尚书。
③ 《全集》，卷二百零四，《輶轩语》一，语学第二，读书宜读有用书。
④ 《全集》，卷二百零四，《輶轩语》一，语学第二，宜学好墨卷，宜讲用意用笔。
⑤⑦《全集》，卷二百零五，《輶轩语》二，语文第三。古文骈体文。
⑥ 《全集》，卷二百零五，《輶轩语》二，语文第三，时文。
⑧ 《全集》，卷二百零五，《輶轩语》二，语文第三。古文体诗。

绝句忌剽滑。各体之通忌，曰言外无余味"①。对于律诗，张之洞提出"宜工（不率）、切（不泛），庄（不佻）、雅（不腐）"四条标准。在诗学理论方面，不赞成钟惺、谭元春、袁枚等人所倡导的好孤峭、主性灵之说，而认为"体制必当学古，惟在有意耳"。他批评"明钟、谭诋七子，近人主性灵，变本加厉，尤非"②。以此为据，在诗家评骘上，极度推崇深沉凝重、辞警意丰的杜（甫）诗和"补察时政""泄导人情"的白（居易）诗。他赞杜诗曰：

稷契寻常便许身，忽侪孔跖等埃尘。
虽高不切轻言语，论定文人有史臣。

又赞白诗曰：

海图题咏见忧思，浪搅天吴悔已迟。
亦有刑天精卫句，千秋独诵白家诗。③

张之洞贬抑风格险怪、词句苦涩的李（贺）诗和贾（岛）诗："李昌谷诗乃零句凑合者，见之本传，贾长江诗乃散联足成者，见之唐诗纪事。岂特去诗教太远，古来大家直无此作法，其险怪不平易、苦涩不条达，正其才短，非其格高也。"④他还批评黄庭坚："黄诗多槎牙，吐语无平直，三反信难晓，读之鲠胸臆。"⑤

张之洞论史学，亦多从切济时用着眼。"读史者贵能详考事迹古人作用言论，推求盛衰之倚伏、政治之沿革、时势之轻重、风气之变迁，为其可以益人神智，遇事见诸设施耳。""诸史中体例文笔虽有高下，而其有益实用处，并无轻重之别。盖一朝自有一朝之事迹，一朝之典制，无可轩轾，且时代愈近者，愈切于用。"⑥认为"全史浩繁"，而以"《史记》、《前汉》为尤要。其要

---

① ② 《全集》，卷二百零五，《輶轩语》二，语文第三。古文体诗。
③ 《全集》，卷二百二十七，诗集四，读史绝句二十一首。
④ 《全集》，卷二百零五，《輶轩语》二，语文第三，古今体诗。
⑤ 《全集》，卷二百二十六，诗集三，忆蜀游十一首之七，摩围阁。
⑥ 《全集》，卷二百零四，《輶轩语》一、语学第二，读史。

如何，语其高则证经义，通史法；语其卑则古来词章无论骈散，凡雅词丽藻，大半皆出其中，文章之美，无待于言。"[1] "若意在经济，莫如《文献通考》，详博综贯，尤便于用。"[2] 史论之作则推崇唐刘知几"《史通》最为史学枢要，必当先读"[3]，又品评王夫之《通鉴论》《宋论》"识多独到，而偏好翻案"[4]。他还批评"本朝史学家搜考亦极繁细，然亦稍有贪多识小之弊"[5]。

相对而论，在诸多学术门类中，张之洞于版本目录学见识为精，贡献尤大。

光绪元年（1875年），张之洞任四川学政，"诸生好学者来问应读何书，书以何本为善"，张之洞因作《书目答问》"以告初学"[6]。此书于中国版本目录学史上，占有重要地位。

乾隆四十七年（1782年），我国历史上规模最大的丛书《四库全书》修成。七年之后，《四库全书总目提要》亦告竣。《提要》对一万零二百五十四种古代典籍分类编排，并作出简要考订和评论。至今为止，它仍是最重要的问学门径之书，但其内容繁杂，不易为初学者掌握。而且，《提要》编成以后近百年内，又有大量学术著作问世，这就迫切需要有一部"以约驭繁"，且吸收最新学术成果的版本目录学著作来充当治学者的入门向导。《书目答问》便担负了这一任务。

《书目答问》的最大特色是切于实用。张之洞在《略例》中标明著述宗旨：

> 读书不知要领，劳而无功；知其书宜读而不得精校精注本，事倍功半。（此编所录，其原书为修四库书时未有者十之三四。四库虽有其书，而校本、注本晚出者十之七八。）今为分别条流，慎择约举，视其性之所近，各就其部求之。又于其中详分子目，以便类求。……凡所著录，并是要典雅记，各适其用。总期令初学者易买易读，不致迷惘眩惑而已。[7]

《书目答问》的选录标准是：

---

[1][2][3] 《全集》，卷二百零四，《輶轩语》一、语学第二，读史。
[4] 《劝学篇·内篇·守约第八》。
[5] 《全集》，卷二百二十一，书札八，致宝竹坡。
[6][7] 《全集》，卷二百零六，《书目答问》略例。

> 经部举学有家法实事求是者，史部举义例雅饬考证详核者，子部举近古及有实用者，集部举最著者。
>
> 多传本者举善本，未见精本者举通行本，未见近刻者举今日见存明本。①

《书目答问》共收录典籍二千二百余种，学术精要之作，基本网罗。又于每一种书目下列举若干重要的、通行的版本，加以简要切当比较，以为初学者指点要津。

由于《书目答问》具有简约、精要、实用的特点，素为学界所推重。梁启超回忆，他少年时代"得张南皮之《輶轩语》《书目答问》，归而读之，始知天地间有所谓学问"②。任公此言，是当年士人的真切感受。对国粹派素持批评的鲁迅，于真正的中国学问仍深表敬意。1927年，他在抨击"整理国故"口号的同时，又告知青年："我以为要弄旧的呢，倒不如姑且靠着张之洞的《书目答问》去摸门径去。"③ 清末至民国间，求国学的入门之径者，莫不就教于张之洞的《书目答问》，仅此一例，即可见张氏在近世学术史上的地位。

---

① 《全集》，卷二百零六，《书目答问》略例。
② 梁启超：《饮冰室合集》文集之一，中华书局1936年版，第19页。
③ 《而已集·读书杂谈》，《鲁迅全集》，第三卷，人民文学出版社1957年版，第332页。

第三章　洋务富国梦

——经济思想

> 之洞用财繁浩而精核计，筹国用，恤民生，往往谤在当时，而功在后世。
>
> ——《清史列传·张之洞传》

19世纪60年代，由清廷一部分力图自强的封疆大吏与开明的中枢亲贵联手发起的洋务运动，有着政治、军事、文教、外交等多方面的内涵，但是，无论从发起者的主观努力方向或者运动的客观重心考察，它本质上首先是一场物质文化层面的运动，所以有人称洋务派为"制造派"[①]。19世纪80年代中期直至20世纪初年，张之洞以后来居上的气势和规模，在两广、两江，尤其是在湖广地区，兴办一批不仅领先于全国，而且独步于亚洲的实业项目，成为洋务运动的"殿军"。在近三十年的洋务实业活动中，张之洞的经济思想经历着由传统向近代的艰难蜕变，形成新旧杂糅、中西并存的特色，给后人以多方面的启迪。

一、从"不敢为功利操切之计"到广兴实业，开辟利源

清末民初政论家张继煦曾追论张之洞的经济思想说：

> 公一生政治，主张在开利源，以救中国之贫弱。而开利源，首在发展实业。故在鄂设施，皆本一贯之政策以进行。或疑公趋重官营事业，亦

[①]《浙江潮》第一期（1903年2月）载余一《民族主义论》有"三十年来之制造派，十年来之变法派，五年来之自由民主派"之说。

进夺民利。不知公主旨在夺外人之利,以塞漏卮而裕民生。"①

张继煦在这里所论张之洞经济思想的"主旨",系指其转化为洋务大吏之后以"开利""求贫"(即"富国")为目标,而张氏此前的经济思想,基本不脱劝奖耕储,平粜救荒,轻徭薄赋,固本养民等传统故道。侧身清流、居官京师时期,他屡屡上书论政,言及国计民生者颇多,其主调仍呈中世纪古朴之风。他提出为政"大要","一曰赋敛轻,一曰刑罚平。赋轻则不至竭民财,刑平则不肯残民命"②。又说,固邦本养民生当以奖廉吏、省厘税着手,"商民愁困,祸基不浅,欲救今日之弊,不在减局卡而在禁私征"③。对于困扰朝廷的各地荒政,他援引经典之言,先贤之行,"救荒必以赈贷并举"④,"古名臣如文彦博、范仲淹、苏轼、毕仲游诸人之救荒,惟以平粜为事,其效可睹也,不费之惠无过于此"⑤,因而提出储粮平粜,劝富赈穷,以工代赈等救荒对策。直至出任晋抚之初,仍以"简静二字"为理政之纲,以"培养元气"为理财之道,其目标是增加户口,劝民勤业,垦辟田野,清理库赋,杜绝贪墨。为此他采取了一系列措施,规定"州县劝垦数多者优奖,漠视荒芜者重惩"⑥,又清丈田亩,免除累赋,广行社义仓法,以御灾荒。这一切均如他自己所说:"皆儒术经常之规,绝不敢为功利操切之计。"⑦

由抚晋转督粤疆,张之洞完成了向洋务派的转化,随之其经济思想也发生转折,由恭奉儒学大经大纶,"不敢为功利操切之计",一变而为仿照西洋广兴实业,求强求富。其根本之旨,正如他在给瞿鸿禨书札中所自白:"今日中国救贫之计,惟有振兴农工商实业,劝导民间仿用机器制造,以外塞漏卮,内开民智,尚是一线生机"⑧。为了这"一线生机",张之洞投入后半生精力,以坚韧不拔、排除万难的决心和毅力,将洋务实业的历史续写了十余年。

史学界有一种观点,认为甲午战争的失败即宣告洋务运动破产。其实此说未必全然适当。且不说用"破产"这样的语言来描述一场给予近代中国历史以深刻影响(包括正、负两方面内容)的经济运动不尽妥帖,而且它的断限就

---

① 张继煦:《张文襄公治鄂记》,湖北通志馆民国三十六年版,第28页。
②③④⑤ 《全集》,卷一,奏议一。
⑥⑦ 《全集》,卷四,奏议四。
⑧ 《全集》,卷二百十九,书札六,致瞿子玖。

不尽符合史实。甲午以后四年,即光绪二十四年(1898年),张之洞于《劝学篇》中,历述左宗棠、沈葆桢、丁宝桢等人的"洋务"建树之后感叹道:"惜时论多加吹求,继者又复无识,或废阁,或减削,无能恢张之者,其效遂以不广。"①张之洞本人,即以洋务运动的"恢张"者自任,在甲午以后的年代里,继续左宗棠等人的事业,并在某些方面将其推向更高的水平。亚洲最大的汉阳炼铁厂开炉炼铁、湖北枪炮厂扩充规模、贯通南北的卢汉铁路通车、粤汉铁路开工,这一系列在近代中国经济发展史上具有重要意义的事件,都发生在甲午之后的数年之间,也即张之洞总督湖广的世纪之交。

作为洋务运动的殿后主将,张之洞在经济理论、产业思想方面,也有超出曾国藩、左宗棠、李鸿章等人之处。这既体现在有关的言论中,更体现在他筚路蓝缕、艰苦创业的经济实践活动中。例如他综合安排工、商、交通等实业建设布局,力图使其相互适应,相互促进,共同发展;注意调动官、商两方面物力、财力和积极性以加速经济发展;依据中国当时积贫积弱、遭受列强欺凌的具体国情,始终将国家政权掌握经济活动的权、利命脉列为实业建设的首要考虑因素等,都在近代中国经济思想史上占有一席之地。

张之洞经济思想的基本宗旨是:通过引入西洋各国的先进机器工业生产手段,充分发掘本国资源,广兴农、工、商、交通等实业建设,以达到塞漏卮、裕民生、固国本的目的。用他的话来讲,即"自强之本,以操权在我为先,以取用不穷为贵"②。"自强之端,首在开辟利源,杜绝外耗"③。无论是从张之洞个人的经济思想的演变,或者当时国人对于"经世济民"方略的总体把握来衡量,这一认识都具有积极意义。

二、产业结构观与产业功能观

张之洞在长期洋务实业建设中,逐渐形成一套超越中古的、完整的近代产业结构思想,并将其贯彻到自己的经济实践中去。这正是他不同于单纯的企业家和书斋中的经济思想家的卓异之处。

张之洞以系统联系的观点来看待工、农、商、交通诸业相互制约又相互

---

① 《劝学篇·外篇·变法第七》。
② 《全集》,卷十一,奏议十一。
③ 《全集》,卷二十七,奏议二十七。

促进的产业结构关系。他论道:"农之利在畅地产,工之利在用机器,商之利在速行程、省运费","然必将农工商三事合为一气贯通讲求,始能阜民兴利"①。"农、工、商三事互相表里,互为钩贯。农瘠则病工,工钝则病商,工聋瞽则病农,三者交病不可为国矣"②。张之洞还十分重视交通事业尤其是铁路在国民经济运行系统中的纽带和"气脉"作用,他说:"有一事而可以开士农工商兵五学之门者乎?曰:有。铁路是已。……农有铁路,则土苴粪壤,皆无弃物;商有铁路,则急需者应期,重滞者无阻;工有铁路,则机器无不到,矿产无不出,煤炭无不敷。"他形象地称铁路之于国民经济有如气脉之于人身,"气脉畅通而后有运动"③,交通发展而后有经济振兴。

一般地泛泛而论农、工、商、交通的系统联系,古代思想家也能做到。而具体论证以大机器工业为重心,以农业为基础,以商业、交通为纽带的近代经济产业结构关系,则是跨越中世纪的思想产物。张之洞在这方面的认识,走在当时的前列。

要而言之,张之洞跨越中古的产业结构思想,建立在对产业功能较全面认识的基础之上。他对中国古已有之的农、工、交通诸业,都得出符合时代发展趋势的产业功能新认识,并以此为根据,来确定它们在国民经济运行系统中所处的不同地位。

(一) 优先发展大机器工业

张之洞力辟"以农为本"的传统经济观念,将大力发展近代大机器工业,作为"富民强国之本"。他在考察西洋诸强崛起的原因之后论道:"世人多谓西国之富以商,而不知西国之富实以工。"④ 他认为传统的"农本"思想无力扭转中国的贫弱现实,"中国生齿繁而遗利少,若仅恃农业一端,断难养赡,以后日困日蹙,何所底止!故尤宜专意为之(指大兴工艺——引者),非此不能养九州数百万之游民,非此不能收每年数千万之漏卮"⑤。又说:"欲养穷民,查荒地不如劝百工;欲塞漏卮,拒外人不如造土货。"⑥

---

① 《全集》,卷三十五,奏议三十五。
② 《劝学篇·外篇·农工商学第九》。
③ 《劝学篇·外篇·铁路第十二》。
④ 《全集》,卷五十四,奏议五十四。
⑤ 《全集》,卷三十七,奏议三十七。
⑥ 《全集》,卷五十,奏议五十。

张之洞在这里鼓吹的"劝百工","造土货",并非复兴传统的手工作坊式工业,而是开创全新的近代机器大工业。而以机器大工业取代手工生产,正是中世纪跨入近代社会最显著的物质标志。从手工工场向工厂过渡,标志着技术的根本变革,随着这个技术变革而来的必然是社会生产关系的剧烈变化。中国在19世纪60年代以前,还没有出现这种生产方式的"根本变革"。直到洋务运动兴起,在"西方秘巧"的启迪下,曾国藩、左宗棠、李鸿章才开始热衷于近代工业,创办了一批中国最早的机器工厂,不自觉地触发了生产方式的"根本变革",给予中国历史以深刻而久远的影响。还在同治四年(1865年),李鸿章便说:"机器制造一事,为今日御侮之资,自强之本。……洋机器于耕织、印刷、陶埴诸器皆能制造,有裨民生日用,原不专为军火而设。妙在借水火之力,以省人物之劳费。"①他还说:"臣料数十年后,中国富商大贾,必有仿造洋机器制作自求利益者,官法无从为之区处。"②这些言论代表了洋务派对机器生产的认识:既看到了机器的巨大生产力,又担心民间掌握机器,政府便无法驾驭。于是他们力图垄断机器工业,"随时设法羁縻"。张之洞作为后起的洋务巨擘,也十分重视机器工业,将其置于发展国民经济的头等重要地位。他否定早期改良派思想家郑观应等人的"以商立国论",批评"世人皆言外洋以商务立国,此皮毛之论,不知外洋富民强国之本,实在于工"③。针对郑观应等人"士农工为商助"④的观点,张之洞明确强调,"工者,农商之枢纽也。内兴农利,外增商业,皆非工不为功"⑤。人类近代社会的历史证明,突出大机器工业在国民经济结构中的主导、重心地位,是振兴国家民族的必由之路。只有物质财富的创造达到相当的丰裕程度,流通才可能繁荣,而物质财富创造的质、量两方面的飞跃,又都必须依赖于大机器工业的充分发展。显然,"以工为本"的认识,符合人类经济运动和近代社会发展的基本规律,是张之洞经济思想中最具近代色彩和积极意义的组成部分。而他据此认识而全力拓展的机器工业建设,成为中国近代工业史上的耀眼篇章,他本人也因而成为中国重工业的最重要的奠基人之一。

---

①② 李鸿章:《李文忠公全书》,卷九,奏稿卷九,南京金陵刊本1908年版,第34、35页。
③ 《全集》,卷三十七,奏议三十七。
④ 郑观应:《盛世危言》三编,卷二,第1页。
⑤ 《劝学篇·外篇·农工商学第九》。

张之洞还注意到工业体系内部各部门间的关系协调、共同发展问题，他把这称为"自相挹注"。在一份奏折中，张之洞报告："以湖北所设铁厂、枪炮厂、织布厂自相挹注，此三厂联成一气，通盘筹划，随时斟酌，互相协助，必能三事并举，各睹成功。"①他的设想是以纺织业的赢利去弥补冶金、军事工业的亏耗，"以布局与铁政局联成一气，协济铁厂经费"②。以轻工业的盈利作为发展重工业的资金来源，符合经济运动的规律，因而是近代各国工业发展的共同做法。就此而言，张之洞的"自相挹注"论似有道理，但在实际做法上，却是抽织布局的股本去应铁厂的急需，甚至在纱厂尚未开工的情况下，即运用行政力量拨调纱厂所收股票银去补贴铁厂之用，改变了"自相挹注"的性质，变成股本挪用。这不仅未收到诸事并举，"各睹成功"的效果，反而是相互牵扯，两败俱伤。究其原因，则在张氏"自相挹注"论，并非建立在近代工业发展规律的基础之上，而是出于解决资金短绌之苦，"不致再请部款"的短期目的。因而一旦铁厂急需出现罅漏，便"拆东墙补西墙"。这正反映了张之洞经济思想非科学的一面。

（二）工为体，商为用；商为主，工为使

张之洞虽然不赞成"以商立国"，但却重视商业在国民经济中的地位，指出商业与工业的关系为"相因而成"，"工有成器，然后商有贩运，是工为体，商为用也"③。先有物质财富的创造，然后才可能有流通的繁荣。前者是后者的必要基础和前提条件。这一思想又表述为"百工化学机器开采制造为本，商贾行销为末"④。正是基于这种认识，张之洞才反对"以商立国"的经济战略构想，而始终把优先发展大机器工业，置于压倒一切的地位。

张之洞也认识到商业流通反作用于工业生产的能动作用。这种作用一是通过"货畅其流"来促进、刺激工业生产的规模扩大，产量提高。"货畅路快，运商多，则业此工者自多，制此货者日精。故必商学既博则工艺自盛，若无运商，无销路，则工亦安以劝哉！"故"官不能劝工，惟商乃能劝工耳。"⑤这是

---

① 《全集》，卷三十三，奏议三十三。
② 《全集》，卷三十五，奏议三十五。
③ 《劝学篇·外篇·农工商学第九》。
④ 《全集》，卷二十七，奏议二十七。
⑤ 《全集》，卷二百二十一，书札八，复商部。

对商品经济能动作用的承认。

商业流通的作用之二，是通过商业来搜集流通领域内的市场信息，反馈给工业企业，以提高产品的适销程度和市场竞争能力。"其精于商术者，则商先谋之，工后作之。先察何器利用，何货易销，何物宜变新式，何法可轻成本，何国喜用何物，何术可与他国争胜，然后命工师思新法，创新器，以供商之取求。"在生产应顺从市场规律的意义上，应该是"商为主，工为使也"①。

生产与流通的关系既有"工为体，商为用也"的一面，又有"商为主，工为使也"的另一面，"二者相益，如环无端"②，所以张氏在优先考虑发展机器工业的同时，也十分重视促进商业的繁荣，以期实现工商互利，共同发展。他建议新创设的商部"讲商学，定商律，开商会，恤商情"③，在湖广任所内办商务报、开商务学堂、设商务公所、立商会，"于鄂省商人一方面劝导，一方面奖进，而其要归，在期望商人破除旧习，具有世界之眼光，发挥商战能力，俾能挽回利权，地方益臻繁盛"④。新政期间，湖北商业发展，光绪三十四年（1908年），汉口的"贸易年额一亿三千万两，凤超天津，近凌广东，今也位于清国要港之第二，将进而摩上海之垒，使观察者艳称为东洋之芝加哥。"⑤

（三）农务为根本，农业须新理新法

农业是历史最悠久的传统产业，"农本"思想根深蒂固。直至19世纪末，维新派康有为鼓吹"天下百物皆出于农"，"万宝之原，皆出于土，故富国之策，咸出于农"⑥。张之洞亦多次论及"利民之事，以农为本"，"中国养民急务无过于此"⑦，"窃为富国之道，不外农工商三事，而农务尤为中国之根本"⑧，他对于农业的产业功能中地位与作用的认识，有富于近代色彩的新内容。

张之洞认为，"田谷之外，林木果实，一切种植，畜牧养鱼，皆农属也。生齿繁，百物贵，仅树五谷，利薄不足以为养"⑨。这表达了他大力发展商品

---

① ② ⑨ 《劝学篇·外篇·农工商学第九》。
③ 《全集》，卷二百二十一，书札八，复商部。
④ 张继煦：《张文襄公治鄂记》，湖北通志馆民国三十六年版，第33页。
⑤ ［日］水野幸吉：《汉口》。
⑥ 中国史学会编：《戊戌变法》（一），上海人民出版社1957年版，第143、250页。
⑦ 《全集》，卷五十七，奏议五十七。
⑧ 《全集》，卷四十七，奏议四十七。

农业,以为工业提供原料,促进民富国强的新式农政思想。他批评道:"丝茶棉麻四事,皆中国农家物产之大宗也。今其利尽为人所夺,或虽有其货而不能外行,或自有其物而坐视内灌,愚懦甚矣。"[①]为了改变这种状况,引进美国优良棉种,兴办蚕桑局等事务,甚至亲自过问玉米芯加工之事,致电驻俄公使,问询所需机价及工艺方法,长期"化朽为奇","为民间开此风气"[②]。

为了使农业生产的水平适应方兴未艾的近代工商业发展的需要,为工业提供充足的原料,为商业拓宽广阔的市场,张之洞大力鼓吹引进西方先进的农事耕作方法和技术,他指出,传统农业水平低下的根本原因是:"大凡农家率皆谨愿愚拙,不读书识字之人。其所种之物,种植之法,止系本乡所见,故老所传,断不能考究物产,别悟新理新法。"[③]令人担忧的是,"近年工商皆间有进益,惟农事最疲,有退无进"[④],"昔之农患惰,今之农患拙。惰则人有遗力,所遗者一二;拙则地有遗利,所遗者七八"[⑤]。长此以往,地利尽遗,不仅农业凋敝,而且将严重影响工、商业的进步。为了扭转这种局面,主张向农民宣传农业科学原理,"养土膏,辨谷种,储肥料,留水泽,引阳光,无一不需化学",教会他们使用新式农具,"凡取水、杀虫、耕耘、磨砻,或用风力,或用水力,各有新法利器,可以省力而倍收"[⑥]。又开设农务学堂,"召集绅商士人有志讲求农学者入堂学习,研求种植畜牧之学"[⑦],以"各县乡绅有望者,富室多田者,试办以为之倡,行而有效,民自从之"[⑧]。上述农政举措清末未能取得明显成效,但推广先进农业科技的思路,不失为一种积极的探索,留下有价值的资料。

(四)创腹地修路,以通经济之"气脉"

物质与信息传递的快速增长,是近代社会突出特征之一。交通事业的崛起,因此成为近代社会产业结构有别于中古社会的重要象征。在创办"洋务"的过程中,张之洞真切体会到发展交通的重要性。这在有关铁路建设的论述中得到显著体现。

19世纪80年代,清廷内部围绕修建铁路问题屡起争议。守旧势力以"资

---

①⑤⑥⑧ 《劝学篇·外篇·农工商学第九》。
② 《全集》,卷一百五十,电牍二十九。
③④ 《全集》,卷五十四,奏议五十四。
⑦ 《张文襄公牍稿》,卷二十九。

敌、扰民、失业"①为借口，反对筑路，而主张筑路的一派，意见亦多分歧。主持海军衙门的奕𫍽完全从军事目的着眼铁路事业，他说："创修铁路之本意，不在效外洋之到处皆设，而专主利于用兵。"②李鸿章请试办京津铁路，也主要从运兵考虑，而翁同龢却对"铁路纵横于西苑"忧心忡忡，主张试筑铁路于边境地区，以利运兵。御史徐会沣又建议改修山东德州至济宁线，以利漕运。正当议论纷纷，莫衷一是之际，张之洞连上系列奏折，全面论证铁路之效用，主张于腹地修路。

张之洞认为："铁路之设，有形之利在商，无形之利在国，有限之利在路商，无限之利在四民。运费栈租，此有形有限之利也，征兵、转饷、通商、惠工、畅土货、出矿产、增课税、省差徭、广学识、开风气、速政令、去壅蔽，此无形无限之利也。"③较之铁路仅利兵运、漕运的褊狭之见，张之洞的看法全面而深刻。基于铁路之利以通土货、厚民生、开风气为最大的考虑，张之洞提出选择线路的标准，"必须行远旁通，两端起止皆系繁盛之区，方可输转百货，萃集行旅，增多厘税。种种利益由此而生，若两端阻滞而置铁路于其中，则商旅无从趋赴，百货无从进行，徒有造路养路之费而无其益"④。根据这一标准，他力排众议，提出首先应修筑卢沟桥至汉口的腹地干线。在致总署的电报中，论证修筑此路的意义：

> 窃谓卢汉一路，乃中国全路之大纲。将来南抵粤海，北接吉林，中权扼要在此，生发根基亦在此。气势畅通全局自振，运载之利尤其末也。……论近效则联中国各省之气脉，论远效则通欧洲各国之转运，但患路工之不速，不患路利之不丰。⑤

张之洞视铁路为国民经济之"气脉"的思想，在稍后撰成的《劝学篇》"铁路"一节详加论述，将路政列于"开士农工商兵五学之门"的至关重要地位，归纳铁路交通的两大效能，一曰省日力，二曰开风气。铁路一开，则"吏

---

① ② 《清史稿》，卷一四九，交通一，第4430页。
③ 《全集》，卷四十四，奏议四十四，《卢汉铁路商办难成另筹办法折》。
④ 《全集》，卷三十七，奏议三十七，《会奏江南河运难复铁路利济无多折》。
⑤ 《全集》，卷七十九，电奏七，致总署。

治不壅，民隐不遏，驿使不羁，差徭不扰，灾歉不忧，皆相因而自善"，此说未免过于理想化，但他视铁路为国民经济"气脉"的认识，符合近代社会实际。这正是他后半生力排万难，修筑卢汉路、筹办粤汉路，直至临终之际，"尤惓惓于铁路"[①] 的认识基础。

铁路之外，张之洞对公路建设也十分重视。他说："查利民之方，修路即为要义，必须运载迅速，信息灵便，人货流通，则宁市日增，民生日富。"[②] 他在山西任内修筑晋冀通道。移督两广，又将开通道路作为开发海南岛的前驱工程。总督湖广、两江期间，于市政马路建设尤多致力。这些都是他近代交通思想的体现。

三、维护国家利权

经济活动的利权维护，是张之洞经济思想的核心内容之一，也是其经济思想矛盾的集结点。张氏身膺疆寄重任，必须顾及辖境之内的行政经费充裕，并与列强巧取豪夺相周旋。由于这两方面的原因，他的经济利权观，大致可分为两个层面，即在中外关系方面，维护中国利权，使之少受列强侵渔；在官商关系方面，立足于官方立场，尽力为政府争利权，也酌情给商方提供某些便利，以促进民间工商业的发展。

（一）张之洞经济思想的基本出发点是"夺外人之利，以塞漏卮而裕民生"[③]，在经济活动中，注目于维护国家利权，抵制列强盘剥侵蚀。为此提出一系列主张。

其一，利用关税壁垒工具。

在对外贸易中，加重收洋货进口税，减征或免征土货出口税，以保护民族工商业。"查东西各国，从无以出口与进口税相比例者，从未有以本国之货与外国入口之货视同一例，须外货免税土货方许免税者，同一货品，进口有税出口无税，且有加重进口税而于豁免出口税之外，又于商人有奖励金，借

[①]《全集》，卷首下，第53页。张之洞于《遗折》中仍关注粤汉路及鄂境川汉路的修建，"弥留之际不能不披沥上陈"，见《全集》，卷七十，奏议七十。

[②]《全集》，卷四十一，奏议四十一，《金陵设立趸船修造马路片》。

[③] 张继煦：《张文襄公治鄂记》，湖北通志馆民国三十六年版，第28页。

助金"①。欧美、日本早已免除出口税，中国亦应立即仿行。

为了提高国货与洋货竞争的能力，提出不仅不课出口税，而且在国内运销时，亦应免征税厘。光绪二十二年（1896年），他在一份奏折中建议，对国产钢铁予以免税优惠："所有湖北铁厂自造钢轨及所出各种钢、铁料，并在本省或外省自开煤矿为本厂炼铁炼钢之用，应请奏明免税十年，届时察看本厂如有优利，足可抵制洋铁，再行征税。"②对于其他国货，也应照此办理，他先后为湖北制麻局，大冶水泥厂，江西瓷器厂请免税厘。总之，"销土货敌外货为先，征税裕饷为后"③。

其二，发展民族工商业，自产自销，堵塞漏卮。

张之洞看出，"自中外通商以来，中国之财溢于外洋者，洋药而外，莫如洋布、洋纱。……今既不能禁其不来，惟有购备机器，纺纱织布，自扩其工商之利，以保利权。"④洋货"来源既难杜遏，惟有设法销土货以救之"⑤。中国自设厂家，仿造洋货，定可产生抵制洋货、维护国家利权的积极经济效果。"我多出一分之货，即少漏一分之财，积之日久，强弱之势必有转移于无形者"⑥。张之洞指出，"华商用度较俭，土产较熟"，加之中国工价远较外洋为低，本地产销，省却巨额运费，这一切都十分有利于自产商品与洋货的竞争。"果使华商本轻利稳，愈开愈多，洋商见华厂已经充牣，利息愈分愈薄，则续开者自少"⑦，如此则漏卮自塞，民生自裕。

其三，防范外国资本对路、矿产业的渗入。

《马关条约》签订以后，外国资本的输入取代商品输入，成为列强对华经济侵略的首要方式。外国资本直接在华设厂开业，利用中国廉价劳力等条件，其增值势头更猛，对中国利权的危害亦更巨。以张之洞个人之力，当然无法全面阻挡外国资本的多方入侵，他提出在铁路、矿山等关系国计民生基础的要害部门，应极力阻止外资的渗入，并在自己的权限之内付诸实施。

张之洞认为，"惟矿务为中国自有之利源，断不能与外人共之"⑧。因此，

---

① 《全集》，卷六十八，奏议六十八。
②⑧ 《全集》，卷四十四，奏议四十四。
③⑥ 《全集》，卷二十七，奏议二十七。
④ 转引自严中平：《中国棉纺织史稿》，科学出版社1955年版，第107页。
⑤ 《全集》，卷首下，第34~35页。
⑦ 《全集》，卷四十五，奏议四十五。

他于光绪二十二年（1896年）断然拒绝英、法等厂商附股合办煤、铁矿的要求，尽管这可以在相当程度上缓解湖北炼铁厂资金短缺、面临倒闭的危机。四年以后，张之洞得知湖北兴山的强楚矿山"有洋商合股"，而"该县并不确切查明，遽出结详请试办"，立即严令禁止，并重申"湖北历办矿务，均不准有洋商入股，原所以严杜流弊"①。后来，清廷与各国议定，允许中外合资办矿，在这种情况下，张之洞继续谋求限制洋股，在《札洋务局颁发拟订矿务章程》中规定，严禁外商独资办厂，只许与华商合资，而且"其股份只许占一半，不得逾于官股之数"，"外国矿商不能充地面业主"②，等等。

在铁路事业中，维护国家利权的态度坚决。铁路被张之洞视为国民经济之"气脉"，如被外洋操纵，则"铁路两条是一篑子，铁路所到，即将其国篑破矣"③。他说："路可造，被迫而权属他人者不造。"④依其本意，卢汉铁路以招华商集股为资金来源，"各省富商如有集股在千万两以上者，准其设立公司，自行兴办"⑤，如此则外商无从插手，可确保利权无虞。但是，事实是招华商集股困难重重，沪、粤等地富商各相观望，踟蹰不前，而官款又无此财力，迫于无奈，只得另想办法，"暂借洋债造路，陆续招股分还"⑥。张之洞特别强调，"洋债与洋股迥不相同。路归洋股则路权倒持于彼，款归借债则路权仍属于我。"他指出："若专恃洋股，一旦有事，倘于转运兵械等事借口刁难，是自强者不转以自困乎！"⑦他认为"借款只在章程周安，路权不失，并无流弊"⑧，"借款与路工截然两事，债权国不得干预路工章程利益"⑨。

张之洞维护国家铁路利权的思想，在收回粤汉铁路修筑权问题上表露得格外鲜明。光绪二十六年（1900年），铁路大臣盛宣怀经手与美合兴公司定约，由该公司承筑粤汉路，后来美方违约将公司股票的三分之一卖给比利时，此举引起鄂、湘、粤三省绅商的强烈反对，要求与美废约，收回自办，以挽利权。张之洞全力支持三省绅商，认为"此举关系国家路政，挽回主权利权，事在必

---

① 《全集》，卷一百一十八，公牍三十三，批兴山县请试办铅铁矿务。
② 《全集》，卷一百零八，公牍二十三。
③ 《全集》，卷一百五十五，电牍三十四，致上海盛京堂。
④ 王彦威：《清季外交史料》，卷一二九，北平清季外交史料编纂处1931年版，第5页。
⑤⑥⑦《全集》，卷四十四，奏议四十四，《卢汉铁路商办难成，另筹办法折》。
⑧ 《全集》，卷十，奏议十。
⑨ 盛宣怀：《愚斋存稿》，卷二六，电报卷三，武进盛氏刊本1939年版。

成"①。他分析道："若粤汉路北段售与比国承办，比用法款，权即属法，卢汉铁路即已如此，若湘路再归比法，法素助俄，合力侵略路权，其害不可思议"②。美方见此，又改换手法，提出以摩根公司接替合兴公司承修，但仍遭张之洞拒绝："总以仍废弃前约，归我自办为是，以美接美固是谬误，即中美合办亦断断不可"③。盛宣怀偏袒美方，从中作梗，张之洞断然提出撇开盛宣怀，"此事断不能再令盛公督办"。他在致瞿鸿禨的电报中说，"弟之硁硁不忍抛却者，冀为三省保此权利耳"，"总之此事敝处既已力任其难，必当妥筹结束，收回主权，但必须袒美者不与闻，免横生枝节，三省幸甚"④。在张之洞的强烈要求下，上谕"仍着责成张之洞、梁诚一手经理，盛宣怀不准干预此事，"⑤，经过艰苦谈判，终以高昂代价收回粤汉路权。

综上所述，张之洞维护中国利权的态度一度是坚决的，措施是积极的，他发展民族工商业以抵制洋货的设想，昭示后发民族振兴经济的必由之路，在实践中也曾收到"分洋商之利"的成效。以他开办的民族纺织业为例，据当时报载，湖北织布局产品行销两湖及四川等省，"购取者争先恐后"⑥，张之洞本人在《劝学篇》中也不无自豪地说，"洋布洋纱，为洋货入口第一大宗，岁计价四千余万两。自湖北设织布局以来，每年汉口进口之洋布，已较往年少来十四万匹"⑦。

当然，由于当时中国半殖民地经济已然成形，张之洞个人并无力量抵制外国资本对中国利权掠夺，"分洋商之利"的成效，相对于外国资本对中国渗入的规模而言，也无关大局。张之洞本人并未将抵制外资、捍卫利权放到经济全盘建构中去考虑，一旦他在洋务实践中面临资金短缺，便将引入外资作为解脱困境的重要法宝，必然损害中国利权。

（二）张之洞是以清廷大员的身份从事经济活动的，从来是站在朝廷立场上来考虑利权问题。这就决定了他在向列强争利权的同时，也与民间工商界争

---

① 《全集》，卷一百九十，电牍六十九。
② 《张之襄公电稿》，卷五九，第 8 页。
③ 《全集》，卷一百九十一，电牍七十。
④ 《全集》，卷一百九十二，电牍七十一，致京瞿尚书。
⑤ 《全集》，卷一百九十三，电牍七十二，军机处来电。
⑥ 《申报》，1894 年 10 月 13 日。
⑦ 《劝学篇·外篇·农工商学第九》。

利权。

张之洞对于民间工商业，尚能扶植、鼓励，并提供资金等方面的便利条件。他曾说："无论何种商务，凡商人于创造营运各节遇有为难之时，必须官为保护。官、商之气久隔，又需绅为贯通。"[1]他的通盘考虑是合官商之力，共同御外。但是，在实际经济活动中，官、商利权往往尖锐冲突，难以统一，在这种情况下，张之洞又毫不含糊地与商争利权。他的观点是，"商能分利，不能分权"[2]，"盖国家所宜与商民公之者利，所不能听商民专之者权"[3]。他认为一般商业贸易，可放手让民间自办，不必由官方独掌，"吾闻因民之利而利，不闻夺民之利以为利也。据禀创设官市，建立廛舍，收买货物转售而又取约券权子母，是直夺商利而敛之官，甚非政体"[4]。他主张商会由商人自办，"不须官出经费，亦不可令商筹经费交官办理，此最为商人所深忌"[5]。但是，对于铁路等国计民生命脉之所系的产业，必须由政府牢牢把握利权，不许民间染指。他说：

> 查铁路一事，虽系便商之要策，生财之大宗，然与别项商业不同，实关系全国之脉络，政令之迟速，兵机之利钝，民食之盈虚，官民知识之通塞，故筹款招股无妨借资商力，而其总持大纲，考核利弊之权，则必操之国家。[6]

明确宣称："盖铁路为全国利权所关，不甘让利于商，更不肯让权于商。"[7]一方面积极支持鄂、湘、粤三省绅商收回粤汉铁路修筑权的要求，另一方面又坚决反对将此路交由绅商自办。他惟恐商办铁路会危及国家根本利益，忿忿指责"江浙粤等省办路，绅民皆争商办，气习嚣张，极为无理"[8]。为了避免铁

---

[1] 《全集》，卷四十三，奏议四十三，《筹设商务局片》。
[2] 《全集》，卷一百五十，电牍二十九。
[3] 《全集》，卷六十八，奏议六十八。
[4] 《全集》，卷一百一十五，公牍三十。
[5] 《全集》，卷二百二十一，书札八，覆商部。
[6] 《全集》，卷六十八，奏议六十八。
[7] 《全集》，卷四十二，奏议四十二。
[8] 宓汝成：《中国近代铁路史资料》，第三册，中华书局1963年版，第1195页。

路利权落于绅商之手，他不惜以借洋债筑路而排斥民间股金，"款由官借，路由官造，使铁路之利全归于官，策之上也"①。当时便有人批评张之洞"以官办压商办，以外资压内资"②，违忤民意，不得人心。由于张之洞极力压制商办粤汉铁路，但又慑于民众情绪不敢将筹借洋款修路一事"轻邃上奏"，粤汉路直至张之洞去世，都未及动工。

四、渐趋通达的财政观·难以挣脱的桎梏

治理地方，大兴洋务，财政问题都是关键。张之洞政绩，与他开通的财政思想大有关系。

（一）从"省啬为先"到广开财源

在转化为洋务派之前，张之洞信奉的是中国传统的黜奢崇俭、量入为出的理财准则。他在殿试对策中说："今天下大患于贫，吏贫则黩，民贫则为盗，军贫则无以战，而其原自不俭始。"③崇尚节俭，这本身并无可非议，张之洞一生廉洁，并以此原则整肃各地吏治，端正风气，对于当时腐败骄奢的官场，多少收到一些纠弊之功。他在山西、广东等地厉行革除陋规、杜绝中饱、裁撤摊派；省却浮吏，"培本根，厚风俗"④，对于扭转府库空虚、财政短绌的窘况，也取得明显成效。但是，单纯地崇节俭、省浮费、革陋习，以之守成尚可维持，以之创业则无力开拓。张之洞在山西、两广经理财政的实绩，一方面显示了他的行政才干，另一方面也表明，他的理财思想此时还囿于传统经济轨范。

大兴洋务所需巨额用度，促使张之洞从传统理财观中解放出来。光绪二十七年（1901年）的一份奏折论道：

> 尝闻数十年来论理财者，大率以省啬为先，谓以备有事时之用。此省事息民之常经，闭关自守之善策，而非所论于强邻环伺之时势也。⑤

---

① 《全集》，卷四十四，奏议四十四。
② 《东方杂志》五卷第十号《大事记》。
③④ 《全集》，卷二百十二，古文一。
⑤ 《全集》，卷五十四，奏议五十四。

这里所谓"尝闻"的"省啬为先",正是传统理财原则,张氏以为"闭关自守之善策",如今"强邻环伺","省事息民之常经"不可重念,必须大兴实业,增强国力。这就必然带来财政用度的剧增,仅靠"崇俭"、节流的办法,显然无法应付,惟有广开财源,多方筹措,方能将大量资金投入生产领域,使之增值,以此达到富国裕民的目的。张之洞用十分简明的话表达出他对理财原则的新认识:"本欲阜财,必先费财"①,"理财以先赔钱为主义"②。

此时的张氏,不再鼓吹"大患于贫","原自不俭始"的老调,而是反复申明"应省之事必须省,应办之事必须办,应用之财必须用"③。如果以"节省"为由,停办各种实业,必然使国力进一步衰竭,倍受列强欺凌盘剥,"先省数百千金,而日后多费数万金至数百万金","倘专务省费,则所省者少而所耗者多"④。鸦片战争失败,赔款两千一百万银圆;八国联军攻入天津,尽掠司道局库存银六百万两而去;都是惨痛的历史教训。与其赔款于人,不如用款自强。"赔偿之款所以纾目前之祸难,自强之款所以救他日之沦胥"⑤。

为了筹集"自强之款",广兴实业,增强国力,张之洞可谓绞尽脑汁,甚至不顾及个人声誉及社会恶果,开广东"闱姓"赌捐以救燃眉之急。但是,19世纪末叶的中国,国贫民困,官款难拨,商款难筹,迫于无奈,张氏萌发了利用外资的设想。在两广总督时期;他便提出借洋债的主张,并付诸实行,共借洋款九百万两,用于购枪炮备海防。甲午战争以后,他又在《吁请修备储才折》中陈述借用外资的必要:"今日赔款所借洋债已多,不若再多借一二。及此创巨痛深之际,一举行之,负累虽深,而国势仍有蒸蒸日上之象,此举所借之款,尚可从容筹补。果从此有自强之机,自不患无还债之法。"⑥

(二)引入外资,重权轻利

除了直接借债之外,张氏还主张以中外合资的形式引入外资。甲午战后,列强渗入内地,开矿兴厂。面对中国资源被大肆掠夺的局面,急欲振兴民族工业以相拮抗,但苦于"华商既五百万之巨资","又无数十年之矿学",因而比较切实可行的办法,"莫若议与洋商合办","本息按股均分,但西本止可十之

---

① ③ ⑤ 《全集》,卷五十四,奏议五十四。
② 《全集》,卷二百,电牍七十九。
④ 《全集》,卷五十四,奏议六十二。
⑥ 《全集》,卷三十七,奏议三十七。

三四，不得过半，尤为简易无弊。较之全为西人所据，及闷佳矿而不能开者，不远胜乎？"当然，倘若洋商"非与华商合股，断不准其独自开采"①，如此则既可利用外资，又不丧失利权。

利用外资的准则是"重权轻利"②。如果外资无利可图，洋商断不会白白花钱；但如果听由洋商独专其利，又失去了利用外资以实国力、裕民生的本来意义，因此，"要之必令其有利可图而不令外人独专其利，斯为最平妥之方"③。这种认识，直到今天，仍具有其借鉴意义。

（三）理顺财政关系

张氏主持山西、两广、湖广、两江政务，均将整顿税收作为理财先导。其间既有裁撤摊捐，又有增设税目。另外，对于严重影响工商业发展的厘金制度，坚决主张废止。他认为厘捐"奉行既久，弊窦日滋，局卡繁密，司巡苛暴。查验则到处留难，浮费则有加无已，以致商利日薄，民生日艰。良懦者竭业而失生计，狡黠者驱之以归洋旗，徒招怨咨，无裨国有"④。先后撤销湖北各州县厘卡31处，改办百货统捐，缓解"商民困累"⑤。在湖广总督任内，革新币制，铸造银、铜币，印刷纸币，一来解除钱荒，以利流通；二来杜绝民间私铸钱币，偷工减料，干扰金融，扰乱市场。这些举措，对繁荣地方经济，增加政府财力，都起到一定作用。

（四）以非经济手段控驭经济过程，衙门式企业管理方式

作为清末洋务运动的终结性人物，张之洞的经济活动确实曾一度声势显赫，引起中外注目，大有振衰起颓之势。但是，这一切有如昙花一现，在热闹一阵之后，又归于沉寂。到20世纪初叶，张之洞在湖北创办的"实业"便一蹶不振。官办企业或停产倒闭，或交商承办，几乎全都中道夭折。他曾给予一定扶植的民间工商业，也在外国资本与宗法专制势力的夹缝中苦苦挣扎，其富国梦，终至破灭。

这种结局，既由客观大环境所致，也与张氏经济观的局限性脱不了干系。19、20世纪之交的中国，其整体经济运行处于一种半死不活的状态。传统的

---

① 赵靖、易梦虹编：《中国近代经济思想资料选集》，中华书局1982年版，第383~385页。
②③ 《全集》，卷六十三，奏议六十三。
④ 《全集》，卷六十五，奏议六十五。
⑤ 《全集》，卷二百二十八，《抱冰堂弟子记》。

自然经济体系尚未崩塌，而新兴的资本主义生产关系幼弱乏力。在这种情势下，民族实业建设，其资金、技术、原材料、市场皆左右受掣。

张之洞经济思想中旧的遗传因子，是他富国裕民好梦难圆的内在根源。

张氏非近代企业家，而是具有开放襟怀却并未走出官营经济故道的行政大员。他从事经济建设的根本动机，是为摇摇欲坠的君主专制加固墙脚，支撑危梁。就具体的经济行为而论，他所选择的目标（如铁厂、兵工厂），并不是以最小投入来换取最大产出、最佳效益，而是服从于巩固朝纲的政治目的。非经济诉求控驭了经济运动的全过程，必然导致经济的畸形发展和不妙结局。

资本主义近代企业运作，是一门立基于价值法则的高度技艺化的科学。而主持诸多近代企业的张之洞本人，入门尚浅（还不如盛宣怀等），对于商品经济规律、大机器工业管理手段，或者仅知皮毛，或者一窍不通，凭衙门式训令指挥生产。如盲目订购机器，忽视原材料的供给保障，以行政手段强行干预企业资金流动走向，等等，都给企业造成发展障碍。官场的裙带之风，贪污贿赂、靡费侵蚀，排场应酬等积弊弥漫于企业内部。汉阳铁厂"每出一差，委员必十位、八位，爵秩相等，并驾齐驱，以致事权不一，互相观望，仰窥帅（指张之洞——引者）意"[①]。塾师黄厚成，仅凭教过总督之子，便被委任湖北针钉厂总办，经营无方，亏空巨大。张之洞创办汉阳铁厂的五百余万两银子，购置设备的不到一半，"余皆系浮费，于公司毫无利益"[②]。由此而论，张之洞的经济思想略涉近代，而大体滞留中古。在严酷的国内国际政治—经济—社会形势下，这位洋务殿军富国梦的破灭，便成为一种历史的必然。

---

① 王彦威：《盛宣怀档案》，钟天纬致盛宣怀函，北平清季外交史料编纂处 1931 年版。
② 徐珂：《清稗类钞》，第 17 册，第 12 页。

第四章 "身心性命之学"

——军事谋略

> 欲保国家须要精兵保，欲保种族须联我同胞。保国保种必须先保教，圣门学生佩剑兼用矛。
>
> ——张之洞撰《军歌》

张之洞本一文臣，但死后清廷谥以"文襄"。据《钦定大清会典》称："辟地有德曰襄，甲胄有劳曰襄，因事有功曰襄。"咸丰三年（1853年），上谕更明令大臣武功未成者不得谥"襄"。晚清重臣中，以"文襄"谥号者仅左宗棠、张之洞二人。[①] 左氏戎马一生，武功盖世，以"文襄"谥，顺理成章。而张之洞以一并未亲躬战场的文臣而获此谥，并非误置。其于军事颇多建树，在改革兵制、修整军备、编练新军等诸多方面实绩彰著，故追谥"文襄"，虽不足全面概括张氏，却也名实相符。

张之洞自道："弟儒家者流，岂知兵者，特以外任十余年来，防海防江，迫于职守，不能不从多年老兵，他邦客将询防考求。"[②] 可见他是在出任封疆大吏，而又面对外侮日迫的情势下步入兵学的。如果说在抚晋之前，于军事尚外行隔膜，那么在督粤参与对法作战之后，渐入兵学内里。他于两广任内的一份电报中说，"惟疆臣之职，一在用兵力以相慑制，一在结民心以固藩篱，一

[①] 清初及清中叶谥"文襄"者，如洪承畴（1593—1665）、舒赫德（1710—1777）、福康安（？—1796）、明亮（1736—1822）、长龄（1758—1838）均有武功，文臣谥"文襄"的则有靳辅（1633—1692）、于敏中（1714—1779）。

[②] 《全集》，卷二百十九，书札六，致袁慰庭。

在考地理以资折辩。"①此后"即以军旅之事，无一仰给于人为志"②，督鄂十余年，编练新军，制枪造炮，建成国内一流水准的近代陆军，成为全国编练新军的楷模。

张之洞晚年自白："练兵一事，鄙人身心性命之学。"③从"岂知兵者"到潜心"身心性命之学"，张之洞由军事外行逐渐成为"知兵"大员，累积丰富的军事思想，留下一份可资借鉴的遗产。

一、"兵之于国家，犹气之于人身"

张之洞生于国势衰微，列强入侵的多事之秋，其军事战略，立足于守备御侮。他说："兵之于国家，犹气之于人身也。""人未有无气而能生者，国未有无兵而能存者。"④面临列强咄咄逼人的政治干涉、经济掠夺和军事侵略，认定要自卫图存，非"力"不行，"力者，兵之谓也"。在近代国际强权格局之中，乞求和平是决无出路的。张之洞指出，弱国高倡"弭兵"（即裁军），是自欺之谈。他严厉批评"今世智计之士，睹时事之日棘，慨战守之无具，于是创议入西国弭兵会，以冀保东方太平之局，此尤无聊而召侮者也"⑤。严酷的现实是，"权力相等，则有公法，强弱不侔，法于何有？"只能是："苟欲弭兵，莫如练兵。海有战舰五十艘，陆有精兵三十万，兵日雄，船日多，炮台日固，军械日富，铁路日通，则各国相视而不肯先动。"⑥

张氏认为，国防方略，必须立足于自强自卫，对外交涉当以武力为后盾。光绪十一年（1885年），中法两国于广西前线进行外交接触，法方不同意广西巡抚参与谈判，"忌其有兵也"。张之洞针锋相对，力主"制敌正当投其所忌"，下令冯子材、唐景崧等部以临战状态相慑，却为朝廷所阻。他致电李鸿章，陈说此举的必要性：面对强权讹诈，"岂婉商力辩所能济事，彼拥兵而禁我带队，尤不可解"⑦。只有以力抗力，才能取得谈判桌前的平等地位。这便是他一贯

---

① 《全集》，卷一百二十八，电牍七，致东兴邓钦差等。
② 张继煦：《张文襄公治鄂记》，湖北通志馆民国三十六年版，第25页。
③ 《全集》，卷一百八十八，电牍六十七，电梁盐道。又见张继煦著《张文襄公治鄂记》，湖北通志馆民国三十六年版，第65页。
④⑤⑥ 《劝学篇内篇·非弭兵第十四》。
⑦ 《全集》，卷一百二十五，电牍四，致天津李中堂。

主张的："必实有战心，实有战具，而后可以为讲之地也。"①

出于守备御侮的考虑，张之洞不仅重视近代正规军事力量的建设，而且注意利用民间武力。中法战争期间，他组织五千余人的民团，雇沙船、渔拖多艘，加强广州守备力量，又劝令侨商捐资购造兵船。中日甲午战争期间，他建议饬办东南沿海渔团，以张謇、沈云沛主其事。令其于近海港岸多挖长壕，广筑堤墙及土炮台，并暗埋水旱雷。"其紧要处所，简练团丁，分段设守，海口之可通出入者，则令渔船轮流出洋侦探"。此举大获成效，"溯自威海失陷，江南沿海各邑，风鹤频惊。勇营扼要驻防，每虑顾此失彼，幸有民渔盐场各团练，同仇偕作，踊跃从公，款则官劝民捐，事则官督民办，虽未交绥接仗而沿海数百万之居民得以安堵，不至惊窜流漓，实赖团练维持保障之力"②。

作为清廷方面大员，张之洞在"攘外"的同时，也以武装力量"安内"，如派兵缉拿各"教案""祸首"，弹压土匪、马贼、会匪、游勇，不惜"就地正法"③。但他的军事谋略及行动，始终以"攘外""御侮"为重心。

二、改革军制，裁旧练新

从出任山西巡抚开始，张之洞于军事制度的革故鼎新多有谋划。

抚晋之初，张之洞即发现传统军制弊端丛生，非兴革不敷时用。他在《筹改营制折》中论道：

> 绿营积弊无可挽回，勇营、饷营、章营制均胜绿兵，而其病在随将领为去留，不与地方相维系，且不习风土，亦往往有迁地弗良之时。……拟将通省绿兵减额加饷，一律改为练军，大率参制兵勇营之制而用之，取勇营之简易，参以制兵之持久，化饥为饱，化繁为简，化散为整，化板为活。④

他将晋省裁改兵制应议事宜分列十二条，即改定营名、修建营房、分防移

---

① 《全集》，卷二，奏议二，《详筹边计折》。
② 《全集》，卷四十三，奏议四十三，《淮海等处团防经费开单请销折》。
③ 朱寿朋：《光绪朝东华录》，中华书局1958年版，第2066页。
④ 《全集》，卷八，奏议八，《筹改营制折并单》。

调、练习火器、出省加饷、统领公费、长夫限制、支食廉俸、分设汛弁、变通借补、改铸印信、暂留守兵。根据这一基本构想，张之洞锐意筹编山西练军，"并不独为山西一省计也。果使此军练成劲旅，不惟可以挑补晋省练军，沿边万余里，随处皆可用之"①。

练军是从绿营、勇营向新式军队过渡的军制形式。由此起步，张氏开始军制改革。

经过中法战争，特别是中日战争的检验，张氏更感到革除旧军制之必要、新军编练之急迫。光绪二十一年（1895年），在一份奏折中总结旧军制积弊有七：

人皆乌合，来去无恒，一弊也。兵皆缺额，且充杂差，二弊也。里居不确，良莠不分，三弊也。摊派克扣，四弊也。新式枪炮，抛弃损坏，五弊也。营垒工程，不知讲求，六弊也。营弁习尚奢华，七弊也。②

惟有仿行东西洋各国，裁撤旧营（包括绿营制兵，练兵防勇），推广新式军制，才能从根本上改变军队涣散、国防空虚的被动挨打局面。他驳斥守旧势力阻挠改革的论调："试思环球各强国其练兵皆同此一法，而谓中华兵力最弱之国反能别创一器一法以取胜，此事理之所必无者也。"③这里强调了军事现代化的共同规律，批评那种以"特别国情"拒绝现代化的谬说。在《劝学篇》中，张之洞进一步论证这种共同规律"盖兵学之精，至今日西国而极。……方今兵制教法，东洋西洋，大略皆同，盖由推求精善，故各国有则效而无改易之者"④。

旧式军队的淘汰，难度很大，不可能一蹴而就。故建议清廷分年裁撤，不分马、步、战、守，每年裁二十分之一，二十年裁完。张氏率先于湖北推行裁汰旧军之举。于光绪二十三年（1897年），奏请将马战守兵七千七百一十五名，分为五年递裁，以"裁散不裁整，裁兵不裁官，为入手之方法"⑤，稳妥地解

---

① 《全集》，卷六，奏议六，《密陈北军应练片》。
② 《清史稿》，志一百十四，兵十，第4129~4130页。
③ 《全集》，卷三十七，奏议三十七。
④ 《劝学篇·外篇·兵学第十》。
⑤ 张继煦：《张文襄公治鄂记》，湖北通志馆民国三十六年版，第24页。

决裁旧难题。

光绪二十一年（1895年）七月，根据甲午战争的惨痛教训，上《吁请修备储才折》，提出九条应急措施，并将"宜亟练陆军"，"宜亟练海军"列为第一、二条。同年十一月，在暂署两江任内，编练新式陆军"自强军"，计有步队八营、炮队二营、马队二营、工程队一营，共十三营。其建制为步兵每营250人，分五哨；炮兵每营200人，分四哨；马队每营180人，分三哨；工程营100人。各营还配备有医官、枪匠、兽医等后勤保障人员。这支部队，是中国最早的近代化武装力量的一支。虽然人数不多，但在中国军制史上却具有划时代意义。

次年初，从两江返任湖广，以更大规模编练新军。经过十年经营，编成陆军第八镇和暂编第二十一混成协，共称"湖北新军"。据光绪三十三年（1907年）统计，第八镇有官七百员，镇统张彪，兵一万五百名；第二十一混成协有官二百八十员，协统黎元洪，兵四千六百名。"湖北新军"是当时与北洋六镇并列的新式陆军。

张氏编练新军的宗旨是："额必足，人必壮，饷必裕，军火必多，技艺必娴熟，勇丁必不当杂差，将领必不能滥充。"他把这七条称为"军之体也"。"凡事其体先立，然后其用可得而立"①。认为"必须扫除故套，参用西法，参用各国洋弁教习，讲求枪炮理法，兼司营垒测绘，始可谓之为兵"②。在建军制度、条令规则、训练方法、战术原则、军械装备等方面全行仿效东西洋各国，革除旧军队疲沓昏陋之痼疾，建立精壮强劲的近代武装。

张氏认为，德国陆军冠于全球，当以其练兵之法为楷模，自强军便是依照德国章程编制而成。光绪二十八年（1902年）以后，张之洞又以日本军制为新军编制的主要参照。新军采用镇（相当于师）、协（相当于旅），标（相当于团）、营、队（相当于连），排、棚（相当于班）的梯级编成序列。镇为综合军事建制，包括步、马、炮、工、辎五大兵种，利于诸兵种协同作战，以适当近代战争的需要。

在编练方法上，选募洋弁洋将，直接训练指挥中国士兵，有利于中国将领

---

① 《全集》，卷四十，奏议四十，《选募新军创练洋操折》。
② 《全集》，卷四十六，《请添练精兵折》。

从中观摩学习，尽快掌握近代军事训练、作战法则，易收事半功倍、立见成效之功。

暂署两江编练自强军时，聘请三十五名德国军官。他们不仅担任训练科目的教官，而且还被授予指挥营、哨两级的实职，中国军官仅任副职，"选武职中壮健有志，不染习气者为副营官，选天津广东两地武备学堂出身之学生为副哨官。其带兵操练之权，悉以委之洋将弁，而约束惩责之权，则专归华官。"①张之洞离两江返回湖广本任时，又调部分洋弁到武昌，训练湖北新军，不过此时他对选募洋弁的看法有所改变："中华练兵诚为第一要事，惟各国皆思干涉我兵权，亦是大患。大率用洋人为教习可，用洋人大员为将领则万万不可。"改变授洋弁以指挥实权的做法，仅以之作顾问和教习，并且立定合同，加以约束：洋弁之军衔不超过守备；洋弁为张之洞属员，听其节制；洋弁仅任教习；训练诸事均应与营务处道员商办。②光绪二十八年（1902年）以后，为湖北新军聘募日本教习，其使用原则，亦如上述。

在取得实际经验的基础上，光绪二十七年（1901年），张之洞归纳"东西各国教将练兵要旨"十二条，奏请朝廷颁饬各疆臣"切实研究"，广加推行。其内容为：

  一、教士以礼，使之有耻自重；

  二、调护士卒起处饮食；

  三、讲明枪炮弹药质性源流之法；

  四、枪炮线路取准之法；

  五、掘壕筑垒避枪炮之法；

  六、马步炮各队择地借势之法；

  七、测量绘图之法；

  八、队伍分合转变之法；

  九、守卫侦探之法；

  十、行军工程制造之法；

---

① 《全集》，卷四十，奏议四十。
② 见《全集》，卷八十，电奏八，致总署。

十一、筹备行军衣粮辎重之法；

十二、行军医药之法。①

所列诸项在近代武装草创阶段，具有指导功效。

张之洞强调严明军纪。光绪三十三年（1907年），湖北新军一部调驻安庆，他专电该部"务须严整肃静，均住帐篷，不可入民家。饮食柴草一切自备，街市买物务须和平，不准稍有强买争闹等事，违者必应严办。总之，万不准扰皖省一草一木，以全名誉"②。湖北新军军纪严明，为各省所称道。

张之洞对于军事管理、指挥系统，也提出新的构想："请仿英、法之总营务处，日本之参谋本部，于都城专设衙门，掌全国水陆兵制、饷章、地理绘图、操练法式、储备粮饷、转运舟车、外交侦探等事。平日之预筹，临时之调度，悉以此官掌之。兼采众长，务求实用。"③这些建议对于清末新军组建，起到推动作用。

三、从"广求利器"到"自铸枪炮"

迄至19世纪中叶，清军装备仍以刀矛箭戟等"冷兵器"为主。鸦片战争以后，列强挟坚船利炮而至，几经交手，西方近代军事装备的优越性，渐次得到军事将领、封疆大吏的承认。同治四年（1865年），李鸿章上疏，言统军在江南"剿贼"，"习见西洋火器之精，乃弃习用之抬枪、鸟枪、而改为洋枪队"。④这是清军装备洋械的开端。

张之洞重视军备更新，始于山西巡抚任内。在筹编山西练军时，开始一改"绿营向以弓箭为先"而为"首重火器"。⑤他在给张佩纶的信函中曾透露筹巨款以购外洋军火的计划，但不久奉调两广，计划未及实施。

光绪十年（1884年），出任两广总督，直接参与指挥对法作战。战争是极好的课堂，张之洞对于改良军备的急迫性，有了切身体会。在《筹议海防要策

---

① 《清史稿》，志一百十四，兵十，第4131~4132页。
② 《全集》，卷一百九十九，电牍七十八，致安庆鄂军张统制等。
③ 《清史稿》，志一百十五，兵十，第4132页。
④ 《清史稿》，志一百十五，兵十一，第4133页。
⑤ 《全集》，卷八，奏议八，《筹改营制折并单》。

折》中分析道：

> 自法人启衅以来，历考各处战事，非将帅之不力，兵勇之不多，亦非中国之力不能制胜外洋，其不免受制于敌者，实因水师之无人，枪炮之不具。①

针对旧军装备落后，张之洞说："器械不利，与空手同；不能及远，与缺兵同，史之良规也。"为了弥补与法军在军械质量方面的差距，"抵粤以来，首以购备军火为务，分向欧美各洲不惜重金，广求利器"②。但是，事关国防大计却时时仰给于人，总非善策。他在一份奏折中报告：

> 去年各省设防以来，所购军火不下数百万金，而良粗不齐；且损重费，甚至居奇抑勒，借口宣战停运截留，种种为难，令人气沮。其运脚、保险、行用等费扣至四五成不等。仰人鼻息非长策。③

为改变被动局面，留心"访求粤省究心雷械之员弁工匠，凡稍有才艺心思者，皆令多方试造。以冀逐渐扩充，开兹风气。"扩建广州黄埔船坞，建造小型铁甲舰以增强海防力量。中法战争结束后的第二年（1886年），将广东70年代建立的机器局和火药局合并，扩大生产规模，又创办枪弹厂。光绪十四年（1888年），筹建规模较大的枪炮厂，并奏称：向外洋购买枪炮，"不但耗损中国财用，漏卮难塞，且订购需时，运送遥远，办理诸多周折。设遇缓急，则洋埠禁售，敌船封口，更有无处可购，无处可运之虑。况所购之械，种式不一，精粗各别，弹码各异，仓促尤易误事。详筹时势，必须设厂自铸枪炮，方免受制于人，庶为自强持久之计"④，这也是他日后排除万难，建立中国自己的近代军事工业的出发点。

张之洞移节湖广，该厂随迁至汉阳大别山（即龟山）麓建设，更名"湖北枪炮厂"。截至光绪三十二年（1906年）底，该厂共造成马步枪

---

①②③《全集》，卷十一，奏议十一。
④《全集》，卷二十五，奏议二十五。

十万一千六百九十支,枪弹四千三百四十三万七千九百三十一颗,各种快炮七百三十尊,前膛车炮一百三十五尊,各种开花炮弹六十三万一千七百颗,前膛炮弹六万零八百六十颗①。该厂规模、产量均居全国前茅。直至抗日战争时期,由该厂发展而成的汉阳兵工厂所制"七九式"步枪,仍因质量精良而享誉全国。

除大力发展民族军事工业以装备部队以外,对军队演练、操作新式军械方面,也予以高度重视。光绪十一年(1885年),制订海防操练章程,规定各营均须精练卧枪、枪、过山炮、洋式火箭,并掌握安放水雷,修筑炮台,驾设行军电线等技术。湖北广济田家镇,地扼江防要冲。光绪二十二年(1886年),亲往勘察,于南北两岸建明暗炮台十四座,安装德制克虏伯大炮。该炮系当时世界最先进的火炮,"其测量演练断非数月所能纯熟,不惟勇于娴此者无多,即将弁中通晓炮法台式者亦实罕觏"。有鉴如此,下令"各台专设台官,各炮专设炮务,各有专司,勤加练习",炮台官兵不准派当杂差,不得随意调动、更换,促其精心演练,以利守备。

对于敷衍塞责,疏于操练者,给予严肃处罚。光绪二十九年(1903年),亲临寰泰兵轮,校阅在该轮实习的水师学堂学生成绩。但见"演放火炮,手法生疏草率,拉火不响,遂不再安拉火,空手作一拉之势而已"。"令其演行船撞船诸事,则只空比手法,船身并不运动,种种直同儿戏"。张之洞大为震怒,"不知该学生等所练何事,所毕何业"②,随即奏请将该轮管驾官兼正教习何心川即行革职,并宣布此批学生不准毕业,以儆效尤。

四、"战人较战具为尤急"

先进军械固然是近代战争的重要因素,但军械终归要靠人来掌握。提高部队官兵的文化、军事素质,始终是张之洞军事思想的核心内容。"战人较战具为尤急"③为其名论。

张之洞认为,"整军御侮,将才为先。德国陆军之所以甲于泰西者","其

---

① 《清史稿》,志一百十五,兵十一,第4166页。
② 《全集》,卷五十九,奏议五十九,《特参管带练船参将折》。
③ 《全集》,卷十一,奏议十一。

要尤在将领营哨各官无一不由学堂出身"①。他还说："练兵必兼练将，而练将又全赖学堂。……武备事宜尤以设立学堂，教育将才为首务。"②从创建新式军队的开初，就将通过正规学堂教育培训军官置于十分重要的地位，因而他编练新军与开办军事学堂总是同步进行。在广东筹议大治水师，同时开设广东水陆师学堂。在江苏创建"江南自强军"，同时开设江宁陆军学堂。在湖北编练新军，先后开办武备学堂、武普通中学堂、陆军小学堂、将弁学堂等不同程度、各有侧重的系列军事教育单位。他设想经过若干年后，达到"非学堂出身者不得充统领营哨各官"③的目标。为此，他极力扩大陆军小学堂的规模，"每年收足一千人，三年收满三千，一律按日到堂受业。三年之后，若好学者众，则分刚柔日轮班上学，可以收足六千"④，拟创"六千君子共学堂"壮举。这一设想虽未实现，但其思路却是正确的。

为尽快培养熟谙近代军事知识技能的指挥人才，张之洞还积极派遣军事学堂学生出国留学。在晚清留日士官生中，张之洞派出的湖北留学生占有很大比例。如第一期留日士官生共三十九人，湖北占十一人；第二期二十五人，湖北更占了十七人。吴禄贞、蓝天蔚等著名军官，都是张之洞从湖北派往日本留学军事的。

张之洞认为，"今日朝野皆知练兵为第一大事，然不教之于学堂，技艺不能精也；不学之于外洋，艺虽精，习不化也"⑤。在他创办的各类军事学堂中，均仿效东西洋各国军校体制，开设一系列适应近代战争要求的新科目。如江宁陆军学堂聘请德国军官五人任教习，讲授兵法、行阵、地利、测量、绘画、算术、营垒、桥路等课程。湖北武备学堂开设军械学、算学、各国战史等科目。学生除在讲堂研习之外，还要参加严格的实际操练。在开办陆军小学堂时，张之洞认为部章规定开设的军事课目太少，程度太浅，他上奏论辩："开办学堂，总以学科完备为第一要义。若学科不完备，虽一切布置均守部章，亦于军政无益。"⑥在湖北陆军小学堂中增设筑城、军制、兵器、战术、卫生学、炮操、

---

① 朱寿朋：《光绪朝东华录》（四），中华书局1958年版，第3753页。
② 《全集》，卷一百，公牍十五。
③ 《全集》，卷五十四，奏议五十四。
④⑥ 《全集》，卷七十，奏议七十。
⑤ 《劝学篇·外篇·兵学第十》。

马操等课程,附设测绘班、军医班、海军班。门类齐全的综合性军校,由此初现规模。

在注重培训合乎近代战争要求的新式军官的同时,还十分强调提高士兵的素质。张氏说:"以今日战事日精,战具日巧,即一哨弁之微,亦断非粗材下品所能胜任。"[1] 为了保证兵员质量,在《拟编湖北常备军制折》中提出:募兵之法,略仿日本征兵制,寓征于募,选士农工商之家安分子弟,或素有恒产,或向有职业手艺,自足资生,并非待勇粮为生计者入伍,凡刁滑流痞之徒,一概拒收。为了适应严格军事训练的要求,又规定新兵年龄限制在十八至二十四岁之间,并且必须经过西医严格体验,合格者方予录取。尤其体现其卓越识见的是,要求多吸收"实能识字写字,并能略通文理之人"[2] 入伍,以利其掌握近代军事技术,提高部队战斗力。手订湖北练兵要义,其第一条即为"入营之兵必须有一半识字"[3]。湖北新军成为当时文化素质最高的部队。如该军光绪三十一年(1905年)在湖北黄陂募兵九十六人,其中竟有廪生十二人,秀才二十四人。

张之洞推行"学兵制",选派士兵入陆军特别小学堂学习,"昼则来堂,讲求学科,夜则归营","于练兵之中寓普及教育之意"。对这种成年士兵入"小学堂"深造的创举,当时人们戏称为"学堂特别小,学生特别老"。另外,又选调武备学堂优等学生教习各营,兼充哨官。"军营向例,哨官带兵而无教练之责,教习教练而无统带之权,至是合而为一"[4]。

为了吸引有志青年入伍,重视改善官兵的物质待遇,提高社会地位。他提出"恤兵之善有四":一、饷厚;二、将不发饷,别有官主之,以防克扣;三、兵不自爨,官为供备;四、阵亡者恤其家终身[5]。江南自强军士兵饷银每月给官铸银圆五元,合库平银三两六钱,官弁递加,且饭食衣履费用在外。湖北新军士兵饷银又提高至每月六元,这在当时确属十分优厚的待遇。为了增强士兵的荣誉感,破除"好铁不打钉,好男不当兵"的陈旧观念,张之洞

---

[1] 朱寿朋:《光绪朝东华录》(四),中华书局1958年版,第4114页。
[2] 《全集》,卷六十二,奏议六十二。
[3] 《全集》,卷五十七,奏议五十七,《筹办练兵事宜酌议营制饷奉折》。
[4] 许编《年谱》,卷七。
[5] 《劝学篇·外篇·兵学第十》。

力主仿效西洋各国，崇尚武功，使"临战之饥寒有备，战殁之家属有养，兵之死亡，君亲吊之，兵之创伤，后亲疗之，故将之尊贵，过于文臣，兵之自爱，过于齐民，强国之由，其在此矣"[①]。他拟定的湖北常备军制规定，入伍之兵三年期满退伍，届时考校其成绩，分头二三等，由督抚亲临该营，颁发奖励，"飨以羊酒，以花红鼓吹送出营门。返归故里，本乡绅董以鼓吹爆竹迎接"，"概免杂项差徭，非犯有实在案情，地方官不得无故差拘折辱，待以武生之礼"[②]。尽管这些规定未能全部落实，但其对于军队建设的积极意义，仍值得后人借鉴。

张之洞"战人较战具为尤急"的认识，符合中国当时的实际情况和近代战争规律。他采取的种种提高官兵素质的措施，也都收到明显功效。无论从身体素质、文化素质和军事素质方面衡量，湖北新军都堪称全国一流。湖北新军的这些优势不仅使他们在历次秋操会练中名列前茅，享誉全国，而且也令不少官兵具备接受新的社会政治思潮的知识基础。这一点，正是湖北新军大不同于"北洋六镇"的特异之处。

湖北新军与北洋六镇，同为清季较早编练而成的近代精锐之师。但北洋军是清廷的中央军，主持者袁世凯又力图将其铸成自己掌控的私家武装，这便决定了它在之后的辛亥革命中，成为镇压革命的主力。而作为地方部队的湖北新军，所受清廷控制较为松弛，张之洞虽也注意防范革命势力在军队中蔓延，但为了避免朝廷指责、干预，他对于新军中革命党人的活动，一般均采取息事宁人的态度，往往是除名了之，不予深究，这就为革命党人在湖北新军中站稳脚跟并发展力量，提供了相对有利的条件。

张之洞视军事为"身心性命之学"，目的是通过编练新军，"执干戈以卫社稷"，用近代军事力量来维护君主专制制度和清王朝，使之在内忧外患交迫之中不致急速崩塌。但是，如同张之洞兴实业、办教育等"洋务"事业的客观后果一样，湖北新军也最终走向了他主观愿望的反面，新军士兵打响了辛亥革命的第一枪，为结束两千年专制帝制立下头功。而且，由湖北新军派赴各省"代练新军"的人员，许多都成为该省响应武昌首义的重要人物，如新疆的杨

[①] 《劝学篇·外篇·兵学第十》。
[②] 《全集》，卷六十二，奏议六十二，《拟编湖北常备军制折》。

缵绪（1873—1956）、东北的蓝天蔚、贵州的赵德全（1881—1912）、陕西的李载煦、广西的吴元泽、云南的梅治逸等。张之洞组训湖北新军，意在培植清王朝及纲常名教的捍卫者，结果反倒成为清廷掘墓人，这恰如时人所论之"种豆得瓜"，而这正是历史辩证法所使然。

五、战略眼光·新式兵学

张之洞身为文官，并未亲历战阵，不能以军事家视之。但清季严峻的国防危机促使这位以天下国家为己任的士大夫十分关切军事形势，时常潜心研究古今战史、战将，详考当下战事，提出颇有深度的军事见解，这可谓文官的兵学思想。早在京官清流时期，他就对西北陆防、东南海防发表过有远见的意见。如1880年初中俄关系紧张之际，张之洞连上奏折，主张"急修武备"，于新疆、吉林、天津三路设防，必要时与俄一战。又提出联日抗俄之策，"联唇齿之欢，孤俄人之党"①张早年讲论兵事，已显出战略眼光，然存书生策论的空谈性。

1882—1883年，法国加紧侵略越南北方，占领河内，作为属国的越南政府请求清朝援助，清军入越，大战一触即发。此时尚在山西巡抚任上的张之洞屡上长篇奏折，对于御法战事提出"守四境不如守四夷"的战略构想，主张出兵越南，支援越军及黑旗军，拒敌于国门之外，以夺取战争主动权。

光绪十年（1884年）春夏，法舰队攻陷马尾，围困台湾，主战场由陆路转到海路，台湾海峡成为战争焦点。张之洞一面竭力援济守台刘铭传部，一面奏请朝廷"缓台唯有急越"，"牵敌以战越为上策"。在海军实力敌强我弱的情况下，与法军在海上周旋，并无成效，只有采用"围魏救赵"之略，方可扭转战局。"今日敌情事势，我不能遽逐法虏以去鸡笼，法亦不能尽破我军而踞台地。惟有力争越南，攻所必救，庶不致率其丑类肆毒孤台，越圻渐恢，台围自解"②。这是颇有实战意义的建策。

张之洞提出，在陆路，我军应分东、西两路，夹击法军。西路由唐景崧率景军入越，会同刘永福黑旗军及滇军岑毓英所部，于光绪十年（1884年）末

---

① 见《熟权俄约利害折》《评筹边计折》《日本商务可允球案宜缓折》等，《全集》，卷二，奏议二。

② 《分遣广军规越折》，《全集》，卷十，奏议十。

攻击据守宣光法军，收复宣光、兴化、山西的大部地区，后又取得临洮大捷，击溃西线法军。

在东路，张之洞起用老将冯子材及淮军将领王孝祺"出偏师助桂军，腾出兵力攻西路"，入越作战。

冯子材，广东钦州（今属广西）人，字南干，号萃亭。行伍出身，先后任广西、贵州提督。他曾奏劾广西布政使徐延旭，为徐所忌恨，后徐升任广西巡抚，泄私报复，冯子材郁愤称疾还乡。冯子材是有名的战将，张之洞的前任张树声曾请他督办广东高、雷、钦、廉四府团练。张之洞接任后，亦遣员传书并送饷银五万两，请冯出山。又于光绪十年（1884年）六月二十一日致函冯子材：

> 钦州民团，自得宏才指麾，谅已日形精整。鄙意拟请阁下速将团练密加部勒，营哨官分别派定，一遇事机紧迫，即将精健练勇酌带二三营，配给军火，取径疾趋袭彼广安、海防，广张声势，多设疑兵，以为牵制之计。①

冯子材素钦张之洞，说："南皮系巍科名统，乃能识我！越事已急，我允之矣。"②

冯子材此时已近古稀之年。前曾有人建议李鸿章起用冯赴越作战，李鸿章以其年老力衰未允。张之洞却认为，"冯虽老，闻未衰；旧部多，成军易；由钦往，到越速；在越久，水土习，用土人，补遣便，将才难得，节取用之"③。

光绪十一年（1885年）初，东路法军集中万余重兵，大举进攻驻守谅山的广西巡抚潘鼎新（？—1888）所属桂军苏元春（1845—1908）部。潘鼎新畏敌如虎，望风披靡，不战而溃。张之洞急令冯子材率军驰援，但不等冯军赶到，桂军已弃阵而逃。二月十三日，法军攻占谅山，兵锋直逼镇南关，形势危急，全线震动。潘鼎新自知罪责深重，竟诿罪于冯子材，谎称冯军"飞催不

---

①③ 中国史学会编：《中法战争》，第四册，新知识出版社1955年版，第521、458页。
② 芝翁：《古春风楼琐记》，台湾《新生报》。

至",致使苏元春部孤军奋战,才酿成谅山大败。张之洞一时不察,十分恼怒,电斥冯子材,"何以上对朝廷,且亦何以对桂军"①。冯子材复电辩诬。经过查证,张之洞方知潘鼎新的伎俩,他立即与彭玉麟合奏朝廷,"并非冯王不听调度,实由潘抚调度乖方,且陈其欺饰状"②。同时又电慰冯子材,劝其"以大局为重,万勿愤郁,将来破敌,终赖麾下。"

法军兵临镇南关下。此时潘鼎新龟缩于龙州城内,不敢动弹。张之洞令冯子材任广西关外军务帮办,接替镇南关前线指挥权,许其相机行事,以免电函往返,贻误战机。三月,法舰侵扰广东北海(今属广西)。张之洞一度意欲抽调冯军十营回防,但冯子材建议:"首先飞文出示钦廉,声言不日材亲率数十营即到,……虚张声势,以定人心。材仍稳扎长墙,整备以待。"③张之洞接受建议,放弃了原计划。

冯子材受命于危难之间,令士卒于关前隘跨东西两岭筑长墙,掘深堑,布置炮位,严阵以待。又亲率主力驻守关前,调苏元春、陈嘉两部防守侧后两翼,王孝祺部屯军于后,成掎角之势。

光绪十一年(1885年)二月初七日,法军两千余人分三路直扑关前。两军激战终日,东西岭阵地几度易手。八日,法军凶焰更炽。最危急关头,冯子材谓诸将曰:"法再入关,有何面目见粤民,何以生为!"他"以帕裹首,赤足草履,持矛大呼跃出"④,率其二子相荣、相华,冒死冲入敌阵,展开肉搏。诸军见状,士气大振,奋勇进击,击毙法军将领数十,歼敌千余,追出关外二十里。随后冯部乘胜进军,十二日败敌于巴坪,十三日攻克谅山。

镇南关—谅山大捷,不仅扭转了中法战争的局势,而且一洗鸦片战争以后中国军队抵抗西方列强入侵屡战屡败的耻辱,大长中华民族志气。张之洞称"自中国与西洋交涉,数百年以来,未有如此大胜者"⑤。确不为过。

人们历来对老将冯子材此役之勇赞不绝口,但对于张之洞"纡筹决策"之功,从起用良将、筹措军需直到作战方略的制订,却每每忽视。唐景崧曾这样

---

① 《全集》,卷一百二十二,电牍一,《致龙州冯军门》。
② 徐一士:《一士谈荟》,书目文献出版社1983年版,第350页。
③ 《全集》,卷一百二十三。
④ 许编《年谱》,卷三。
⑤ 《全集》,卷二百二十八,《抱冰堂弟子记》。

评论镇南关一役：

> 是役也，朝廷威灵，将帅勋略，均应表暴，为千秋论世者之徵。……非南皮尚书豫筹冯、王协桂之师，则桂军势不能骤振。然则南皮实为功首也。①

诚哉斯言！

张之洞虽未将兵冲锋陷阵，却将将得法，运筹帷幄，决胜千里之外，其军事谋略在中法战争间得一践行，实绩卓然。

1898年所撰《劝学篇》，其外篇有《兵学第十》一节，阐发张氏的军事思想。他并不认为军事仅是武人的专利，而主张寓武于文，认定"兵必须学"，从《论语》和诸葛亮的教言引出"兵有法有教"。张氏兵学，吸纳西国致近代军事思想，又与中国古来兵家"分权谋、形势、阴阳、技巧四类"颇有相通之处，"西人兵学，惟阴阳不用，余皆兼之。""枪炮、雷电、铁路、炮台、濠垒、桥道、技巧也；地图、测算，形势也。至攻守谋守谋略，中西所同"。张氏指出西洋兵学不同于中国传统兵学的所在在于："因其械精艺多，条理繁细，故权谋一端亦较中法为密。"超出传统军队仅有步兵、马队、近代军种繁多，"陆军之别有五，曰步队、马队、炮队、工队、辎重队。"他尤重军事教育，官佐须从军事学堂出来，"教武备学生之法有三：曰学堂，曰操场，曰野操。学堂讲军械理法、地理、测绘、战守机宜、古来战事；操场习体操、队伍、火器；野操习分合攻守、侦探。"

张之洞兵学思想的核心是练精兵以"自强"，"执干戈以卫社稷"。北洋六镇的军歌采德国军歌曲，徐世昌填词；张之洞则亲为湖北新军作军歌歌词，其序曰："我国文弱外人多耻笑，若不自强瓜分岂能逃？请言印度国土并列小，为奴为马不得脱笼牢。请言日本区区三海岛，威我强国敬且褒。不羡日本善用船与炮，只羡全国人心如漆胶。"把自强、爱国、团结御侮视作练兵第一要务。湖北军歌歌词曰：

---

① 唐景崧：《请缨日记》，见中国史学会编《中法战争》，第二册，新知识出版社1955年版，第192页。

欲保国家须要精兵保，欲保种族须联我同胞。
保国保种必须先保教，圣门学生佩剑兼用矛。①

张氏兵学，是其"中体西用"论的演绎，学习西洋军制、军技，用以卫国保教，此义明矣！

---

① 《军歌》，《张之洞全集》第 6 册，河北人民出版社 1998 年版，第 4267 页。

第五章 维护主权之旨，羁縻牵制之术

——外交主张

"中国一线生机，只在各国牵制一语，岂可自行划断。"

——《张文襄公全集》卷八二

（列强）"熊虎豺狼，名异实同，无不噬人者"，（与之周旋，唯有）"两害相权取其轻"。

——《张文襄公全集》卷一五五

鸦片战争以降，西方列强用坚船利炮撬开中国紧闭的大门，清政府的外交活动在十分被动的情势之下展开。张之洞在其政坛生涯中，虽未曾以外交为专务，但在疆吏职守内每每涉及外事，与列国商人、军人、技术人员多有交往，并接待政要（如德国亨利王子，俄国皇太子，日本侯爵伊藤博文、公爵近卫笃麿等），于外交成算在胸，对朝廷谋外屡屡建策，在外侮频仍、御外乏术的晚清堪称难能。

一、内政自有主权，外交须有成案

张氏的外交思想，有一个发展过程，其一以贯之的出发点是抵御列强干涉，维护国家主权。早在"清流"时期，即高张维护主权旗帜。光绪五年（1879年），崇厚与俄国代理外交大臣签订《里瓦几亚条约》，中国仅收回伊犁一座孤城，却要割让大片土地，赔款五百万卢布。张氏上《熟权俄约利害折》《评筹边计折》，力陈"俄约有十不可许"，虽"必改此议不能无事"，但"不改此议不可为国"，力倡维护领土主权完整。出任封疆后，更真切地认识到维护国家主权的重要和艰难，形成较完整的外交思想。他认为：

中国与各国交谊，本无歧视，然办理内政自有主权，办理外交须有成案，外人断不能凭空强为干预。……中国毫无主权，任人干涉，其将何以为国！①

张之洞未对列强侵华的经济、政治动因作深入分析，他认识到这种侵略损害中华民族利权的严重性——西方列强有如"熊虎豺狼，名异实同，无不噬人者"②。在列强政治中，"权力相等，则有公法，强弱不侔，法于何有？"③故不可寄望于国际公法。唯有增加国力，"实有战具，而后可以为讲之地也"④。张继煦概括张之洞所主持的对外交涉的特点是，"光明磊落，推诚布公，可者与之，不可者拒之，毋逆诈以资口实，毋通融以贻后患。""与外人周旋，遇无理之要求，国体所关，及人民利益之宜保障者，开始即严加拒绝，虽百端恫喝，不为所撼"⑤。揆诸史实，确为的论。

对于李鸿章主持朝廷妥协外交，割让国家政治、经济、军事主权以苟安一时，张之洞一再表示强烈不满。光绪二十四年（1898年），张氏在比较各国外交时论道："今日五洲各国之交际，小国与大国交不同，西国与中国交又不同。即如进口税，主人为政，中国不然也。寓商受本国约束，中国不然也。各国通商，只及海口，不入内河，中国不然也。华洋商民相杀，一重一轻，交涉之案，西人会审，各国所无也。"⑥他认为"政府一定宗旨"当是"所有自有权利，无论系何地，皆不愿专让他人。无论何国，无论在何处，亦不应占我各项权利"⑦。为此，张李之间多生扦格，以致军机处不得不出面调解，称李鸿章"身处其难，原多委曲，然时有不受商量之失"，责备张之洞"虑事固深，而发言太易，亦未免责人无已"⑧。李鸿章主持贫弱虚空之老大帝国的外交事务，"身处其难，原多委曲"，固非空言；张之洞不在其位，而谋其政，"发言太易"，亦属实情。李鸿章因此而有意引张入枢府，让他分尝当事人之苦头，

---

① 《全集》，卷二百二十一，书札八，与梁崧生。
② 《全集》，卷一百五十五，电牍三十四，致上海盛京堂。
③⑥ 《劝学篇·外篇·非弭兵第十四》。
④ 《全集》，卷二，奏议二，详筹边计折。
⑤ 张继煦：《张文襄公治鄂记》，湖北通志馆民国三十六年版，第46页。
⑦ 《全集》，卷一百八十四，电牍六十三，致京德国钦差葛署大臣。
⑧ 《全集》，卷八十三，电奏十一，行在军机处来电。

但却为张之洞所拒。不过，张之洞于地方疆吏职守之内，维护国家主权，尽责尽力，口碑流传民间，实绩载于史册。

张之洞直接经办涉外事务，始于两广总督任内。他认定，主权问题，绝无退让余地。他在给广东臬台的电报中强调："粤省洋务，不宜迁就，凡仆所坚持者，皆万不可许。"①当时广东全省常税为总税务司英人赫德控揽，张之洞认为此万不妥，应力争收回税权。他一再陈说利害："赫德揽收全粤常税，力挤监督"，其心"狡而毒，意在全纲中国利权"，"既夺全粤之税，必笼全粤之厘……将来不尽夺各省海口长江之利权不止"②，"今以洋员全夺地方官之权，挠我内政，以后粤省虎门以外纵横数百里耳目所习，将不复知有华官法度，非特利权有损，并于事权有妨"。又进一步说明："广东为中华海疆第一道门户，粤防驰则沿海皆为兵冲，粤力尽则南洋更无可恃，此事关涉重要，臣等属与司道以下各官筹议，无不同切隐忧。"他表白此议绝非为广东一省争利，而在争国家主权，申明自己"断不至为粤省地方官与税司争权，况无损粤饷，更何必为粤省司局与税司争利，特以中外大防所系"，故不得不"痛陈管蠡，上达宸聪"③。

对于列强势力以种种形式渗入粤省各地，张氏保持高度警惕。光绪十三年（1887年），琼州道报告，有洋医治善基在那大地方设局行医。张氏立即电示："此事万不可行，洋人用意甚深谲，每藉行善事购地起屋，影射侵占，招引族类愈推愈广，遂成世业，为害无穷。"命琼州道将其驱逐，"勿任久踞滋弊"④。

第二次鸦片战争以后，华人出国佣工、经商者日众。广东为出国人数最多的省份之一。华裔侨民在欧美、东南亚及澳洲各地辛勤劳作，为繁荣当地经济、文化，贡献了自己的力量。但是，从80年代开始，美国、澳大利亚先后通过"排华法案"，形成迫害、驱逐华侨的逆浪。在这种情形下，维护国家主权，保护华侨正当权益，便成为两广总督任内的一大德政。他得悉旧金山等地华侨被杀害，商店、住房被烧毁的确实情况后，立即约请美国公使田贝来广州会谈，严正警告美方，如不立即停止迫害华侨，广东方面将以牙还牙，驱逐在

---

① 《全集》，卷一百三十一，电牍十，致京广东臬台王爵堂。
② 《全集》，卷一百三十，电牍九，致天津李中堂。
③ 《全集》，卷二十，奏议二十，税局代收新香六厂货厘宜防流弊折。
④ 《全集》，卷一百三十，电牍九，致琼州朱道方道。

粤的美国侨民。他还电请总理衙门，通过外交途径，要求美方惩处凶犯，赔偿损失，并保证不再发生类似事件。光绪十二年（1886年），专奏《会筹保护侨商事宜折》，提出政府应派员常驻华侨聚居地，与驻在国方面妥为协商，保护华侨利益，体现国家尊严。在他的推荐下，记名总兵王荣和、内阁侍读盐运使余携二人出使东南亚及澳大利亚等地，与各地当局洽商华侨事宜，所到之处，"华民欢呼爱戴，望派领事极殷"①。后来王荣和出任驻菲律宾领事，张之洞又托他赠送中华文化典籍与侨胞，以期"聪明志气之用，得以扩充而愈开；水源木本之思，益将深固而不解。"②

　　西方天主教自唐代即传入中国，长期未得广泛流传。明末清初传教士东来，天主教始于皇室及上流社会内传播，但不久亦遭康熙、雍正二帝的禁绝。鸦片战争以后，教禁渐开。《中英南京条约》规定，"耶稣、天主教原系为善之道，自后有传教来至中国，一体保护"。《中美望厦条约》也载明："除了传教士能在五口传教之外，还可以建立教堂。"从此，西方教会势力迅速渗透中国各地。由于天主教义与中国传统儒教宗旨迥异，文化冲突势所难免，加上部分传教士及教民依仗列强侵略势力欺压百姓，为非作歹，所以60年代以后，各地教案迭兴。张之洞抚晋、督粤，移节湖广，经手处理了一批教案。光绪八年（1882年），在《设立教案局片》中论及山西各地教民冲突的起因时说："缘奸民持其护符无理生衅，该教堂包揽祖庇，……教堂日横，民怨日深"，"详核新旧各案，皆悉教曲民直，又皆地方事体，无关传教之事"③。为了保护人民正当权益，惩处刁顽教徒，他专设教案局，于发生教案后，衡量事理，依据条约，分别准驳。对逞刁之教民，将其驱逐，对生事之教士，责令主教撤换。中法战争期间，法领事法兰亭称开战以后，广东全省教堂损失共值三十余万元，要求赔偿。张之洞"正言力拒"，驳其"荒谬实堪发指"，"此事万无许理，分文不能偿给"④。在处理90年代湖北武穴、宜昌、长乐、利川等地教案时，一方面视民为"匪"，严加弹压，另一方面对列强的无理要求加以抵制。英国领事称武穴教案为"谋杀故杀，放火抢劫"，张之洞驳曰："哄闹混殴非

---

① 《全集》，卷一百二十七，电牍六，致天津李中堂。
② 《全集》，卷二十三，奏议二十三，《派员周历南洋各埠筹议保护折》。
③ 《全集》，卷六，奏议六，《设立教堂局片》。
④ 《全集》，卷七十五，电奏三，致总署。

谋杀，多人共殴一人非故杀，失火延烧非放火故烧，攫取零物非抢劫"①，并拒绝"一一拿办"旁观者的无理要求。对于宜昌教案，认为"愚民集众滋闹，固属不应，而该堂之不遵告诫，启嫌误事，亦不能辞其咎"②。在《札江汉关道照会英领事饬黄州教士回汉文》中诘问道：

> 今如教士到境，民情既不愿其来，而教士又坚持而不肯去，不自责其传教之无方，而责人以保护之不力。西教之道，果如是乎？在教士有冒险之虞，在地方官有掣肘之患。教士游历，并无定在，岂能处处皆以兵力弹压，此非入内地传教也，特入内地生事耳。③

对于法国领事要求派兵保护教堂并严办襄阳各案，据理相争：中国军队驻扎何地，"有关机宜，惟当局者能知其扼要，岂外人所得搀预议论。"如果法国教士身家不保，自为该领事分内应办之事，若教民身亡，自有地方官申愬，不惟教士不应干预，即该领事亦不得越俎，应听地方官自行审办，此乃有关中国主权之事，不可含混。"该领事将教民相提并论，亦属不合。"④

张之洞处理教案，"以保主权，守条约，卫人民为主旨"，不卑不亢，不像有些疆吏一味妥协，"惧酿重大交涉"，"多杀无辜，以谢外人"⑤，体现了爱国立场与守土护民的责任心。

租界，是西方列强在半殖民地的中国肌体上滋生的赘疣。张之洞对于通商口岸租界之开辟深以为虑。他认为"上海旧日各租界，名为中国境内，实已与各国土地无异"⑥，中国主权丧失殆尽。对于各国急欲扩大租界地面，张之洞更是忧心忡忡。"今日急务则莫如限制洋人于租界外占地一事为最重"，否则，"流弊无穷，不堪设想"。他针对各国占地，先筑马路，继则设捕房、挂路灯、编门牌的"蚕食"伎俩，决定"凡租界外洋人马路已到之处，即于其地接造马路一段，迎头拦截，彼自不能轶出范围"。同时严禁华人私卖土地与洋人，如有违者，严治其罪，并将该地充公，地价追缴入官。⑦光绪二十八年（1902年），汉口法领事要求拓展租界至卢汉铁路所经之地面，张之洞拒绝道：

---

①②③④⑤ 张继煦：《张文襄公治鄂记》，湖北通志馆民国三十六年版，第47、48、46页。
⑥ 《全集》，卷八十五，电奏十三，致军机处外务部天津袁宫保。
⑦ 《全集》，卷四十二，奏议四十二，《限制租界严禁侵占折》。

"铁路所经,乃两旁之地,必须全归中国管理,断断不容旁落。距铁路六十里之界,断断不能逾。法领事终不能再有所要挟。"①

在对外交涉中,张氏每每挺身维护中国民众权益,即便挂冠而去也在所不惜。光绪二十八年(1902年),德国美最时洋行驻汉口分行欲在汉江安设趸船。张氏认为其选中之地紧靠龙王庙码头,有碍官商民船渡江,夏秋涨水之际,趸船锚链必然对往来船只安全构成严重威胁,坚持不许。德方通过外务部压张之洞就范,"耸以危词,意在必得"。张氏义正辞严予以驳斥:"德使只知保护美最时一家利益,不知华民权利亦须存留,华人性命尤须保护。""若美最时趸船果设,吾不能见湖北百姓,只有不做官耳。"②双方相持年余,以德方退让告终。张继煦总结张之洞在湖广总督任上"交涉之能事":

一案发生,必先从情理法三者研究其结果,即据以为交涉之主旨。任何术骗威胁,百变不离其宗,案求速结,大致议妥,然后报告于中央。久之外人知公之不可要挟,则径向中央抗议,以冀达其目的。然往往中央允许,而公痛陈利害,仍坚持其初议。外人知无可冀,亦徐就范围。③

在疆吏流行"软骨症"的晚清,张氏凛然正气,尤显难能可贵。

二、"远交近攻,以夷制夷"·"利用均势,羁縻牵制"④

在处理与列强关系的策略方面,张之洞经历了由"远交近攻,以夷制夷"到"利用均势,羁縻牵制"的转变过程。大致说来,从他70年代末跻身"清流",参与改订《中俄条约》,到光绪二十四年(1898年)中德《胶澳租界条约》签订,其外交思想的重心不脱林则徐、魏源"以夷制夷"之故道。义和团起事、"八国联军"侵华以后,张之洞鉴于清廷进一步衰落,"制夷"已不现实,列强争夺在华利益进一步加剧,转而倾向接受美国"开门通商,利益均沾"的主张,以利用均势,行"羁縻"之术,维护脆弱的国家独立地位。相对而言,张之洞前期外交策略思想较为积极主动,但迫于内外形势,后期转为以"平衡"策略求得局面的维持。手法迥异,但宗旨一脉相承,即利用列强矛盾,

---

①②③ 张继煦:《张文襄公治鄂记》,湖北通志馆民国三十六年版,第49、50页。
④ 本目参考了李国祁所著《张之洞的外交政策》(台湾中央研究院近代史研究所专刊)。

力挽主权。

"以夷制夷"是中原王朝自古以来应对周边诸族的惯用策略。近代以降，西方殖民主义东侵，对于中国人来说，"夷"已不是指周边少数民族，而是指西方殖民者。在近代中国，提出"以夷制夷"的外交政策以抗御西人侵略，首倡者为林则徐。19世纪30、40年代，当西方列强的经济渗透日甚一日之时，朝廷上下"封关禁海"之论甚嚣尘上。惟林则徐以开放眼光和主动精神，认为"不分良莠"一概禁绝与列强往来，并非万全之策。既要与外通商，又要防止失利丧权，"此中控驭之法，似可以夷制夷使其相间相睽"，"以彼此之离心各输忱而内向。"① 林则徐的本意在利用矛盾，掌握主动。但"以夷制夷"的前提是自己要有足够的实力，否则不惟谈不上制夷，将反而为夷所制。如果说在林则徐时代，"天朝上国"虽然内囊已空，而架子还不曾完全倒塌，因而"以夷制夷"尚有可能，那么到了19世纪70、80年代洋务派主持外交时，"以夷制夷"策略便全然落空。

张之洞早期的外交策略思想与李鸿章并无二致，也主张"以夷制夷"。他引用经传所谓"度德量力"，史册所载"远交近攻"来论证外交"须审邻国之治乱强弱，于我之远近缓急，分别应之。固无一律用武之道；亦无一概示弱之理。"② 所不同的是，李鸿章是企图联俄以制日，张之洞却力主联英、日以制俄。甲午战后，李鸿章于光绪二十二年（1896年）出访俄国，临行之前宣称"联络西洋，牵制东洋，是此行要策"。其得意之作是以租借军港、出让修路权、开矿权以换取俄、德、法"三国干涉还辽"，迫使日本退出甲午战后从中国割占的辽东半岛。

张之洞的联英、日以制俄外交构想，有其理论依据，这便是对于"陆权""海权"国家的区分。张氏认为，中、俄同为以农为生的"陆权"国家，而英、日则为以商为生的"海权"国家。陆权国家之间矛盾不可调和，而陆权国家与海权国家之间并不存在根本利害冲突。另一面，日与俄相比，日弱俄强。李鸿章认为"多让于倭，而倭不能助我以拒俄，则我既失之于倭，而又将失之于俄，何如稍让于俄，而我固得借俄以慑倭"③。而张之洞则认为，正因

---

① 《林则徐集·奏稿》，《复奏曾望颜条陈封关禁海事宜折》，中华书局1965年版。
② 《全集》，卷三，奏议三，《日本商务可允球案宜缓折》。
③ 李鸿章：《李文忠公全书》，奏稿，南京金陵刊本1908年版，卷三十九。

为日弱，又以商为生，可以通商为要挟手段，控制日本，联弱抗强。"日本甚贫，华市一绝，商贾立窘。……中国之兵力财力纵不能胜俄，何至不能御倭哉。""盖商务所争在利，方今泰西诸族麇集中华，加一贫小之日本，亦复何伤，夫中国不过分西洋诸国之余沥以沾丐东洋而藉此可以联唇齿之欢，孤俄人之党，此所谓不费之惠，因时之宜。"① 甲午战争期间，中日矛盾激化，张之洞一度也赞成李鸿章援俄抗日之策，同时又以"远交近攻"为由，主张联英以制日。他说：

英远倭近，英缓倭急，英乃强邻尚存大体，倭乃凶盗毫无天理。②

但是甲午以后不久，张之洞即回复到联英、日以制俄的外交路线上来。光绪二十三年（1897年），日本方面密遣参谋部副将神尾光臣、部员宇都宫太郎赴武昌，游说张氏，"语极殷切，意在两国联络"。张之洞在给总理衙门的报告中分析其原因："大抵倭见俄日强，德日横，法将踵起，英亦效尤，海口尽占，中国固危，倭四面皆受强邻之逼，彼亦危矣，故今日急欲联英联中，以抗俄德而图自保。"建议"彼（日本）既愿助我，落得用之。……联倭者所以联英之枢纽也。倭肯出力劝英与我联，则英不能非理要求而我可藉英之援助矣，我不与倭联，则彼将附英以窥长江矣"③。应该说这种分析还是有其道理的。

张之洞倾向联英，在相当程度上与和李提摩太的交往有关。他与李相识于晋抚任内，当时张之洞即对西方科技大感兴趣，对李提摩太本人也颇敬佩，延聘为顾问，采纳其建议，开办"新政"。光绪二十一年（1895年）春，中日之战正酣，张之洞暂署两江，驻节江宁（南京），李提摩太其时正在上海，三次赴宁谒见，建议速和日本，结英为援，力行新政。其间李提摩太提出中国授权于英，处理外交，代管工矿铁路，英国将援助中国推行改革。④ 对于这个完全变中国为英国附庸的"建议"，张之洞当然加以拒绝，但他并不反对中英成立

---

① 《全集》，卷三，奏议三，《日本商务可允球案宜缓折》。
② 《全集》，卷七十七。
③ 《全集》，卷七十九，电奏七，致总署。
④ 参见王树槐：《外人与戊戌变法》，台北，1965年版，第49页。

期限不超过十年的互惠同盟。

张之洞倾向联日,则更多地与他的儒教文化观相关。他在致神尾光臣的电报中称:"贵国与敝国同种同教同文,同处亚洲,必宜交谊,远过它国,方能联为一气。"① 在赠长冈护美的诗中写道:"尔雅东方号太平,同文宏愿盖环瀛。""止有合纵纾急劫,故知通道胜要盟。"② 同文同种当然不能保证国家之间的稳固政治结盟,但从外交策略方面考虑,它却毕竟是可资利用的因素。张之洞联日设想的立意在此。

光绪二十三年(1897年)十二月十日,张之洞正式奏请与英日联交,建议通过总税务司赫德探询英方态度,早日促成其事。同时,他又准备派郑孝胥等率领游学生赴日,学习工商、军事、法律、教育。他还致电总署,暂缓付日战争赔款,使日军继续驻扎威海,以牵制俄、德等国在华北的行动。又倡借英之力,重建海军。"水师惟英最精,英若借巨款造战舰雷艇数十艘,船向英造,将向英借,亦派将弁学生数百人赴英学习,船造成,我将弁亦练成矣。募英将如郎威理者统之,管代用中国人,船上执事参用英人,即与英船在东方者合队操练。"列强"见我大举经营海军,气象顿为一振,自可息其狡谋"③。

总理衙门复电,拒绝采纳张之洞的建议:"俄焰日炽,各国畏忌,日英尤切。其欲联我无非藉我为屏蔽,无资于我也。既与联,则必有密约。日英政出议院,断难久秘。一经传播,中俄之交绝,德法乘之,其祸不可思议。""英日求联,皆游士兵官之言,该使从不稍露端倪,联之一事甚不易言。各国风俗通,政教同,相联甚便,中外事事隔阂,难为密谋。只可遣使各国,商保东方太平之局,则不联之联,不致激成东方战局。"④

总署的这一纸电文,实际上是对长期以来清廷"以夷制夷"外交策略(既包括李鸿章主张的联俄抗日,又包括张之洞主张的联英、日抗俄)的否定性总结。它表明清政府终于醒悟到,脱胎于中国传统观念的"以夷制夷",已经不能适应近代世界的强权政治秩序,尤其是在积贫积弱的中国面对列强的步步紧逼而被迫采取防守态势的外交格局之下,它更难发挥在中华历史上曾经产生过

---

① 《全集》,卷一百五十四,电牍三十三,致日本参谋大佐神尾君光臣。
② 《全集》,卷二百二十七,诗集四。
③ 《全集》,卷七十九,致总署。
④ 《全集》,卷七十九,总署来电。

的功效。总署电文所称"只可遣使各国,商保东方太平之局,则不联之联,不致激成东方战局",明确显露出清季外交转向"利用均势,羁縻牵制"轨道的征兆。张之洞顺应于这一转变,在义和团运动兴起,八国联军侵华期间主谋策划"东南互保",正是这种"利用均势,羁縻牵制"外交策略的典型体现。

张之洞外交思想的这一重大转变,正是他的文化观从传统型向传统—近代型过渡的征象之一。"以夷制夷",明显带有"天朝上国"乃"万邦宗主"的独尊意味,是中华文化领先于周边诸族时代的产物。万里之外的"红毛蕃种"打上门来,不知究底、囿于传统的中国士大夫开始很自然地祭出"以夷制夷"的现成法宝,这便是林则徐等人的心态。屡经交手,才知对手远非南蛮北狄、东夷西戎可比,这才有所醒悟,知当今世界迥非往昔,中国已经失去"天下之中"的地位,于是士大夫们又将时局比之于春秋战国。张之洞的"度德量力""守在四夷""远交近攻""合纵连横"之类外交构想,均出自于中华传统的理论仓库。但是,19世纪中叶以后的中外关系,与春秋战国时代的列国关系,绝无共同本质可言。春秋战国,是同一文化圈内,基于同一文明发展水准上的政治结构重组,而19世纪的中外关系,却是不同的文化体系,在不同的文明发展阶段上的政治—经济—文化的全面碰撞、交融。一方面是资本主义的"各国风俗通,政教同,相联甚便",另一方面则是传统的中国与近代的西方"事事隔阂"。"以夷制夷"之不能奏效,并非李鸿章、张之洞个人的失误,而是时势所使然。

甲午战争以后,中国的半殖民地化加深,列强在华争夺与勾结,也进入一个新的阶段。三国干涉还辽,德国要求在中国得到一处海军基地作为报偿,被清政府拒绝。光绪二十三年(1897年),德国以两名德籍传教士在山东钜野被杀为借口,强占胶州湾,迫使清政府签订《胶澳租界条约》。"租借"胶州湾90年,并取得在山东修筑铁路、承办各项工程的特权。俄国随即以"保护"中国不受德国侵犯为由,迫使清政府"租借"旅顺和大连。英国也"租借"威海卫和香港新界,并取得清政府不得将长江流域让与他国的承诺。法国则"租借"广州湾,并在两广和云南建立自己的势力范围。中国已面临被瓜分的危局。另一方面,列强在争夺在华利益的同时,又加强相互间的勾结。英俄、英德、英日、俄德等国之间,纷纷寻求谅解,避免争夺可能给双方带来的危害,以期共同掠夺中国。光绪二十四年(1898年),英国向俄国提出:"我们彼此的目的并没有任何严重的矛盾;另一方面,我们都能够做出许多有害对方的事,如果我们想这么做的话。最好是我们达成一项谅解。如果我们能够认为俄国愿意同我们合作,那么,我们愿为促进俄国对(中国)北部商业目的而作很大让步。"① 英俄联手瓜分中国渐成态势。

中国加速沦为半殖民地的惨痛事实,以及列强在华相互关系的新格局,迫使清廷枢吏在外交政策方面重新抉择。基于传统观念和自主地位的"以夷制夷"已经失去效用,而近代西方政治的理论产物"均势"论开始受到他们的注意。李鸿章、张之洞都是如此。"均势"论的基本思想是:和平的维持在于阻止任何国家或者国家集团拥有足够的力量去控制与其他国家的关系。光绪四年(1878年)马建忠在从巴黎写给总理衙门的一封信中,第一次使用了"均势"一词。利用"均势"以保弱国生存的思想,遂为中国士大夫所了解。李鸿章在致朝鲜相国李裕元的信中就说:"去岁(1878年)土耳其为俄所伐,势几岌岌,迨英奥诸国出面争论,俄始敛兵而退。向使土国孤立无援,俄人已独享其利矣。又欧洲之比利时丹麦皆极小之国,自与各国立约,遂无敢妄肆侵凌者。此皆强弱相维之明证也。"②

不过在甲午战争以前,清廷尚放不下虚套的"天朝上国"架子,李鸿章等认为,朝鲜、安南等藩属小国才用得上"均势"论以求生存,而清政府自身还可以"以夷制夷"来维系国势。甲午以后,特别是德国占领胶州湾以后,清廷国势骤衰,"瓜分豆剖,渐露机芽",李鸿章、张之洞等人摒弃"以夷制夷"构想,转而采取"利用均势,羁縻牵制"的应付策略,以求在列强势力的夹缝之中,保持清王朝脆弱的、表面的"主权"地位。

光绪二十六年(1900年),义和团在北方蔓延。六月,清政府对列强宣战。八月,八国联军攻陷北京,慈禧太后挟光绪帝逃往西安。正当此中国局势剧烈动荡之时,张之洞在南方与刘坤一等策划"东南互保"。张之洞的设想是,北事已决裂至此,东南各省若再遭蹂躏,全局瓦解不可收拾。惟有稳住东南,或可保全局。他说:"长江商务英国为重,各国忌嫉已久,惧英而不敢先发。英亦虑各国干预而不敢强占,以启各国戒心。在我正可就

---

① [英]菲利浦·约瑟夫:《列强对华外交》,中译本,商务印书馆1959年版,第231页。
② 李鸿章:《李文忠公遗集》,卷五,《三答朝鲜相国李裕元书》。

其所忌而羁縻牵制之。……此实委曲求全之策。"①一方面利用英国在长江流域的势力来防御他国插足，另一方面又利用他国的干预来阻止英国对长江流域的独吞。

"东南互保"局面的成立，与列强尤其是英、美两国的态度有关。英国担心一旦长江地区局势动乱，其他各国势必乘机要求出兵，这样必将危及英国在此地区的既得利益，故而赞同张之洞、刘坤一提出的"东南互保"。美国是瓜分中国宴席上的迟到者。为谋求在华权益，争取中国市场对美国商品开放，光绪二十五年（1899年）九月，美国向列强首次提出关于对华"门户开放"政策的照会，其主要内容是：（1）各国在中国"势力范围"内的投资事业或任何既得利益，他国不得干涉；（2）各国对华出口货物，均按中国现行关税率交税，税款概由中国政府征收。义和团事起，美国担心列强乘机瓜分中国，导致"门户开放"夭折，所以对于"东南互保"力表赞同，并于光绪二十六年（1900年）六月，发表第二次"门户开放"政策，声言"保持中国的领土与行政完整"，以缓解列强在华的利益争夺，在"机会均等，利益均沾"的旗号之下，使美国这个"迟到者"得以攫取更多的在华利益。

对于列强来说，"门户开放"不失为一种协调关系、避免相互冲突的可行方案，所以各国予以接受。对于张之洞而言，列强取"门户开放"政策不仅是对"东南互保"的有力支持，而且成为他"利用均势，羁縻牵制"外交策略的国际保证。

庚子年间，列强相互制约，达成微妙"均势"，也保证了"东南互保"的实施，这坚定了张之洞"利用均势，羁縻牵制"以挽利权的外交信心。

光绪二十六年（1900年）八月，沙俄出兵侵占东三省。年底，中俄两国在彼得堡谈判，俄方提出条约草案十二条，名义上"将满洲全行交还中国"，实际则不仅将东三省完全置于俄国控制之下，而且侵凌清廷对于蒙古、新疆的主权。奕劻、李鸿章等主张早日签约，避免事态扩大，但张之洞则坚决反对。他的理由是，条约一签，东北为沙俄独占，不惟列强在东北的"均势"被破坏，而且各国必将群起效尤，"英于长江，德于东，日于闽、法于滇，皆不许中国自开矿路，中国全国政治、土地、理财、行兵之权皆为人有矣"。张之洞

---

① 《全集》，卷八十，电奏八。

尤其担心的是,一旦"均势"局面被打破,"羁縻"之策无从施行,瓜分局面必不可免。他在致西安行在军机处的电报中痛陈己见:

> 且我于东北西北各省准他国人开矿造路,尚是牵制维系之策,亦不能允俄人阻断他国之请,任其垄断,待其吞噬。中国一线生机,只在各国牵制一语,岂可自行划断。①

随后又提出东三省全行开放,开门通商,引各国力量以制约沙俄独吞东北的阴谋:"开放东三省,予实利与各国,俾藉各国之公论以展限,藉各国之商利以阻俄吞辽土,藉各国之练兵以抵俄路入关。"② 简洁地说,即"留中国之兵护满洲,不如招各国之商护满洲。"表明张之洞此时已对中国以武力捍卫主权丧失信心,而认为惟有凭借"均势",力行"羁縻",方可维持局面。他甚至提出,即使各国群起效尤,迫使内地全境开放通商,中国正可藉此永存,亦未始不可。③

"东南互保"基本成功,开放东三省却因列强反应冷淡,④ 加之李鸿章等力加阻拦,未成现实。但是,张之洞外交思想的发展脉络已十分清晰:从"以夷制夷"到"羁縻牵制",前者积极主动,后者消极被动,这种变化实因中外力量对比所致,而就张之洞思想本身而言,其间贯穿的一条主旨却未曾改变,即利用列强之间的矛盾来"以夷制夷",有所谓"联弱抗强""结强制强""以强掣强",目的是维护国家主权和民族生存,这是张氏在当时所能选择的外交谋略。

三、"蝮蛇螫手,壮士断腕"

在近代资本主义强权政治格局之中,老大贫弱的中国始终处于一种被动地位。所谓"弱国无外交",面对列强的政治干涉、经济盘剥、军事欺凌,清廷

---

① 《全集》,卷八二。着重号为引者所加。
② 《全集》,卷一百七十一,电牍四十九,致江宁刘制台等。
③ 《全集》,卷一百七十一,电牍四十九,致西安樊云门。
④ 其主要原因在英、日、德、美等国当时不愿与俄正面冲突,引起战争。

外交并无多少有力手段用以自卫自立。曾国藩认为"唯有委曲求全之一法。"①
李鸿章则主张"未易与数强敌争较,只有隐忍徐图","力保和局"。②久膺外交职任的丁日昌分析:"自来中外交涉不恃理而恃力。我力强于彼,则理以有力而伸;我力弱于彼,则理以无力而讪",所以"论目前之事势,则宜以羁縻为万全;论事后之经营,则宜以自强为根本。"③张之洞则将此种外交策略形象地概括为"蝮蛇螫手,壮士断腕"④。

张之洞一向认为,西方列强"熊虎豺狼,名异实同,无不噬人者"⑤。为了避免更大的损失,惟有"两害相权取其轻",他称为"结强援岂能无厚报。果有厚报,自可立密约,何援不能结,何寇不能御。"⑥张之洞这一思想最突出的表现,在中日战争期间。

甲午战败,日本方面提出极为苛刻的议和条约。张之洞"不胜焦灼,痛愤倭寇狂悖至此",认为绝对不可接受,但又无制敌良策,只好运用"以厚报结强援,御悍寇"的办法。他致电总署:"此时欲废倭约,保京城,安中国,惟有乞援强国一策。"⑦"鄙意以为今日中国甘以重利饵他国,断不可以丝毫利益与倭人,不如许英俄以商务矿务等事或他项重利,英俄肯助我,则以兵威助倭,使之速即罢兵。协和者,谓借他国之助,于倭人不赔兵费,彼所要求之事一件亦不允许,不过彼此罢兵,两不索费而已,我国体不失,大局无碍,根本不摇,尚可徐图雪耻。若我自与讲和,则倭欲太奢,设或勉允数条,必致国体大伤,将来亦难补救,悔不追矣。"⑧他甚至提出"既肯以地与倭,何不以僻远之地赂英、俄,于全局尚无妨碍。若英、俄肯助我攻倭,我不妨割新疆数城酬俄,割西藏之后藏一带酬英"⑨。张之洞的盘算是:"若俄英有一国相助,则兵不血刃而倭约自废,京城自安。若倭敢战,则我击其陆兵,英俄截其海道,攻其国都,倭必灭矣。"⑩

---

① 曾国藩:《曾文正公全集》,卷二十九,奏稿,上海国学整理社1948年版,第48页。
② 李鸿章:《李文忠公全书》,卷十一,朋僚函稿,南京金陵刊本1908年版,第7页。
③ 丁日昌:《抚吴奏稿》,卷六,第32页。
④ 《全集》,卷一百三十九,电牍十八,致京李尚书。
⑤ 《全集》,卷一百五十五,电牍三十四,致上海盛京堂。
⑥ 《全集》,卷一百三十五,电牍二十四,致俄京许钦差。
⑦⑩ 《全集》,卷七十八,电奏六,致总署。
⑧ 《全集》,卷一百三十一,电牍二十,致伦敦龚钦差。
⑨ 《全集》,卷一百三十四,电牍二十三,致台北唐抚台。

"蝮蛇螫手，壮士断腕"，似乎不无道理，但以厚报结强援、御悍寇，却落得个竹篮打水一场空，这正暴露出因国势衰微所囿，张之洞外交思想的软弱无力。

庚子年间，八国联军攻入北京，逼迫清政府"惩办祸首"，以为撤兵条件。为缓和北方紧张局面，早日议和，张之洞"请朝廷俟全权拟奏到后，议定重办首祸，即速再通发国书，力言真心悔过，将首祸重惩，谦逊委婉，切恳各国国主速即饬令停兵开议，以复旧好"①。为了迎合列强，"究竟英使意必欲重办何人，孰最重，孰较轻"，"似可密问英使，请其指名，即使彼欲一律从严，不肯遽从轻减，其语气亦必略分等差，即据其语气之轻重，密奏朝廷，酌裁拟办何人。"②其卑微之态，令人不忍卒读。其后不久，沙俄出兵侵占东三省，威逼清廷接受允其霸占东北的十二条协定草案。张之洞惟恐激怒沙俄，主张"此时宜速为俄开转圜之路"，建议朝廷"速撰国书一道，先申感谢，切言俄主厚德极深铭感，俄国威力久知远震，无如中国力量太弱，四国劝阻，迫令应交公议，不敢强违，至撄众怒而坏全局，恳其鉴谅中国进退为难，稍从缓议"③。屈辱之感，充塞字里行间。

综观张之洞的外交思想，既有爱国、护民、捍卫主权的一面，又有软弱、妥协的一面。一般说来，在涉及面较小的具体教案处理上，他较多地体现出前者，而在关系到清政府与列强间的重大交涉中，迫于国力衰败，不得不忍辱退让，以求大局不致立时溃败。其内心的矛盾痛苦，可以想见。这种悲剧的产生，很难单单归结于张之洞个人的性格、气节问题，在更大的程度上，它是近代中国外交的屈辱与抗争二重奏在张之洞思想中的反映。

---

①③ 《全集》，卷八十二，电奏十，致西安行在军机处。
② 《全集》，卷一百七十，电牍四十九，致江宁刘制台等。

第六章 "学术造人才，人才维国势"

——教育思想

> 自强生于力，力生于智，智生于学。……是故智以救亡，学以益智。……求智之法如何？一曰去妄，二曰去苟。
>
> ——张之洞：《劝学篇·外篇·益智》

张之洞一生，与教育结下不解之缘。早年攻经读史，熟谙科场门径，荣登探花。入仕以后，以七年之期，出任浙江、湖北、四川三省考官、学政。之后入党清流，继以身膺疆吏，抚晋、督粤，兴学育才。移督湖广、暂署两江期间，改制书院创设各级各类新式学堂，开近代教育先河。1903年重修学堂章程，"博考外国各种学堂课程门目，参酌变通，择其宜者用之"[①]，制订第一个比较系统完备的"癸卯学制"，奠定中国近代教育的基础。晚年与袁世凯会奏立停科举，推广学校。古稀之龄，入阁拜相管理学部事务。张之洞不仅于职守范围内以"修明文教为先图"[②]，而且公务之外，亦以兴学育才为乐事。他捐资在家乡南皮兴修学堂；寄赠中小学图书仪器数十种给其父早年服官的贵州兴义府，以为助学之资。入廷枢以后，仍关怀手创之广雅书院，按季调阅诸生卷牍，他在一封信函中称，"鄙人于每年四季亦得时修旧学商量之业，案牍如山，抽空披览，相隔数千里，恍若对面讨论，诚可乐耳"[③]。清廷管学大臣张百熙在奏请添派张之洞会商学务的奏折中，称赞张之洞为"当今第一通晓学务

---

① 《清史稿》，卷一百七，选举二，学校二，第3132页。
② 赵尔巽奏折，见《全集》，卷首上。
③ 《全集》，卷二百二十一，书札八，致广雅书院分校马季立等。

之人"①；张之洞辞世后，四川总督赵尔巽奏请为之设祠，奏折赞誉张氏业绩，特别提到教育："其生平精神所寄，尤在振兴教育，储养人才，以备国家缓急之需，而救当世空疏之习。"②皆非溢美之词。

张之洞兴革教育的实绩，本书上篇已作介绍，这里着重讨论他的兴学思想，涉及教育目的论、教育制度论、教学论、师资论以及游学论。

一、教育目的论：德智体"体用兼赅，先后有序"

张之洞《劝学篇》称，"学术造人才，人才维国势"③，其兴学育才数十年，目的如一——培养"卫道""开新"的"经世致用"之才。

值得重视的是，张之洞参酌日本教育之"总义"——以德育、智育、体育为"三大端"。光绪二十八年（1902年）十月，他在《筹定学堂规模次第兴办折》中论道：

> 考日本教育，总义以德育、智育、体育为三大端，洵可谓体用兼赅，先后有序。礼失求野，诚足为我前事之师。虽中国地广人多，时艰帑绌，改弦更张之始，凡诸学制固不能遽求美备，而宗旨不可稍涉模棱，规模不可过从简略。④

未将德育、智育、体育三方面等量齐观、并行论列，强调"体用兼赅，先后有序"，以德育为体，以智育、体育为用；以德育领先，以智育、体育随后，这是"旧学为体，新学为用"体用观的表现，因袭了德化主义传统，其新贡献在于，明确提出德育、智育、体育全面发展的必要性、重要性，具有近代教育思想意蕴。

光绪三十年（1904年），张之洞撰写《学堂歌》，阐发体育—德育—智育的要旨，刊印一万五千份，颁发至各学堂。其歌词曰：

---

① 许编《年谱》，卷八。
② 赵尔巽奏折，见《全集》，卷首上。
③ 《劝学篇·内篇·同心第一》。
④ 《全集》，卷五十七，奏议五十七。

天地泰，日月光，听我唱歌赞学堂。圣天子，图自强，除去兴学别无方。教体育，第一桩，卫生先使民强壮。教德育，先蒙养，人人爱国民善良。孝父母，尊君上，更须公德联四方。教智育，开愚氓，普通知识破天荒。物理透，技艺长，方知谋生并保邦。①

关于德育，将忠君爱国列为首要。光绪元年（1875年），在四川学政任内撰《輶轩语》说："教士之道，其宏纲要领，世祖皇章卧碑八条，圣祖皇帝圣谕十六条尽之，凡属士林，恭敬遵守。"二十余年之后，他已转化为洋务大吏，其忠君爱国的德育主张不曾改易。光绪二十四年（1898年），《劝学篇》申明："当此时世艰虞，凡我报礼之士，戴德之民，固当各抒忠爱，人人与国为体，凡一切邪说暴行足以启犯上作乱之渐者，拒之勿听，避之若浼，恶之如鹰鹯之逐鸟雀。"②他的德育思想，"惟以激发忠爱，讲求富强，尊朝廷，卫社稷为第一义。"③光绪二十九年（1903年），主持制订《学务纲要》规定"以忠孝为敷教之本，以礼法为训俗之方。"

以上主张在今天看来，多为过时之论，不过其德育思想在一般道德品行的培养方面，也蕴含有价值的内容。如《輶轩语·语行》论列的德行谨厚（心术慈良不险刻，言行诚实不巧诈，举动安静不轻浮）、人品高峻（教书院义学不素餐，求功名不贪缘，试场不作弊）、立志远大（不以一衿而自足，不以能文而自满，立志希古，不随流俗）、砥砺气节（当言则言，当行则行，持正不阿，方可无愧为士）等等，在今天仍可参酌。

张之洞反对将学生培养成"高而不切""不知时务"的"陋儒"，引导学生关心天下忧乐，树立利国利民的襟怀抱负，以此作为德育的重要任务。他认为"扶持世教，利国利民，正是士人分所应为。""国家养士，岂仅望其能作文字乎？通晓经术，明于大义，博考史传，周悉利病，此为根底。尤宜讨论本朝掌故，明悉当时事务，方为切实经济。"④讲求"切实经济"，明于时务，正是中国教育"经世致用"传统的发挥，同时又暗合近代社会对于学校教育、人

---

① 《全集》，卷一百零六，公牍二十一，《札学务处发学歌军歌》。
② 《劝学篇·内篇·教忠第二》。
③ 《劝学篇·内篇·同心第一》。
④ 《全集》，卷二百零四，《輶轩语》，语行。

才素质的实用要求，表现出德育观的开明性。

关于智育，张之洞的变化明显，但终不离"人才维国势"的根本宗旨。

历任浙江、湖北、四川三省、学官期间，其智育观囿于传统儒学轨范。这在他的《輶轩语·语学》中有充分显现。该篇列举"为学之道"有四：一通经，二读史，三读诸子，四读古人文集。显然，此时的"智育"，全以传统学术为限。不过所论"为学之道"亦不乏精彩之处，如读书宜读可以考古、可以经世、可以治身心的"有用书"；为学忌分门户，"真汉学未尝不穷理，真宋学亦未尝不读书"，等等。

从光绪八年（1882年）外放山西巡抚起步，张之洞开始向洋务大吏转化。在兴建工厂、修筑铁路、开发商务、编练新军等一系列"求富""求强"以振国势的洋务活动中，对于社会所急需的专门人才的知识结构、素养、技能，有了新认识，着力培养"道义兼通""文武兼通""内外兼通"的干才，由此"智育"必须扩充，结构必须调整，重心必须转换。光绪二十一年（1895年），他在《创设储才学堂折》中说："古者四民并重，各有相传学业，晚近来惟士有学，若农若工若商无专门之学，遂无专门之材。"在储才学堂内分立交涉、农政、工艺、商务四大纲。交涉之学包括律例、赋税、舆图、缮书；农政之学包括种植、水利、畜牧、农器；工艺之学包括化学、汽机、矿务、工程；商务之学包括各国好尚，中国土货，钱币轻重，各国货物衰旺。[①] 其"智育"观在《劝学篇·外篇·益智》有所阐发：

> 夫政刑兵食，国势邦交，士之智也；种宜土化，农具粪料，农之智也；机器之用，物化之学，工之智也；访新地，创新货，察人国之好恶，较各国之息耗，商之智也；船械营垒，测绘工程，兵之智也。此教养富强之实政也，非所谓奇技淫巧也。

他接着批评道："华人于此数者，皆主其故常，不肯殚心力以求之。"对传统教育忽视农、工、商、兵等各门专科知识作出真切反省。对照《輶轩语》所论"为学之道"，已大有新意：突破经史旧格，主张"新旧兼学""政艺兼

[①] 《全集》，卷四十，奏议四十。

学"。所谓"新旧兼学",是说既要学习四书五经、中国史事政书等"旧学",又要学习西政、西艺、西史等"新学"。所谓"政艺兼学",是说既要学习学校、地理、度支、赋税、武备、律例、劝工、通商等"西政"之学,又要学习算、绘、矿、医、声、光、化、电等"西艺"之学①。这已然遍涉近代教育的"智育"内容。

张之洞此时的智育思想有两点应予以特别注意。其一,智育服从于"人才维国势"目的,所谓"智以救亡,学以益智"。他声称:"窃谓中国不贫于财而贫于人才","人才之贫由于见闻不广,学业不实"②。他之所以提出仿效西方广开"专门之学",主要是出于开办多种"洋务"事业的急迫需要,而并非出于有意识、有目的地建构起近代教育的"智育"理论体系。

其二,"智育"服从于挽救"贫弱废弛"的"国势",所以在"开新"的同时,又坚持"卫道"。其开办的第一所近代课堂——广东水陆师学堂中,要求学习管轮、驾驶、马步、枪炮、营造专业的学生于"每日清晨,先读四书五经数刻,以端其本。每逢洋教习歇课之日,即令讲经史,试以策论。"③这种不伦不类的课程安排,丝毫无益于学生专业知识的掌握,但它却真切地反映出张之洞智育思想的深刻的内在矛盾——旧的拖住新的,死的拖住活的。

关于体育,《学堂歌》称其,为教育"第一桩"。在拟定的《学务纲要》中规定"各学堂一体练习兵式体操以肄武事,并于各高等学堂中讲授军制、战史、战术等要义。"对此,张之洞的好友、军机大臣瞿鸿禨表示异议。张之洞致信瞿鸿禨,说明"学堂兵操万不可少。……所谓兵式体操者,乃操练步法行列并演习放枪之式,若无枪械,即操法不全。……此乃环球各国办学者第一注意之事,在中国今日学堂尤为自强要端","似不宜删除也"④,在他主持开办的各级各类学堂中,各年级均设有体操课目。出于"卫生先使民强壮"的考虑,张之洞一向对摧人体魄,毁人精神的鸦片烟毒深恶痛绝。早在抚晋期间,他就严禁在校诸生吸食鸦片,规定由"学臣随时董戒,冀以渐摩观感,徐收

---

① 《劝学篇·外篇·设学第三》。
② 《全集》,卷五十二,奏议五十二,《变通政治人才为先遵旨筹议折》。
③ 《全集》,卷二十一,奏议二十一,《创办水陆师学堂折》。
④ 《全集》,卷二百十,书札七,致瞿子玖。

移风易俗之功"①。光绪二十九年（1903年）制订《学务纲要》，又专立一条："查洋药为鸩毒之尤，各省学堂均应悬而厉禁。无论官师学生及服役之人，有犯此者，立行斥退，万不可稍从宽假。"

二、教育制度论："科举夙为外人诟病，学堂最为新政大端"

隋唐兴起的科举制度，消弭魏晋以来的世袭贵族政治，从各阶层考选人才入官，是中国文化的一大创造。然科举制程式化的应试法，有其弊端，至明清八股取士，尤显颓势，近代以降更不合时宜，要求变革科举的呼声渐起。科举幸运儿的张氏晚年成为废止科举的健将。随着"洋务"事业的展开，张氏对于已经实行一千三百余年的教育制度与官僚制度的结合——科举制度的病灶有所洞察，认为此制"文胜而实衰，法久而弊起。主司取便以藏拙，举子因陋以侥幸"，"近今数十年，文体日益佻薄，非惟不通古今，不切经济，并所谓时文之法度文笔而俱亡之"②，必须改革，而代之以新式学堂。其教育制度论因此更新。

张之洞废科举兴学堂的主张，有一个渐进过程。甲午战争以前，初有改革教育制度的零星设想。甲午惨败的刺激使他痛切感受到教育制度变革的紧迫性，在仔细研读李提摩太所著《新学八章》《整顿学校》诸文后，于光绪二十一年（1895年）上《吁请修备储才折》，主张广设学堂，采纳李提摩太意见。③不过，此时尚未正面批评科举制度。光绪二十四年（1898年），在《劝学篇》中指明科举制的诸种弊端，认为"故救时必自变法始，变法必自变科举始"，主张对科举制"宜存其大体而斟酌修改之"，其具体方案是"拟将今日三场先后之序互易之，而又层递取之，大率如府县考覆试之法。"第一场试以中国史事、本朝政治论，第二场试以时务策，第三场试以四书五经文。"大体首场先取博学，二场于博学中求通才，三场于通才中求纯正。"这样做，"寒士无文韬之苦，誊录无卷多谬误之弊，主司无竭蹶草率之虞，一举三喜，人才必多"④。

---

① 《全集》，卷四，奏议四，《禁种罂粟片》。
②④ 《劝学篇·外篇·变科举第八》。
③ 李提摩太建议速增订西学课程，科举考试凡不知西学士子，一概不取。张之洞奏折与此略同。

19、20世纪之交,张氏创办新式学堂已多有实绩,对于科举、学堂的优劣短长,详加比较:

> 科举文字每多剽窃,学堂功课务在实修;科举只凭一日之短长,学堂必尽累年之研究;科举但取词章,其品谊无从考见,学堂兼重行检,其心术尤可灼知。彼此相衡,难易迥别,人情莫不避难就易。①

"凡科举之讲习者,学堂无不优为;学堂之所兼通者,科举皆所未备。是则取材于科举不如取材于学堂彰明矣"②。出于可行性的考虑,此时仍主张用递减员额的温和办法,逐渐使科举消亡,以缓解社会传统习惯势力对于新教育制度的顽强阻力。其具体步骤是每科递减中额三分之一,十年减完。他特别申明:"并非废罢科举,实乃将科举学堂合并为一而已。"还为"旧应科举之老儒"而"不能改习新学者"安排出路,使充各学堂经学科、文学科之教习,定期查其实绩,比照同文馆汉文教习例给予叙奖。③

新式学堂的推行,阻力重重。在这种情况之下,光绪三十一年(1905年)七月,张之洞与袁世凯联衔奏请立停科举,大兴学堂。其奏称:

> 科举一日不停,士人皆有侥幸得第之心,以分其砥砺实修之志。民间更相率观望,私立学堂者绝少,非公家财力所能普及,学堂决无大兴之望。就目前而论,纵使科举立停,学堂遍设,亦必须十数年后人才始盛。如再迟至十年,甫停科举,学堂有迁延之势。……科举夙为外人诟病,学堂最为新政大端。一旦毅然决然,舍其旧而新是谋,则风声所树,群且刮目相看,推诚相与。……故欲补救时艰,必自推广学校始;而欲推广学校,必自先停科举始。拟请宸衷独断,雷厉风行,立沛纶音,停罢科举,庶几广学育仁,化民成俗,胥基于此。④

清廷采纳了这一建议,宣布"自丙午(1906年)科为始,所有乡、会试

---

① ② ③ 《全集》,卷六十一,奏议六十一,《请试边递减科举折》。
④ 许编《年谱》,卷九。

一律停止"①。沿袭千余年的科举制自此终结。

破与立是同一问题的两面。在改革科举的同时，张之洞于创立近代学校教育方面，做了大量工作，兴办数十所各级、各类新式学堂，进而建立新式教育制度体系。

光绪二十七年（1901年）五月，张之洞上《变通政治人才为先遵旨筹议折》，就"兴学育才之大端"提出建议，其中包括学有定程，循序不躐等，教科书官定颁发，通国一律等学制方面的构想。他还分学校为蒙学、小学、中学、高等学堂与京师大学堂五级，各级入学年龄、修业年限都有明确规定。中学以前为普通教育，高等学堂起为分科专业教育，三年期满后必须实习一年方可毕业。大学教育则是高等学校分科专业教育的深化提高。②张之洞以此构思，在湖北建立起成龙配套的区域教育体系。

次年十月，张之洞将这一区域教育体系的实施办法上奏清廷。其要旨八条：小学为急第一，读经温经第二，教科书宜慎第三，学堂规制第四，文武相资第五，教员不迁就第六，求实效第七，防流弊第八。其办法十五条，包括师范、小学、文普通中学、武普通中学、文高等学堂、武高等学堂、方言学堂、农学堂、工学堂、勤成学堂、仕学院、学堂经费、省外中小学、蒙学、学务处。③

三、癸卯学制

关于新式教育体制的构想，20世纪初已趋完备。清廷管学大臣张百熙称张之洞为"当今第一通晓学务之人"，奏请添派会商学务，参与修订光绪二十八年（1902年）制订、但未实行的"钦定学堂章程"（即"壬寅学制"）。光绪二十九年（1903年），张之洞奉旨入京，与张百熙等会商重订学堂章程，并制定《学务纲要》。经过数月紧张磋商，编定近代中国第一个经正式颁布在全国推行的新式学制，即通称的"癸卯学制"（1903年为干支纪年癸卯年）。张之洞在给瞿鸿禨的信中曾自述重订学堂章程的辛劳："惟此事繁难已极，关系甚重，改定不止十次，两月来昼夜赶办此事，困惫已极，寒天病躯，十分心

---

① 中国第一历史档案馆藏《上谕档》，光绪三十一年七月。
② 《全集》，卷五十二，奏议五十二。
③ 《全集》，卷五十七，奏议五十七，《筹定学堂规模次第兴办折》。

急，而无可如何。"①

"癸卯学制"共分三段七级。第一段为初等教育，含蒙养院四年、初等小学五年（七岁入学）、高等小学四年，共三级十三年。第二段为中等教育，含中学堂一级五年。第三段为高等教育，含高等学堂或大学预备科三年，分科大学堂三到四年，通儒院五年，共三级，十一到十二年。

与以上普通教育并行的，还有师范教育和实业教育两系。师范教育分初级师范学堂（中等教育性质）和优级师范学堂（高级教育性质）两段，共修业八年。实业教育分初等实业学堂（程度相当于高等小学堂），中等实业学堂（中等教育性质）、高等实业学堂（高等教育性质）三段，共修业十五年。

此外与普通高等学堂程度相当的，还设有译学馆、方言学堂、进士馆、仕学馆等。

关于各级各类学校的不同任务，《学务纲要》作出简要说明：蒙养院及初等小学堂，意在使全国之民，无论贫富贵贱，皆能淑性知礼，化为良善。高等小学堂及普通中学堂，意在使入此学者通晓四民皆必知之要端，仕进者有进学之阶梯，改业者有谋生之智能。高等学堂意在讲求国政民事各种专门之学，为国家蓄养任用之人才。通儒院意在研究专门精深之义蕴，俾能自悟新理，自创新法，为全国学业力求进步；并设立中国旧学专门为保存古学古书之地。实业学堂意在使全国人民具有各种谋生之才智技艺，以为富民富国之本。师范学堂，意在使全国中小学堂各有师资。②

关于"癸卯学制"的指导思想，《学务纲要》开宗明义予以申述："端正趋向，造就通才"，"从幼童入初等小学堂始，……晓之以尊亲之义，纳之于规矩之中，一切邪说诐词，严拒力斥，使学生他日成就，无论为士为农为工为商，均上知爱国，下足立身。""外国学堂于智育体育外尤重德育，中外固无二理也。"③ 其宗旨仍在德智体三育的全面发展，而居于统率的德育，则大体沿袭传统故辙。

新型学校管理制度的草创，张之洞堪称中国第一人。清朝旧制，为管理地方教育，每省设提学道一人，雍正年间改为提督学政，简称学政。学政是朝廷

---

① 《全集》，卷二百二十，书札七，致瞿子玖。
②③ 舒新城：《近代中国教育史料》，第二册，中华书局1982年版，第8~9页。

派往地方巡视科举、督察学务的"客官",且地位与地方长官总督、巡抚平起平坐,地方无权调遣。而且其管理方式,也不符合新式学堂教育的要求。随着湖北地区新式学堂的陆续开办,张之洞逐渐认识到设立隶属地方行政首脑的专职管学机构的迫切需要。光绪二十八年(1902年)四月,他率先设立湖北学务处,作为统一管理全省教育行政的机构。他的这一思想也体现在"癸卯学制"中,规定各省均仿湖北成例,设立学务处。还对建立全国统一的教育管理体制提出基本构想:于京师专设总理学务大臣,统辖全国学务。"凡整饬各省学堂、编订学制、考察学规、审定专门普通实业教科书。任用教员、选录毕业学生、综核各学堂经费及一切有关教育之事均属焉。"京师大学堂请另设总监督一员,"不令兼别项要差,免致分其精力"。"如是则全国之学务与首善之大学皆各有专责而成效可期矣"①。学务大臣应设属官,分长六处。专门、普通、实业三处,分别管理专门学科、普通学科、实业学科学务。审订处审订统一教科书及各种图书仪器,检察私家撰述,刊布有关学务之书籍报章。游学处管理出洋游学事宜。会计处管理学务经费。学务大臣属员应选深通教育事理的京师大学堂及各省高等学堂毕业生、游学生充任。各省学务处应按此对口设立普通、专门、实业、审订、游学、会计六科。以期上下贯通,有效运转。

张之洞关注外国学制。《劝学篇》外篇的《游学》一目说:"凡东西洋各国,立学之法,用人之法,小异而大同,吾将以为学式。"在致张百熙的电文中,建议派员考察各国学制,而以"日本学制尤为切用","师范生宜赴东学习"②。"癸卯学制"就明显带有仿照日本学制的痕迹。

"癸卯学制"及《学务纲要》又维护"中学"的至尊地位,规定"无论何等学堂,均以忠孝为本,以中国经史之学为基,俾学生心术一归于纯正,而后以西学瀹其知识,练其艺能。""中小学堂宜注重读经,以存圣教。……若学堂不读经书,则是尧舜禹汤文武周公孔子之道,所谓三纲五常者尽行废绝,中国必不能立国矣。"③《学务纲要》竟专列一条,"戒袭用外国无谓名词,以存文端士风"。其间批评"近日少年习气,每喜于文字间袭用外国名词谚语,如团体、国魂、膨胀、舞台、代表等字,固欠雅训;即牺牲、社会、影响、机

---

① 《全集》,卷六十一,奏议六十一,《请专设学务大臣片》。
② 《全集》,卷一百七十八,电牍五十七,致京张治秋尚书。
③ 舒新城:《近代中国教育史料》,第二册,中华书局1982年版,第12页。

关、组织、冲突、运动等字,虽皆中国所习见,而取义与中国旧解迥然不同,迂曲难晓。又如报告、困难、配当、观念等字,意虽可解,然并非必需此字。"他进而推论,"大凡文字务求怪异之人,必系邪僻之士。文体既坏,士风因之。……恐中国之学术风教,亦将随之俱亡矣"①。

在"中学为体"的前提下,张之洞的教育制度论于"西学为用"方面,有不少开拓性贡献。如《学务纲要》明文规定"经学课程简要并不防障西学","中学堂以上各学堂必勤习洋文","参考西国政治法律宜看全文","选外国教科书实无流弊者暂应急用","科学相间讲授,乃各国成法,具有深意",等等。

以上表明,张之洞的教育制度论,乃是一中西杂糅的拼合体,集中凸显晚清"洋务"教育的过渡性特征。

综论之,张之洞在近代教育的学科分类、课程设置、组织管理、行政体制方面,提供了新的框架,奠定了中国近代教育的基本格局,从理论与实践两方面都留下宝贵的遗产。

四、教学论:"学之为事,讲习与历练兼之"

张之洞通经致用的阅历与兴学育才的实践,使他形成"学之为事,讲习与历练兼之"②。无论是改制书院,还是创办新式学堂,他的这一教学论均一以贯之。

张之洞是正途科举出身,但他绝非读死书的冬烘。他一向认为,学术"要其终也,归于有用"③。"读书期于明理,明理归于致用","非欲驱引人才尽作书蠹也"④。他毕生追求的是"经(国)济(民)之道",而"经济之道,不必尽由学问(书本知识),然士人致力,非书无由"⑤,故十分强调"讲习与历练兼之",亦即课堂学习与社会实践结合。他告诫诸生,"要之学以躬行实践为主"⑥。当然,张之洞所谓的"实践",要旨在引导学子关心事功,以

---

① 舒新城:《近代中国教育史料》,中华书局 1982 年版,第二册,第 14 页。
② 《全集》,卷二十一,奏议二十一,《创办水陆师学堂折》。
③ 《全集》,卷二百十三,古文二,《创建尊经书院记》。
④⑥ 《全集》,卷二百零四,《輶轩语》一。
⑤ 转引自《近代中国思想人物论——晚清思想》,台湾时报文化出版事业有限公司 1980 年版,第 390~391 页。

维系晚清国势。但他提出的"讲习与历练兼之"的思想，符合教育学规律。

张之洞主张生动活泼的教学方法，反对死读书，读死书。他认为读书"不贵多，贵真；过目不贵猛，贵有恒；不贵涉猎，贵深思；不贵议论，贵校勘；不贵强记，贵能解"①。反对加重学生负担，搞疲劳轰炸，"必有余力，乃可读书"②。在与梁鼎芬讨论两湖书院课程设置的信笺中写道：

> 行检二百题，诚觉其多。三年学生断不能作许多题，若其作完，则与小试无异，但有交卷之功，断无读书之暇，一也。况又兼习各门精细繁重之学，学生安能人人有此敏才强力，外人必以为各门皆是敷衍，教不真教，学不真学，二也。如其真学，诸生断不堪其苦，外人必议其过于繁苛，三也。更有一要义，行检一门，所重在行，若题目过多，外人必议曰此仍是考文，非考行也，四也。③

在教学法方面，提出"山长之教法……非善诱不可"，启发学生思维，举一反三，"课一解即通一经义也，课一论即知一史案也"④。他主张诸生相互切磋，"经史繁重者，一人翻之则畏难而自废，同力检之则多得。疑义难解者，独坐冥思则窒，诘难推求，谈谐趣妙则通。此友之益亦师之亚"⑤。

转化为洋务派以后，张之洞在创办新式学堂，培养各类专业技术人才时，更加注意将课堂传授知识与实际演练操作结合起来。光绪十三年（1887年），他开办广东水陆师学堂，规定学生每年九个月在校学习，三个月到军舰和军营实习。如遇外洋各国作战，可"拟照西国通例前往观览，以资考镜实事"⑥。为了训练学生的动手能力，学堂附设有机器厂一座，厂内装有各类机床十七台。另外，水师学堂还配备广甲轮一艘，作为学生练习用船。光绪二十四年（1898年），张之洞在武昌开办湖北农务学堂。为方便学生实习，学堂专门由大东门内迁移至武昌城北武胜门外多宝庵（即今湖北大学校址宝积庵），以与农事实验场相毗连。

为了使"讲习与历练兼之"收到最好的效果，张之洞又区分"学之为事"

---

① ② ④ ⑤ 《全集》，卷二百十三，古文二，《创建尊经书院记》。
③ 《全集》，卷二百十九，书札六，致梁节庵先生。
⑥ 《全集》，卷二十一，奏议二十一，《创办水陆师学堂》。

为"专门著述之学"与"学堂教人之学"两类。"专门之书,求博求精,无有底止,能者为之,不必人人为之也。学堂之书,但贵举要切用,有限有程,人人能解,且限定人人必解者也"①,将学堂教育内容的深度与广度确立在一个适当的范围之内,不仅符合普及教育的目的,更为学生将书本知识与实际生活联系起来理解、掌握、运用自如,提供了可能的条件。

五、师资论:"师范学堂为教师造端之地,关系至重"

新旧学制交替之际,师资问题实为当务之急。仅知"子曰诗云"的塾师,显然无法胜任声光电化教学。广兴学堂所需要的数量庞大、知识结构全新的教员从何而来,成为新学制能否全面推行的成败关键。张之洞于此有诸多论述。他多次强调:"振兴教育,必先广储师资。师资不敷,学校何以兴盛?"②"各属开办学堂,全赖师范得人,课程方能合度,管理才能得宜。"③"国民教育必自小学始,欲得小学教育,必自养成师范始。……是以兴办师范尤为小学之先务。"④由此形成他的师资论。

在湖北推行新式学堂之始,为解决学堂师资急需,曾从经心、两湖、江汉三书院选派优等学生"赴日本习师范,以为速成师范之预备"⑤,但这毕竟不能从根本上解决师资的大量需求,于是决定在省内创办师范学堂。光绪二十八年(1902年),在武昌城东宾阳门以南创设湖北师范学堂,以东路小学堂附属其旁,作为学生教学实习之处。课程除普通学科外,另加教育学、卫生学、教授法、学校管理法等科目。学额一百二十名。速成科一年毕业,正科二年或三年毕业。该校与张謇于同年开设于江苏的通州师范学校,同开中国近代教育史上最早的独立、完备的师范教育之先。

张之洞高度重视师范教育在整个教育体系中的基础地位。他在《筹定学堂规模次第兴办折》中说:"查各国中小学教员咸取材于师范学堂,故认师范学堂为教师造端之地,关系至重。"⑥故而在"各学堂办法十五条"中,将师范列为第一的位置。为解各地新学大兴的燃眉之急,他极力主张先办师范速成

---

① 《劝学篇·内篇·守约第八》。
②③④ 《张文襄公牍稿》,卷二十,卷二十一。
⑤ 张继煦:《张文襄公治鄂记》,湖北通志馆民国三十六年版。
⑥ 《全集》,卷五十七,奏议五十七。

科。在给学务大臣张百熙的信中提出:"方今国势危急如救焚拯溺,夜以继日,犹恐不及,至师范速成科尤为紧要。若待完全师范毕业必须五年,各省小学堂将待五年后再开乎?"① 率先于湖北开办速成科,供各属学堂之急需。

教育的质量取决于教师的质量,而合格的教员非经正规师范训练不可。兴学之初,湖北各地出现学堂发展过猛的情况。黄州府中学堂学额定为二百四十名,荆州郧阳两府中学堂的学额也定为一百六十名。张之洞看出其中的弊端,立即札饬各府暂停中学,先办师范传习所。札文称:"小学不兴,不但普通实业各中学堂无合格学生,而国民教育亦终无普及之一日。"他批评各府盲目发展中学堂"实为懵昧可异。……其实府中学堂此时安有许多合格学生,此正如无根之条终归于萎,虽长奚为,无址之埔立见其倾,虽高安用,徒张虚名,不求实济,始基一坏,补救无从,可谓不思之甚,错谬之甚者矣"。与其办一些名不符实的中学堂,不如扎扎实实从抓合格师资入手,办好小学堂,以强固国民教育之基础。因此,"饬各该府将所设中学堂一律暂改为初级师范学堂,或先办速成师范,或先办师范传习所"②。

光绪二十九年(1903年),奉旨参与重订学堂章程,其重视师范教育的思想,在"癸卯学制"及《学务纲要》中得到体现。《学务纲要》载明:"师范学堂,意在全国中小学各有师资,此为学堂本源,兴学入手第一义。"在"癸卯学制"中,各级各类师范教育相互配套,形成独立的完整体系。初级师范与中学堂平行,相当于现在的师范专科学校,优级师范与高等学堂平行,相当于现在的师范学院或师范大学。此外,还有简易师范科,师范传习所,实业教育讲习科等。中国近代师范教育的格局,从此得以奠基。

六、留学论:广派游学,收"百闻不如一见"之利

张之洞派遣游学生是从任湖广总督时开始的。光绪二十四年(1898年),日本驻华使臣矢野文雄函请选派中国学生二百名,陆续前往日本各学堂学习,并允支持经费,经朝廷议复同意。张之洞会商选择"聪颖子弟"湖北一百名,湖南五十名,前往日本学习武备、格致、农、商、工诸学。这是两湖派遣大批学生留日之始。

---

① 《全集》,卷二百二十,书札七,致张野秋。
② 《全集》,卷一百零六,公牍二十一,《札各府暂停中学先办师范传习所》。

张之洞热衷于派遣游学生，与急需洋务人才有关。他在《劝学篇》中曾说：

> 出洋一年，胜于读西书五年，此赵营平百闻不于一见之说也。入外国学堂一年，胜于中国学堂三年，此孟子置之庄狱之说也。①

他又从办学堂需要大批新式教员的角度提出了派遣游学生的必要性。庚子国变以后，痛心疾首于冥顽不灵的旧式官僚的误国，再次呼吁："论今日育才强国之道，自以多派士人出洋游学为第一义。"②

张之洞派遣游学生的方针是"西洋不如东洋"。一则，日本路近费少；二则离华近，易考察游学生情况；三则日文近于中文，易通晓；四则日人已对西书作了删节酌改，便于学习。因此，他于19世纪90年代和20世纪初叶，选派大批湖北学生留学日本，据粗略统计，达数千人之多，为留日学生数量最多的省份之一。

除选派游学生出洋外，张之洞还派遣官员出洋游历考察。中日甲午之战以后，张之洞于光绪二十一年（1895年）七月上奏道：

> 洋务之兴，已数十年，而中外文武臣工，罕有洞悉中外形势，刻意讲求者，不知与不见之故也。不知外洋各国之所长，遂不知外洋各国之可患。……今欲破此沉迷，挽此积习，唯有多派文武员弁，出洋游历一策。③

鉴于以前中国派员游历不谙外语，张之洞主张选才俊之士，分派游历各国，丰其经费，宽其岁月，随带翻译，以便深加考究，如工业、农业、水陆兵事、炮舰战舰、学校例律，均用心考求。张之洞派员游历东西洋，还有监视游学生的意图。令游历官员与游学生相熟悉，"灼知其品谊才识，何人为学行兼

---

① 《劝学篇·外篇·游学第二》。
② 《全集》，卷五十，奏议五十。
③ 《张文襄公牍稿》，卷二四。

修之士，何人为乖张不逞之徒"。①

为阻止留学生在国外接受新思想、走向革命，于光绪二十四年（1898年）派钱恂赴日，任湖北留日学生监督。光绪二十九年（1903年）九月张之洞上奏，"饬筹防范之法"，分别制订《约束游学生章程》和《奖励游学生章程》，对"妄发议论，刊布干预政治之报章"的游学生，由中国出使大臣，"剀切诚谕学生，立即停辍。如有不遵，即行退学"。对于"循理守法"的学生，则给以举人、进士出身。企图用恐吓和收买两种手段，使广大游学生就范。然而，一批又一批游学生走向革命行列，已成趋势，这是清廷所无法阻止的。

为了培养洋务人才，需要大量派遣游学生；然而，知识青年到了外国，朝廷又难以控制，故"出洋学生流弊甚多"。这便是张之洞在派遣游学生问题上的矛盾。光绪三十二年（1906年），张氏奉诏入京，某日在朝房与军机大臣王文韶相遇，偶语张在湖北办教育为天下先以誉之。张自诩其重大业绩为派学生东渡，开办文武高等及方言学堂。王文韶冷笑，从袖中取出《湖北学生界》一册，给张之洞看。张阅数页无语。下朝后，即电嘱鄂督以后少派学生出洋，并下令将《湖北学生界》的主要撰稿者刘成禺、张继煦等电调回鄂。这件事表明张氏在派遣游学生问题上的窘迫状态。

张之洞对人才问题一直处于矛盾之中。一方面，作为大力兴办洋务的封疆要员，十分注意引荐、任用通晓近代知识的人才，如在两广、湖广总督任内，延揽蔡锡勇、辜鸿铭等"识洋文、悉西艺"的人物入幕府；在暂署两江期间，遵旨保荐人才，其中袁昶、钱恂等，都是比较开明、对外部世界有所认识的士人。另一方面，张之洞对于具有新思想风貌的人才不能容忍。例如，近代卓越诗人、政治家黄遵宪，曾任驻日本参赞，后移任旧金山、新加坡总领事，其近代知识上乘。黄遵宪归国后，赴江宁（南京），谒见张之洞。张原有用黄之意，但在交往中，黄遵宪"昂首加足于膝，摇头而大语"②。张深为不喜，便将黄置闲散。又如，光绪二十一年（1895年）初夏，张之洞电召容闳，容闳兴冲冲到江宁谒见张氏，结果却话不投机，便给容闳一个"江南交涉委员"闲差，聊以敷衍其"远来之意"。二人交往即"以此处为起点，亦即

---

① 《张文襄公奏稿》，卷三七。
② 康有为：《人境庐诗草·序》，上海商务印书馆1931年版。

以此处为终点"。①

在张之洞体系中，教育思想具有较为完整的近代性，这得益于他书院改制、兴办学堂的实践经验；也与在这个距离权力核心较远的领域可以放手采纳西学有关。其兼顾德智体的教育目的论，废科举、办学堂的教育制度论，以及师资论、留学论，皆直逼新教育堂奥。清末管学大臣称张氏为"当今第一通晓学务之人"，并非虚誉。当然，张之洞办教育为的是培养人才，他也确实有育才、招才、惜才之举，然而他所需要的"贤才"，是蔡锡勇、辜鸿铭一类思想是旧的，手段是新的，用新手段维护旧制度的人物，逾此轨范，即难为所容。故张氏的教育思想仍未脱出"中体西用"的框架。不过，新式教育培育出的人才，其社会效用，又不是张氏等创办者的主观设定所能限制的。从张氏改制书院、学堂及所派留学生中，走出大批突破旧制的新人物，便证明近代教育一旦降临，便具有创建新世界的功能，这是近代教育的构制者（如张之洞）也无法掌控的。清廷重臣王文韶等在朝堂下对张之洞的警告，民国元年孙中山称培育新人的张之洞为"不言革命的大革命家"，分别从不同角度昭示了此一历史辩证法。

---

① 容闳：《西学东渐记》，湖南人民出版社1981年版，第117页。

第七章 "旧学为体，新学为用"

——文化哲学

> 中国而欲富强，必须先立其政矣。……但言为学而不言立政，是本末体用先后缓急之未能明也。富强之政不立，则虽有富强之学，将安用之。
> ——何启、胡礼垣：《〈劝学篇〉书后·益智篇辩》

张之洞作为一个主持诸种实际政务而又学脉深广的复杂人物，其政治、学术、经济、军事、外交、教育诸类思想各具风采，然而，在纷繁错综之间又有主线可寻，这便是围绕体用论题展开的文化观，蕴藏中西交会、新旧遭变的思想基旨。

体与用，是中国传统哲学的重要范畴，大约与欧洲哲学的本体与现象、印度佛教哲学的法性与法相相类似，却又不尽等同。体与用，不仅有本体与现象的含义，还有本体与其作用、功能、属性的意蕴，作为通常用语，又有主与辅、本与末的意思。中国哲思的主潮，历来讲究体用统一，执守"体用一源""体用一贯""体用不二"。"体用两橛""体用分离"之论久受诟病。这表现出中国哲学的辩证传统，又根源于在本体与现象关系上传统中国没有出现过尖锐矛盾。正如郑玄在《礼序》中所言："礼也者，体也，履也。统之于心曰体，践而行之曰履（用）。"礼学统一体与用。然而，时至近代，随着"高势位"西方文化涌入，礼学受到挑战，"文化重组"任务提出。在这种新的情势下，一些思想家在概括中国文化的现状并设计其未来走向时，不约而同地运用"体"与"用"（或"本"与"末"）这对范畴，以之对中西文化关系加以界定。他们在使用体—用这对范畴时，大多没有从"本体"与"现象"这一哲学本意上着眼，而是从"主"与"辅"、"本"与"末"这种约定俗成的日常用法上发挥。由于近代中国文化处于"重组""再造"之中,论者往往不自觉地违背"体用不二"传统,而作"体用两橛"表述。

张之洞的文化观,有一个演变过程,晚年坐实为"旧学为体,新学为用"[1]。这与中国近代更通常的表述"中学为体,西学为用"含义完全相同。作为中国温和的开明士人的一种文化选择,"中体西用"是19世纪中叶以后,中西文化剧烈碰撞、深刻交融的时代产物。梁启超论曰:

> 甲午丧师,举国震动。年少气盛之士,疾首扼腕言维新变法。而疆吏若李鸿章、张之洞辈,亦稍稍和之。而其流行语,则有所谓"中学为体,西学为用"者,张之洞最乐道之,而举国以为至言。[2]

张之洞并非"中体西用"说的首倡者,却是"中体西用"说的力推者和理论总结者,就这两方面的结合而言,近代中国尚无出其右者,正因为如此,人们一谈起"中体西用",往往便与张之洞联系起来。

光绪二十四年(1898年)三月,正当戊戌维新紧锣密鼓之时,张之洞撰写《劝学篇》于湖广督署。七月,当维新、守旧两派斗争摊牌前夕,他又通过其侄女婿、翰林院侍读学士黄绍箕将《劝学篇》进呈帝后御览。《劝学篇》是张之洞平生最重要的理论著作,"中体西用"论在其中占有核心地位,并得到淋漓尽致的发挥。

《劝学篇·序》声明写作原委:

> 今日之世变,岂特春秋所未有,抑秦、汉以至元、明所未有也。……海内志士,发愤扼腕。于是图救时者言新学,虑害道者守旧学,莫衷于一。旧者因噎而食废,新者歧多而羊亡。旧者不知通,新者不知本。不知通则无应敌制变之术,不知本则有非薄名教之心。夫如是,则旧者愈病新,新者愈厌旧,交相为瘉,而恢诡倾危乱名改作之流,遂杂出其说以荡众心。学者摇摇,中无所主,邪说暴行,横流天下。……乃规时势,综本

---

[1] 《劝学篇·外篇·设学第三》。
[2] 梁启超:《清代学术概论》二十九,中华书局1954年版。

末，著论二十四篇，以告两湖之士，海内君子，与我同志，亦所不隐。

明白宣示，《劝学篇》力加磨砺"中体西用"论的两面锋刃：一方面批评顽固守旧者的泥古不化，抱残守缺，不知变通；另一方面谴责言新者的菲薄名教，背离礼教根本。

张之洞所企图建造的，是一种兼采中西的文化结构，吸纳西学的技艺来保全纲常名教内核。他申言：

> 中学为内学，西学为外学；中学治身心，西学应世事。不必尽索之于经文，而必无悖于经义。如其心圣人之心，行圣人之行，以孝弟忠信为德，以尊主庇民为政，虽朝运汽机，夕驰铁路，无害为圣人之徒也。如其昏惰无志，空言无用，孤陋不通，傲很不改，坐使国家颠隮，圣教灭绝，则虽弟佗其冠，神襌其辞，手注疏而口性理，天下万世皆将怨之詈之，曰：此尧、舜、孔、孟之罪人而已矣。①

可见，孝悌忠信之德，尊主庇民之政，是张之洞力图捍卫的文化主旨，秉此主旨，西洋技艺可采可用。

《劝学篇》一进呈，立即以其"会通中西，权衡新旧"②的公允形态和"激发忠爱，讲求富强，尊朝廷，卫社稷"③的基旨而受到光绪皇帝和慈禧太后的一致赞誉。光绪称其"持论平正通达"，"于学术人心大有裨益"，慈禧也深加称许，遂以上谕形式下令印发各省督、抚、学政人手一部，"颁行天下"，"挟朝廷之力以行之，不胫而遍于海内"。洋人也来扬揄，认为《劝学篇》标志着"长时期以来习惯于孔夫子的陈词滥调下变得死气沉沉的中国人，终于在时代的现实面前苏醒过来"④。光绪二十六年（1900年）于纽约出版的《劝学篇》英文译本，还加上《中国唯一的希望》的标题。

这一切无疑张大《劝学篇》的声势，突出了张之洞在"中体西用"思想的

---

① 《劝学篇·外篇·会通第十三》。
② 《全集》，卷二百二十八，《抱冰堂弟子记》。
③ 《劝学篇·内篇·同心第一》。
④ 《教务杂志》，载伍德布里奇译《劝学篇》前言。

形成、发展过程中的地位。而张氏本人兴实业、练新军、办文教等方面的建树，更使时人将其视为"中体西用"说的集大成者和成功的践行者。

一、文化观的演绎轨迹

直至光绪七年（1881年）底补授山西巡抚之前，张氏生活在纯粹的传统文化氛围之中。光绪元年（1875年），他在四川学政任内修撰以指导青年学子求学修身为宗旨的《书目答问》一书，收录书目二千二百余种，除历史、地理、天算等类收录《职方外纪》《坤舆图说》《经天该》《数学启蒙》等少数西方传教士著译外，其余全为"端品行、务实学"的传统典籍。结束三省学官生涯，返回京师，入围"清流"，张之洞与李鸿藻、张佩纶等互为引援，"以不谈洋务为高，见有讲求西学者，则斥之曰'名教罪人'，士林败类"[①]。此间张氏的意气情趣，与传统士大夫别无二致。

光绪七年（1881年）底，张之洞出任山西巡抚。从有职守、无言责的清流之士，一变而为执掌一省政治、经济、军事实际事务的封疆大吏。抵任之初，他曾向张佩纶透露自己的治晋规划"皆中法非西法也"[②]，但是不久，错综复杂的日常问题，尤其是山西弊病丛生、积重难返的衰败现实，使他意识到，固守祖宗章法，显然不能打开局面。正当他寻找兴革之策时，接触到英国传教士李提摩太，遂对"西艺""西技"有了初步了解，并急思效仿，初办近代性事业，开始了由清流党人向洋务大吏的转化。

与此相应，张氏的文化思想也发生改变，由专注于儒学大经大纶，转而兼取"洋务"新知。他印发的《延访洋务人才启》称，"查中外交涉事宜，以商务为体，以兵战为用，以条约为章程，以周知各国特产、商情、疆域、政令、学术、兵械、公法律例为根柢，以通晓各国语言文字为入门"[③]。此时的张之洞，已经不再以谈"洋务"为耻，而是唯恐于此不摸门径，落后于时。他在给张佩纶的信中说："鄙人僻在一隅，大事都不闻知，防海新论交议未及，大约止沿海及本省耳。如蒙朝命洋务，亦许与闻，下采蒭荛，则当抒其管蠡，不致后时发议，徒为不切题之文章也。"[④]足见其时追求洋务新知的急切心情。

[①] 郑观应：《盛世危言》，华夏出版社2002年版。
[②][④] 《全集》，卷二百十四，书札一，与张幼樵。
[③] 《张文襄公牍稿》，卷三。

如果说李提摩太的西学启蒙还只是提供新鲜感觉,那么随之而来的中法战争则给予张之洞以西方科技、军事确实超乎中国的直接感受。

光绪十年(1884年),调任两广总督,参与中法战争的军事指挥、后勤保障等事务。外战实践使他对于军事层面中西优劣高下有了真切认识。一篇奏议说:"夫欲善其事必先利其器,……器械不利,与空手同;不能及远,与短兵同,史之良规也。自法人启衅以来,历考各处战事,非将帅之不力,兵勇之不多,亦非中国之力不能制胜外洋,其不免受制于敌者,实因水师之无人,枪炮之不具。"① 基于这种认识,张之洞从军事人才培养和军械装备改善入手,于洋务事业"小试其端",建造军舰,筹治水师,开设水陆师学堂,招募"通晓火器、水雷、轮机、驾驶、台垒工程之洋弁","翻译西国兵书、测绘、地图,并电学、化学、重学、气学、光学等项有关兵事者","制造火药、电线、锚水、红毛泥(水泥——引者),各种技艺均可量能因性分门讲求"②。

与曾国藩、李鸿章等洋务大吏一样,张之洞也是从承认西方物质文化(首先是军械装备)的先进性起步,吸收西方科技,以增强军力,并在"理"与"势"、"德"与"力"关系的认识上,区别于迂腐的陋儒。关于张氏此时的思想转折,辜鸿铭评述道:

> 夫理之用谓之德,势之用谓之力。忠信、笃敬,德也,此中国之所长也;大舰、巨炮,力也,此西洋各国之所长也。当甲申一役(指1884年发生的中法战争,该年的干支纪年为甲申——引注),清流党诸贤但知德足以胜力,以为中国有此德必可以制胜。于朝廷遂欲以忠信笃敬敌大舰巨炮。而不知忠信笃敬乃无形之物也,大舰巨炮乃有形之物也,以无形之物攻有形之物,而欲以是奏效于疆场也,有是理乎?此知有理而不知用理以制势也。甲申以后,文襄有鉴于此,遂欲舍理而言势。然舍理而言势,则入于小人之道。文襄又患之,于是踌躇满志而得一两全之法,曰:为国则舍理而言势;为人则舍势而言理。③

---

① 《全集》,卷十一,奏议十一,《筹议海防要折策》。
② 《全集》,卷十一,奏议十一。
③ 辜鸿铭:《张文襄幕府纪闻·权》,岳麓书社1985年版。

这段话不仅点明张氏文化思想转折的枢纽所在，而且还透露出其两重性："为人则舍势而言理"，即弘扬忠信笃敬的中国传统德行以正人心；"为国则舍理而言势"，即吸收西方物质文化成果以维国势。前者立"中学为体"之旨，后者取"西学为用"之意。这似乎是"两全之法"，殊不知其深藏内在矛盾。在"中体西用"孕育胎盘之中时，就已经决定了洋务运动的畸形体格。

光绪十五年（1889年），张之洞移节湖广，其洋务事业，进入鼎盛期。湖北枪炮厂、汉阳铁厂、布纱丝麻四局相继建成投产。与旧式书院改制的同时，包括实业教育、师范教育、普通教育在内的各类新式学堂相继开办。随着洋务活动的深入发展，张之洞对于西方文化之优长也有了进一步认识。他批评时人"皆知外洋各国之强由于兵，而不知外洋之强由于学"[①]。他指出，中华学术所缺乏的"专门之学"，恰是西洋富强的重要原因。"晚近来，惟士有学，若农、若工、若商无专门之学，遂无专门之材，转不如西洋各国之事事设学、处处设学"[②]。他认为中国亟应仿效西洋，大力发展"专门之学"。他还划分"专门之学"为四大门类，即交涉、农政、工艺、商务。交涉之学包括律例、赋税、舆图、译书；农政之学包括种植、水利、畜牧、农器；工艺之学包括化学、汽机、矿务、工程；商务之学包括各国好尚，中国土货、钱币轻重，各国货物衰旺。这表明，在对于"西学"优长的肯定与仿效方面，张之洞已经超过曾国藩、李鸿章等前驱先路，其广度和深度均有所展拓。

光绪二十年（1894年），甲午战争以中国方面的惨败而结束，举国震动。次年三月（1895年4月）《马关条约》签订，给中国带来空前深重的民族危机。同年闰五月二十七日，张之洞上《吁请修备储才折》。这是一份甲午以后张之洞继续从事各项洋务事业的总纲性文件。其间反映出他对"中体西用"关系的认识已趋成熟。在这份奏折中，张之洞痛陈不平等条约带来的严重危害："及今力图补救，夜以继日，犹恐失之，若再因循游移，以后大局何堪设想。"此折提出九条应当急办之事，以为"中国安身立命之端"：

一曰宜亟练陆军。"非一变旧法，必不能尽除旧习"。练兵三途中，"以用洋将管带教练为最速，以出洋学习功夫为最实，益处为最广，而中国自设学堂

[①] 《全集》，卷三十七，奏议三十七，《吁请修备储才折》。

[②] 《全集》，卷四十，奏议四十。

亦可相辅而行"。

二曰宜亟治海军。"且非用洋将则积弊必不能除，操练必不能精，考核拔擢必不能公"。"须多派精壮员弁及有志子弟赴英国学之，此举尤宜从速"。

三曰宜亟造铁路。此事应聘"小国远国商人"包办，"若中国自办，则委员视为利薮，旷时縻费，十年亦难成矣"。

四曰宜分设枪炮厂。"一面雇用洋匠，一面商之洋厂，派工匠赴外洋该厂学习"。

五曰宜广开学堂。各省均应开设学堂，"自各国语言文字以及种植、制造、商务、水师、陆军、开矿、修路、律例各项专门名家之学，博延外洋名师教习"，同时派人员出国留学，赴德学陆军、赴英学海军，"其他工艺各徒皆就最精之国从而取法"。

六曰宜速讲商务。"尤须令出使大臣将各国商务情形随时考究，知照总署及各省督抚，以便随时悉心筹画"。

七曰宜讲求工政。"世人皆言外洋以商务立国，此皮毛之论也，不知外洋富民强国之本实在于工。讲格致，通化学，用机器，精制造，化粗为精，化贱为贵，而后商贾有懋迁之资，有倍蓰之利"。"分遣多员，率领工匠赴西洋各大厂学习，一切种植、制器、纺织、炼冶、造船、造炮、修路、开矿、化学等事，皆肄习之，回华日即以充办理工政之官"。

八曰宜多派游历人员。"不知外洋各国之所长，遂不知外洋各国之可患。拘执者狃于成见，昏庸者乐于因循，以致国事阽危，几难补救"。欲破此沉迷，惟有多派文武员弁出洋游历一策。

九曰宜预备巡幸之所。宜择腹省远水之址建设行宫，以备战时京师危急，"进退自如，控制有策"①。

张之洞上此奏折，目的在说服皇上"存坚强不屈之心，励卧薪尝胆之志，广求忠直之言，博采救时之策"，以挽救"如人受重伤，气血大损"的朝政之"体"。19世纪90年代的张之洞不同于鸦片战争前夜龚自珍的"何敢自矜医国手，药方只贩古时丹"②。在张之洞开出的九味汤剂中，除最后一条"预备巡幸

---

① 《全集》，卷三十七，奏议三十七，《吁请修备人才折》。
② 龚自珍：《龚自珍全集》，中华书局1961年版，第513页。

之所"，全都在中国固有"古时丹"之外，而是援用的洋方洋药。虽然此时他还没有明确揭櫫"中体西用"的标帜，但这一宗旨在他头脑中已是呼之欲出了。

光绪二十四年（1898年）前后，张之洞将"中体西用"思想形诸笔墨。他在《两湖经心两书院改照学堂办法片》中提出："两书院分习之大旨，皆以中学为体，西学为用，既免迂陋无用之讥，亦杜离经叛道之弊。"① 稍后，他在上呈御览的《劝学篇》中，又对此思想作进一步的阐述："中学为内学，西学为外学。中学治身心，西学应世事。"中学为体，"以正人心"，西学为用，"以开风气"。

在考察张之洞"中体西用"思想的形成时，应特别注意到他自幼形成的"经世""务实"学风对其文化思想转变的促成作用。

承袭"通经致用"学风的张之洞一贯认为，一切学术，"要其终也，归于有用"②。"读书期于明理，明理归于致用"③。从"致用"的终极目的出发，张之洞对待诸种学问，均以实用与否，为其臧否取舍的标准。即便在清流时期，他对于"洋务""西学"，也不像其他清流党人那样，持深恶痛绝的极端排斥态度，而认为"塞外番僧，泰西智巧，驾驭有方，皆可供我策遣"④。与魏源辈的"师夷长技"说同论。因此，其时他对于洋务派的批评，也多集中在妥协外交，而非兴厂办学、开矿练军等实际措施。正是由于有这种"师夷长技"的认识基础，张之洞才能开始日后的洋务实践，并从实用价值上，充分肯定西学的意义，并全力汲纳之、应用之。"经世"的宗旨，务实的学风，必然导致文化观的开放。张之洞曾以诗句言及此理：

> 井蛙不可以语海，夏虫不可以语冰。……
> 见远儒乃尊，知时国乃兴，
> 理非一孔尽，木非一法绳。⑤

---

① 《张文襄公奏稿》，卷二十九。
② 《全集》，卷二百一十三，古文二，《创建尊经书院记》。
③ 《全集》，卷二百零四，《輶轩语》上。
④ 《全集》，卷二，奏议二，《边防实效全在得人折》。
⑤ 《全集》，卷二百二十六，诗集三，《连珠诗》之十三。

> 往代儒宗判南北，方今学派别东西，
> 九流宗圣皆容纳，巨海稽天赖指迷。①

从这里，我们不难窥见早年张之洞即已服膺的"通经致用"论与之壮年后形成的"中体西用"说之间的内在逻辑联系。

二、"沧海横流，外侮洊至，不讲新学则势不行"

主张吸收西方近代科技、学术，是洋务派的共同认识。曾国藩据实承认"外国技术之精为中国所未逮"②，提出"购买外洋船炮则为今日救时之第一要务"，"轮船之速、洋炮之远，在英法则夸其所独有，在中华则震于所罕见。若能陆续购买，据为己物，在中华则见惯而不惊，在英法则渐失其所恃"③。他忻慕"西人学求实济，无论为士为兵，无不入塾读书，共明其理，习见其器，躬亲其事，各致其心思巧力，递相师授，期于月异而岁不同"④。"今中国欲仿其意而精通其法，当此风气既开，似宜亟选聪颖子弟，携往外国肄业，实力讲求"⑤。

左宗棠赞誉泰西学术"弃虚崇实，艺重于道，官师均由艺进，性慧敏，好深思，制作精妙，日新而月有异"⑥，提出"泰西巧而中国不必安于拙也，泰西有而中国不能傲以无也"。"谓我之长不如外国，藉外国导其先，可也。谓我之长不如外国，让外国擅其能，不可也"⑦。

李鸿章认为，"中国欲自强，则莫如学习外国利器；欲学习外国利器，则莫如觅制器之器"⑧。"取彼之长，益我之短，择善而从，又何嫌乎？姑不必以赵武灵王胡服为比，即须徐核名实，洋学实有逾于华学者，何仿开此一途。"⑨

---

① 《全集》，卷二百二十七，诗集四，《赠日本长冈护美三首》之二。
②④⑤ 《曾文正公奏稿》，卷三十，第8、39、38页。
③ 《曾文正公奏稿》，卷十四，第10页。
⑥ 左宗棠：《海国图志·序》，中华书局1976年版。
⑦ 罗正钧编：《左宗棠年谱》，岳麓书社1983年版，第125页。
⑧ 宝鋆：《同治朝筹办夷务始末》，卷二十五。
⑨ 李鸿章：《李文忠公全书》，卷十五，《朋僚函稿》，《复刘仲良中丞》，南京金陵刊本1908年版。

与曾、左、李等人相比，张之洞的文化观，又有进展。

《劝学篇》极言封闭守旧是自招灭亡，"沧海横流，外侮洊至，不讲新学则势不行"①。"西政西学，果其有益于中国，无损于圣教者，虽于古无征，为之固亦不嫌，况揆之经典，灼然可据者哉！"②以是否"有益于中国"作为取舍西政西学的标准，突破"西学中源"故套。

曾、左、李辈对西学主要注意于技艺层面，而张之洞则主张，不仅要汲纳西方科学技术和大工业生产方式，而且应当采用若干"西政"，这便是他所谓的"政艺兼学"。当然，张氏所要采纳的"西政"，非指西方近代民主制度（三权分立、议会制、民主共和等），而是指与近代工业社会相关的各项社会制度。他对"西政"和"西艺"有一个明确界定："学校、地理、度支、赋税、武备、律例、劝工、通商，西政也。算、绘、矿、医、声、光、化、电，西艺也。"③这种"政艺兼学"的方针，《劝学篇·外篇》有系统论述：

益智第一。"智以救亡，学以益智"。求智之法，"一曰去妄，二曰去苟。固陋虚骄，妄之门也，侥幸怠惰，苟之根也，二蔽不除，甘为牛马土芥而已矣。"

游学第二。"出洋一年，胜于读西书五年。""入外国学堂一年，胜于中国学堂三年"。游学之国，尤以日本为宜，"凡西学不切要者，东人已删节而酌改之。中东情势风俗相近，易仿行。事半功倍，无过于此。"

设学第三。广开学堂，引导学生"新旧兼学""政艺兼学"。四书五经、中国史事、政书、地图为旧学，西政、西艺、西史为新学，"旧学为体，新学为用，不使偏废"。

学制第四。介绍外洋各国学校之制，"有专门之学，有公共之学"，是以"官无不习之事，士无无用之学"。"吾将以为学式"。

广译第五。"不通西语，不识西文，不译西文，人胜我而不信，人谋我而不闻，人规我而不纳，人吞我而不知，人残我而不见，非聋瞽而何哉"？从功近而效速着眼，"从洋师不如通洋文，译西书不如译东书"。

阅报第六。外国报馆林立，"官报宣国是，民报达民情"，"报之益于人国

---

① 《劝学篇·内篇·守约第八》。
② 《劝学篇·外篇·会通第十三》。
③ 《劝学篇·外篇·设学第三》。

者，博闻次也，知病上也"。"我国君臣上下，果能览之而动心，怵之而改作，非中国之福哉"？

变法第七。"夫不可变者，伦纪也，非法制也；圣道也，非器械也；心术也，非工艺也"。"穷则变，变通尽利，变通趋时，损益之道，与时偕行"。明确提出法制、器械、工艺，皆当变通成法，仿效西人。斥责反对变法者为"泥古之迂儒""苟安之俗吏""苛求之谈士"。又特别强调指出，"近年仿行西法而无效者"，原因在"先后失序"，而非西法本身之病。

变科举第八。科举制度"文胜而实衰，法久而弊起"，"非惟不通古今，不切经济，并所谓时文之法度文笔而俱亡之"。故宜"存其大体而斟酌修改之"，拟三场分试之法，首场先取博学，二场于博学中通才，三场于通才中求纯正，"其取入三场者，必其通达时务，研求新学者也"。

农工商学第九。批评文人儒士鄙薄农工商学的传统观念，"荀卿称儒效，而谓儒不能知农工商之所知，此末世科目章句之儒耳，乌睹所谓效哉"！"不讲农工商之学，则中国地虽广，民虽众，终无解于土满人满之讥矣"。应派员出洋考察，学习西方农艺工技及经商要诀，"工为体，商为用"，"商为主，工为使"，"二者相益，如环无端"。

兵学第十。"兵学之精，至今日西国而极"。中国兵学，素分权谋、形势、阴阳、技巧四类。"西人兵学，惟阴阳不用，余皆兼之。枪炮、雷电、铁路、炮台、濠垒、桥道，技巧也。地图、测算，形势也。至攻守谋略，中西所同，因其械精艺多，条理繁细，故权谋一端，亦较中法为密"。因此，兵学必取西人之长，方为"强国之由"。

矿学第十一。矿学"兼地学、化学、工程学三者而有之，其利甚薄而其事甚难"。"大抵西法诸事，皆以先学艺后举事为要义"。"学矿师而后开矿，其始似迟，其后转速，其费亦必省"。可派员出洋学习，亦可募西人来华办矿，"矿成获利以后，我之学生及委员工匠，皆已学成，此藉矿山为矿学堂之法也"。

铁路第十二。"西法富强，尤根于此。"广筑铁路，不仅可省日力，"一日可治十日之事，官不旷，民不劳，时不失"，而且可开风气，"凡从前一切颓惰之习，自然振起，迂谬耳食之论，自然消释泯绝而不作"。

会通第十三。中学"圣经之奥义"，皆可"通西法之要指"。"然谓圣经皆已发其理，创其制，则是；谓圣经皆已习西人之技，具西人之器，同西人之法，则非"。批评一概排斥西法者为"自塞"，以西法皆为中学所已有者为"自欺"，以为中西之学无别者为"自扰"。"万世之巧，圣人不能尽泄，万世之变，圣人不能豫知"，故对于西学，"不必尽索之于经文"，"西政西学，果其有益于中国，无损于圣教者"，虽于古无征，亦应为之。

非弭兵第十四。"权力相等，则有公法，强弱不侔，法于何有"？要想立国于世，国际公法不足为恃，惟有富国强兵，方可立于不败之地。故"苟欲弭兵，莫如练兵"。

非攻教第十五。对于传入中国的西方宗教，不应"无故而诟击"。"要在修政，不在争教"。"但当砥砺学问，激发忠义，明我中国尊亲之大义，讲我中国富强之要术。国势日强，儒效日章，则彼教不过如佛寺道观，听其自然可也，何能为害？"

20世纪初，清廷宣布实行"新政"，张之洞进一步强调，"变中国旧法，从西法也，非泛泛改章整顿之谓也"。"故欲救中国残局，惟有变西法一策"。他在致鹿传麟的电报中说：

> 去腊变法谕旨（指光绪二十六年十二月以慈禧和光绪名义颁布的"变法诏"——引者），海内欢欣鼓舞，咸谓中国从此有不亡之望矣。人心所以鼓舞者，以谕旨中有采西法补中法及浑化中外之见之语也，并非因整顿除弊居上宽临下简必信必果等语也。嗣闻人言内意不愿多言西法，尊电亦言勿袭西法皮毛，免贻口实等语，不觉废然长叹。若果如此，变法二字尚未对题，仍是无用。①

明确提出，若不广采西法，"变法"则文不对题。在致袁世凯、刘坤一的电报中，张之洞进而指出：

> 今日人材风气，暗多明少，情多勇少，私多公少。若变新法不仿西

---

① 《全集》，卷一百七十一，电牍五十，致西安鹿尚书。

人，不惟精意全失，恐皮毛亦不能似矣。①

光绪二十七年（1901年）六月初四日，张之洞上《遵旨筹议变法谨拟整顿中法十二条折》，申言"整顿中法者所以为治之具也，采用西法者所以为富强之谋也"。提出崇节俭、破常格、停捐纳、课官禄、去书吏、去差役、恤刑狱、改选法、筹八旗生计、裁屯卫、裁绿营、简文法十二条整顿中法措施。次日，再上《谨拟采用西法十一条折》，内称：

> 今环球各国日新月盛，……究其政体学术，大率皆罗数百年之研究，经数千百人之修改，成效既彰，转相仿效，美洲则来之欧洲，东洋复采之西洋，此如药有经验之方剂，路有熟游之途径，正可相我病症以为服药之重轻，度我筋力以为行程之迟速，盖无有便于此者。

张之洞所提出的采用西法十一条为：广派游历；练外国操；广军实；修农政；劝工艺；定矿律路律商律交涉刑律；用银圆；行印花税；推行邮政；官收洋药；多译东西各国书。其基本内容类似《劝学篇·外篇》，所不同者，《劝学篇》所论以改革教育为中心，更接近于狭义文化的改革，而此折所论，多从行政立法着眼，更接近于广义文化改革。

三、"物曲虽博取，王制乃常宗"

从清流派到洋务派，张之洞的文化思想经历由"通经致用"到"中体西用"的变化。但变中又有不变，这便是对于纲常名教"卫道"立场。他采纳"西学""西艺""西政"的选择标准，首先在不背离纲常的"亲亲、尊尊"。讲求西学不过是手段，捍卫中学的核心地位才是目的，正所谓"今欲强中国，存中学，则不得不讲西学"②。他认为：文化"开新"若"不先以中学固其根柢，端其识趣，则强者为乱首，弱者为人奴，其祸更烈于不通西学者矣"。用其诗句来表达，便是：

---

① 《全集》，卷一百七十八，电牍五十七，致京袁制台江宁刘制台。
② 《劝学篇·内篇·循序第七》。

> 文轨古自一，皮卉今交通，
> 胡婴与蕃乐，汨乱安所终，
> 物曲虽博取，王制乃常宗。①

文化"开新"可以涉及西学、西艺乃至西政的某些内容，但这一切统统不过是"物曲虽博取"，问题的核心仍在"王制乃常宗"。在张之洞文化思想"开新"与"卫道"的二重变奏中，"卫道"自始至终是高声部、主旋律。《劝学篇·内篇》于此有酣畅淋漓的演奏。

张之洞"卫道"，并非泥古不化，而是从保国、保教、保种的需求出发，高屋建瓴，不乏创识。《劝学篇》以"同心"启首，申言保国家、保圣教、保华种，"夫三事一贯而已矣"：

> 保国、保教、保种，合为一心，是为同心。保种必先保教，保教必先保国。种何以存？有智则存。智者，教之谓也。教何以行？有力则行。力者，兵之谓也。故国不威则教不循，国不盛则种不尊。②

从一般意义上看，张之洞这里所论的国家（国）、民族（种）、文化（教）三者之间的"安危与共之义"，有一定道理。而当19世纪末叶，中华民族的国、种、教同时受到西方资本主义猛烈冲击，日见衰败之时，张之洞抓住世人瞩目的时代性题目起例发凡，尤可见其构思之精。

《劝学篇·内篇》以"正人心"为要旨，《同心》篇云：

> 我圣教行于中土数千年而无改者，五帝三王明道垂法，以君兼师，汉唐及明，崇尚儒术，以教为政。我朝列圣尤尊孔、孟、程、朱，屏黜异端，纂述经义，以躬行实践者教天下。故凡有血气，咸知尊亲。盖政教相维者，古今之常经，中西之通义。

---

① 《全集》，卷二百二十六，诗集三，《连珠诗》之十三。着重号为引者所加。
② 《劝学篇·内篇·同心第一》。

张之洞呼吁"君臣同心，四民同力"，"激发忠爱，讲求富强，尊朝廷、卫社稷"。

如果说张之洞的"保种"之说——捍卫中华民族的自尊自立地位，从抽象意义言之，无可非议，那么他的"保国""保教"之说，却颇多漏疵。

"保国"实指捍卫清王朝及其政治体制。在《教忠》篇中，张之洞不厌其烦，盛赞"自汉唐以来，国家爱民之厚，未有过于我圣清者也"。"二百五十余年，薄海臣民日游于高天厚地之中，长养涵濡，以有今日。试考中史二千年之内，西史五十年以前，其国政有如此之宽仁忠厚者乎？"张之洞说这番话时，中国在半殖民地化轨道上加速沦落。维新派正思改革，革命派亦开始聚集力量。正当地火奔突，风暴将临之际，张之洞却鼓吹"凡我报礼之士，戴德之民，固当各抒忠爱，人人与国为体，凡一切邪说暴行足以启犯上作乱之渐者，拒之勿听，避之若浼，恶之如鹰鹯之逐鸟雀"。这显然背逆时代潮流。何启、胡礼垣批评张之洞的"保国"说"今欲振兴治道，而不能直探其源，立言之所以昧昧也"[①]。正可谓击中要害。

张之洞的"保教"，指捍卫孔儒之学的至尊地位：

> 孔门之学，博文而约礼，温故而知新，参天而尽物。孔门之政，尊尊而亲亲，先富而后教，有文而备武，因时而制宜。孔子集千圣，等百王，参天地，赞化育，岂迂陋无用之老儒，如盗跖所讥、墨翟所非者哉![②]

张之洞超出一般意义上的学术流派之争，着意于阐扬汉儒发明于前、宋儒扩张于后的"王道三纲"的社会政治意义，以之抵制自由平等学说：

> "君为臣纲，父为子纲，夫为妻纲"，此《白虎通》引《礼纬》之说也。董子所谓"道之大原出于天。天不变，道亦不变"之义本之。……《礼记·大传》："亲亲也，尊尊也，长长也，男女有别，此其不可得与民变革者也。"五伦之要，百行之原，相传数千年更无异议，圣人所以为圣

[①] 何启、胡礼垣：《〈劝学篇〉书后》，冯天瑜、肖川释注：《劝学篇·劝学篇书后》，湖北人民出版社 2003 年版。

[②] 《劝学篇·内篇·循序第七》。

人，中国所以为中国，实在于此。故知君臣之纲，则民权之说不可行也；知父子之纲，则父子同罪免丧废祀之说不可行也；知夫妇之纲，则男女平权之说不可行也。"①

张之洞以"三纲五常"为命根所系，对"创废三纲之议者"深恶痛绝，斥其"欲举世放恣黩乱而后快，怵心骇耳，无过于斯，中无此政，西无此教，所谓非驴非马，吾恐地球万国将众恶而共弃之也"②。

"君为臣纲"，列"三纲"之首。张之洞于此尤加鼎力回护。③《劝学篇》专辟《正权》一篇，称"民权之说，无一益而有百害"，反衬君主专制为万古不移之规。其根本论据有二：一是中国无行民权之可能："中国士民至今于固陋者尚多，环球之大势不知，国家之经制不晓，外国兴学立政练兵制器之要不闻"，"华商素鲜巨资，华民又无远志，议及大举筹饷，必皆推诿默息，议与不议等耳"。二是中国无行民权之必要："昔法国承暴君虐政之后，举国怨愤，上下相攻，始改为民主之国。我朝深仁厚泽，朝无苛政，何苦倡此乱阶以祸其身而并祸天下哉！"他还阉割民权学说的反专制实质，称"外洋民权之说所由来，其意不过曰国有议院，民间可以发公论、达众情而已，但欲民申其情，非欲民揽其权"。将维新运动中勃然而兴的民权思想，纳入传统政治所能容纳的体恤民情、君为民主的轨范。他又将民权理论的基石"天赋人权"说与无政府主义混淆起来，"泰西诸国无论君主、民主、君民共主，国必有政，政必有法"，"君民皆不得违其法"，"谓之人人无自主之权则可，安得曰人人自主哉！"

君主专制还是尊仰民权，是涉及国体、政体的根本分歧，在这个问题上，张之洞坚定的卫道立场，在《劝学篇》问世不久，即遭到维新派理论家的猛烈抨击。何启、胡礼垣指出："终足以阻新政之行者，莫若《劝学篇》，尤莫

---

① 《劝学篇·内篇·明纲第三》。
② 何启、胡礼垣：《劝学篇·内篇·明纲第三》，冯天瑜、肖川释注：《劝学篇·劝学篇书后》，湖北人民出版社 2003 年版。
③ 张之洞恪守君臣礼仪，有一例可见：光绪二十七年（1901年）五月十四日，他致电西安行在军机处，内称"各使欲乘黄轿在乾清宫前降舆，实堪骇异。公使虽得以客卿，究是人臣，若国君游历来华，又将何以待之"。建议备良马数匹，谎称为"御用之马"，前往迎迓，"总以阻其黄轿诣官为断"。见《全集》，卷八十二，电奏十。

若《劝学篇·正权》一首。"何、胡以近十倍于《劝学篇·正权》本身的篇幅，写出"《正权》篇辩"，并改变原书次序，将"《正权》篇辩"置于《〈劝学篇〉书后》的压轴地位，给予《正权》以逐句逐段的批驳，并针锋相对地揭橥资产阶级民主政治学说的旗帜："人人有权，其国必兴；人人无权，其国必废。此理如日月经天，江河行地，古今不易，遐迩无殊"。"夫中国之所以不能雄强，华民之所以无业可安，朝廷之所以不能维系，愚民之所以喜，乱民所以作，纪纲所以不行，大乱所以四起，市镇所以劫掠，教堂所以焚毁，如篇内所举数者，皆惟中国之民失其权之故"①。

何启、胡礼垣的批评，切中《劝学篇》的枢要。《〈劝学篇〉书后》刊行后三年，张之洞于此仍耿耿于怀，诅咒该书"宗旨专助康梁，其尤力驳者《教忠》、《明纲》、《正权》、《宗经》数篇，谓鄙人《教忠》篇称述本朝十五仁政条条皆非，痛诋国家，改为十五不仁，一也。谓君臣父子三纲之说为非古，二也。谓只当有民权，不当有君权，三也。谓中国经书不当做，四也。此人此书，可谓丧心病狂无忌惮"②。

张之洞的"卫道"，于政治设施方面，突出表现为阻止实行议会制度。这在清末，无论就政治思想还是政治实践而言，都是逆历史潮流而动的。

19 世纪中叶以降，有识之士寻求变革政治制度的努力逐渐突破固有轨范，其近代色彩日渐昭彰。鸦片战争前龚自珍的"更法"说还是旧制之内的"自改革"，鸦片战争后魏源、徐继畬对美国、瑞士的民主政治的评介，已是对"西土桃花源"的称赏。至 19 世纪 70 年代，早期改良派思想家开始倡设议院，以君主立宪取代君主专制，郑观应 1875 年提出"上效三代之遗风，下仿泰西之良法"③。后来，郑观应又在《盛世危言》中明确提倡议会制度：

> 议院者，公议政事之院也。集众思，广众益，用人行政一秉至公，法诚良、意诚美矣。……故欲借公法以维大局，必先设议院以固民心。

---

① 何启、胡礼垣:《〈劝学篇〉书后·〈正权〉篇辩》，冯天瑜、肖川释注:《劝学篇·劝学篇书后》，湖北人民出版社 2003 年版。
② 《全集》，卷一百七十八，电牍五十七，致保定袁制台江宁刘制台。
③ 《论议政》，《易言》上卷。

郑氏认定议会制度可以焕发出巨大潜力：

> 中国户口不下四万万，果能设立议院，联络众情，如身使臂，如臂使指，合四万万之众如一人，虽以并吞四海无难也。何至坐视彼族越九万里而群逞披猖……

郑观应关于政治改革的结论是："盖闻立国之本在乎得众；得众之要在乎见情。""此其说谁能行之，其惟泰西之议院。"[①]

王韬与郑观应有类似见解，他在19世纪70年代末倡言设立议院，实现"君民共治"，"上下相通"[②]，盛赞"英国政治之美，实为泰西诸国之闻风向慕，则以君民上下互相联络之效也"[③]。

19世纪下半叶，羡慕英国议会政治的，不仅有在野的思想家，当权的洋务大吏也不乏其人。曾多次出使欧洲的郭嵩焘在所著《使西纪程》中指出，学习西洋不能限于坚船利炮，更重要的是师其制度，否则，"不得其道，其祸亦反是"。郭嵩焘在日记中赞扬英国议院是该国"所以持久而国势盖张者"[④]。曾任出使美国、西班牙、秘鲁大臣的崔国因（1831—?）则是直接向清廷建议设立议院的第一人。他于光绪九年（1883年）奏称，"设议院者，所以因势利导，而为自强之关键也"。曾任两广总督，并与张之洞在广东共事的张树声，于光绪十年（1884年）十月病逝前夕，口授《遗折》，强调非变法不足以挽救国势危亡，而变法又以立宪为本。作为经办多年洋务的封疆大吏，张树声意识到，西洋列国强盛之源，并非仅仅在于坚船利炮，其"驯致富强，具有体用"：

> 育才于学校，论政于议院，君民一体，上下一心，务实而戒虚，谋定而后动，此其体也。轮船、大炮、洋枪、水雷、铁路、电线，此其用也。中国遗其体而求其用，无论竭蹶步趋，常不相及，就令铁舰成行，铁路

---

① 郑观应：《盛世危言·议院上》。
②③ 王韬：《弢园文录外编·重民下》，中华书局1959年版。
④ 《郭嵩焘日记》第三卷。

四达,果足恃欤!^①

张树声对洋务运动割裂体用,拒绝政治变革,只谋求器用更新的偏颇所作的批评,虽然所论不详,却已触及问题的要害,实开严复等人抨击洋务运动的言论之先河。

19世纪90年代,设议院、倡立宪的呼声日高,康有为、梁启超等变法健将力倡"设议院以通下情",认为"东西各国之强,皆以立宪法开国会之故"。戊戌变法前夕,张之洞在兴学堂、变科举等新政举措方面,与维新派颇多共识,然而,在行宪政、设议院这类问题上,却与维新派针锋相对,各不相让。张氏在《劝学篇·内篇·正权第六》中,罗列种种,论证议会制不符中国国情,断不可行,足见其对民主政治的成见之深、戒备之切。如果说,张之洞是中国工业近代化、教育近代化的有力推动者,那么,在政治变革方面,他却是守旧派,不仅落伍于郑观应、严复、康有为,而且与洋务大吏中的开明人物如郭嵩焘、张树声亦大相径庭。

时间推移至20世纪初,迫于形势,清廷开始筹划设议院。然而,张之洞仍坚持反对宪政的主张。光绪二十七年(1901年)二月致刘坤一等封疆大吏的电文中,张之洞针对朝廷内外"设议院"之说发表己见:"中国民智未开,外国大局茫然,中国全局、本省政事亦茫然,下议院此时断不可设。若上议院,则可仿行。"^②

张之洞反对设立下议院,是他对应民权论的表现,而"仿行""上议院"的建策,更多采自中国传统政例。他主张,上议院议员产生,应参考宋之"磨勘"、明之"廷推"之法。宋代寄禄官迁转,须勘验其劳绩,由吏部复查后决定迁转官阶,称"磨勘"。明代任用官员,由大臣推荐、皇帝批准的,叫"廷推"。用遴选官吏之法推举议员是张之洞的主张,此乃新瓶装旧酒。

张之洞的"卫道",于学术研讨方面,一是强调存古读经,二是鄙夷泰西哲学。光绪三十三年(1907年),科举已废。张之洞以为"中文中学向来义理精深,文词雅奥,新设学堂学生所造太浅,……不免有经籍道熄,纲沦

---

① 《遗折》,见张树声撰:《张靖达公奏议》,卷八。
② 《全集》,卷五十,电牍。

法斁之忧"①。故于湖北设立存古学堂，以存国粹。他在《创立存古学堂折》中称：

> 中国之圣经贤传，阐明道德，维持世教，开启神智，尊显乡邦，固应与日月齐光，尊奉传习，即列朝子史，事理博赅，各体词章，军国资用，亦皆文化之辅翼，宇宙之精华，岂可听其衰微，渐归泯灭。

张之洞对于泰西哲学持排斥态度，申言"不可讲泰西哲学"：

> 西国哲学流派颇多，大略与战国之名家相近，而又出入佛家经论之间。……盖西学密实已甚，故其聪明好胜之士，别出一途，探赜钩沉，课虚骛远，究其实，世俗所推为精辟之理，中国经传已多有之。近来士气浮嚣，于其精意不加研求，专取其便于己私者昌言无忌，以为煽惑人心之助，词锋所及，伦理国政，任意抨弹。假使仅尚空谈，不过无用，若偏宕不返，则大患不可胜言矣。中国圣经贤传无理不包，学堂之中岂可舍四千年之实理而骛数万里外之空谈哉！②

张之洞排斥外国哲学，对中国哲学也有所选择。他说的"中国圣经贤传无理不包"，是有特指内涵的。王国维（1877—1927）曾一针见血地指出：

> 吾谓张尚书之意，岂独对外国哲学为然哉，其对我国之哲学未尝不有戒心焉，故周秦诸子之学皆在所摈弃，而宋儒之理学独限于其道德哲学之范围内研究之。③

这就将张之洞在学术文化上坚守"儒学正宗"的卫道者的内心幽秘揭示无遗。张氏不仅排斥外国哲学，对正宗儒学之外的诸子学的哲理也是拒绝的。

---

① 《全集》，卷六十八，奏议六十八，《创立存古学堂折》。
② 《全集》，卷五十七，奏议五十七，《筹定学堂规模次第兴办折》。
③ 王国维：《奏定文科大学章程书后》，《教育世界》第118期。

四、"枢纽只在此化新旧之见"

一方面认识到"不讲新学则势不行",另一方面又强调"王制乃常宗",如何协调"新学"与"常宗"的关系,将中学与西学、新学与旧学、传统文化与近代文化的相互联系及其转换处理得更融洽一些,是张之洞时时萦怀于心的绝大题目。他于此进行的若干思考,试图在"开新"与"卫道"的两极之间求得统一。

从一般意义上,张之洞是主张弥合新旧之见、融通中西之学的。光绪二十六年(1900年)十一月二十四日,他在致刘坤一等人的电报中声称:

> 鄙意此时不必言新政,但言须化新旧之见而已。……总之不化新旧之见,顽固如故,虚骄如故,老团未出之说如故,和局断不能保。贪昏如故,废弛如故,蒙蔽如故,康党断不能绝。官派如故,兵派如故,秀才派如故,书吏派如故,穷益加穷,弱益加弱,饷竭营截则兵愈少,债重征苛则民愈穷。游勇叛民,会匪康党合而为一,中国断不能支矣。枢纽只在此化新旧之见五字。[①]

《劝学篇》专辟《会通》一篇,以化解畛域之见:

> 好学深思,心知其意,是为通。难为浅见,寡闻道,是为不通。今日新学旧学,互相訾謷,若不通其意,则旧学恶新学,姑以为不得已而用之;新学轻旧学,姑以为猝不能尽废而存之。终古枘凿,所谓疑行无名、疑事无功而已矣。

"旧学恶新学","新学轻旧学",各有其片面性。"守旧而不知变,则为迷复之凶;喜新而不知本,则为大过灭顶之凶"[②]。"旧者因噎而食废,新者歧多而羊亡。旧者不知通,新者不知本。不知通则无应敌制变之术,不知本则

[①]《全集》,卷一百七十一,电牍四十九,致江宁刘制台等。
[②]《全集》,卷二百十三,古文二,《正学报序例》。

有非薄名教之心"①。务当承认新旧之学各有短长,"惟天算中法实不如西法,经解宋学实不如汉学。若运救世,但当破近日眩于西法之迷途,发墨守汉学之流弊方为有益。……若能通西法以得自强之术,博汉学以为明理之资,是西法正为中国所用,汉学正为宋学所用,非快事便宜事,何为反攻之乎?"②

张之洞主张会通中西、新旧之学,并非不分主次,等量齐观,而是始终将中学、旧学置于首要、核心的地位,将西学、新学置于次要、辅助的地位。《劝学篇·内篇》专设《循序》一篇,阐述中学、西学的主从关系。治学者必"先以中学固其根柢,端其识趣","必先通经以明我中国先圣先师立教之旨,考史以识我中国历代之治乱、九州之风土,涉猎子集以通我中国之学术文章,然后择西学之可以补吾缺者用之,西政之可以起吾疾者取之。斯有其益而无其害。如养生者先有谷气而后可饫庶羞,疗病者先审藏府而后可施药石,西学必先由中学,亦犹是矣"。通中学是通西学的必要基础和根本前提。"如中士而不通中学,此犹不知其姓之人,无辔之骑,无舵之舟,其西学愈深,其疾视中国亦愈甚","则强者为乱首,弱者为人奴,其祸更烈于不通西学者矣"③。

为了确认中学的至尊地位,同时化解"择西学之可以补吾缺者用之,西政之可以起吾疾者取之"的过程中必然遭受的传统阻力,张之洞力图论证"圣经之奥义,而可以通西法之要指"。他爬梳典籍,采摘要义,与西学、西政相附会:

《中庸》讲尽物之性,是西学格致之义;
《周礼》讲饬化八材,是化学之义;
《中庸》讲山以宝藏兴,是开矿之义;
《论语》讲工利其器,是取新式机器之义;
《管子》讲处工就官府,是劝工场之义;
《大学》讲生之者众,食之者寡,是西人富国策之义;
《论语》讲敏则有功,是工宜机器,行宜铁路之义;
《周礼》讲利者使阜,是商学之义;

---

① 《劝学篇·序》。
② 《全集》,卷二百二十一,书札八,致宝竹坡。
③ 《劝学篇·内篇·循序第七》。

《论语》讲教民七年可以即戎,是武备学堂之义;

《左传》讲仲尼见郯子而学,是赴外国游学之义;

《吕刑》讲维貌有稽,是讼狱凭中证之义;

《尚书》讲谋及卿士及庶人,是上下议院互相维持之义;

《论语》讲众好必察,众恶必察,是国君可散议院之义。①

罗列"圣经之奥义"与"西法之要指"的对应关系,颇为牵强,张之洞自己心里也不踏实,所以又特意声明:"然谓圣经皆已发其理,创其制,则是;谓圣经皆已习西人之技,具西人之器,同西人之法,则非。"

如何解释"圣经"与"西法"大义相通而具论有异,张之洞以"西学中源"说作为理论依据。他援引"天子失官,学在四夷"之论,称"中土之学术政教,东渐西被,盖在三代之时,不待畴人分散、老子西行而已然矣"。汉代以后,"中西僧徒,水陆商贾,来往愈数,声教愈通,先化佛国,次被欧洲,次第显然,不可诬也"②。"西法",与"圣经"大义相通,盖源于中土学术政教之余光流韵泽及泰西。至于为何"西法"之具论又有超越"圣经"之优长,张之洞解释道:"然而学术治理,或推而愈精,或变而失正,均所不免。且智慧既开以后,心理同而后起胜,自亦必有冥合古法之处,且必有轶过前人之处。"③张氏的结论是:既然西政西学"揆之经典,灼然可据",那么择之补吾缺,取之起吾疾,便属天经地义,无可指摘,"开新"与"卫道"也就浑然一体,天衣无缝了。

张之洞对于中学与西学、新学与旧学关系的思考,亦有近理之论。中华民族赶超先进、建设富强国家的过程中,务必克服全盘"西化"与因循守旧两种错误倾向。在这方面,张之洞一百年前的思考,留给我们若干启示。当然,囿于传统观念的束缚和朝臣的立场,张之洞将"纲常名教"当成"中学"精华来宣扬和捍卫,认定"圣人之所以为圣人,中国之所以为中国,实在于此"④,并以之作为"卫道"的核心和"开新"的限度,则陷入困顿,对此,历史已经公正地予以扬弃。

---

①②③ 《劝学篇·外篇·会通第十三》。
④ 《劝学篇·内篇·明纲第三》。

五、最乐道"中体西用"

近代中国处于"古今中西大交汇"的变化剧烈时代，梁启超称其为一"过渡时代"，"而全国民族亦遂不得不经营惨淡跋涉苦辛相率而就于过渡之道"[1]。

19世纪中叶以后于思想文化方面"相率而就于过渡之道"者，有主张"中学为体，西学为用"的曾国藩、李鸿章、张之洞等洋务派，有主张政体变革的康有为、梁启超等维新派，还有主张"取欧美之民主以为模范，同时仍取数千年旧有文化而融贯之"[2]的孙中山等革命派。三派占据舞台中心的时间略有交错，大致呈先后递嬗的逻辑顺序。19世纪80、90年代，在政治领域内，维新派十分活跃，革命派已崭露头角，但在思想文化领域内，仍由洋务派占据着"主流"地位，他们力倡的"中学为体，西学为用"成为"流行语"，广泛传播于各阶层、各社会集团。此说表达了社会群体，尤其是社会知识阶层的一般文化选择。

"中体西用"是中西文化剧烈碰撞之际，一部分开明士人在弃旧而又难舍、图新则有意而又犹疑的两难心境下作出的一种文化"折中"。

鸦片战争使"天朝上国"惨败于"红毛蕃种"，士林震惊。林则徐、魏源"开眼看世界"，承认"外夷"坚船利炮、养兵练兵之法高明，故须"师夷长技以制夷"，意味着采纳"西技"以捍卫中华文化本体。这已是"中体西用"说的先导。

19世纪50年代兴起太平天国，50、60年代之交爆发第二次鸦片战争，君主专制之"中体"风雨飘摇，引发奕䜣、曾国藩、李鸿章等权臣对于以先进军事工业技术为代表的"西用"的歆羡。以"制器练兵""求强求富"为宗旨的洋务运动应运而生。

社会运动是思想孕育的温床，思想是社会运动操作的向导。与洋务运动的进程几乎同步，"中体西用"思想由胚胎而成型，呱呱坠地。

咸丰十一年（1861年），身为洋务大员幕僚的冯桂芬在《校邠庐抗议》

---

[1]《过渡时代论》，见王忍之等编《辛亥革命前十年间时论选集》，第一卷，三联书店1960年版，第5页。

[2]《孙中山全集》，第一卷，中华书局1981年版，第560页。

中提出"以中国之伦常名教"为原本,"辅以诸国富强之术"。这是"中体西用"思想的首次明晰表达。循此思路,士林中人多有伸张。王韬在《杞忧生易言跋》中说:"器则取诸西国,道则备自当躬。"薛福成在《筹洋刍议·变法》中说:"取西人气数之学,以卫吾尧、舜、禹、汤、文、武、周公之道。"进入 90 年代,"中体西用"说更趋明朗。"中学"与"西学"作为对待之词被屡屡并用,而前者为体、道、本,后者为用、器、末的主从关系也形乎言辞。1893 年,郑观应在《盛世危言·西学》中说:"中学其体也,西学其末也;主以中学,辅以西学。"1896 年 4 月,沈寿康在《匡时策》中明确提出:"中西学问本自互有得失,为华人计,宜以中学为体,西学为用。"同年八月,光绪帝师、礼部尚书孙家鼐(1827—1909)在《遵议开办京师大学堂折》中详论中、西学之关系:

> 今中国创立京师大学堂,自应以中学为主,西学为辅;中学为体,西学为用;中学有未备者,以西学补之;中学有失传者,以西学还之;以中学包罗西学,不能以西学凌驾中学。①

孙家鼐已抉发"中体西用"说的意蕴,不仅明确规定中西之学的主辅、体用关系,强调中学高于西学,"包罗"西学,而且还特意点明"西学中源"奥义:"西学"之种种优长,无非是"中学"固有而"失传"者,今日不过"还之"老家而已。孙氏的一番辩证,活脱脱显现出中国传统文化对待西方近代文明成果那种既排斥又汲纳,既怀歆羡之情又抱虚骄之态的矛盾状况,而这正是还没有放弃"华夏中心主义"的"中体西用"论者的共同心态。

以上史实可以证明,张之洞并非"中体西用"说的始作俑者。他的《劝学篇》撰成刊行,已在孙家鼐呈《遵议开办京师大学堂折》之后近两年,上距冯桂芬《校邠庐抗议》问世,更有卅载之遥。用梁启超的话讲,张之洞不过是"中学为体,西学为用"这一时代"流行语"的"最乐道"者。但为何后人往往将"中体西用"说与张之洞联系起来?最高统治者对《劝学篇》的褒扬、推广固然是重要原因,但更根本的恐怕还在于同冯桂芬、孙家鼐诸人相比,张之

---

① 中国史学会编:《戊戌变法》(二),上海人民出版社 1957 年版,第 426 页。

洞的"中体西用"说具有若干醒目特点。

首先,对于"中学为体"的内涵诠释更精密。

对于"中学",张之洞尤其强调孔儒之学的正宗地位和"经世致用"传统。他极赞"孔子集千圣,等百王"①,"盖圣人之道大而能博,因材因时,言非一端,而要归于中正。故九流之精,皆圣学之所有也,九流之病,皆圣学之所黜也"②。张之洞力奉儒学"经世"之旨,特别注重弘扬孔儒之学兴教化、正人心的现实政治功能。他的"中学为体",既指以儒学维系君主政治秩序,更指以儒学强化纲常名教统率下的人际关系。张之洞最担心的,并不在列强虎视鹰瞵于外,而在于"恢诡倾危乱名改作之流,遂杂出其说以荡众心"于内,"中无所主,邪说暴行,横流天下。""吾恐中国之祸,不在四海之外,而在九州之内矣"③。《同心》被列于《劝学篇》之首要位置,正表明张之洞"惟此为大"的焦虑急迫之心。

其次,归纳、总结"西学"的丰富内涵,同时严格限制它"为用"的界限。

在林则徐、魏源时代,"夷之长技"仅指坚船利炮。伴随洋务运动的展开,西方"格致"之学、声光电化开始受到人们的重视。而比洋务大吏更激进的改良派思想家则将"设议院""通民情"等涉及政治体制方面的内容也列入应予仿效的"西学"范畴。张之洞总结前人,从广泛的意义上概括"西学"的内容:"西政、西艺、西史为新学"④。他具体阐释"西政""西艺"的含义:"学校、地理、度支、赋税、武备、律例、劝工、通商,西政也。算、绘、矿、医、声、光、化、电,西艺也"⑤。除设立议院,张之洞将前此人们提出的中国应该仿效、采纳的西方资本主义近代文明的内容,统统纳入"西学为用"的范围。这里面既有科学技术,又有法律制度,还有行政措施。不过,张之洞反对设立议院、推行民权,将民主政治排斥于"西学为用"的限定之外,其目的是为了守住"中体"的最后防线。

第三,以清晰的形式凸显"中学为体,西学为用"的两面锋刃及其中心主旨。

---

① 《劝学篇·内篇·循序第七》。
② 《劝学篇·内篇·宗经第五》。
③ 《劝学篇·序》。
④⑤ 《劝学篇·外篇·设学第三》。

从 19 世纪 60 年代到 90 年代,"中学为体,西学为用"思潮由隐而彰,但是,宣称"中体西用"的人,各自目的并不一致,他们对这一思想的理解角度和强调侧面颇相差异。早期改良派鼓吹"中体西用",是为了在陈腐、僵化的旧文化的一统天下之中,为新思想的立足打进一个楔子,为的是让"西用"得以在"中体"之中存身。洋务派以"中体西用"为理论纲领,本意是在以"西用"来捍卫"中体",这其中既包括采用先进火炮对内镇压民众的反抗,以巩固摇摇欲坠的清王朝,又包括用西艺、西技增强朝廷的力量,对列强保全"天朝上国"的局面。总之,是要在"西学"奔涌而至的形势下,通过革故鼎新,保全"中学"的核心地位,维系其政治—伦常系统。至于维新派也常言"中体西用"之说,那是他们机敏地将这一现成口号服务于自己的变法活动,以推进新法的运行。

近代各思想流派对于"中体西用"虽有不同理解,各有发挥的重点,但构成"中体西用"论主体的,毕竟是洋务派(尤其是后期代表张之洞),他们从理论与实践两方面完成这一文化模式的建构,使其功过得失昭然于天下。

就洋务派而言,张之洞对于"中体西用"说的突出建树,在于从理论上为其"正名",替这一时代"流行语"核定一个价值基准。《劝学篇》相当充分地完成了这项任务。《劝学篇》"《内篇》务本,以正人心,《外篇》务通,以开风气",并将"明保国保教保种为一义"的《同心》列于开篇地位,明言"今日时局,惟以激发忠爱,讲求富强、尊朝廷、卫社稷为第一义",这一段话,再明白不过地申明了"中体西用"理论的主要政治意义和文化意义。《劝学篇》撰成、上呈、刊行的 1898 年春夏之交,正是维新派"托古改制",推行变法的高潮期,维新派极力鼓吹的兴民权、开议院等"西政""西用"之说,冲击着"中体"的最后防线。张之洞不失时机地推出《劝学篇》,直接目的就在于抵制维新"邪说",其理论手段则是以平正公允之态,为"中学为体,西学为用""正名"。唯其如此,一度对张之洞颇怀好感的梁启超后来力诋《劝学篇》"是嗫嗫嚅嚅者何足道?不三十年将化为灰烬,为尘埃野马,其灰其尘,偶因风扬起,闻者犹将掩鼻而过之"[①]。何启、胡礼垣也指责《劝学篇》"不特无益于时,然而大累于世,……深恐似此之说出自大吏,……又害我中国

[①] 梁启超:《饮冰室合集·专集》之二,中华书局 1936 年版,第 7 页。

十年"①。

张之洞对于"中体西用"论，不惟从理论上详加阐发，他还竭力实现这一主张，使其物化为晚清社会、经济、军事、教育的现实。

较早提出"中体西用"模式的冯桂芬等人，或"坐而论道"，或仅从事某一领域的"洋务"活动（如郑观应之经营工商贸易，王韬之办报纸），因而其实际的社会影响有限；而曾国藩、李鸿章等人，则全力以赴从事练兵兴学、开矿设厂的具体事务，于"中体西用"理论，未及详加研讨，就学理而言无可深议之处。总之，这两类人物均未能成为"中体西用"论的虚实结合的代表者。张之洞则不同。他主张"中学为体"，不仅于《劝学篇》中具论其详，而且于宦海沉浮中始终以此为立身之本。《劝学篇》讲"新学为用"，应"政艺兼学"，他在两广、湖广总督任内所兴"洋务"，说涉及"西政"（学校、地理、度支、赋税、武备、律例、劝工、通商）和"西艺"（算、绘、矿、医、声、光、化、电）的所有领域，并取得引人注目的实际成就。总之，张之洞不仅是"中体西用"说集大成的"力言"者，更是这一思想学说的集大成的"力行"者。时人与后人将"中体西用"说与张之洞紧密联系起来，言此论则议斯人，就是理所当然的了。

从一般的中西文化交融的意义上看，"中学为体，西学为用"强调以固有中华传统文化为本、为主，这似乎无可指责，而提出以西学之长补中学之短，更体现出一种符合时代进步潮流的、开通的文化观，相对于那种视一切异域文化为洪水猛兽，必欲深闭固拒的极端守旧观念，是一种进步。

从19世纪中叶到20世纪初年，近代倡言"中体西用"者，其用意和侧重点并非同一。由于政治分野和学脉不同，决定了他们的文化主张大异其趣，这既表现在对"西学"采纳的深度、广度各不相同上，还突出地体现在对"中学"的理解角度与强调层面的差别上。

"中学"，或曰"旧学"，本身是一个定义域十分宽泛的概念。作为文化民族性的特殊表征符号，它涵盖中华传统文化全部，以之与异域文化相对应。这时，"中学"的时代阶段性特征便被抽象掉了。而在这种情况下，不同学派的论者，才会达到某种程度的共识，"中体西用"才得以成为"时代流行语"。

---

① 何启、胡礼垣：《〈劝学篇〉书后》，冯天瑜、肖川释注：《劝学篇·劝学篇书后》，湖北人民出版社2003年版。

而一旦思维运作与语义辨析深入到"中学"的具体含义,"中体西用"论者的分歧便立即显现出来。

19世纪中后期活跃于思想界的改良派新学家们所主张发扬的"中学",其侧重点有别于洋务派。曾国藩、李鸿章、张之洞,都是"名教"捍卫者,所力倡的"中学",侧重点在秦汉以至明清愈演愈烈的君主专制制度及其文化,其纲领便是"三纲"。而从冯桂芬、王韬、郑观应到康有为、梁启超等改良派新学家阐扬中学时,共同特点却是菲薄"近古"之学(秦汉以降的专制主义文化),崇尚"远古"之学(尧舜—三代文化),遵循"返本开新"的思维路向,所提倡的"中学"更多的是指中华文化的原创性精神,如忧患意识、变通精神、行健不息、民本思想,等等。他们鼓吹设议院、呼吁民权,当然借助于西学,同时也以五经和先秦诸子作佐证。向"文化原本"复归,从中汲取灵感,获得前进基点,并以之与西方近代政治学说相比照,成为近代新学家普遍采用的运思路线和论证方法,这正是他们对包括张之洞在内的洋务派"中学观"的超越之处。

冯桂芬申述官制改革,引述《尚书·尧典》的"师者众"说、《论语》的"举直错诸枉则民服"说、《孟子》的"国人曰贤然后用之"说。他将这些概括为"三代上固有善取众论之法"①。

王韬在倡言君主立宪时,特别指出英国时下正在实行的这种制度与中国古意相通:"惟君民共治,上下相通,民隐得以上达,君惠亦得以下逮,都俞吁咈,独有中国三代以上之遗意焉。"②

梁启超论证"舍西学而言中学者,其中学必为无用;舍中学而言西学者,其西学必为无本。无用无本,皆不足以治天下"③,其"中体西用"之意甚明。但他提出,"中体"为改革的依本,则在于"能以今日新政,证合古经者为合格"④。他的《古议院考》论道:"议院之名,古虽无之,若其意则在昔哲王所恃以为均天下也。其在《易》曰'上下交泰,上下不交否'。其在《书》曰'询谋佥同',又曰'谋及卿士,谋及庶人'。其在《周官》曰'询事之朝,小

---

① 冯桂芬:《校邠庐抗议·公黜陟》,光绪十年江西刊本。
② 王韬:《弢园文录外编》,卷一,中华书局1959年版。
③ 梁启超:《西学书目表后序》,《饮冰室合集》《文集》,中华书局1936年版,第1册。
④ 梁启超:《变法通议·学校总论》,《饮冰室合集》《文集》,中华书局1936年版,第1册。

司寇掌其政，以致万人而询焉'。"

以上可见，冯、王、梁诸人，虽然也声言"中体西用"，但他们所谓的"中体"，主要是指中华文化的元典精神，企图返回中华民族的精神故乡，以"三代之治""尧舜之道"，解救近古专制之弊。他们心目中的"中学"，就其历史阶段性看，重在先秦，而不在秦汉以后；就其文化内涵看，特别借重元典精神中的原始民主和民本主义，从而为其政治制度改革张本。[①]

与近代新学家们不同，张之洞的"中学"观则另藏意蕴，他强调的是秦汉以后，特别是明清正在运作的君主专制之学。张之洞反复论证为"天经地义"的"三纲"说，正是秦汉以降宗法—专制制度的理论概括，而与先秦的元典精神相去甚远。何启、胡礼垣在《〈劝学篇〉书后》中指出，张之洞在《劝学篇·内篇》一再申述的"三纲"之说，出于《礼纬》，《白虎通》引之，董仲舒论证之，朱熹发挥之，都是后儒之作，而并非儒学原教，所谓"三纲之说非孔孟之言也"。这种剖析，对张之洞以"三纲"说为核心的中学观及其"中体西用"论，无异于釜底抽薪。[②]

张之洞中学观的特点在于，抹杀远古（先秦）至近古（秦汉以降）中学性质的变迁。他宣称："我圣教行中土，数千年而无改者，五帝三王，明道垂法，以君兼师，汉唐及明，崇尚儒术，以教为政。"[③]请特别注意，张之洞在这里有意在"五帝三王"与"汉唐及明"之间，略去在中华文化史上虽然短暂但却有极端重要意义的"秦"一段，大而化之地将"政教相维，古今之常经"认作"中学"古已有之的文化精髓，从而掩饰他以"近古"（秦汉以降）的政治专制、文化一统作为"中学"实质与重心的用意。在张之洞看来，"中学"或曰"旧学"的根本价值，并非三代的远古民主遗风和百家争鸣学术空气，而在秦汉以后两千年不绝的君主专制制度与儒学独尊格局。"心圣人之心，行圣人之行"不过虚文，"以孝悌忠信为德，以尊主庇民为政"[④]才是枢纽所在。这便是张之洞与冯桂芬、王韬、梁启超等人"中学"观的分水岭。也正是由于这道分水岭，张之洞的"中体西用"论才得到清廷最高统治者和守旧文人的喝彩，

---

① 参见冯天瑜《中华元典精神》，上海人民出版社 1994 年版。
② 参见冯天瑜、肖川释注《劝学篇·劝学篇书后》，湖北人民出版社 2003 年版。
③ 《劝学篇·内篇·同心第一》。
④ 《劝学篇·外篇·会通第十三》。

同时又理所当然地遭到新学家的抨击。

张之洞的"中体西用"显然比梁启超等人的"中体西用"更显出历史的惰性，也更符合清代的现实面目。在张之洞时代，现实生活里的"中学"，就是秦汉以降建立在君主专制、文化一统之上的观念形态，而远古民主遗风及"和而不同"的生动活泼的文化气息，早已退隐衰微。梁启超等人走"返本开新""托古改制"的曲径，深意在否定秦汉以至明清的专制制度和文化大一统，争取一种近代性的跃进，其思路与欧洲文艺复兴倡导古希腊文化颇有异曲同工之妙。与张之洞的中学观相比较，梁启超们的中学观代表着新的时代方向。

从哲学思想而言，"中体西用"论的意旨出自《周易》关于易道包含"变易"与"不易"两义。张之洞说："夫不可变者伦纪也，非法制也；圣道也，非器械也；心术也，非工艺也。"① 伦纪、圣道、心术都是不可变易的，所谓"天不变，道亦不变"，这便是"中学为体"的理论依据；法制、器械、工艺是可以变易的，所谓"穷则变，变则通，通则久"，在这一层面可以"以夷变夏"，故而应当"西学为用"。这种从"变易"与"不易"的双重理论出发的"中体西用"说，依据的是突出不易观，兼及发展变易观，尤其当触及文化内核部分，便陷入僵化静止。

六、开放观的阐发者与践行者

中国近代文化哲学的新旧分水岭，在于开放求新知与封闭守故套。第一次鸦片战争警醒少数士人，林则徐、魏源、徐继畬等率先开眼看世界，倡导"师夷长技以制夷"，19世纪40至50年代出版《四洲志》《海国图志》《瀛环志略》等代表作，初步论说对外开放的必要性及运作方式，然囿于朝野封闭自守的强大传统，道咸间的早期开放观影响甚微（远不如日本江户幕府末期开放观的传扬程度）。经过第二次鸦片战争的惩戒，清廷被迫启动洋务新政，有限地在技艺层面开放门户，然直至同光时期，社会开放度还十分狭窄，弥漫朝野的仍然是封闭自守观。张之洞于此际身任封疆，在兴办洋务的实践中，痛感封闭自守的危害性，自19世纪80年代中期以降，一再呼吁对西技、西艺、西政

---

① 《劝学篇·外篇·变法第七》。

（具体的西洋行政，而非民主制度）开放，其 1898 年所著《劝学篇》更系统阐发开放主义，这是张氏文化哲学的一个重要闪光处。

《劝学篇》外篇遍论研习西学的必要性与可行性，而中心思想便是有限度地对西学开放（限定性在于拒绝近代西方民主政治，前已详论，此不赘）。《劝学篇》外篇第一目《益智》说，开放的要领在于"智"，而西方人为什么智慧呢？因为欧洲国多，竞争激烈，各国"互相仿效，争胜争长"，各国往来频繁，"不问而多知"。反观中国，大一统以后，"傀然独处于东方，所与邻者"多半后进，"其治术、学术无有胜于中国者。惟是循其旧法，随时修饬，守其旧学，不逾范围，已足以治安而无患"。张氏突破了一贯的自以政治、文化"大一统"为傲的观念，指出这正是中国制度、文化停滞不前的原因。

张之洞反顾清代历史，十分向往清初康熙朝乐于、勤于研习西学，赞康熙"刊布《数理精蕴》《历象考成》《仪象考成》，教天算，西学也；遣使测经纬度，绘天下地图，教地舆，西学也。"批评道光以降的自我封闭，又肯定咸同之际的洋务新政，"内外开同文方言馆，教译也；设制造局，教械也；设船政衙门，教船也；屡遣学生出洋，赴美、英、法、德，学公法、矿学、水师、陆师、炮台、铁路也；总署编刊公法、格致、化学诸书，沪局译刊西书七十余种，教各种西学也……"。然朝野封闭排外大局未改，故"译书不广，学亦不精，出洋者大半志不在学，故成才亦不多"。认为研习西学尚在皮毛，同时又有人一味"赞羡西学""自视中国朝政民风无一是处"，对于这两种极端之论，张氏都痛加批评，而力倡内外兼采、中西互动的有限开放文化观。这是洋务派文化哲学的较完整概括，已超越奕䜣、曾国藩、李鸿章的水平，并采纳了若干改良派的文化思想，但止步于民主政制变革的核心内容之外。

七、"过渡时代"的过渡理论

"中学为体，西学为用"，作为一种文化观念，在近代中国的思想舞台上曾经流行一个世纪，至今仍保有影响力。

自鸦片战争，列强撬开封闭的中华帝国大门，将中国人逼上探寻"富国强兵"的艰难历程。在痛苦地承认失败之后，一小批开明士人选择以打败自己的敌人作为"老师"，这触动了中国那根十分敏感的"夷夏之大防"神经。为缓解对于学习西方的抵触乃至仇视情绪，"中学为体，西学为用"的提出，体现出开通、明智的一面，是思想的一种突破；从社会效用看，它又是缓解矛盾，排除障碍，使"西学"得以在中国存身立足的"安全岛""保护层"。可以说，在戊戌以前，"中体西用"说自有它产生的历史必要性与合理性，因而较多地体现出历史作用的积极一面。作为"过渡时代"的一种"过渡型"理论，"中体西用"说的出现，证实近代工业文明诞生以后，世界范围内民族文化的交融，已成为不可阻挡的历史趋势；证明近代新文化的价值，已经在不同程度上被开明士人所认可，尽管这种认可附丽于种种现实的政治功利目的，从而或多或少地歪曲了近代文化的整体面目，但它到底为文化近代转型，提供了一种初步模式和认识阶梯。如果说种族观的"夷夏之大防"在19世纪40年代已经动摇，那么文化观的"中西之大防"在90年代"中体西用"说定型以后，也趋向瓦解。我们今天有充足理由来论证"中体西用"说的浅薄、机械和似是而非，但却不可否认它在沟通中西文化方面所发挥的无可替代的作用。

世纪之交，洋务事业在湖北地区继续发展，"中体西用"的实验基地并未丧失。而且，由于《劝学篇》的刊行以及朝廷的极力推崇，"中体西用"说的社会影响更加扩大。但是，由于全国范围内政治、文化形势的重大转折，"中体西用"说的历史作用也发生改变。戊戌维新的失败，将政治革命的紧迫性提前。与此相应，鼓吹"立宪""民权""共和"，反对君主专制的呼声日益高涨。历史已经前进到这样的关口："西用"事实上的大量采纳，并不能拯救病入膏肓的"中体"，而文化更新的趋势，又要求得到理论诠释。在这种时代背景下，"中体西用"说妨碍思想解放、阻挠社会进步的消极面便逐渐上升。戊戌政变以后的张之洞，作为"中体西用"说的人格代表，恰如何启、胡礼垣在《〈劝学篇〉书后》中所评断的：

其论则非，不特无益于时，然且大累于世。

就理论层面评析，"中体西用"说有其缺陷——违背体用相关、道器一致的事物本来规律。东晋僧人僧肇（384—441）在《肇论》中提出"即体即用"，道明文化形而上的意识形态与形而下的器用制度，是不可分割的浑然一体。幻想旧"体"与新"用"和谐相处，借后者以强化前者，这是一厢情愿。"中体西用"论者割裂道器、本末、体用的有机联系，以机械的方法来处置活泼生动的文化有机体，"塔积木"式地配置中学与西学、传统文化与近代文化的相互关系，在当时就遇到来自"守旧者"和"言新者"立场迥异的两方面皆基于"体用一致"原理的尖锐批评。张之洞的弟子张继煦所著《张文襄公治鄂记》披露了张氏所面临的两面夹击的情形：

> 公之初至鄂也，购机制械，提倡西艺，日不暇给，士夫之守旧者，以此病公，拟为变法之王安石。及庚子后，朝野昌言变法，异说飙起，言新者又诋公未窥西学途径。故公在鄂二十年，无日不在群疑众谤之中。①

近代中国的守旧派是坚持"体用不二"的，不仅维护"中体"，而且反对"西用"。对于"西用"之于"中体"的必然"危害"，守旧派表现出本能的、直觉的恐惧。洋务运动方兴未艾之时，光绪元年（1875年），通政使于凌晨就担忧，制洋器，兴洋学，必然导致"礼义廉耻大本大原令人一切捐弃"的奇灾异祸，"今以重洋人机器之故，不能不以是为学问，为人才，无论教必不力、学必不精，窃恐天下皆将谓国家以礼义廉耻为无用，以洋学为难能，而人心因之解体"②。"形而下"的西方科技器用的普及、推广，必将对传统社会的产业结构、政治体制、文化心理都产生深刻影响，从而动摇"形而上"的中国传统文化之"道"、之"体"。"西用"与"中体"，如冰炭之不可同炉。应该承认，极端守旧派拒"西用"于"中体"之外的痛心疾首，较之"中体西用"论者捏合二者的两难努力，更显得"理直气壮"。守旧派是从僵化不变的立场上强调体用不二的。体用一致，对于他们来讲，只意味着旧的扼制新的、窒息新的，绝非新的克服旧的、改造旧的。读"孔孟之书，学尧舜之道，明体达用，规模宏远也，何必令其学为机巧，专明制造轮船洋枪之理乎？"③旧体与旧用均妙不可言，体与用均无修改更新的必要，其结论是："何必师事夷人？"④

"中体西用"论割裂"体—用"、"道—器"，受到维新派的驳难。还在张之洞撰写《劝学篇》之前，谭嗣同便从学理上剖析"中体西用"论者的"不审"：

---

① 张继煦：《张文襄公治鄂记》，湖北通志馆民国三十六年版，第54页。
② 中国史学会编《洋务运动》（一），上海人民出版社1960年版，第121页。
③ 张盛藻奏折。见中国史学会编《洋务运动》（二），上海人民出版社1960年版，第29页。
④ 倭仁奏折。见中国史学会编《洋务运动》（二），上海人民出版社1960年版，第30页。

> 圣人之道，果非空言而已，必有所丽而后见。……故道，用也；器，体也。体立而用行，器存而道不亡。自学者不审，误以道为体，道始迷离惝恍，若一幻物，虚悬于空漠无朕之际，而果何物也耶？于人何补，于世何济，得之何益，失之何损耶？将非所谓惑世诬民异端者耶？夫苟辨道之不离乎器，则天下之为器亦大矣。器既变，道安得独不变？变而仍为器，亦仍不离乎道，人自不能弃器，又何以弃道哉？①

与谭嗣同的认识基本一致，但逻辑更加缜密的对于"中体西用"论的批判，来自近代启蒙思想家严复。他在20世纪初年的一封著名书信中论道：

> 体用者，即一物而言之也。有牛之体，则有负重之用；有马之体，则有致远之用。未闻以牛为体，以马为用者也。中西学之为异也，如其种人之面目然，不可强谓似也。故中学有中学之体用，西学有西学之体用，分之则并立，合之则两亡。议者必欲合之而以为一物。且一体而一用之，斯其文义违舛，固已名之不可言矣，乌望言之而可行乎？②

严复嘲讽"中体西用"论割裂体用，如同"牛体马用"，断难有成。批评洋务派"盗西法之虚声，而沿中土之实弊"③，无以救中国。针对洋务运动只学习西方生产技能和军事技术，拒绝进行政治改革，终至失败的教训，严复提出"以自由为体，以民主为用"的文化模式，取代"中体西用"，指示了更明朗的文化近代走向。

张之洞"旧学为体，新学为用"论的历史效用是双重的，一方面，它以离析体用的方式，给体用高度契合的旧文化系统打开缺口，楔入新学（西艺、西政），使铁板一块的传统文苑赢得生机，涌现学堂、报刊、留学、机器工业、知识分子、新军等新的人与事，为社会变革奠定物资和人才基石；另一方面，朝廷通过洋务大吏操持的"体用两橛"格局，以"旧体"束缚"新用"，阻碍新政治、新文化的健康发展，"其害于吾国长进之轨，少者十年，多者数

---
① 谭嗣同：《谭嗣同全集》，中华书局1981年版，第197页。
② 《与外交报主人书》，《严复集》第三册，中华书局1986年版，第558页。
③ 《严复集》第一册，中华书局1986年版，第48页。

纪"①，甲午战争中方惨败、戊戌政变使改革夭折便报告了这一模式难以圆满的消息。

操持洋务三十年的张之洞是这柄双刃剑的重要锻造者、使用者。他临终前对生平功业念念在兹，尤其在意自己的"学术""心术""治术"的评价，自称思想"大中至正"；而面对清朝败象，发出"国运尽矣"的哀叹。可见他对作为思想者的自己估价甚高，却生逢末世，无力回天，因半生奉行的"中体西用"未竟全功而深感遗憾。

评价历史人物的思维成就，不必依据本人的主观判定，而须观其客观的社会作用、考察其在精神史留下的良莠杂糅遗产。若依此给张之洞作思想史定位，似乎可以略列四点意见。

其一，足堪立于思想家之林。

张之洞入仕近五十载，以"能吏"名世，一生政绩斐然，与曾国藩、左宗棠、李鸿章并称"四大中兴名臣"。但他不满足于"形而下"的政务活动，终生不懈地探讨"形而上"的为政为学之"道"，从学理层面研究治国方略和精神出路，撰有《读经札记》《輶轩语》《书目答问》《劝学篇》等多种学术著作。徐世昌称张诗"瑰章大句，魄力浑厚"，以之描述其论著也大体切合。张氏身膺高官却始终没有脱离学者生涯，"听政之暇，率危坐读书终日"，长年挑灯亲撰不辍。张之洞极重学术，有言"世运之明晦，人才之盛衰，其表在政，其里在学。"又说"生平精神所寄，尤在振兴教育，储育人才。"晚清大员兼领学者身份并以思想文化长远影响当时及后世者，大约唯曾国藩、张之洞两人而已。现代学术泰斗陈寅恪讲到，他的思想学问"在湘乡南皮之间"（曾国藩湘乡人，张之洞南皮人）②，即是一证。

其二，过渡之道探究者。

张之洞不是生活在平顺稳定的时代，其精神世界随时变而跌宕起伏。早年浸润于旧学，为京官时，以倡言纲常、批评时政著称一时，这种高蹈的清流风格伴随终生。但张之洞不同于只尚空谈的清流朋友张佩纶辈，他承袭经世传

---

① 严复：《与外交报主人书》，《严复集》，中华书局1986年版，第66页。
② 陈寅恪：《冯友兰中国哲学史下册审查报告》，《金明馆丛稿二编》，上海古籍出版社1980年版。

统,"通经为世用",用力探讨社会实际问题,出任封疆,眼光即投向"万国盟聘,世变日多"的内政外务,孜孜不倦地研习政治、经济、军事、外交、文化、教育、社会诸方面实政实学。他深悉自己处在数千年未遇的剧变时代,比较自觉地探究文化的古今更革、中西会通,高扬"旧学为体,新学为用"旗帜,构造庶几完整的过渡思想体系,梁启超1897年称其"通达西学深见本原""博综中学精研体要",并非虚誉。1898年撰著的《劝学篇》堪称过渡时代探求过渡之道的代表作。1901年出自张氏手笔的"江楚会奏变法三折",筹议变革宗旨,拟订整顿中法十二条、采纳西法十一条,成为清末新政纲领,所陈"设学堂、改科举、去书吏、汰绿营、劝工艺、定商律"诸策,被朝廷全数采纳。张氏1903—1904年间参预制订《癸卯学制》,1905年与袁世凯、赵尔巽等上奏废除科举制度,也在中国文化史留下浓墨重彩。

其三,政艺兼学,政尤急于艺。

张氏思想尤其值得研讨的是其新学(西学)观。一般而言,洋务大吏所言新学(西学),要指西方技艺之学,张之洞在强调中学(三纲五常)为根本时,也往往把西学(新学)限定在操作(用)层面,他拟订的公式是:"中学为内学,西学为外学;中学治身心,西学应世事"①。但必须注意的是,张氏对西学(新学)的认识渐趋开阔,后期已超越奕䜣、曾国藩、左宗棠等洋务先驱西学即西技的故套,取得与郑观应、王韬、薛福成等政制改良派相近的认识。洋务后殿张之洞在兴实业、练新军、办学堂过程中发现,西学不限于技艺,"西政、西艺、西史为新学"②,西学包括西政(社会科学)、西艺(自然科学)两大部类,"学校、地理、度支、赋税、武备、律例、劝工、通商,西政也;算、绘、矿、医、声、光、化、电,西艺也",二者不可偏废,应当"政艺兼学"③,其中以政学为重,"西学又有别,西艺非要,西政为要。"这在晚清已是相当前卫的西学观。

其四,新旧兼纳派的"中体西用"观。

张之洞持伦常—政制区别论,依据《易经》变易、不易二重思想,认定"夫不可变者,伦纪也,非法制也"④,纲常名教必须坚守不变,但具体政制

---

① 《劝学篇·外篇·会通第十三》。
②③ 《劝学篇·外篇·设学第三》。
④ 《劝学篇·外篇·变法第七》。

应当改革。在这一意义上,他肯定"变法"的必要性,认为"不变其法,不能变其器",并且指出,变法虽为"朝廷之事",却"实成于士民之心志议论"①,主张有限度地向民众开放关于变法的议论。张氏早在1883年山西巡抚任上便发布《延访洋务人才启》,召求熟悉"西政""西法"的人才;甲午战争以后,更明指"西人政事法度之美备""十倍精于"其军事。②故首重西政讲习,认为"政治之学不讲,工艺之学不得而行也"③,强调"政尤急于艺"。可见,张之洞"乐道"的"中体西用"论,不能以政治保守主义一言以蔽之,称其为圆通的文化保守主义庶几恰当。

中国的文化保守主义以传统文化为本位,吸纳西方文化,试图建立中西会通的新文化,张之洞率其先,梁漱溟、张君劢等续其后。文化保守主义与政治保守主义并非完全同一,张之洞等文化保守主义者把政治制度视作文化表层,往往以表层(政制)改良维系文化内核。文化保守主义者张之洞可以实行有限政制改良,其思想理路正在于此。

清末政坛险恶,加之张氏老谋深算,他的政治主张往往藏而不露,不及其经济思想、教育思想那样坦诚、直白,呈现一种不偏不倚的稳健派外观。直至戊戌前后,他可以泛议变法(《劝学篇》专设"变法"一目),却回避变革君主专制这一敏感的要害问题。他一再昭示,既反对旧派的"不知通",又谴责新派的"不知本",他自己则稳稳当当地做一个新旧兼纳派。《劝学篇》的内篇外篇并存一书,正是两线作战的典型表现。19世纪末,改良派初倡宪政,张氏声言立宪断不可行,严责"躁进"。但时过三年,至20世纪初叶清廷酝酿新政时,他立即宣布支持君主立宪,1901年在《致刘坤一、陶模、袁世凯等》函札中说:"其实变法有一紧要事,实为诸法之根,言之骇人耳。西法最善者,上下议院互相维持之法也。"④ 不过他认为民智未开,下院不可设,只能设上院。自此张氏成为清末立宪运动要角。1907年与慈禧对话时建议将"预备立宪"中的"预备"二字去掉,"立宪实行,越速越妙""预备两字,实在

---

① 《劝学篇·外篇·变法第七》。
② 转见《谭嗣同全集》,中华书局1981年版,第158页。
③ 《劝学篇·外篇·益智第一》。
④ 《张文襄公全集》,卷一七一,《电牍》五十,楚学精庐刊本,民国二十六年。

误国"①；不过他对清廷借立宪之名，剥夺汉官权利，集权于满洲贵胄极为愤慨，但推进宪政的热情未消，1909年在遗折中力陈"立宪为维新之本，不可视为缓图。"②张之洞故去，时人称"环顾疆吏之行新政最力者，莫若文襄。"③

张氏思想因时而异，人们多以其权谋机变解释之，但详考张氏理路可以发现，他虽长期不愿宣之于外，其实变政主张久蓄内心，追溯其1883年《延访洋务人才启》，尤其是重览1898年《劝学篇》外篇中《益智》《游学》《设学》《变法》诸目，可见其欣赏西政西法，草蛇灰线，伏脉千里。张之洞两广总督的前任张树声，在职时从未流露宪政主张，辞世前却留下遗折，直议君主立宪优于君主专制。两张之例说明，思想史（尤其是政治思想史）的复杂性，思想者的前与后、思与行、表与里，往往多有悖论，简单截取一段、一面，以偏概全，不能反映真相。

---

① 《八月初七日张之洞入京奏对大略》，转引孔祥吉《张之洞与清末立宪别论》。
②③ 《张文襄公事略》，《清代野史》第6辑，巴蜀书社1987年版，第97、126页。

结　语

　　清末重臣兼渊博学者张之洞，离世已逾百余年，但历史没有忘却这位"文襄公"。辛亥革命后，清代遗老咒骂张之洞坏了皇朝大事，新锐学者指张氏"保守""反动"，误中国革新深矣！与之相背反，1912年4月，孙中山观览辛亥首义之区武昌时，环顾首义参加者多为张氏的文武门生，发感慨道："以南皮造成楚材，颠覆满祚，可谓不言革命之大革命家。"[①] 入张氏幕府二十余年的辜鸿铭俏皮地说："民国成立，系孙中山与张香涛的合作。"[②] 以上评议皆基于张之洞兴实业、练新军、办学堂的实绩而发，虽褒贬大异，但言其重要则别无二致。各地多存张氏纪念物，武汉有抱冰堂、张公堤、张之洞路，近年复建其任湖北学政时创办的经心书院，武汉大学立张氏塑像，又有多处（如其故乡南皮、功业集中地武汉）建立张氏博物馆、纪念馆。所著《书目答问》是今之习国学者的必读书，《劝学篇》更被学者反复研讨，视作近代思想史的纲领篇目。张氏文集，自民初《张文襄公全集》以至当下多种文本出版，较完备的是武汉学者编纂，收入国家清史资料丛刊的汉版《张之洞全集》（14453件文献，1275万言），未入集的篇目还在纷纷发现。关于张之洞的评述书文，多不胜数，以"评传""传""大传"名书者不下十种，而清末改革家、张氏同僚陈宝箴之孙陈寅恪撰写的一首诗尤为醒目——

　　1927年，清华国学院导师王国维自沉昆明湖，另一导师陈寅恪挽诗，其中回溯清季新政，议及张之洞，有诗句云：

　　　　当日英雄谁北斗？南皮太保方迂叟。

[①]　《时报》1912年4月5日。
[②]　《辜鸿铭文集》下册，海南出版社1996年版。

> 忠顺勤劳矢素衷，中体西用资循诱。

陈寅恪婉惜张氏迂腐，又盛赞其为"当日英雄"，如北斗星一样指示方向，特别称赏"中体西用"论的循循诱导，揭示文化保守主义的特别价值。置诸特定的历史语境，作超越式诠解，陈氏诗堪称认知张之洞的箴言。本书四十万字篇幅，陈寅恪咏张之洞诗句之注解。

通过有可比性人物间的较衡，或许是加深对历史人物认识、确定其属性的一种办法。论及张之洞，人们常将他与曾国藩、李鸿章、翁同龢、袁世凯作比较（本书也零星作过这类比较）。若放眼同处近代转型期的东亚，以当国重臣而言，张氏似可与伊藤博文对议，而如果从思想者角度类比，张氏最恰当的比较对象是福泽谕吉。一则，二人年龄相近，张氏1837—1909年，福泽1835—1901年；二则，两位都撰写了名震遐迩的同名书——《劝学篇》，两书都试图为自国发展前途总体设计；三则，两书皆发行数百万册，影响广远。

《劝学篇》是以尚学著称的东亚文化圈诸国人士熟悉并乐于采用的文本篇名。战国时期的荀子首撰《劝学篇》，后来效法此名的篇什接踵而至。近人张之洞1898年也把毕生最重要的论著定名《劝学篇》；稍早，日本人福泽谕吉1880年出版《学问のすすめ》，译为汉字名即为《劝学篇》。

诞生于明治维新期间的福泽《劝学篇》，意在提高民智，达成国民启蒙。又指出，单有民智提高，并不能进入文明大国行列，主张"要具备才德就须明白事理，要明白事理，则须求学"，这便是福泽"劝学"的目的，与张之洞着眼于为朝廷献计有显著差别。张氏《劝学篇》高颂忠孝，而福泽《劝学篇》认为忠君之"义"和愚孝对社会无益，应立足社会实际，新立民德，呼吁"四民平等"，先谋个人独立，再求一国富强。福泽倡导独立的公民意识，与张氏维护君主专制的臣民意识，是两种《劝学篇》的分水岭。

通过与"东方伏尔泰"福泽谕吉（其实福泽也多有缺陷）的简要比较，可以得见，张之洞虽在开辟近代化事业方面卓有建树，其思想不乏新锐卓异之处，然基本价值观尚未跨越中古樊篱。这并非仅为张氏个人的问题，而映现出洋务运动及清末新政的窘状。

生平年表

1837年（道光十七年）9月2日　　生于贵州兴义府官舍。一说生于贵筑县（今贵阳市）六洞桥。

1840年（道光二十年）　　三岁，母朱氏死。第一次鸦片战争爆发。

1841年（道光二十一年）　　四岁，入塾就学。

1848年（道光二十八年）　　十一岁，从师胡林翼、韩超。

1850年（道光三十年）　　十三岁。应试，入南皮县学。

　　7月　　洪秀全领导金田起义。父张锳募勇在贵州抗拒农民军。

1852年（咸丰二年）　　十五岁。回原籍直隶应顺天府乡试，中式第一名举人。

1853年（咸丰三年）　　十六岁。

　　4月　　太平军攻占江宁，清廷宣布畿辅戒严。

　　8月　　出都抵贵州兴义府。

1854年（咸丰四年）　　十七岁。在兴义城与父兄一起参加抵御农民军的战斗。娶石夫人。

1855年（咸丰五年）　　十八岁。侍父于贵州军中。秋，父令其北上入京。

1856年（咸丰六年）　　十九岁。

　　4月　　赴礼部试，考取觉罗官学教习。

　　8月　　父病死军中。

1857年（咸丰七年）　　二十岁。在籍守制。翌年继续守制，11月服除。

1859年（咸丰九年）　　二十二岁。

　　3月　　将赴会试，因族兄张之万为同考官，循例回避。在家乡（直隶南皮）办清平团练。

1860 年（咸丰十年）　　二十三岁。

　　7 月　　长子张权生。

　　9 月　　英法联军陷北京，咸丰帝逃往热河。

　　感愤时事，作《海水》诗二首。

　　秋冬至济南，入山东巡抚文煜幕府。

1861 年（咸丰十一年）　　二十四岁。

　　4 月　　回南皮，后赴任丘，任刘仙石家庭教师。

1862 年（同治元年）　　二十五岁。

　　2 月　　入都。

　　4 月　　应会试，落榜。后入河南团练帮办毛昶熙幕府，参与镇压捻军。

　　8 月　　入河南巡抚张之万幕府。

1863 年（同治二年）　　二十六岁。

　　3 月　　入都。

　　4 月　　会试，中式一百四十名贡生。

　　5 月　　殿试，列一等一名；廷式对策，两宫皇太后拔置一甲第三（探花），赐进士及第。

　　6 月　　授职翰林院编修。

1865 年（同治四年）　　二十八岁。

　　5 月　　散馆考试，列一等第一名。

　　6 月　　石夫人死于京寓。

1866 年（同治五年）　　二十九岁。

　　5 月　　翰林大考，以考卷脱一字，列二等第三十二名。

1867 年（同治六年）　　三十岁。

　　7 月　　充浙江乡试副考官。

　　8 月　　简放湖北学政。

　　11 月　　抵湖北省城武昌。

1868 年（同治七年）　　三十一岁。任湖北学政。

1869 年（同治八年）　　三十二岁。在武昌三道街文昌阁创建经心书院，撰联"宋学积分三舍法，楚材淹贯九丘书"。

1870 年（同治九年）　　三十三岁。

2月　　娶唐夫人。编刻《江汉炳灵集》。

11月　　任满交卸入京，在北京与潘祖荫、王懿荣、吴大澂、陈宝箴等清流名彦结交。

1871年（同治十年）　　三十四岁。6月充翰林院教习庶吉士。

1872年（同治十一年）　　三十五岁。

10月　　同治帝大婚典礼，赏加侍读衔。

11月　　进呈《平定粤匪方略》《剿平捻匪方略》。

1873年（同治十二年）　　三十六岁。

7月　　充四川乡试副考官，9月简放四川学政。

1874年（同治十三年）　　三十七岁。整顿四川科举积弊，始建尊经书院。

1875年（光绪元年）　　三十八岁。

2月　　同治帝死，载湉继位，是为光绪帝。撰《輶轩语》《书目答问》以教士。

1876年（光绪二年）　　三十九岁。继续整顿四川科举积弊。

12月　　任满交卸返京。充文渊阁校理。娶王夫人（王懿荣之妹）。

1877年（光绪三年）　　四十岁。充教习庶吉士。议穆宗（同治帝）升祔位次。

1878年（光绪四年）　　四十一岁。为清流党人黄体芳代拟疏稿，陈时政得失。

1879年（光绪五年）　　四十二岁。

3月　　王夫人死。补国子监司业。

5月　　上疏，议皇统继承。

6月　　奏议四川东乡知县孙定扬"诬民为逆"。

8月　　疏请"直言不宜沮抑"。

9月　　补授左春坊中允。奏请速筹荒政。

10月　　转司经局洗马。

1880年（光绪六年）　　四十三岁。

1月　　上疏，言"中俄伊犁条约""十不可许"，并力主整修武备，与俄另订新约，治出卖主权的崇厚以"应得之罪"。

6月　　转翰林院侍读，旋晋左春坊右庶子。

8月　　充日讲起居注官。继续就"中俄条约"事上奏。

9月　　奏请加强海防，转左春坊左庶子。

1881年（光绪七年）　　四十四岁。

1月　　与陈宝琛会奏请裁阉官。

3月　　补翰林院侍讲学士（从四品）。

6月　　充咸安宫总裁。

7月　　擢内阁学士，兼礼部侍郎衔（从二品）。

1882年（光绪八年）　　四十五岁。

1月　　补授山西巡抚（正二品）。出京赴山西任。禁革山西种种陋规。

4月　　敦请阎敬铭出山任职。

6月　　胪举中外文武官吏59人。奏请遣重臣驻粤，以应付法国在南疆的侵略活动。

7月　　奏明"治晋八事"。

10月　　设清源局。

12月　　札各属禁种鸦片。

1883年（光绪九年）　　四十六岁。

1月　　设教案局。

2月　　筹办山西练军，调李先义、吴元恺等管带操练。

5月　　设洋务局，延访洋务人才。设桑棉局、铁绢局。

1884年（光绪十年）　　四十七岁

1月　　与北洋大臣会奏晋铁改由天津出海。创办令德书院。

3月　　中法在北宁开战。

5月　　赴京陛见，召对越南事，署理两广总督（从一品）。

6月　　至天津，由海道经沪抵广州，筹办省城防务及琼廉潮州防务。

7月　　致电总署转奏朝廷请招纳刘永福抗法。

8月　　法海军挑起马尾战端，张之洞以枪械饷银援助福建水师。补授两广总督，清政府对法宣战。致函冯子材请其复职。

10月　　奏请唐景崧率师入越，会同刘永福抗法。

11月　　奏派冯子材募勇十八营入越参战，奏派王孝祺率八营赴琼山。

1885年（光绪十一年）　　四十八岁。

1月　　因保荐徐延旭失当，吏部议奏降一级留任。

2月　　因"筹济军事不分畛域"，加一级。

3月　　冯子材会诸军于镇南关大败法军，会诸军克谅山。

4月　　中法于巴黎订停战条约；8日，张之洞上奏谏阻撤军，上谕令其如期停战撤回边界，有违延必严究；10日，再次奏称撤兵之害。奉旨"如期撤兵"。

7月　　募广胜军练习洋操，创设广安水军。

8月　　奏陈妥敌安置刘永福。

9月　　上谕广西关外大胜，张之洞拨军筹饷有功，著赏花翎。

10月　　奏请大治水师，分全国海军为北洋、南洋、闽洋、粤洋四大支。

1886年（光绪十二年）　　四十九岁。

2月　　调刘永福回粤安置。

3月　　奏请催设香港领事，奏请派使周历南洋各岛，安排华侨事宜。

4月　　设广雅书局。

5月　　法领事索赔教堂损失，严驳之。

6月　　出示严禁白鸽标会。试造浅水兵轮，派冯子材赴琼州剿办客家和黎民起事。

10月　　创设枪弹厂。

1887年（光绪十三年）　　五十岁。

2月　　光绪帝亲政。慈禧仍训政数年。

6月　　在广州城西北创建广雅书院。设办理洋务处。

8月　　创办水陆师学堂。

1888年（光绪十四年）　　五十一岁。

5月　　奏请保护旅美华工。

7月　　议设制炮厂。

12月　　就代购织布机电伦敦刘瑞芬钦差。

1889年（光绪十五年）　　五十二岁。

1月　　请总理衙门阻止法国在越中边境接通电线。

4月　　请缓造津通铁路，改建腹地卢汉干路。拟设炼铁厂。

5月　　筹设枪炮厂。铸钱厂建成。

8月　　调补湖广总督，就修卢汉铁路事与李鸿章反复函商、奏陈拟设机器织布局。

9月　　上谕赞许修筑卢汉铁路计划。

11月　交卸两广总督篆务。乘海轮赴上海。

12月　自上海乘江轮西上抵鄂。

1890年（光绪十六年）　　五十三岁。

1月　　派员赴湘鄂各县及川黔山陕诸省勘探煤铁矿。与两广总督李瀚章议定将炼铁厂、枪炮厂机器移设湖北。

2月　　奏请移设枪炮厂于湖北，设矿务局（后改名铁政局）。

4月　　筹建铁厂、枪炮厂于汉阳大别山麓，筹建织布局于武昌城外，撰联"布衣兴国，蓝缕开疆"。

5月　　在武昌营坊口都司湖畔创建两湖书院，撰联"惟楚庆多才，夹袋宏搜，安得万间开广厦；取人不求备，锁闱清课，何妨六艺重专门。"

9月　　勘定炼铁厂基于大别山（龟山）麓。

11月　晓谕两湖商民自购机器开采煤矿。

1891年（光绪十七年）　　五十四岁。

2月　　织布厂开工兴建。

6月　　设方言商务学堂，设湖北舆图总局。

9月　　炼铁厂开工兴造。

1892年（光绪十八年）　　五十五岁。

1月　　选译洋务书籍。奏陈办结宜昌教案。

2月　　派译员偕工匠赴比利时炼钢厂学习。

5月　　发美国棉籽于产棉州县令民试种。

1893年（光绪十九年）　　五十六岁。

1月　　汉阳铁厂若干厂房告成。

3月　　大理寺卿徐致祥参劾张之洞"辜恩负职"，经李瀚章等确查具奏，将徐奏驳回。

6月　　令地方官严办麻城教案。奏陈铁厂成本不敷，另筹借拨。

9月　　奏请设厂铸银圆。

10月　　炼铁厂建成。

11月　　设自强学堂。奉旨兼署湖北巡抚。办理麻城教案。

1894年（光绪二十年）　　五十七岁。

2月　　炼铁厂开炉。

8月　　清政府对日宣战，奏派兵勇赴天津听候调遣。

11月　　刘坤一北调主持军务，两江总督由张之洞署理，湖北炼铁织布各局仍由其经理。致电冯子材来江南驻防。

1895年（光绪二十一年）　　五十八岁。

3月　　电奏割弃台湾之害。致电唐景崧，勉其御倭保台，电刘永福留台御倭。

4月　　密筹济台湾饷械。

6月　　筹练自强军，扩充湖北枪炮厂。

8月　　议设商务局。

12月　　康有为来江宁，与商开强学会事。奏明创练自强军，奏陈筹办江浙铁路。

1896年（光绪二十二年）　　五十九岁。

1月　　创办储才学堂，复水师学堂原额，招商设纱厂于通州（今南通）。

2月　　派学生四十人分赴美德留学。交卸两江篆务。

3月　　起程回湖广本任。设护军营练洋操，是为湖北新军前身。

5月　　札委盛宣怀铁厂招商承办。

6月　　筹设官钱局。

7月　　改订自强学堂章程，改课方言、化学。

8月　　创设武备学堂。

1897年（光绪二十三年）　　六十岁。

4月　　会奏卢汉铁路借用比利时款项。

7月　　纺纱局收改官办。

8月　　选防军绿营兵勇练习洋操洋枪。

10月　　筹设农务学堂。

1898年（光绪二十四年）　　六十一岁。

　　1月　　奏请设立粤汉铁路总公司。

　　2月　　委姚锡光、张彪、黎元洪往日本详考学堂章程。

　　4月　　创设汉口商务公所、制麻局，撰《劝学篇》。

　　5月　　光绪帝电谕张之洞来京陛见，中途令其折回本任。

　　6月　　光绪帝下"明定国是"诏，宣布变法。

　　7月　　奏请妥议科举新章。

　　9月　　慈禧发动政变，变法失败。

　　10月　　派学生游学日本。

1899年（光绪二十五年）　　六十二岁。

　　2月　　修武昌南北江堤。

　　3月　　派知府钱恂为游学日本学生监督。

　　4月　　结办宜施教案，创办《商务报》。

　　12月　　设农务局。

1900年（光绪二十六年）　　六十三岁。

　　5月　　义和团运动进入高潮。

　　6月　　电致总理衙门"调兵速剿"义和团，令江汉关道照会各国驻汉口领事"力任保护"，会同刘坤一与驻沪各领事议订"东南互保"。

　　8月15日　　八国联军侵占北京，慈禧、光绪西逃，21日张之洞在汉口破获自立军机关，随即杀害唐才常等人。

　　10月　　慈禧、光绪抵西安。

1901年（光绪二十七年）　　六十四岁。

　　1月　　慈禧发布"变法诏"。

　　2月　　电奏与俄定东三省条约之害。

　　4月　　清廷设立主持"新政"的督办政务处，张之洞遥为参与督办政务大臣。

　　6—7月　　与刘坤一会奏"变法三疏"。

　　7月　　设学务处综理湖北全省学堂事务。

　　11月　　因"东南互保"赏加太子少保。慈禧、光绪还京。

1902年（光绪二十八年）　　六十五岁。

5月　　改两湖书院为两湖大学堂，自强学堂为文普通学堂，武备学堂为武高等学堂，设武普通学堂，创建湖北师范学堂。

7月　　兼充督办商务大臣。

9月　　设铜币局。

10月　　刘坤一死，张之洞署理两江总督。

11月　　抵江宁接两江篆务。

12月　　魏光焘调补两江总督，张之洞回湖广本任。

1903年（光绪二十九年）　　六十六岁。

2月　　奏设三江师范学堂。

3月　　与袁世凯会奏变通科举，奏陈移江南制造局于内地。

4月　　抵汉口。乘火车北上。

5月　　抵京。

7月　　与管学大臣张百熙、荣庆会商学务，厘定学堂章程。

12月　　奏进重订学堂章程。陛辞请训，面奏"化除满汉畛域"。

1904年（光绪三十年）　　六十七岁。

3月　　返抵武昌。

7月　　筹备粤汉鄂省铁路赎款，建两湖劝业场。

9月　　改枪炮厂为湖北兵工厂，议结宜施教案。

1905年（光绪三十一年）　　六十八岁。

4月　　卢汉铁路建成。

7月　　奉旨督办粤汉铁路。

8月　　粤汉铁路赎路约成。

9月　　与袁世凯会奏立停科举推广学校。奏派道府四人随同钦派大臣分赴各国考察政治。

11月　　设川汉铁路总局于武昌。

12月　　奏陈改编湖北常备军两镇。

1906年（光绪三十二年）　　六十九岁。

6月　　开办湖北印刷局。

7月　　批准汉口商办水电公司。

12月　　电奏反对外官改制。

1907年（光绪三十三年）　　七十岁。

　　1月　　设宪兵。

　　6月　　任协办大学士。

　　7月　　授大学士，仍留湖广总督之任。充体仁阁大学士（正一品），奏请"化除满汉畛域"。补授军机大臣。

　　9月　　手书各学堂各军营停造石像铜像。到京，奉旨管理学部事务。

1908年（光绪三十四年）　　七十一岁。

　　7月　　兼充督办铁路大臣。

　　11月14日　　光绪帝死，15日　　慈禧太后死。

　　12月　　溥仪登位，载沣为摄政王，张之洞赏加太子太保衔。

1909年（宣统元年）　　七十二岁。

　　1月　　载沣拟杀袁世凯，张之洞阻止。

　　3月　　任德宗实录修纂总裁官。

　　7月　　因病请假。

　　9月　　奏请续假。

　　10月4日　　病逝，6日　　追谥文襄，晋赠太保。翌年归葬南皮。

文献索引

一画

《一士谈荟》徐一士著，书目文献出版社1983年版。（50、307）

二画

《人境庐诗草》黄遵宪著，上海商务印书馆1931年版。（144、340）
《二程遗书》（244）

三画

《大清畿辅先哲传》（14、213、218、247、402、403）
《川汉铁路之过去及未来》詹文琮等编。（209）
《义和团》中国史学会编，上海人民出版社1951年版。（171、175、176、177）
《义和团运动史料丛编》北京大学历史系编，中华书局1964年版。（170）
《义和团档案史料》故宫博物院编，中华书局1959年版。（171、173、174、178、181）
《上谕档》中国第一历史档案馆编。（332）

四画

《中法战争》中国史学会编，新知识出版社1955年版。（54、72、306、308）
《中国近代史资料选辑》荣孟源编，三联书店1954年版。（57）

《中国十大矿厂调查记》顾琅、谢观著，商务印书馆 1916 年版。（82、85）

《中国近代工业史资料》孙毓棠等编，科学出版社 1957 年版。（96）

《中国海关与义和团运动》中国近代经济史资料编委会编，中华书局 1983 年版。（183）

《中国经学史》马宗霍著，上海书店 1984 年版。（250）

《中国文化史》柳诒徵著，中国大百科全书出版社 1988 年版。（257）

《中国学术史讲话》杨东莼著，岳麓书社 1986 年版。（257）

《中国近三百年学术史》梁启超著，中国书店 1985 年版。（266）

《中国棉纺织史稿》严中平著，科学出版社 1955 年版。（69、285）

《中国近代铁路史资料》宓汝成著，中华书局 1963 年版。（208、288）

《中国近代经济思想资料选集》赵靖、易梦虹编（291）

《书目答问补正》范希曾著，上海古籍出版社 1983 年版。（215）

《〈劝学篇〉书后》何启、胡礼垣著，格致新报馆印。（342、356、358、369、371、374）

《文史资料选辑》全国政协文史资料工作委员会编，中华书局 1961 年版。（226）

《公羊传疏》徐彦著。（249）

《孔子改制考》康有为著，中华书局 1958 年版。（252、256）

《日知录》顾炎武著。（266）

五画

《民报》（9）

《世载堂杂忆》刘禺生著，中华书局 1960 年版。（24、130、148、160、161、167、186、216、226、228、230、233、241、242、420）

《古春风楼琐记》芝翁著，台湾《新生报》。（55、306）

《戊戌政变记》梁启超著。（148、155、163、164、165、172、201、216）

《古红梅阁笔记》张一麐著。（202）

《东方杂志》（85、201、289、407）

《申报》（86、92、149、208、287）

《申鉴》荀悦著，涵芬楼 1936 年影印本。（222）

《戊戌变法》中国史学会编，上海人民出版社 1957 年版。（32、148、184、281、366）

《戊戌履霜录》胡思敬著。（152、155）

《戊戌日记》袁世凯著。（162）

《包拯集》张田编，中华书局 1963 年版。（223）

《四书讲义》（247）

《四库全书总目》中华书局 1965 年版。（258）

《汉冶萍产生之历史》叶景葵著，中国社会科学院经济研究所藏抄本。（67、68、81、82、84）

《汉口》水野幸吉著，刘鸿枢译。（93、281）

《汉书》（249、250）

《左传》（2、259、364）

《左宗棠年谱》罗正钧著，岳麓书社 1983 年版。（350）

《外人与戊戌变法》王树槐著，台北，1965 年版。（317）

六画

《同治朝筹办夷务始末》宝鋆等辑。（3、5、27、31、350）

《兴义府志》张锳主纂，宣统元年铅印本。（14、402）

《光绪朝东华录》朱寿朋撰，中华书局 1958 年版。（191、194、295、302、303）

《孙中山全集》中华书局 1981 年版。（365）

《论语》（221、222、226、232、236、244、248、259、262、265、308、363、364、370）

《贞观政要》上海古籍出版社 1987 年版。（223）

《刘梦得集》刘禹锡撰。（236）

《刘礼部集》刘逢禄撰。（251）

《庄子》（263、265）

《列强对华外交》菲利浦·约瑟夫著，商务印书馆 1959 年版中译本。（320）

《西学东渐记》容闳著，湖南人民出版社1981年版。（114、144、341）

七画

《张文襄公全集》王树枏编，北京文华斋刻本1928年版。（5、7、13、14、15、16、17、19、20、23、25、26、27、28、30、31、32、35、36、37、38、39、40、41、43、44、45、48、49、51、52、53、55、60、62、63、64、65、66、67、68、70、71、72、73、74、77、79、83、84、85、86、87、89、90、91、92、93、94、96、98、99、101、104、107、111、112、113、114、115、116、117、118、119、120、122、123、124、132、136、149、156、158、162、163、168、170、171、172、173、174、175、177、180、186、193、194、204、208、217、218、220、221、224、225、226、227、228、229、230、231、232、233、234、236、237、238、239、240、241、243、244、245、248、253、255、260、261、262、264、267、268、270、271、272、273、274、276、277、278、279、280、281、282、283、284、285、286、287、288、289、290、291、293、294、295、296、297、298、299、300、301、302、303、304、305、307、310、311、312、313、314、316、317、318、321、322、323、324、325、326、327、328、329、330、331、332、333、334、335、336、337、338、339、344、345、346、347、348、349、350、353、354、355、357、358、360、361、362、363、379、381、407、408、415、418）

《张之洞全集》苑书义、孙华峰、李秉等编，河北人民出版社1998年版。（218、309）

《张之洞全集》赵德馨、吴剑杰、冯天瑜等编，武汉出版社2008年版。（218、381、402、418）

《张文襄幕府纪闻》辜鸿铭著，冯天瑜编注，岳麓书社1985年版。（5、32、34、59、60、158、190、220、226、230、235、236、237、256、346、406）

《张文襄公年谱》许同莘撰，商务印书馆民国三十五年版。（13、14、17、18、20、21、46、53、61、77、215、221、225、227、233、234、235、236、237、242、243、303、307、326、331、402）

《张文襄公年谱》胡钧撰,北京天华印书馆民国二十八年初版。(9、13、14、16、18、20、23、24、29、31、38、44、51、56、57、58、69、77、88、194、200、201、203、205、210、211、225、242、247、402、405)

《张文襄公大事记》(16、19、28、29、30、32、61、76、158、161、162、164、167、169、178、180、181、186、195、197、198、201、411、412、414)

《张文襄公荣哀录》(19、90、408)

《张文襄公牍稿》(43、44、49、53、58、59、67、79、135、136、138、144、145、224、282、337、339、345)

《张文襄公治鄂记》张继煦著,湖北通志馆民国三十六年版。(78、89、90、99、103、104、106、213、238、276、281、284、294、296、311、314、315、337、375、407、421)

《张之洞电稿》(87、101)

《张文襄公奏稿》(25、48、52、60、71、124、132、134、143、164、198、217、245、340、349、406)

《张之洞评传》张秉铎著,台湾中华书局1972年版。(233)

《张之洞评传》冯天瑜著,河南教育出版社1985年版。(216)

《张之洞评传》冯天瑜、何晓明著,南京大学出版社1991年版。

《饮冰室合集》梁启超著,中华书局1936年版。(20、121、148、153、198、274、368、370)

《李文忠公全书》李鸿章著,南京金陵刊本,1908年版。(23、27、33、43、56、57、66、80、81、101、230、279、316、323、350)

《李文忠公遗集》李鸿章著。(320)

《时务日报》(101)

《时报》(97、205、381)

《汪穰卿先生师友手札》,上海古籍出版社1986年版。(151、152、153、154、155、167)

《汪穰卿先生传记》汪诒年撰。(153、154、158)

《辛亥革命》中国史学会编,上海人民出版社1957年版。(182、196、199、204)

《辛亥革命前十年间时论选集》王忍之等编，三联书店 1960 年版。(185、365)

《吴绶卿先生遗诗》谢炳朴辑。(228)

《宋文鉴》吕祖谦编，江苏书局 1886 年刊本。(240)

《宋明理学史》侯外庐、邱汉生等著，人民出版社 1984 年版。(257)

《抚吴奏稿》丁日昌撰。(323)

《严复集》中华书局 1986 年版。(376、377)

《张之洞的外交政策》李国祁著，台湾"中央研究院"近代史研究所专刊。(315)

《张靖达公奏议》张树声撰。(360)

《闵尔昌旧存有关武昌起义函电》卞孝萱编。(213)

《近代史研究》(1、212、420)

《近代中国教育史料》舒新城编，中华书局 1982 年版。(333、334、335)

《近代中国思想人物论——晚清思想》，台湾时报文化出版事业有限公司，1980 年版。(335)

八画

《金明馆丛稿二编》陈寅恪著，上海古籍出版社 1980 年版。(1、377)

《孟子》(2、221、248、262、263、370)

《昌言报》(151、155、160)

《岳阳楼记》(235)

《明夷待访录》黄宗羲著，上海大中书局 1932 年版。(240)

《林则徐集》中华书局 1965 年版。(316)

《郑观应集》上海人民出版社 1982 年版。(22、65)

《现代中国实业志》杨大金编。(82、94、99)

《弢园文录外编》王韬著，中华书局 1959 年版。(359、370)

九画

《贵州通志》刘显世等修，民国三十七年铅印本。(13、402)

《春冰室野乘》李岳瑞撰，上海世界书局 1923 年版。(18)

《春秋公羊释例》刘逢禄撰。（251）

《春秋正辞》庄存与撰。（251）

《洋务运动》中国史学会编，上海人民出版社1960年版。（375）

《奏定文科大学章程书后》王国维撰。（197、198、361、416）

《皇朝经世文续编》盛康编，武进盛氏思补楼刊本。（121）

《皇朝经世文编》贺长龄编，上海百宋斋1891年版。（267）

《宣统政纪》金毓黻编，辽海书社1934年版。（203、416）

《荀子》（222、259、263）

《说文解字》许慎著，中华书局1963年版。（250、251、257）

《毗陵庄氏族谱》（251）

《南海先生诗集》康有为著。（252）

《亭林文集》顾炎武著。（267）

《亲历晚清四十五年》李提摩太著，江苏人民出版社2018年版。（42）

十画

《通商各关华洋贸易总册》（106）

《浙江潮》（275）

《郭嵩焘日记》（359）

《校邠庐抗议》冯桂芬著，光绪十年江西刊本。（365、366、370）

《涧于集》张佩纶撰，丰润涧于草堂1921年刊本。（24、31、50、110）

《海国图志》魏源著，中华书局1976年版。（4、350、372）

《海关贸易十年报告》（86、97）

《唐才常集》中华书局1980年版。（182）

《顾亭林诗文集》顾炎武著，中华书局1983年版。（223）

《恕谷集》李塨著。（266）

十一画

《晚清文选》郑振铎编，上海书店1987年版。（8）

《庸庵书存卷》宋绍锡著。（14）

《庸庵尚书奏议》陈夔龙撰，宣统三年铅印本。（91）

《清史稿》赵尔巽主编,中华书局1976年版。(16、22、23、28、29、30、36、46、59、62、76、78、111、133、162、169、211、218、230、242、243、245、283、296、299、301、325、405、421)

《清代轶闻》裘毓麐编,中华书局1932年版。(22、24、32)

《清光绪朝中法交涉史料》(48、50、51、52、54)

《清续文献通考》刘锦藻撰。(110、119、126)

《清议报》(150、168、170、184、414)

《清国视察复命书》森藤吉郎撰。(192)

《清德宗实录》(103、203)

《清末筹备立宪档案史料》故宫博物院编,中华书局1979年版。(205)

《清代学术概论》梁启超著,中华书局1954年版。(21、249、251、252、256、258、264、270、343)

《清季外交史料》王彦威编,北平清季外交史料编纂处1931年版。(286)

《盛宣怀档案》王彦威编,北平清季外交史料编纂处1931年版。(97、292)

《梁启超年谱》杨复礼编(153、155)

《梁任公先生年谱长编(初稿)》丁文江等编,上海人民出版社1983年版。(206)

《康有为与保皇会》上海人民出版社1982年版。(179、186)

《康有为传》梁启超撰。(256)

《盛世危言》郑观应著。(22、65、279、345、358、359、366)

《清稗类钞》徐珂撰。(98、292)

《龚自珍全集》中华书局1961年版。(12、229、247、256、348)

《教务杂志》(344)

《教育世界》(197、198、361、416)

十二画

《越缦堂日记》李慈铭著,上海商务印书馆1921年版。(17、26、29、32、38、403)

《湖南实业杂志》(87、89、94)

《湖南历史资料》（209、256）

《湖北商务报》（107、108、145、410）

《湖北革命知之录》张难先著，商务印书馆1946年版。（123、184）

《普天忠愤录》张广德辑，1859年铅印本。（149）

《韩非子》（235）

《曾文正公全集》曾国藩著，上海国学整理社1948年版。（258、259、323）

《鲁迅全集》人民文学出版社1957年版。（274）

《愚斋存稿》盛宣怀撰，武进盛氏刊本1939年版。（83、166、172、174、177、286）

十四画

《赫德与中国海关》魏尔特著，陈敩才等译，厦门大学出版社1993年版。（43）

《谭嗣同全集》中华书局1981年版。（376、379）

《蜷庐随笔》王伯恭撰，山西古籍出版社1999年版。（152）

十七画

《魏源集》魏源著，中华书局1976年版。（4）

《张之洞全集·张之洞传》*

张之洞，字孝达，又字香涛，号壶公、香崖居士。两广总督任上，取唐代岭南诗人张九龄"无心与物竞，鹰隼莫相猜"诗意，号"无竞居士"，又因创办广雅书院，号"广雅"；湖广总督任上，仿越王勾践"冬抱冰，夏握火"以振邦家之志，将武昌居所命名"抱冰堂"，晚年自号"抱冰老人"；辞世后，清廷追谥"文襄"，时称"张文襄公"。

张氏先世居山西洪洞县，明永乐迁潞县（今属北京市通州），继迁天津府南皮县，为一耕读官宦世家。先祖在明代即取得功名，高祖、曾祖均于清代官知县，祖父任四库誊录，题补古田知县；父张锳曾任贵筑知县、古州同知、兴义府知府，署贵东道。1837年9月2日（道光十七年八月初三日），张锳的继室朱夫人生下张锳的第四个儿子张之洞①。

张锳对子弟管教甚严，礼聘远近名儒为六个儿子传授"乾嘉老辈诸言"。张之洞四岁入塾，八岁读毕四书五经。他成年出仕，始终亲治文书，往往通宵达旦，"乃幼时读书好夜坐思之故"②。十二岁文名冠于贵州省学童，其时诗文存《兴义府志》。1849年，与兄长回直隶南皮应童子试，翌年入县学。1852年，再度回籍，应顺天乡试，中式第一名举人，"一时才名噪都"③。翌年，太平军攻克金陵，改称天京，并举兵北伐，清廷震恐，畿辅戒严。8月，张之洞出都返兴义府，侍父于军中，与贵州苗民及农民军周旋苦斗。1854年，娶

---

* 原载国家清史编纂委员会文献丛刊《张之洞全集》第12卷。

① 许编《年谱》、胡编《年谱》均称，张之洞生于兴义府官舍。但据《贵州通志》载，张锳道光二十一年始署兴义知府。而张之洞诞生于道光十七年，其时张锳任贵筑知县。若据此说，张之洞生地应为贵筑县官舍（今贵阳市博爱路）。

② 许编《年谱》，卷一。

③ 《大清畿辅先哲传·张文襄公传》。

石夫人。1856年春,赴京参加礼部试,考取觉罗官学教习。同年夏,张锳病卒,张之洞在籍守制。1859年,拟赴京会试,因族兄张之万为同考官,循例回避,留南皮办理清平团练,以御捻军。1860年,再度回避。7月,长子张权诞生。9月,英法联军攻陷北京,感愤时事,作《海水》诗。秋季至济南,入山东巡抚文煜幕府。1861年,回南皮,又赴任丘,为人作塾师。8月,咸丰帝病殁于热河行宫,载淳继位,慈安、慈禧两太后垂帘听政。翌年改元同治。

1862年2月入都,4月会试,额溢落榜,赴河南入督办团练的毛昶熙幕府,参与军政;继入河南巡抚张之万幕府,为之代拟奏疏。1863年,入都会试,中式第一百四十一名贡士。复试列一等一名。朝考,列一等二名,廷试对策,因"不袭故套,指陈时政,直言无隐","阅卷大臣皆不悦,置三甲末"①。试卷进呈两宫皇太后,拔置一甲第三,赐进士及第,授翰林院编修。这是慈禧太后看中并起用张之洞的开端。1865年,散馆考试列一等一名。石夫人病故。

张之洞在科举途中虽小有坎坷,但他十五岁中头名举人(解元),二十六岁中第三名进士(探花),算是英年得志的幸运儿,正如清末文士李慈铭所说:"近日科名之早者,盛推南皮张香涛。"②

1867年,奉旨充浙江乡试副考官,所取多朴学之士。清末外交家袁昶、许景澄,曾任陕甘总督、两广总督,力主革新的陶模,著名学者孙诒让等,都是此榜所录举人。1867年秋,简放湖北学政。1869年,在武昌建经心书院。1870年,从本年岁试、科试试卷中择其文章雅驯者,编为《江汉炳灵集》。娶唐夫人。该年底交卸湖北学政,入京复命,先后充任翰林院教习庶吉士、侍读。在这段闲散的京官生活期间,与潘祖荫、王懿荣、吴大澂、陈宝琛等京师"词流名彦"相交结,诗赋唱和,纵论天下事,为日后加入清流派埋下伏笔。1872年,方略馆进呈《平定粤匪方略》《剿平捻匪方略》,张之洞代拟恭进表。1873年1月,唐夫人卒。2月,同治帝亲政。7月,奉旨充四川乡试副考官,又简放四川学政,整顿该省科举积弊。1874年,建尊经书院。1875年,同治帝病故,载湉继位,改元光绪。著《輶轩语》《书目答问》。前书将科举

---

① 《大清畿辅先哲传·张文襄公传》。
② 李慈铭:《越缦堂日记》(光绪五年一月朔日),上海商务印书馆1921年版。

考试注意事项逐条列出，对考生加以指导；后书列举经史子集要目，并作简明评述，"总期令初学者易买易读"[①]，成为学子入门之径。主持四川学务期间所取士人，如范溶、宋育仁等，极一时之选；其门生杨锐等，亦为清末英才。张在四川廉介自矢，于例得参费银二万两辞而不受，及去任，无以治装，售所刻万氏十书经版，始成行。

1877年初，奉调回京，任文渊阁校理。娶王夫人。结束将近十载的外省学官生活，跻身京官清流。"清流党"作为晚清政坛与洋务派相抗衡的派别，对内主张整饬纪纲，对外反对列强侵略，其锋芒除针对贪官污吏外，主要指向洋务大吏的外交政策。张之洞所受教养、政治见解和京官冷曹的境遇，都促使他向以李鸿藻为首的北派清流靠拢。1877年5月，读罢清流党重要发言人张佩纶关于穆宗（同治帝）升祔位次的奏疏，十分钦敬，"遂造庐订交"。此后，两张并称"畿南两杰"，彼此唱和。1879年3月，王夫人卒。补授国子监司业，取得直接上疏权。1879年5月，同治帝后移葬惠陵，监护移葬的吏部主事吴可读"尸谏"，引起继嗣继统事端，张之洞与宗室宝廷联衔上疏，力言继嗣即为继统，为慈禧解围，肯定了慈禧掌权的合法性，讨得慈禧的"恩宠眷顾"，此为张之洞长期获得清廷统治核心器重、支持的远因。同年6月，具疏为四川东乡县农民申冤，轰动朝野。翌年与陈宝琛联名奏请裁抑宦官，更赢得"直谏"声誉。1880年前后，上疏言事以外交议题居多，其中最重要的是关于改订《中俄伊犁条约》之议。他在《熟权俄约利害折》《详筹边计折》中，怒斥崇厚的丧权辱国行径，力陈"俄约有十不可许"，倡言整修武备，与俄另订新约。其筹兵、筹约奏议为朝廷所重视，慈安、慈禧召见，特许随时赴总理各国事务衙门陈献意见。作为"清流六君子"之一，张之洞连连晋级：1879年9月，补授左春坊中允（正六品），10月，转司经局洗马；1880年6月升右春坊右庶子（正五品），8月，充日讲起居注官，9月，转左春坊左庶子；1881年，补授翰林院侍讲学士，充咸安宫总裁，7月，补授内阁学士，兼礼部侍郎衔，"两年而跻二品"。该年底补授山西巡抚，迈入封疆大吏门槛。

出抚山西，鉴于官民积习懒散，以"清明强毅"率之，禁革种种陋规，整顿吏治，荐举人才，促成原户部侍郎、理财能手阎敬铭复职，褒奖"循良之

[①] 《书目答问·略例》。

吏"知府马丕瑶等 6 人，推荐京官 14 人、外官 29 人、八旗大臣 6 人、武职 10 人。创办令德书院。面对山西民生凋敝，劝垦荒地，建仓积谷；清丈土地，减免苛税；禁种罂粟，禁食鸦片。张之洞从京师言官变为掌管一省军政的封疆大吏，每日扑面而来的现实问题使他意识到，单靠"圣经贤传"提供的办法已无济于事。而自咸、同之际以来，一些省份的督抚通过兴办洋务，使财力军力大增，则令其羡慕，遂生仿效之念，正当此间，看到英国传教士李提摩太上前任山西巡抚曾国荃的条陈，颇感兴趣，召集属员讨论条陈中开矿、筑路、兴学诸事宜，又聘李提摩太任顾问。自 1883 年起，在山西兴办一系列洋务项目：1月，设教案局，5 月，设洋务局，印发《延访洋务人才启》，分咨各省；征聘通晓天文、算学、公法、条约、兵械、矿学的通才或专家；设桑棉局、铁绢局；筹办山西练军，调李先义、吴元恺管带操练。正当在山西展其宏图，1883 年底，南方传来中法战争隆隆炮声，举国视线投向两广，张之洞亦连上奏章，竭力主战，抨击李鸿章等人的妥协求和言行，并筹划战守事宜。1884 年 3 月，中法在北宁开战。5 月，赴京陛见，署理两广总督。出任山西巡抚是张之洞从清流党走向洋务派的开端，而总督两广，历史正式把这位"短身巨髯，风仪峻整"①的能臣推上洋务巨擘的位置。

　　1884 年 6 月，张之洞陛辞请训后出都，经天津、上海，由海路于 7 月抵达广州，与钦差大臣、兵部尚书彭玉麟，前任两广总督张树声，广东巡抚倪文蔚等亟筹战守之备，劝谕绅民举办团练，为筹集战争经费，向港商借银数百万两。主动援助外省抗战，拟派游击方恭率勇五营，自汕头驰援福州，因福建水师马江惨败，方部未成行，又改派潮军两营连同军火运抵福州；向督办台湾军务大臣刘铭传询问援台事宜，以饷银运往台湾，军火援台则因外轮拒运而未果；为云南抗法提供电讯设施，并筹集饷械、派遣士兵。1885 年 1 月，因保荐徐延旭失当被谴，吏部议奏降一级留任。2 月，因"筹济军事，不分畛域"，"著交部议叙，部议加一级"②。张之洞从战争全局出发，主张容纳原农民军将领刘永福及其所率黑旗军，使这支活跃在越南北方的抗法武装发挥重要作用，并力荐唐景崧募勇出关作战，配合黑旗军，形成"刘团为正，我军

----

① 《清史稿》，卷四三七，《张之洞传》。

② 胡编《年谱》，卷二。

为奇，越之义民为助"①的部署，促进了越南境内抗法战役的胜利。颁发一系列激励抗战的政令，并力排众议，起用老将冯子材，奏派冯募勇十八营参战，赢得1885年3月的镇南关—谅山大捷。清廷借谅山一胜之威，立即与法人议和，虽未赔款，却承认越南为法国的保护国，使中国军队失去进击时机，"中国不败而败，法国不胜而胜"。张之洞对朝廷的撤军求和颇持异议，在致岑毓英、李秉衡的电报中谴责中法新约，并因外人对中国"愚侮至此"，愤恨欲死。张之洞作为主战派重镇，在对法作战中运筹帷幄，筹饷济械，立功甚伟，获得"天下之望"。在这场战争中，通过与彭玉麟等人共事，加深了与湘系的联系；又因批评李鸿章而同淮系进一步形成对立。中法战争还使他更深切体验到朝政的腐败，并第一次直接接触外部世界，认识到洋务不可缓。追随多年的幕僚辜鸿铭说："洎甲申马江一败，天下大局一变，而文襄之宗旨亦一变，其意以为非效西法图富强无以保中国，无以保中国即无以保名教。"②中法战争结束后，张之洞"合理而言势"，转向兴办洋务。

1887年（光绪十三年），光绪帝亲政。6月，张之洞建广雅书院，在广东原有洋务局基础上改设"办理洋务处"，"督饬各衙门讲求洋务，练习人才"。任用曾驻美国的翻译官蔡锡勇为幕僚，又奏请熟悉洋情的瑞璋来粤兼办洋务。蔡锡勇成为张在两广和湖广兴实业、练新军、办学堂的重要助手。在广东期间，张之洞所举办的主要洋务事项有：（1）购置机器，铸造制钱、银圆，以堵塞外洋银圆输入，中国机制银圆自此始。（2）创设枪弹厂，筹建枪炮厂。（3）建立演习洋操的广胜军，延聘德国军人充任教官。（4）试造浅水轮船，筹议建立粤洋水师。（5）开设广东水陆师学堂。（6）筹办织布官局。（7）筹设炼铁厂。

出任两广总督五年间，身居"华洋杂处，万国盟聘"的华南门户广州，频繁处理各类外务。在办理对法外交时，既抵制法方的无理要求，又注意防止授人以柄的排外事件发生；派遣使者赴南洋查访华侨生活境遇，奏请在南洋诸岛设立领事馆；参与交涉旅美华工问题；奏请催设驻香港领事，阻止澳门的永久割让。以上作为，带有鲜明的抵御外侮、保护民族权益的倾向。

---

① 《张文襄公奏稿》，卷五。
② 辜鸿铭：《张文襄幕府纪闻·清流党》，岳麓书社1985年版。

19世纪80年代，朝野"路政"之争日趋激烈。张之洞从修建腹地干线的总构想出发，主张缓修津通线，先修卢汉线，并列举筑造卢汉铁路的"七大利"，要者为"富国""强兵""利民"，得到主持朝政的醇亲王奕𫍯的赞许，于是便有移任湖广总督之命。

1889年11月，交卸两广总督职务。12月，乘轮船经香港、上海，抵达武汉，开始为期十余年的湖广总督生涯，开创"湖北新政"，后来居上，成为直追李鸿章的洋务派又一巨擘。

兴办实业是张之洞"湖北新政"的基础。他任湖广总督伊始，即着手筹备卢汉铁路修造事宜，一度因故停顿，1895年，经张力争，清廷决定，"先办卢汉，次及苏沪、粤汉"。卢汉铁路于1905年全线完成，并改称京汉铁路。清季疆吏更调频繁，而张之洞总督湖广长达十余年，原因之一便是卢汉铁路修造旷日持久，"他人不愿为，且不能为"①。

修造卢汉铁路的姊妹篇是兴建湖北炼铁厂。张之洞调任湖广，以卢汉线需钢轨为由，奏请将原拟建于广东的钢铁厂设备移往湖北，1890年，获海军衙门批准，在武昌设湖北铁政局，翌年委派湖北补用道蔡锡勇为总办。为着官员的"督察之便"，张否定设厂盛产铁矿的大冶的方案，而将厂址定在汉阳龟山之麓。1891年1月正式动工，1893年3月，炼生铁厂完工；6月，炼贝色麻钢厂、炼熟铁厂完工；8、9月，炼西门士钢厂、造铁货厂、造钢轨厂先后完工；10月，鱼片钉厂完工；11月，奏《炼铁全厂告成折》。1894年春炉工告竣，6月下旬生铁大炉升火开炼，张之洞于7月3日临厂巡视一周。铁厂出铁在国内外引起强烈反响，西方人甚至视此为中国觉醒的标志，惊呼"黄祸"将临②。张之洞则宣称："鄂省奉旨设厂炼铁，实为中国创办之事……今日之轨，他日之械，皆本乎此。总以将来军旅之事，无一仰给于人为断。"③汉阳铁厂先于日本八幡制铁所七年，是亚洲第一家兼采铁矿、炼铁炼钢、采煤三大端的钢铁联合企业。张之洞为其建设，"抚辑群情，绥靖谣诼，家喻户晓，艰险备

---

① 张继煦：《张文襄公治鄂记》，湖北通志馆民国三十六年版。
② 《东方杂志》第七年第七期，译西报《论汉阳铁厂装运钢铁出口将为欧美二洲实在之中国之黄祸》。
③ 《全集》，卷三四，《铁厂著有成效请奖出力各员折》。

尝，始终罔懈。历经四年，始竟全功"①。铁厂初成，生产形势一度不错，也刺激了湖北民族工业的勃兴。但由于管理不善，生产成本居高不下，亏折甚巨，而所聘洋员又一再更易，原料燃料供应也未获妥善解决，铁厂难以为继。1895年，张之洞拟交洋人"包办"，遭湖南巡抚陈宝箴等物议而未果。又于1896年奏准归直隶津海关道盛宣怀招商承办。1908年，也即张去世前一年，盛宣怀合汉阳铁厂、大冶铁矿、萍乡煤矿为汉冶萍煤铁厂矿公司，德、日皆有投资，"外人觊觎，外资侵入"，张之洞力倡的民族钢铁工业沦为列强的囊中物。

与铁厂自粤移鄂相同时，在醇亲王奕𫍽的支持下，将原定设于广东的枪炮厂移建于湖北汉阳龟山下，亦由蔡锡勇兼领其事。1890年，部分机器由德国启运来华。翌年，与出使俄、德、荷大臣许景澄往返电商，将连珠枪设备改为小口径枪机器，以适应汉阳铁厂钢料性质。以后，又向德国增订制造炮架、炮弹、枪弹机器。1894年6月，枪炮厂落成，1898年，添设钢药厂。1904年，枪炮厂改名湖北兵工厂，为中国第一家具有完备系统的军火工厂，"植中国军械专厂之初基"②。军工生产不是商品生产，所制枪炮多由清政府无偿调拨，每年的浩大开支，成为湖北的沉重负担。张之洞为枪炮厂经费问题多方呼号，四处罗掘，除江汉关洋税银外，还要取给于地方财政收入，然仍不敷需用，只得举借外债，并挪用官办民用工业利润。

1890年，在武昌文昌门外设湖北织布官局，题楹联云："布衣兴国，蓝缕开疆。"织布局首批机械也由广东随迁湖北，后又与出使英国大臣薛福成电商，添购纺机。1891年在文昌门外建厂，翌年底开工，产品畅销湖北、四川、湖南城镇，"略分洋利"，汉口进口洋布大减。1894年，上《开设缫丝局片》，年底在武昌望山门外购地设厂。1898年，在武昌平湖门外购地建制麻局。以上布、纱、丝、麻四局均在武昌沿江一带，占地一万六千余方，用款六百余万两，历时七年方基本建成，为华中最大纺织中心。纺织业能够赢利，但张之洞意在挪其利润弥补铁厂、枪炮厂亏空，导致布纱丝麻四局因官款支绌，不易维持，遂于1902年招商承办，这便是后来的"应昌有限股份公司"。近人总结张之洞兴办工业的功过得失时说："（张之洞）在粤在鄂皆锐意提倡织布炼铁，

---

① 《全集》，卷三四，《铁厂著有成效请奖出力各员折》。
② 吴禄贞等：《湖北请建专祠折》，《张文襄公荣哀录》，卷一。

汉阳之铁政局、武昌之织布、纺纱、制麻、缫丝四局，规模之大，计划之周，数十年以后未有能步其后尘者。惜所用非人，不能兴利，反为外资输入之阶，亦中国新工业之大不幸也。"①

建立洋操洋械的近代化军队以增强朝廷军力，应付外患内忧，是洋务运动的又一基本目标。张之洞自出任封疆之始，即高度重视"整军经武"，而这种努力是在1894年以后正式展开的。该年中日战争爆发，两江总督、湘系宿将刘坤一以钦差大臣驻节山海关，清廷调张之洞署理两江。张抵达江宁，立即巡阅江防，购置新式后膛炮，建筑西式炮台，并与主战的湘系集团结盟，同主和的淮系集团相抗衡，力阻和议，反对割让台湾，又恳求英、法、俄抑制日本侵略凶焰，均未获结果。甲午之役淮、湘练勇每战必败，使张之洞深受震撼。1895年7月，上奏朝廷，提出救治"眉睫之患"的九条办法，第一条便是编练新式陆军。同年11月，在江宁成立自强军，效德国练兵之法，募洋弁洋将，在招兵、训练、建制诸方面均不同于旧式勇营，一改清军单一化的落后现象。除马队、步兵外，设置炮兵和工程兵，各营还配有医官、枪匠、兽医等技术人员。鉴于中国军官缺乏军事知识，仿照德制，于1985年底在江宁创办陆军学堂，聘德国军官五人充任教习。该学堂毕业生成为湖北及其他省份新军的骨干。1896年初，调回湖广本任，自强军交刘坤一赓续成之，是与胡燏棻在天津练定武军（袁世凯扩练新建陆军）同为清末最早出现的洋操新军，后并入北洋六镇。

张之洞视练洋操军为"身心性命之学"，返任湖广后，以更大规模编练新军。初以从两江奏调回鄂的护军营为基础，选募新兵，组成护军前营、后营，工程队一哨。不同于江南自强军的是，这支军队不任洋员作军官，只委其当教习。初仿德军编制，1902年后，改聘日本教习，仿日本军制。1903年，清廷推行"新政"，设练兵处。1905年，练兵处计划在全国编练三十六镇（师），至辛亥革命前夕，编成十三镇，湖北占一镇一混成协，这便是陆军第八镇（镇统张彪）和暂编第二十一混成协（协统黎元洪），共称"湖北新军"，是实力仅次于北洋六镇的第二支强大新军。湖北新军区别于旧式军队的特征是：（1）装备和训练全为洋式。（2）淘汰老弱和兵痞，对入伍者有较严格的文化、

---

① 杨铨：《五十年来中国之工业》，见申报馆编《最近之五十年》（1923）。

年龄、体质要求。(3)军官多由军事学堂出身者担任,为此,张之洞在湖北设置多所军事学堂,并派遣军事学堂学生出国留学。这一切使湖北新军脱离中世纪故道,迈入近代新式军队行列。清末全国各省新军秋操,湖北新军成绩最优。张之洞又不同于北洋六镇的组训者袁世凯一类军阀型人物,他并未将湖北新军孳孳经营为私家武装,对其控制比较松弛,客观上为新军中聚集的大量知识青年和贫苦农民接受革命党人影响提供了某种方便,使得湖北新军成为反清革命的重要温床,这自然与张之洞"执干戈以卫社稷"的治军愿望相违背,正所谓"种豆得瓜"。

张之洞痛感通晓近代事务的人才缺乏。为着"兴学求才",他在总督两广、湖广,暂署两江的二十余年间,改制书院、创设学堂、倡导游学,建立图书馆和报社,文教事业极一时之盛。他本人则在朝野赢得"第一通晓学务之人"的盛名。1890年,在武昌创办两湖书院,取湖北、湖南两省士子入学,除经学、史学等传统课目外,还开设天文、地理、数学等学科。这类书院"中学为体,西学为用",是通向新学堂的过渡形态。1895年,张之洞暂署两江期间,直接兴办一系列新学堂,如江宁储才学堂、陆军学堂(内附铁路专门学堂),恢复水师学堂,在江西高安办蚕桑学堂。同年7月,上《吁请修备储才折》,提出多选才俊之士分派游历各国,并选派学生40名,分赴英、法、德三国留学。1896年初,张之洞从两江返任湖广,更大规模地兴办学堂,一类为专业学堂,如自强学堂(武汉大学前身)、方言学堂、农务学堂、工艺学堂、湖北驻东铁路学堂等;二类为军事学堂,如武备学堂、武普通中学堂、将弁学堂等;三类为师范学堂,如湖北师范学堂、两湖总师范学堂、师范传习所、支郡师范学堂等;四类为普通学堂,如湖北初等小学堂、文普通中学堂、文高等学堂等;五类为妇幼学堂。与此同时,又力倡游学,其派遣重点则由西洋转向东洋,至20世纪初叶,湖北留日学生达数千人之多,名列各省前茅。

在兴办教育的过程中,张之洞深感图书馆事业的重要,遂于1904年8月,在武昌长街三佛阁设立"学堂应用图书馆",又扩充两湖总师范学堂的南北两书库,此为湖北图书馆前身。对于近代新闻的"利器"报纸,张之洞也颇为重视。1898年,在其赞助下,汉口商务局办《湖北商务报》。在此前后,汉口、武昌出现一批民营报纸,如《楚报》《湖北日报》,每以犀利笔锋批评清廷。张之洞为抵制民间报纸的"犯上作乱",1901年底,指令《武昌商务报》兼办

《湖北官报》，其体制由张亲订，且"幕前拟稿，偶不惬意，辄令重改，再三不厌"①。

19世纪的最后几年，张之洞于湖广、两江经理各项洋务实事的同时，也以老谋深算的重臣身份，参与此间谲诡幻化的政治斗争。在第一次暂署两江期间，因甲午战争中方惨败的刺激，康有为等人受帝党支持，于1895年8月在北京组织强学会，力倡"变法"，张之洞捐五千金，列名北京强学会。10月，康有为南下江宁，运动张之洞出面设立强学会上海和南京分会，张"颇以自认"，遂为上海强学会发起人。不久，慈禧在北京压迫强学会，将帝师翁同龢的两名重要助手革职，示帝党以颜色。张获悉后党反攻消息，立即改变对强学会的态度，借口不同意康有为的"孔子改制"说，下令封查上海强学会和《强学报》，授意以该报余款交汪康年，由梁启超、黄遵宪、汪康年等于1896年8月在上海创办《时务报》。该旬刊以宣传维新变法、救亡图强为宗旨，数月间，风靡海内外。已于1896年2月返任湖广的张之洞，曾对《时务报》表示特别的器重，札饬湖北全省官销，并著文赞扬该刊"有裨时政，有裨学术，为留心经世者必不可少之编"，"实为中国创始第一种有益之报"②。《时务报》创刊发行期间，维新变法运动正向纵深进展，光绪帝也愈益明确地予以赞许，张之洞便试图密切同维新派的联系。1897年1月，邀请《时务报》撰述（主笔）梁启超访鄂，待为上宾。然而，《时务报》犀利的政论文章又常常引起张的惊恐，尤其是1897年10月该刊第四十册所载梁启超《知耻学会叙》，谴责清廷丧权辱国。张立即致电陈宝箴、黄遵宪，称梁文"太悖谬"，并令"此册千万勿送"，又授意梁鼎芬致函汪康年，掣肘梁启超。第五十六册以后，该刊即为汪康年、梁鼎芬控制，宗旨大变。对于湖南维新派组织南学会及《湘报》《湘学报》等维新刊物，张也是始而支持，继而扼杀。

随着维新变法的深入，坚守纲常名教的张之洞与这个运动的矛盾愈益尖锐。同时，他又"深窥宫廷龃龉之情与新旧水火之象"③，十分注意实权在握的后党的动向。既由其思想学说必然所致，又从"预为自保计"，张之洞在幕僚的协助下，于1898年4月撰成《劝学篇》四万余言，分内外篇，"内篇务

---

① 戈公振：《中国报学史》，上海商务印书馆1927年版。
② 《饬行全省官销时务报札》，《时务报》第六册。
③ 《张文襄公大事记·张文襄公之学术》。

本，以正人心；外篇务通，以开风气"。所谓"本"，指有关世道人心的纲常名教，不能动摇：所谓"通"，指工商学校报馆诸事，可以变通举办。全书在两条战线作战，既批评顽固派的"守旧"、"不知通"，也批评维新派的"菲薄名教"、"不知本"，企图在两者间另寻别途，这便是"中学为内学，西学为外学；中学治身心，西学应世事"①。即在维护纲常名教的前提下接受西方资本主义的技艺，并以这种新器弥补旧道体之"阙"，复起清廷统治之"疾"，以便在新的世界环境中维持下去。这是19世纪60年代以降洋务派推行的政治、经济路线和所奉行的"变器不变道"文化哲学的系统概括。而《劝学篇》的重心，又在于排击被他称之"邪说"的维新派政治理论，尤其是民权论，认定"使民权之说一倡，愚民必喜，乱民必作。纪纲不行，大乱四起"②。1898年春，邀请朴学殿军俞樾的高足章太炎来鄂作《正学报》主笔，意在让章站在古文经学的立场批评康有为的今文经学。但章并不就范，而且在读到初成的《劝学篇》文稿时颇表不敬，"于上篇不置一辞，独谓下篇取合时势。张闻言，意大不怿"③。同年春夏之交，章太炎即离鄂赴沪。张章交恶。

正当张之洞撰写"激忠爱，摧横议"的《劝学篇》之际，北京的变法运动进入关键时刻，光绪帝亟欲物色握有实权的重臣支持变法。张之洞虽然已经表现出不赞同康、梁的端倪，但他给人的主要印象仍是"政绩昭著"的洋务大吏，且与维新派多有联系，又是慈禧"手擢之人"，可以为后党所容，以其作"言新者领袖，既可弹压群伦，且能调合两宫"④。这一切使张之洞成为戊戌变法期间光绪帝所瞩目的人物，经大学士徐桐推荐，皇帝5月电召张入京陛见，"辅翊新政"。张之洞接旨，欣然起程，行至上海，湖北沙市发生教案，朝廷令张折回本任。此番"内召"被搁置，操纵者是"贵为帝傅"的翁同龢。作为南派清流魁首的翁同龢出于畛域之见，对张之洞素不信任，"会沙市有教案，乃与张荫桓密谋，中阻"⑤。经此曲折，张之洞感受到朝中派系角逐的危险性。6月，陈宝箴拟电总理衙门，建议张之洞入京襄赞新政，张马上函陈

---

① 《劝学篇·会通》。
② 《劝学篇·教忠》。
③ 冯自由：《中华民国开国前革命史》第十四章。
④ 《张文襄公大事记·体仁阁大学士张公之洞事略》。
⑤ 黄尚毅：《杨叔峤先生事略》。

力辞。当然，张之洞并未置身局外，而以著述干预维新运动。6月11日光绪帝诏定国是，16日召见康有为，启动变法。慈禧则针锋相对，迫令光绪帝将翁同龢开缺回籍。光绪帝股肱顿失，"上制于西后，下壅于顽臣"，无所措手足。在这一微妙时刻，张之洞的门生、翰林院侍读学士黄绍箕将《劝学篇》进呈。7月25日，光绪帝"详加披览"，认为"持论平正通达"，慈禧亦十分赏识，遂以圣谕形式下令军机处给各省督抚学政各一部，要求他们"广为刊布，实力劝导，以重名教而杜卮言"。《劝学篇》作为"钦定维新教科书"，"挟朝廷之力以行之"，"不胫而遍于海内"，刊印不下二百万册，并先后译成英文、法文在欧美出版。9月，慈禧发动政变，幽禁光绪帝于中南海瀛台，捕杀谭嗣同、杨锐等"六君子"，通缉康有为、梁启超。张之洞曾为杨锐奔走说项，称其"素非康党"，恳请王文韶、陈夔龙等"鼎力拯救"，无效。其时陈宝箴等支持变法的官员遭罢免，亦有朝臣称张之洞赞助过维新派，应予追究，终因其"以先著《劝学篇》，得免议"。顽固派苏舆编辑《翼教丛编》以声讨维新运动，选录《劝学篇》的"教忠""明纲""知类""正权"诸篇。另一顽固派叶昌炽更赞《劝学篇》为"拯乱之良药"。

百日维新被扼杀于摇篮，在中国实行"明治维新"式的自上而下的近代化改革的通路被堵塞，革命派进一步坚定了武装推翻清廷、建立民主共和的信念。同时，在慈禧煽动下，底层民众以迷信形式组织起来，宣泄排外怒涛，这便是1899年至1900年席卷半壁中国的义和团运动。清廷内部对义和团分"主抚""主剿"两派。顽固派如端郡王载漪、军机大臣刚毅、大学士徐桐等主张招抚义和团，利用其制止列强扶保光绪帝；而与列强有千丝万缕联系的洋务派则主张剿办义和团，以"杜外人借口"。时任湖广总督的张之洞是主剿最力者之一，明示对于义和团唯有"格杀勿论"。

久任疆吏的张之洞其实力地位日益依赖列强支持，因而抵御外侮的态度渐趋软化。1900年，八国联军入侵京师，张之洞一反中法战争、中日战争期间抵抗派健将的固有风格，与刘坤一等东南督抚始而谏阻朝廷对外宣战，继而在自己辖区抵制朝廷的宣战上谕，并与英、美等列强筹划"互保"协议。经英国驻上海总领事华伦策动，卢汉铁路大臣盛宣怀致函两广总督李鸿章、两江总督刘坤一、湖广总督张之洞，希望这些地方实力派对于清廷的"招拳民御外侮"的电诏"万勿声张"，又"趁未奉旨之先"，由刘坤一、张之洞会同电饬上海道与各国领事订约。张之洞、刘坤一立即采纳此议，并委托上海道台出面与英国驻上海领事订立《东南互保章程》，盛宣怀则"奉南洋大臣刘、两湖督宪张电示"，向东南各省督抚宣布这个章程。此刻的张、刘俨然以东南首脑对邻省发号施令，并以"互保派"盟主身份向朝廷宣布"东南互保"宗旨。此后一段时间，以张、刘为首的东南督抚组成一个独立于朝廷之外的权力中心，不向入侵京津的列强作战争状态，对中央的调兵求援谕旨置若罔闻。此后，"互保"范围由长江中下游扩大到浙江、福建、广东、四川、陕西、河南、山东等十余省，朝廷全然失控。满洲亲贵对李鸿章、刘坤一、张之洞等汉族疆吏的"抗命"恨之入骨，提出"诛三凶"口号，企图收回李、刘、张的权力。但由于列强背后支持，李、刘、张又实权在握，敢于有恃无恐地"犯颜抗命"，朝廷也莫奈其何。时人评说：张之洞在庚子年间"所处之地位，不啻为南方各省之总统"①。而这一现象正标志着清廷权威的急剧跌落。

在策划"东南互保"之际，老谋深算的张之洞仍然对朝廷预留地步，特别是当西逃的慈禧立住脚跟，列强无意抛弃时，张之洞更竭力修补裂痕，一方面派员赴西安"恭请圣安"，呈进方物，另一面，"擒诛"自立军首领唐才常等，向慈禧贡献一份效忠礼。1899年，唐才常在日本受康、梁和孙中山的双重派遣，偕林圭、吴禄贞、傅慈祥等回国举事，先聚于上海，后潜往两湖。1900年8月，唐才常抵达汉口英租界，企图利用"东南互保"形势，建立"东南自立之国"。张之洞表面与自立军周旋应酬，对其两湖独立主张不置可否，同时又派遣"水客"刺探内情，严密监视自立军动向。8月下旬，自立军准备在汉口、汉阳、武昌三处同时举义，此时英国在华中策划"独立"的图谋因俄、德、法反对而告吹，以慈禧为核心的清廷得以"保全"。张之洞在大局明朗之后，立即派亲兵在英租界捕获唐才常、傅慈祥、林圭等二十人，随即将其在武昌杀害。时人评议："中国维新之机，西太后挫之于北京，张之洞戕之于汉口。"② 由此，爱国志士利用汉族督抚反清的构想彻底破灭。要救国，唯有武装革命一途。这是张之洞庚子年间的行径留给国人的教训。

义和团运动和八国联军入侵使清王朝几乎"宗社倾覆"，清朝统治者于深

---

① 《张文襄公大事记·外人对于张文襄公评论》。
② 赵振：《说败》，《清议报》第八七期。

创剧痛中深感必须"改弦更张",慈禧也在扑灭戊戌变法一年多以后,捡起"变法"旗帜,举办"新政"。1901年设立"督办政务处"作新政主持机构,而张之洞以遥领"参预政务大臣"身份,投入被称之为"第二次洋务运动"的清末"新政"。这次"新政",同第一次洋务运动一样,其操纵者表面是朝廷的满洲亲贵(前次为恭亲王奕䜣,这次为庆亲王奕劻),但实际发挥作用的是汉族疆吏(前次为曾国藩、左宗棠、李鸿章,这次为刘坤一、张之洞、袁世凯)。刘坤一于"新政"展开不久病故,张之洞和袁世凯是"新政"的真正主角。

1901年1月,朝廷颁布《变法诏》,要求大臣就变法事宜"各抒所见"。时任湖广总督的张之洞初拟联合各省督抚会奏,刘坤一推荐张执笔起草。正在酝酿间,山东巡抚袁世凯收到慈禧、光绪从"行在"西安发来的电报,得知朝廷希望大臣"各抒所见",不必"联衔入告"。袁于5月抢先单衔具奏,张之洞便"荟萃众说,断以己意",撰成奏稿,7月,与刘坤一联衔上奏三折,合称《湖广、两江总督会奏三疏》。在著名的"变法三疏"中,张之洞针对"大局几危"的严峻局势,强调"变法"的必要,并在"变法疏议"第一折提出"兴学育才"的四大端:"一曰设文武学堂,二曰酌改文科,三曰停罢武科,四曰奖励游学。"[①]第二折提出"整顿中法十二条",第三折提出"采用西法十一条",包括广派游历、练洋操、劝工艺、译东西书等,内容近于《劝学篇》外篇,不过进一步指出变法须"以仿西法为主",并申述其与洋务运动一脉相承,"大率皆三十年来已经奉旨陆续举办者"[②]。同年12月,张因"东南互保"赏加太子少保。慈禧、光绪还京。

1902年(光绪二十八年)7月,兼充督办商务大臣。10月,刘坤一病故,张奉上谕署理两江。第二次两江之任为时甚短,主要政绩是设两江学务处,奏设三江师范学堂(南京大学、东南大学前身),与袁世凯会奏"变通科举",议定沪宁铁路借款合同,整顿淮盐积弊,奏陈江南制造局移于内地。这些兴革都是"变法三疏"的具体化。1903年3月,返回湖广本任,后参与处置"苏报案",力促从上海租界区引渡章太炎、邹容,予革命党以重惩。

---

① 《全集》,卷五二,《变通政治人才为先遵旨筹议折》。
② 《全集》,卷五四,《遵旨筹议变法谨拟采用西法十一条折》。

1903年，朝廷筹议学制改革，管学大臣张百熙奏请添派素以"知学"著称的张之洞会商学务。5月，张之洞赴京，实际主持一系列教育制度的制订工作。8月，奏定《约束出洋游学生章程》《奖励游学生章程》，12月，奏呈《重订学堂章程》，同年清廷颁布《奏定学堂章程》。因该年是癸卯年，这个学堂章程提出的学制通称"癸卯学制"，并且是在上年制定的"壬寅学制"基础上，参酌东西洋各国学制而形成的我国第一部较完备、并付诸实施的近代化学制。这一学制的诸章程，由曾经赴日考察的陈毅草拟，张之洞亲自审定，故王国维说："今日之奏定学堂章程，草创之者沔阳陈君毅，而南皮张尚书实成之。"①

　　北京会商学务八个月后，张之洞于1904年初返鄂。他一面在湖北孜孜于"新政"，一面眼观朝局，谋划进退应对之策。其时中枢已无得力汉族重臣，举朝内外，从实力和声望言之，只有张之洞、袁世凯堪负此任，二人于1907年同时入枢。7月，张之洞补协办大学士，仍留湖广总督任，又著充体仁阁大学士；9月，著补授军机大臣，同月入京，兼管学部。"入阁拜相"加上"入参军机"，张之洞历官四十余年后，终于登上清朝行政职官的极峰，被倚为"朝廷柱石"。

　　张"入枢"前后，清廷满洲亲贵正在强化特权，排斥汉官。张从清朝的长治久安着想，力求"化除满汉畛域"。1908年（光绪三十四年）11月，光绪、慈禧相继亡故，溥仪登位（明年改元宣统），张之洞赏加太子太保衔。以摄政王载沣为首的贵胄乘皇位更迭之机集权，亲贵联翩用事，张之洞"固争以为不可"，然载沣不纳，一意扶植"少壮亲贵集团"，从而动摇了清王朝维系二百余年的基石——满洲亲贵与汉族地主阶级的联合统治。张之洞意识到这无异于自杀，所以反复抗争，终"因孤掌难鸣，不得已而萌退志"。清末朝廷满汉争权的焦点集中在袁世凯身上。袁于戊戌间曾出卖光绪帝，为光绪一系亲贵所深恨。同时，作为汉官的袁世凯占据军政外交要津，亦为少壮贵胄所不容，故溥仪即位之初，朝中"除袁"呼声颇高。张之洞则力陈不可，他向载沣指出，袁负练兵重任，京畿为其势力所在，倘处置不慎，非国家之福。载沣权衡再三，不敢贸然杀袁，遂以袁"患足疾"为词，"着即开缺，回籍养疴"②。这就避

---

① 王国维：《奏定文科大学章程书后》，《教育世界》第118期。
② 金毓黻编：《宣统政纪》，卷四，辽海书社1934年版。

免了清廷内部满汉间的火拼，却为袁氏日后东山再起埋下伏笔。

对于清末的"预备立宪"，张之洞持相当保留的态度。除因张素来力主"倡君权，抑民权"外，还由于他深知清廷贵胄高倡"立宪"，策划"外官改制"意在从汉族疆吏手中收权，故张之洞特别声明："鄙人断断不敢附和，倡议者必欲自召乱亡。"1906年7月，端方等游欧美返沪，致电张之洞征询对立宪的意见，张复电称，"此时实不敢妄参末议"。张入阁后，"预备立宪"已成定局，他便转而作出襄赞姿态，引起立宪党人的关注。"政闻社"健将彭渊洵，以及流亡日本的康有为、梁启超，均寄望于张，企图借重其力推行宪政。此刻张之洞也俨然宪政魁首，成为各省成立咨议局的重要推动者。

"路政之争"是清末社会矛盾的又一焦点。1904年，张之洞奏请从美国合兴公司手中收回粤汉铁路修筑权，并出面向港英当局借款一百万英镑作赎金。1905年，在武昌召开鄂、湘、粤三省绅商代表会议，但随即抛弃铁路商办计划，力主官办。张之洞晋京入参军机，粤汉铁路因资金缺乏而停顿。1908年7月，清廷决定收路权归中央，任命张之洞为"粤汉铁路督办大臣"，12月，又命其兼督鄂境川汉铁路。张接任伊始，即宣布将各省商办铁路"由官收回"。而朝廷财政窘困至极，"官办"实际是"借外债办"的代名词，激起鄂、湘、粤、川绅商和全国民众的抗议。湖南咨议局初选议员八百二十人致电张之洞，声称"铁道借款，湘人绝不承认"；以往比较沉寂的湖北也掀起拒款运动，成为以后震撼全国的"保路风潮"的前奏。

1909年（宣统元年），充实录馆总裁官。6月，患肝病，服药无效，仍勉强入朝办公。摄政王载沣一味任用皇室亲贵，满汉鸿沟日深，张之洞"忧形于色"。9月，肝痛加剧，奏请开去各项差缺。10月4日，载沣亲临探视，相谈不恰，张之洞在载沣离去后向老友陈宝琛叹曰："国运尽矣。"弥留之际告诫子孙："勿负国恩，勿堕家学，勿争家产，勿入下流。"并说："吾生平学术行十之四五，政术行之五六，心术则大中至正已。"复改"政术"为"治术"。语毕而卒，终年七十二。10月6日，郡王衔贝勒载涛带领侍卫十员，往张灵奠祭，宣布加恩予谥文襄，晋赠太保。翌年，棺椁归葬南皮。

张之洞诞生于第一次鸦片战争前三年，辞世后两载，辛亥革命爆发，历时二百六十七年的清王朝以及沿袭两千余年的专制帝制轰然坍塌。这位几乎与中国近代史共始终的人物，以清流健将现身政坛，继以洋务殿军给晚清政治、经济、军事、外交、教育诸侧面打上深刻烙印。作为学宗汉宋、新旧杂糅的著作家,他又给近世中国思想文化领域造成久远影响。张之洞执着于儒教理想,"通经为世用,明道守儒珍"为其奉行始终的圭臬;同时,他又通权达变,并不泥古迂腐,集"儒臣"与"能吏"一身,兼"卫道"与"开新"于一体。李鸿章自称"喜谈洋务乃圣之时",张之洞虽与李屡生扞格,却同样也是这类"圣之时"者。面对时代风云际会,他苦心孤诣于"保国""保种""保教",试图并采中外,会通新旧,按"中体西用"模式规范中华文化走向,其"持危扶颠之心"昭然于世,而客观效果又往往与主观动机大相径庭。他久任封疆的湖北竟成为辛亥革命的首义之区,正是这种"二律背反"的表现。人称其"种豆得瓜",道出个中真谛。

张之洞擅长古文政论,兼擅辞赋。任事数十年,笔耕未辍,其奏议、函牍、论著、诗词达千万言,具有广泛的文献价值。1928年(民国十七年)北平文华斋刻本《张文襄公全集》计二二九卷,为当时集大成之本,然仍未能尽囊遗文。今次吾辈编纂之《张之洞全集》十二卷本,约一千万字,辑录目前所能得到的张之洞文献。附于全集之末的传记,或许有助于对上述文献的解读。

2006 年书于武汉大学

《张之洞与中国近代化》序言 *

今年是中国近代化进程的重要推动者张之洞逝世100周年，也是张之洞总督湖广、大规模展开洋务建设120周年，由武汉大学、中南财经政法大学、江汉大学有关研究机构联合主办的"张之洞与中国近代化国际学术研讨会"，在武汉大学召开，海内外学者汇聚一堂，就张之洞的功业及思想，就中国近代化进程与经验教训展开讨论。本集为此次研讨会的论文选编。

一度担当中国生产方式近代化转变的主持者的洋务大吏，是一批新旧杂糅、充满矛盾的过渡型人物。其代表，朝廷内是恭亲王奕䜣、内阁大学士桂良、军机大臣文祥，操持实务的封疆大员主要有曾国藩、左宗棠、李鸿章、沈葆桢、刘坤一、丁宝桢等人，张之洞是后来者。曾、左、李等人兴办洋务，始于19世纪60年代初，而张之洞则在80年代初期方从清流党转化并跻身洋务派行列。然而，这位迟到者却后来居上。人们一般以中日甲午战争北洋舰队全军覆没作为洋务运动破产的标志，但张之洞主持的"湖北新政"恰恰在19世纪90年代中期至20世纪初年进入高潮，汉阳铁厂、湖北枪炮厂、布纱丝麻四局等军民用机器工业的兴建，新军的编练、新式学堂的开办、游学生的派遣等耸动中外的实绩，都成就于这一时期。

在张之洞的全部洋务活动中，实业建设是基础部分。他所主持修筑的京汉铁路是中国第一条纵贯南北的铁路干线，汉阳铁厂是中国乃至亚洲第一家现代化钢铁联合企业，湖北兵工厂是清末民初最大的军械工厂，布纱丝麻四局是华中最大的纺织厂。在某种意义上，我们可以把张氏看作中国近代工业，尤其是近代重工业的奠基人。故今人论及中国近代工业发展，以为有四个人"不能

---

* 冯天瑜、陈锋主编：《张之洞与中国近代化》，中国社会科学出版社2010年版。

忘记"：讲到重工业，不能忘记张之洞；讲到轻工业，不能忘记张謇；讲到化学工业，不能忘记范旭东；讲到交通运输业，不能忘记卢作孚[①]。这里所说的"不能忘记"，可以理解为不能忘记张之洞们为中国近代工业所奠定的物质基础和所提供的经验教训。

张之洞的另一贡献，是对近代教育的推动。

19世纪80年代出任封疆以后，张之洞便大力兴办新式教育。他指出："中国不贫于财而贫于人才，不弱于兵而弱于志气"，"人才之贫由于见闻不广，学业不实。"有鉴于此，张氏提出"设文武学堂""酌改科举""停罢武科"、"奖励游学"等四项建议。光绪十五年（1889年），张之洞由两广总督调任湖广总督，即留意于物色主持新式教育的人才，引时务入教育，改变科举制度的故套。经张之洞惨淡经营，从19世纪90年代开始，湖北成为全国新式教育的一大中心（武汉大学、华中农业大学、武汉科技大学、湖北图书馆的源头都要追溯到张之洞的文教举措），张之洞在朝野赢得了"通晓学务"的声誉。张之洞成为清末新教育"确立期"的代表人物。

光绪二十八年（1902年），管学大臣张百熙制订《钦定学堂章程》，提出我国第一个近代学制。这个学制并参"欧美日本各邦成法"，其实多半取法日本。光绪二十九年（1903年）一月，清廷派蒙古旗人荣庆会同张百熙管理大学堂事宜。荣庆与张百熙政见不和，欲推倒《钦定学堂章程》。恰在此时，张之洞入京，因他"负海内重望"，"尤抱整饬学务之素志"[②]，故张百熙奏请张之洞参加修订学堂章程。朝廷同意加派张之洞会同张百熙、荣庆二位管学大臣重订学堂章程，该年十一月重行颁布，这便是《奏定学堂章程》。清末新教育便根据这一章程在全国实施。因该年为癸卯年，故称"癸卯学制"，是中国第一个经政府正式颁布后在全国范围内实际推行的学制，张之洞实为主要修订人。

此外，光绪二十四年（1898年），张之洞有"变通科举"之奏。光绪二十九年，在制订新学制的同时，张之洞又与张百熙、荣庆一起奏请"递减科举，注重学堂"。光绪三十一年（1905年），张之洞与盛京将军赵尔巽等会奏，废止科举，广办学校。清廷遂于光绪三十一年八月，颁布"立停科举以广

[①] 转引丁守和《关于近代史人物研究和评价问题》，《近代史研究》1983年第4期。
[②] 刘禺生：《世载堂杂忆·张之洞遗事》，中华书局1960年版。

学校"的上谕。"于是沿袭千余年之科举制度,根本划除。嗣后学校日渐推广,学术思想因之变迁,此其大关键也。"①张之洞在其间发挥重要作用。

张之洞还是清末军制改革的重要开创者。他组建"江南自强军"和"湖北新军",当然是为着拱卫清朝,所谓"执干戈以卫社稷",但客观上新军成为革命的温床,革命党人成功地实现了"抬营主义",辛亥武昌首义实为一次革命党人发动的新军起义。从张之洞言之,其兴实业、练新军、办文教等现代化事业,动机与效果二律背反。

张之洞不仅是一位洋务活动的实行家,他还力图自立学说,企求建立应对时变的理论体系。张氏在1898年撰写的《劝学篇》,以比较完整的形态构筑了洋务运动的思想蓝图,使"中体西用"成为当日"流行语"。1901年,由张之洞主笔,与两江总督刘坤一联衔会奏的"江楚二督变法三疏",成为清末新政的纲领,张之洞本人则是"新政"的主持者。

总论之,在实践和理论两方面,张之洞都可以被看作洋务运动的终结性人物。历史也确实是通过张之洞给洋务运动打上句号的:在张氏惨淡经营洋务近二十年的湖北,于张氏辞世后两年,便爆发了推翻清王朝及两千余年专制帝制的辛亥武昌起义。

武昌城爆发的首义枪声,宣告清王朝和中国两千年专制帝制的终结。人们不禁思索这样一个问题:"辛亥革命曷为成功于武昌乎?"答案颇与张之洞相关:

> 抑知武汉所以成为重镇,实公(指张之洞——引注)二十年缔造之力也。其时工厂林立,江汉殷赈,一隅之地,足以耸动中外之视听。有官钱局、铸币厂,控制全省之金融,则起事不虞军用之缺乏。有枪炮厂可供战事之源源供给;成立新军,多富于知识思想,能了解革命之旨趣。而领导革命者,又多素所培植之学生也。精神上、物质上,皆比较彼时他省为优。以是之故,能成大功。虽为公所不及料,而事机凑泊,种豆得瓜。②

---

① 《清史稿》,卷一百七,志八十二,选举二。
② 张继煦:《张文襄公治鄂记》,湖北通志馆民国三十六年版,第7页。

说这番话的张继煦，曾是张之洞派遣的留日学生，对恩师多有理解的同情和衷心的赞扬，其"种豆得瓜"之论，颇为传神。

孙中山 1912 年 4 月在辞去民国临时大总统，造访首义之区武汉时，曾对南皮张之洞的业绩发表这样的感慨：

> 以南皮造成楚材，颠覆满祚，可谓不言革命之大革命家。

孙先生此议，确乎是对张之洞开辟的早期现代化事业的历史意义作了画龙点睛的评断，诚为不刊之论。

2009 年 11 月 24 日于武昌珞珈山

本书所涉史事广远，须求教处多矣。修订间蒙多位友朋关切与帮助，他们是：何晓明、耿云志、王兆鹏、欧阳哲生、王林伟、顾必阶、陈勇、胡新等，一并深致谢忱。